中国共产党甘肃省康县历史

（1936—1978）

中共康县县委党史研究办公室　编著

中国文史出版社
CHINA CULTURAL AND HISTORICAL PRESS

图书在版编目（CIP）数据

中国共产党甘肃省康县历史 : 1936-1978 / 中共康县县委党史研究办公室编著. -- 北京—中国文史出版社, 2022.3
ISBN 978-7-5205-3490-1

Ⅰ. ①中… Ⅱ. ①中… Ⅲ. ①中国共产党—地方组织—党史—康县—1936-1978 Ⅳ. ①D235.424

中国版本图书馆CIP数据核字(2022)第040216号

责任编辑：窦忠如

出版发行：**中国文史出版社**
社　　址：北京市海淀区八里庄69号院　邮编：100142
电　　话：010－81136606　81136602　81136603（发行部）
传　　真：010－81136655
印　　刷：廊坊市海涛印刷有限公司
经　　销：全国新华书店
开　　本：710mm×1000mm　1/16
印　　张：24
字　　数：290千字
版　　次：2022年03月北京第1版
印　　次：2023年03月第2次印刷
定　　价：128.00元

淇县城市新貌

居民小区

沫水园

淇县交通便捷

国家AAAA级景区云梦山

国家AAAA级景区古灵山

国家AAA级景区朝阳山

国家级森林村东掌村

位于太平的魏成弟旧居

民国时期康县县城旧址（今云台）

位于康县寺台的马莲山战斗遗址——马莲山堡子

对对山山南。主峰为对对山战斗指挥部所在地，也是对对山战斗主战场。农舍为党的活动秘密联络点

解放初期的康县县城（岸门口）

康县县委政府在岸门口的办公旧址

解放初县武装部干部，曾为境内剿匪骨干力量

1954年6月25至29日，康县第一届人民代表大会第一次会议在县城岸门口召开。图为全体人民代表合影

《淇县革命老区发展史》评审专家合影

第一排（左起）：王东安 姚永军 陈晓杰 杨建强 吴海明 张俊成 冯用全 侯明森 郭正方 蒋宗军

《淇县革命老区发展史》编辑合影

第一排（左起）：贾振君 宋建江 郝秀彪 蒋宗军 王东安 闫关民 陈志民
第二排（左起）：张胜旗 邢璐瑶 朱改花 黄强 刘国华 苏麟 王之珩 窦增新 宋崇景

淇县县委、县政府办公楼

市民文化中心

淇县城市夜景

文昌阁夜景

20世纪50年代的阳坝镇区

1954年10月，中共康县第一次代表大会在县城岸门口召开。图为全体代表合影

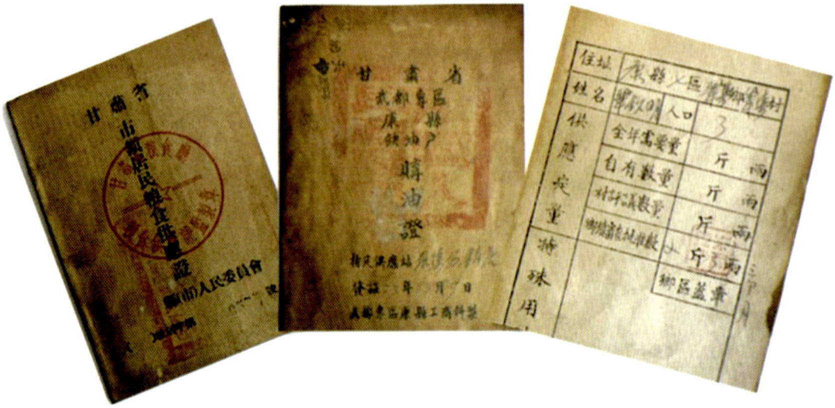

20世纪50年代，统购统销政策下的农村购货证

國務院奬狀

奬給農業社會主義建設先進單位

甘肅省康縣雲台人民公社

總理 周恩來

一九五八年十二月三十一日

云台有栽桑养蚕的传统。1958年，云台蚕茧形成规模化经营，每张蚕产茧120余斤，蚕茧产量和质量创历史最好水平，成为社会主义建设先进集体。养蚕能手街道女社员刘玉英代表康县参加了北京召开的全国社会主义积极分子代表大会，云台公社荣获国务院总理周恩来署名的奖状

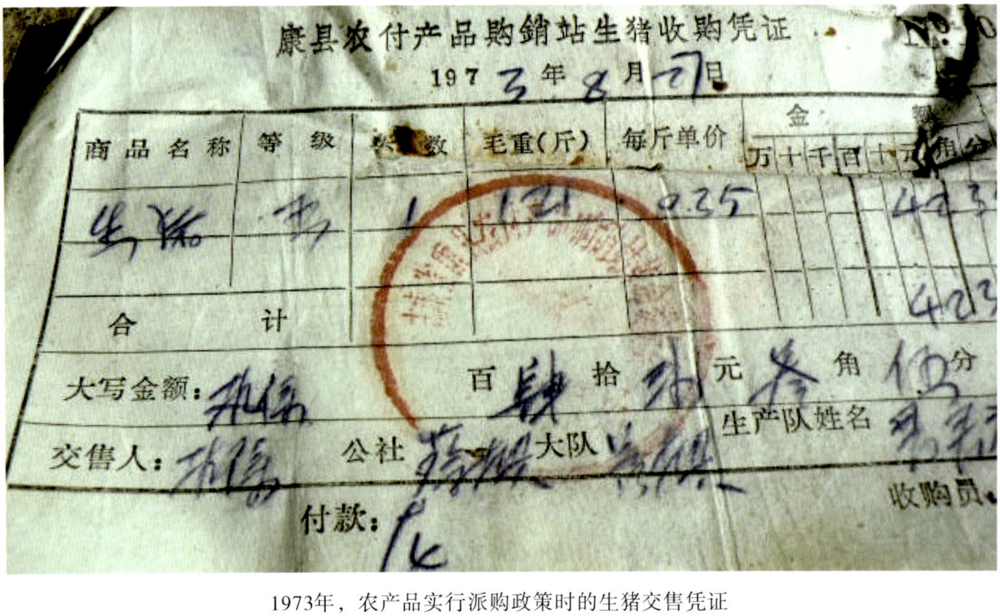

1973年，农产品实行派购政策时的生猪交售凭证

《中国共产党甘肃省康县历史》（1936—1978）
编辑委员会

前　言

为了全面落实全国和省市党史工作“十三五”规划，由中共康县委授权，康县委党史研究室编撰的《中国共产党甘肃省康县历史》（1936—1978）终于告竣成册，付梓面世。在此之际，为了加强编者与读者的沟通，使广大读者全面深入地了解地方党史的内蕴，充分发挥地方党史应有的作用，有必要对全书编撰的相关事项作一简要说明。

地方党史正本是一部怎样的史书？

中国共产党是一个有着百年历史的伟大、光荣、正确的党。中国共产党的历史是中国共产党人不忘初心、牢记使命、全心全意为人民服务的历史；是中国人民为了实现中国梦的探索史、奋斗史、创业史和发展史。地方党史是中国共产党历史的延伸和补充，是一种具有“存史，资政，育人”功能的资料性工具书，是“揽千里于尺寸之间，罗百世于方册之间”的信息库和知识库。其基本特征，一是不同于个人著述或私撰史书，是官修史书，即由党组织授权编写，经党组织审定，在思想上、政治上与党中央保持高度一致；二是不同于通史、当代史或革命史之类的历史著作，是记述党的活动的专史；三是不同于志书或人物传记，是完整地、准确地、客观地，而不是零碎地、随意地、主观地记述地方党的活动的历史。所谓地方党史正本，就是关于地方党的活动的“正史”“官史”。

为什么编撰地方党史正本？

是弘扬先进文化，加强精神文明建设的需要。作为一个区域的文化传承，地方党史正本在教育引导广大干部和人民群众了解家乡，热爱家乡，培养浓厚的家乡情怀，促进更多的人团结共进具有重要的作用。编撰地方党史正本，全面记述地方党的历史的真实面貌，录载灿烂的文化和英杰人物，不仅可以传承和弘扬中华民族传统美德，而且可以引导广大干部和人民群众树立正确的世界观、人生观、价值观，为加强文化建设、提高民众的文明素质提供有力的精神动力。

是发展社会生产力，加快地方经济发展的客观需要。地方党史正本作为完整的、权威的党史地情资料，是地方党委信息工程的基础部分，在制定路线方针政策、发展经济、搞好建设等方面起着不可替代的作用。地方党史正本记述地方党的历史，总结实践经验，提炼思想智慧，不仅成为本地文化发展的新亮点，而且为本地经济社会发展提供智力支持。

是提高广大干部自身素质的需要。编撰地方党史正本不仅是为了记述过去，更重要的是警示当今，发挥史书的镜鉴作用。当今生活在信息时代的群体，特别是青少年，在浮躁的社会环境影响下，越来越缺少甄别判断历史真伪的能力。有的以影视作品中的演义为历史；有的以穿越小说中的描绘为历史；有的以趣闻杂谈的野史为历史。在这样的环境下，一部专业的历史教材显得尤为重要。编撰地方党史正本，有助于集中地、全面地展示地方党的奋斗历程，为广大干部及青少年提供一部内容翔实、客观公正的地方党史教材。通过学习地方党史教材，提高广大干部的自身素质。

《中国共产党甘肃省康县历史》（1936—1978）是怎样编撰的？

编撰地方党史正本，是地方党史部门一项光荣的政治任务和义不容辞的神圣职责。为了充分体现地方党史正本应有的权威性、完整性、系统性、真实性和准确性，突出地方党史正本党性与科学性相统一的原则，康县县委党史研究室在编撰《中国共产党甘肃省康县历史》（1936—1978）时，自始至终坚持了下述做法。

坚持以马克思列宁主义、毛泽东思想、邓小平理论、“三个代表”重要思想、科学发展观和习近平新时代中国特色社会主义思想为指导，以中共中央关于若干重大历史问题的“两个决议”为准绳，运用辩证唯物主义和历史唯物主义的立场、观点和方法，正确阐释党的康县历史，客观公正地评价历史事件和历史人物。坚持解放思想，实事求是，与时俱进的原则，对具体历史事件进行具体分析，认真总结历史的经验和教训，尽量避免将复杂的历史简单化。同时，坚持“宜粗不宜细”的原则，以地方党组织领导全县人民发展生产力，推动经济社会发展为主线，紧紧抓住重大事件展开记述。

坚持官修正史的真实性、客观性，真实地记述地方党组织活动的历史发展，客观地总结历史经验，全面地反映康县各级党组织在各个历史时期贯彻执行党的路线、方针、政策的情况，反映康县党史上的重大事件、党组织的自身建设以及党领导人民群众在康县经济社会发展中所取得的重大成就。对取得的成绩不夸饰，对犯过的错误不回避，力求全面、真实地反映历史原貌。

坚持党史正本的完整性和系统性。康县党史正本的编撰，力求全景式地记述康县地方党组织的全部历史，包括各个时期、各个方面的发展进程。在叙述上有详有略、有轻有重，在历史时段上尽可能一段不漏，重要内容尽可能一个不少。做到系统地而不是零碎地，连续地而不是断续地，有序地而不是紊乱地，上下衔接地而不是脱节地记述地方党的历史。通过完整地、系统地记述地方党的活动，总结历史经验和教训，彰显地方党史的镜鉴作用。

特别注意展示各个事件的因果联系。一是事件与背景的联系，其中包括某个历史时段的事件与整个社会背景，某一具体事件与发生的原因。在整体记述新中国成立前党的活动时，简略地介绍了该时期康县经济社会状况及此前发生在康县的民主进步活动。二是“运筹帷幄”与“决胜千里”的联系。在记述重大事件中，一方面记述中央和省、地相关指示和文件精神传达，县上党政组织的具体贯彻和决策；另一方面记述各基层党组织和广大干部群众在实际工作中的具体做法和所取得的成果。三是一般与个别、普遍与特殊的联系。在记述各基层党组织贯彻执行党的路线、方针、政策，推动经济社会发展中，尽可能列举典型事例，防止抽象地记述一般性。同时也防止事务主义地记述典型事例，忽略对事件的一般概括。

正确把握地方党史编撰的体例。在内容编排上采用编年体与纪事本末体相结合，以编年体为主的体例，分期划块，纵横结合。总体编排按章、节、目布局，章以编年体为主，按时间顺序排列；节、目以纪事本末体为主，按空间顺序排列，在记事与记人的关系上采用以事代人的体例，以记事为主，人物只在记述的事件和活动中出现，不再专门记述个人的活动；在记述方式上，以叙为主、史论结合，论从史出，以便总结历史经验，揭示历史发展规律。

编撰地方党史正本，对于县一级党史工作部门，无论从学识水平，或是对重大党史事件的理解和把握都是一个挑战。为了用历史唯物主义的观点和方法立准、立好地方党史，使其充分发挥党史资政育人的作用，更好地服务于现实，2014 年春，《中国共产党甘肃省康县历史》（1936—1978）编撰工作启动后，县委党史研究室以高度的政治自觉和为党为人民的事业认真负责的态度，用科学、严谨、求实的精神应对编撰工作中遇到的诸多复杂问题。首先强化学习，提高自身素质。除了努力学习马克思主义基本理论和党的路线、方针、政策，努力学习党史学基本知识外，积极参加了省市举办的业务培训班，大量阅读了省内外市县已出版的地方党史正本，吸取了他们的成果经验。其次是花费大量时间和精力收集整理相关资料。先后查阅了康县档案馆馆藏档案，浏览和订正了县委党史研究室之前收集整理的康县党史专题资料，对有关党的活动的档案资料和其他资料进行了高度的概括和归纳。对新中国成立前的康县经济社会简况和党的活动的资料进行收集整理。再次编拟写作提纲，合理安排章、节、目的内容和篇幅，力求各个时段、各个事件的记述能够前后连贯，比例匀称，结构严谨；书稿完成后，按照党史正本编撰方案和有关规范要求，反复修改打磨，数易其稿，精益求精。

《中国共产党甘肃省康县历史》（1936—1978）深深根植于康县的沃土之中，凝聚着康县人民的血脉、情感和智慧。作为一个区域的文化传承，但愿本书的出版，能够为广大干部特别是青少年提供一部内容翔实、客观公正的康县党史教材。并为教育引导群众了解家乡、热爱家乡，培养浓厚的家乡情感，促进众多的人团结奋进，共建和谐、幸福、美好新康县发挥应有作用。

编　者

2020 年 11 月

目　录

第一章　新中国成立前康县社会经济简况及党的活动

康县位于甘肃省东南部，甘、陕、川三省交界地带，东邻陕西省略阳县，南接陕西省宁强县，西与武都区毗邻，北以西汉水为界与成县相连。有“秦陇锁钥，巴蜀咽喉”之称。解放前夕，康县经济社会仍处在封闭落后的自然经济状态。由于地方军阀和国民党政府的长期统治，广大劳动人民遭受残酷的经济剥削和政治压迫，加之连年不断的自然灾害和兵燹匪患，人民生活困苦不堪。

第一节　新中国成立前康县的社会经济简况

新中国成立前，国内政局动荡，县境内兵祸匪患肆虐横行，社会混乱不堪。腐败的吏治，官府豪绅的横征暴敛和土地高度集中带来的沉重地租使广大民众的生活陷于灾难和痛苦之中，阶级矛盾尖锐而复杂。

新中国成立前康县的社会简况

置县及区域建制　民国时期，康县行政建制屡有变更。从1913年开始，省以下行政建制，废除清代的府、州、厅建制，一律改为县。在省府和县之间，保留了道的建制，形成了省辖道、道辖县的三级行政建制。1927 年 6 月，国民党开封分会决定组建新的甘肃省政府，省政府决定废除道一级行政建制，设行政区，全省划分为 6 个行政区。1929 年 1 月，甘肃分治 3 省（甘肃、青海、宁夏）后，甘肃省设 4 个行政区，康县境地属渭川区管辖，为阶州之一部。民国成立后，白马关地方士绅公议建县。1915 年，在清末进士黄居中主持下，其弟黄允中与崔峻、李丹亭等 3 人赴省城禀请省府置县，省政府电请民国中央政府获准。1929 年 1 月 29 日，省政府决定，在武都县白马关地方设县，定名“永康县”。后因与浙江省永康县重名，同年 4 月又复裁“永”字为“康县”，县治设白马关（今云台），贺丹铭出任康县第一任县长。接着省府委渭川道与白马关分州州判会商，拨粮划界，以原有分州所辖二里半地方为基础，又拨入佛堂（今武都县琵琶乡与康县豆坝、店子一带）与八旗（今武都龙坝、黄坪与康县望关、平洛中寨一带）之地各半里，总括康县属地三里半，设置四镇六乡。置康县后，其区域，东以窑坪河为界，与陕西省略阳县木瓜园相邻；东南以两河口下街迤东为界，与宁强县光明乡接壤；西以高石嘴及松林坝迤西为界，与武都县甘泉、琵琶两乡毗连；北以五郎坪为界，与成县嵋洛乡相邻，又以西汉水为界，与镡河乡相望。东西 70 公里，南北 175 公里，总面积 2924.82 平方公里。县设县政府，基层仍行里甲制。1934 年 1 月废里甲，全县划为 5 区。1935 年属第四行政督察区，是年秋实行保甲制，全县编 135 保（甲数无考）。在编制保甲期间，将 5 区临时改为 5 乡。1936 年又废 5 乡复为 5 区，同时于区署下设 32 个联保办公处，下辖 159 保，1557 甲，102780 人。1940 年后，实行新县制，裁撤区署，改设乡镇公所，全县划为 4 镇 6 乡 79527 人。1942 年后属第一行政督察区。1947 年夏，办理户口稽查，重新整编保甲，全县辖 4 镇 6 乡，共编 133 保，1564 甲，115393 人。1949 年 12 月 10 日康县解放，全县最高行政管理机构为康县人民政府，下设 5 区 42 乡，总人口 130400 人。

兵祸匪患肆虐横行　20 世纪 20 年代末到 30 年代初，康县一带兵祸匪患肆虐横行，社会混乱不堪。1928 年冬，河州（今临夏）马仲英、马廷贤以拥蒋（介石）反冯（玉祥）之名，起兵排挤驻甘西北军。陇南各地的小军阀也乘机攻城掠地，争夺势力范围，康县人民常受匪军的骚扰和掠夺。这一年又值大旱大难之年，人民生活处于水深火热之中。1929 年旱象加剧，饥荒肆虐，窑坪河一带最为严重。初夏，吉鸿昌离开武都回防天水，接防部队为汉中张维玺师的王丕襄团。王丕襄的一团兵力分驻文、武、成、康、西 5 县。1930 年 5 月，马廷贤攻陷天水，自称“甘肃国民革命军”总司令，编所部为 3 个军，又收编各地土匪，给予师长、旅长头衔，并撤换陇南 14 县的县长。是年，马部往复过境康县平洛一带，沿途烧杀劫掠，百姓大遭其殃。年底，川军在天水大败，分头南下逃窜，数千人取道康县，一路烧杀抢掠，无所不为。马廷贤委任王佑邦为陇南后方司令。马廷贤的回军、杨抚权的川军以及王佑邦和白云等兵匪在武都、康县一带相继作恶，人民生命，朝不保夕，城乡学校皆未正常上课。12 月，国民党甘肃省政府曾函知各界称：“甘肃大旱连年，秋夏无收，加以兵匪蹂躏，劫烧杀戮，惨无人道，破坏至 50 余县，死亡达 300 万人。其幸存者，衣食居住，一例荡然。”1931 年 5 月，陇南 14 县群众代表向全国通电控诉马廷贤屠杀人民，苛征税捐等罪行。国民党中央令视察专员严尔艾查报。严尔艾受马廷贤 20 万元①的重贿，歪曲事实，为马廷贤掩护。马廷贤反被潼关行营主任顾祝同任命为陇南绥靖指挥。陇南旅京旅兰人士在兰游行，并通电反对，要求撤换任命，监察院亦弹劾严尔艾，但无果而终，康县人民仍受军阀和封建地主阶级的剥削压榨。

---

①指旧币，1955 年 3 月 1 日发行新币，新币 1 元等于旧币 1 万元。

这一时期，甘肃各地武装起义频发，一扫大革命失败后甘肃白色恐怖的沉寂局面，吹响了开展武装斗争的号角，其历时之久，地域之广，参加人数之多，影响之大在甘肃历史上是少有的。尤其在敌人统治力量雄厚的兰州发动起义，影响很大。在激烈的阶级斗争中，起义者通过与敌人的拼杀，通过“打倒土豪劣绅”“反对要粮要款”“扶助工农大众”的宣传，扩大了中国共产党的影响，提高了人民群众的政治觉悟，增进了康县人民对中国共产党的认识。

豪强地主各霸一方 民国时期，军阀割据和频繁的战乱使得税收、摊派增多。军队和政治组织的横征暴敛，加剧了地主与农民之间的矛盾。在康县，除官僚和军阀的残酷统治外，地主阶级的剥削和压迫，是造成广大农民生活艰难困苦、经济社会长期停滞不前的主要原因。

地处县域最南端的甘、陕、川三省交汇之地阳坝一带，地广人稀，封闭落后，各种势力混杂。长期以来，当地大地主石守德、魏成弟凭借封建土地所有制壮大起来的势力，勾结官府，对农民进行残酷的经济剥削和政治压迫。

有钱有势的石守德，为了保全家业财富，巩固霸主地位，不惜重金购买枪弹，办团练，独霸阳坝一带，其亲戚朋友多为康南一带的豪族富户。凡是与他作对，或者得罪了他的人，或被处死，或被治残，7 年多就杀害民众 400 余人，焚烧民房 200 余所。其中两个儿子枪法娴熟，恶毒程度与父石守德有过之而无不及，在阳坝一带烧杀抢掠，无恶不作，是方圆有名的土匪恶霸，当地人恨之入骨，却不敢公开反抗。1924 年至 1927 年，为了扩大势力范围，石守德与刚刚崛起与之形成对手的魏成弟连年争斗，给阳坝人民造成了巨大灾难。

魏成弟的崛起，对在阳坝地区称霸已久的恶霸地主石守德是一个严重威胁。双方因互不相容而争斗不断，怨恨越结越深。1928 年，魏成弟以团总和镇长的身份上书分州白马关警察所，请其上报省府派兵剿灭石守德，12 月，省上派兵 1000 多人来到阳坝，对石守德实行围歼，因营垒坚固，几次交锋均未突破，直至 1929 年 2 月才最终被剿灭。从此，阳坝地区成了魏成弟的天地。

魏成弟称霸阳坝后，对阳坝地区的控制非常严密，往来土匪都知道在魏成弟的地盘内，绝不可轻举妄动。魏成弟一边在自己的地盘上强取豪夺，搜刮民脂民膏；一边主持地方办学，修路，植树，兴修水利，给极度困难的穷人免除地租，演绎了人性的两面性。在他统治阳坝的 20 多年里，拥有精良的私人武装，当地官府形同虚设。凡来往客商、各路土匪和官员，包括历任县长上任后，都要专程或派亲信前往阳坝拜访孝敬魏成弟，求得他的庇护和照顾，否则，不仅阳坝地区针插不入，水泼不进，在任官员的地位也难以稳固。

在康县中部的岸门口一带被地主张俊耀所把持。张俊耀地主出身，18 岁时就随陇南镇守使孔繁锦镇压过当地农民运动，后收罗了一批散兵游勇和地方土匪，组建一支地主武装。任保卫团团总后，对岸门口，特别是家乡一带群众谦和礼让，施与恩惠，从而博得人心，受到称赞。但他为扩充势力和满足私欲又乱杀无辜，激起民怨而成为公敌。1922 年，寺台吴家河口农民吴统中抵制官府，发动农民举事，张俊耀就参与了镇压。1928 年至 1930 年，张俊耀又两次纠集县内地主武装镇压三官万家河对抗军阀和地主武装的农民起义。杀死数十人，烧毁民房 40 余间，给万家河人民造成了巨大灾难，在民间造成了恶劣影响。

胡仲山是康北长坝山根一带的豪强地主，曾任过里长、团总、联保主任、保长等职。1929 年前后，拥有小型兵工厂一个，自制步枪。任团总时，有团丁 200 余人，手枪和步枪 200 余支，勾结大堡地主侯肇奎长期统治、压榨长坝一带人民。在自己的亲戚建房、种地时，他强迫家乡人民无代价供给建材和人力，若有不从，或令其帮凶毒打，或撕毁契约、随意加重赋税，以此教训违抗者认“错”

服管。在他的统治阶段，长坝地区的百姓怨声载道，苦不堪言。

这一时期在康县具有地方垄断势力的还有北部太石地区的阎俊山。此人最初以不甘贫苦，参与后佛堂农民武装暴动起家，后回家乡太石甘柏树沟招兵买马，另立山头，势力不断扩大。阎俊山表面以打富济贫为旗号，事实上不分阶级和立场，只要有财富的人，都是他劫掠的对象；只要不服从管束的人，都是他打压的目标。以武力劫掠为手段，扩大财富，壮大势力，独霸一方，沦为典型的地主阶级代表，因此有枭匪阎二（排行第二）之称。

新中国成立前康县的经济简况

残酷的土地剥削制度　康县山大沟深，林阔草盛。自古以来，交通信息闭塞，资源开发缓慢，农业基础薄弱，自然灾害频发，工商业经济空白凋敝，教育文化相当落后，人们多居住在山地、林间，很少有集中居住的农民。在国民党封建军阀、地主豪绅的统治和压榨下，土地高度集中在仅占人口总数不到10%的地主富农手中，而占90%以上的农民，却没有或很少占有土地和牲畜、农具等其它生产资料。在土地高度集中的情况下，绝大多数农民只得靠租地、租牛、借债、出卖劳动力度日，受到沉重的压迫和剥削。在康县，地主剥削农民的手段有地租、高利贷、雇工、“伙庄稼”这四种形式。再加上军阀混战，反动政府多如牛毛的苛捐杂税，地主豪绅重租、高利贷盘剥以及灾荒，境内有相当一部分贫苦农民倾家荡产、卖儿卖女，挣扎在死亡线上。土地私有制的生产关系一直占领着统治地位，直到新中国成立后在中国共产党领导下进行了土地改革之后才宣告结束。

据1934年，朱贯三《康县社会调查纲要》载：“在全县9300多户农民中，自耕农占80%，半自耕农占15%，佃农占4%，地主占1%。而地主的土地却占总耕地的30%左右。”岸门口朱家沟大地主朱锦秀在岸门口、嘴台、何家山、青冈坝、新寨子、朱家沟、陕西汉中等地占有土地730余亩，房屋100余间，水磨10余座，雇长工4人，短工5人，年收租粮5万余公斤。北部大堡、黄陈乡（时属康县）的大地主侯肇基、陈宏礼，占有土地纵横数区，各达千亩以上，并建粮仓数座。南部大地主魏成弟，不仅占有大面积的土地和山林，还拥有数百人的武装力量。占全县总户数4.8%的地主、富农人均拥有土地13.42亩；而占总户数36.7%的贫雇农人均只占有土地1.7亩。平洛区7个乡租种地富土地的贫农、雇农就有543户，2294人，占总户数的13.47%，共租入土地3110.19亩。除小土地出租和部分富裕中农出租的土地外，仅地主、富农就出租土地2016亩。在康县，地主剥削农民的手段大致有三种形式。

地租：地租有定租和活租两种。所谓“定租”，就是每亩地每年应缴纳的租额，在所租契约年限内，不论丰年或灾年租额不变，如数缴纳。所谓“活租”，租额按产量计算交租比例，租额分三七、四六和对半分成不等。1934年《康县社会调查纲要》载：“普通农产，每100市斤租额40市斤，夏秋粮各半。”也有以粮折价，以钱抵租者。佃、当、买卖土地，空口无凭立书面契约，以代书人、中见人、立约人画押（盖手印）为证。如遇天灾人祸，佃户连年交不起佃租，便将佃户的原业地当去，以地抵租。佃户何时交清佃租，即可赎当。若无力赎当，便转当为卖，换“当约”为“卖约”。

高利贷：康县农村地主放账，一般为粮、钱、土布三种形式。利息有按月论息和期限论息两种。1934年《康县社会调查纲要》载：“借贷利率2分5为度（即25%），期限为10个月，以10个月为借贷期限，在此期限内，每借10元钱，交利息2元5角。”民国后期，借贷利率，月息高达30%；粮、利率竟高达50%。另外，还有“驴打滚”账，即借债户借的粮、布，按期限交不清本利者，本利相加，变利为本，甚或借一斗粮食，变为二斗续借（即100%），年复一年“驴打滚”，贫苦农民负债累累，便倾家荡产，流离失所。

雇工：地主雇工有长工、短工两种。长工一年或数年，以年论其“身价”。每年旧历年过后上工，腊月回家。年工价为土布10匹左右，或粮食一石（500公斤）。短工，农忙季节雇用，工价当面议定，一般都比较低廉。还有以工抵债的。

此外，还有一种形式是“伙庄稼”。地主在其所霸占的庄子上招用佃户耕种土地，秋后根据收成对半分成。

凋敝落后的自然经济和艰难困苦的农民生活　康县远离中心城市。一直以来，自给自足、刀耕火种的传统农业成为人们繁衍生息的唯一形式。耕作方式单一，劳动工具简单落后。种植业以粮为主，抵御自然灾害的能力极低，粮食产量底下。工业经济更是一片空白，数量有限的手工业作坊仅能生产一些简单粗糙的日用品。商业凋敝不堪，落后的生产力严重阻碍着经济的发展。

长期战事频繁，军费居高不下，人民负担异常沉重。1928年至1930年，康北连年大旱，粮食几乎颗粒无收，广大贫苦农民；迫于活命，在县内许多地方群众聚众“吃大户”。白杨群众因此引起森林火灾，造成巨大损失。而国民党政府对灾民熟视无睹。地主老财们，囤积着大量粮食，或高价出售，或高利剥削。1929年，甘肃省政府主席孙连仲不顾陇南地区遭受百年不遇的大饥荒的现实，向各县征派“冯总司令临时大借款”，正如旅陕甘肃民众甘灾救济办事处向全国通电中指出的那样：“近年旱戾肆虐，灾祸又复相寻，赤地千里，颗粒未收，冯玉祥又复盘踞甘肃，肆意蹂躏，横征暴敛，人民之膏脂已竭，吸髓敲骨，搜刮之方法弥多，征粮派款，动辄千万，苛捐杂税，任意诛求。壮丁强迫当兵，牛马拉作军用，田庐化为灰尽，财物变为烽烟。幸存之人，流离失所，无家可归。”

1929年后，税目逐渐增多，税率提高。税目中有中央分配的国税科目，又有县自治税捐科目。名目繁多的税赋和残酷的剥削使劳动人民劳累终年而难得温饱。据国民党政府农村复兴委员会1933年的《农情报告》记载："陕西、甘肃一带的农民每年青黄不接时只能吃野草和树皮，即是在收获后也是把粮食掺进野菜煮成糊汤充饥。每人每餐吃不到二两粮，有的每天只能吃到一顿这样的饭。"民国历史终结前夕，物价飞涨，城乡经济全面陷入崩溃，劳动人民生活困苦艰难，挣扎在死亡线上。

康县在民国初年到抗日战争前夕，一直处于封闭的、落后的以农业为主的自给自足的自然经济。因受帝国主义、封建主义和官僚资本主义的压迫、剥削，农具和耕作技术原始落后，加之频繁的自然灾害、匪患，致使农耕失时，耕地面积不断缩减，粮食产量日益下降。广大农民终年辛劳，尚难温饱。

据1934年《康县社会调查纲要》载："1934年，县内每亩土地过去上等岁收62.5公斤，中收45公斤，下收32.5公斤。"1948年《康县要览》载："本县有耕地面积167257亩，荒地23398亩。县北土壤比较肥沃，县南比较瘠薄。农作物以玉米、小麦、黄豆、马铃薯、高粱为主，兼有大米、大麦、燕麦、粟麦、糜子、荞麦、豌豆、小豆、巴三豆，全年粮食总产86852市石[①]（折合6286770公斤），人均有粮54.5公斤，产量不足自给。"康县境内虽产大米，但为数极少，主粮以玉米、马铃薯为主，全县普遍食用土盐。畜牧业以役畜养殖为主，多为三四户人家合养一头耕牛；骡、马、驴等以县西大小草川、碾坝、老柏树等地产者稍良。羊有石羊、绵羊之别；农户养猪、养鸡比较普遍。

工业底子薄弱，除民间纺织业和铸铧历史悠久外，其他民间个体经营的小型作坊手工业，从1936年开始在岸门口、许家河、云

①石为容积单位，一石为十斗，一斗为十升，一升为十合，一合即一碗。

台、窑坪、店子等地逐渐兴起。平洛、大堡、云台一带酿酒、造纸、纺织、铸造等手工业快速发展，岸门口河、大堡河、火烧河等所产烧纸质量较好，一直占领着陇东南各地市场，其收入之大，为农村经济的主要组成部分。县内农村有纺织的传统，所用原料为自产的大麻、棉花，及北部养蚕茧丝，所织棉布和丝绸、丝帕除自用外，多数销售或易物，境内历史上比较繁荣的商贸中心，当属窑坪古镇，北茶马古道康县段就是从窑坪起步，四川和陕西来的商队由窑坪进入甘肃境内，甘肃去四川成都和东去陕西汉中到湖北襄阳的商队也在窑坪分路。窑坪自古就是经济文化比较繁盛的地方，有陕甘边境旱码头之称。

农民的衣着多为自织的土布、麻布，唯有城镇少数殷实之家有用洋布和丝织品的。县内水力资源丰富，农村有临流水磨供人们面粉加工之用。

农民住房有土墙瓦房和茅草房两种，县南部茅草房居多，大多低矮潮湿，光线不足，厨室炉灶，均无烟窗。

境内只有简易的桥梁、渡口和人畜便道，广大人民群众长期被高山围困，河道阻隔，出入往来极为不便。县治所在地云台设有甘肃省银行办事处，为县内群众提供汇兑、信托、存款、放贷等业务，并兼国、省、县金库。农村合作事业始于1940年，机构有县合作社、乡镇社、保社、保乡社和县政府员工消费社，承担着股金、贷款运作、公积金、公益金及储备粮的管理等业务。

第二节　红军长征时期在康县开展的革命活动

1936年9月，中国工农红军第二方面在长征途中，遵照中央军委的指示，在甘肃陇南地区组织了“成（县）徽（县）两（当）

康（县）”战役。随着“成徽两康”战役的胜利，陇南各地积极组建苏维埃政权，大力开展打土豪、分田地，解放劳苦大众的革命活动。为康县民众宣传了革命道理，播撒了革命火种，让广大劳苦大众看到了翻身得解放的曙光。

红军长征在陇南发起的“成徽两康”战役

红军长征和二方面军进入甘南 1931 年 9 月 18 日，日本关东军突然袭击中国东北军驻地北大营和沈阳城，挑起九一八事变，妄图把中国变成他们的殖民地。在民族危亡的严峻关头，以蒋介石为首的国民党政府无视全国人民“停止内战，一致抗日”的强烈要求，推行“攘外必先安内”的反动政策，于 1933 年 9 月调集百万军队对江西中共中央苏维埃地区等革命根据地发动了第五次“围剿”。此时党内以王明为代表的“左”倾错误发展到高峰。党内的“左”倾错误最终导致了中央红军第五次反“围剿”战争的失败，中央苏区大部分丧失。为了打破国民党的军事围攻，北上抗日，中共中央被迫率领中央红军于 1934 年 10 月实行战略转移，离开根据地，开始了举世闻名的二万五千里长征。与此同时，长江南北各革命根据地的主力红军也相继踏上了征途，1936 年 7 月 2 日，红二、六军团长征到达四川甘孜，与红四方面军胜利会师。7 月 5 日，根据中央决定，红二、六军团和由原红一方面军九军团改编的红三十二军，共同组成红二方面军，与红四方面军联袂北上，向甘肃南部前进。

1936 年 8 月初，红二、四方面军走出草地，中共中央西北局在求吉寺（今属四川阿坝藏族自治州若尔盖县求吉乡）召开会议，决定红二、红四方面军共同组织岷州（今岷县）、洮州（今临潭）、西固（今舟曲）战役，乘围追堵截的国民党军主力部队尚未集中之前，先机夺取岷洮西固地区，以利继续北进。5 日，红军总司令部签发

《岷洮西固战役计划》，将红二、四方面军分为三个纵队，其中红二方面军为第三纵队担任策应任务。命令由贺龙、萧克任正副司令员，关向应任政治委员，12 日由包座出发，20 日以前到达哈达铺。根据这一战略任务，红二方面军由包座出发。16 日，红二方面军先头部队第六军沿达拉河进入甘肃境内。18 日，抵俄界后沿达拉沟、白龙江而下，跨越横架于悬崖之上的石门万险桥，到达莫牙寺、罗大里。23 日，红六军过腊子口，越达拉梁，于 25 日到达哈达铺地区。26 日与驻扎在哈达铺的红四方面军第九军一部举行了联欢活动。

8 月 30 日，党中央发布《对一、二、四方面军行动方针的意见》，要求红二方面军速向陕甘交界出动，首先出击国民党军王均部防线，之后占领凤县、宝鸡、两当、徽县、成县、康县地区，再与其决战。遵照党中央的指示，红二方面军总指挥部于 9 月 7 日制定《成徽两康战役计划》，8 日，红二方面军总指挥部到达哈达铺后，在哈达铺发布了《第二方面军基本命令》，组织发动“成（县）徽（县）两（当）康（县）战役”，决定乘甘、陕敌人分兵踞守的弱点，向东进军，袭击成县、徽县、两当、康县和陕西省凤县、略阳县，建立临时革命根据地，以策应红四方面军实施《岷洮西战役计划》。

二军团六师攻占康县城　按照计划，红二方面军部队分三路向东进击：以六军为左路，佯攻天水，袭占两当县、凤县；二军六师为右路，占据佛耳崖，佯攻武都，钳制武都之敌，并攻占康县、略阳县；总指挥部率二军四师和三十二军为中路（二军五师改为三十二军九十六师）进攻成县、徽县。战役任务要求在 9 月底完成，并预定徽县为全方面军临时后方地域。9 月 12 日，右路纵队红二军六师 2000 多人在红二方面军副政委关向应、六师师长贺炳炎、政委廖汉生率领下，从宕昌脚力铺一带出发，向东经宕昌、新城子、临江、南阳、韩院、好梯、竹园等地进入礼县。然后，经桥头、草坪、雷坝、王坝、三峪、肖良等地，沿太石河向康县方向进军。14日，十七团二营营长刘桂林因病由6名战士护送，在三峪和土匪遭遇，壮烈牺牲，其余战士失散。16日，队伍到达西和崖湾后分两路进军：主力南下过嘉庆沟，经武都白路窑、杨家沟、包峪寺、隆兴、鱼龙、甘泉、佛崖向康县方向行进；另一部红军从崖湾沿太石河到蔚家河口，然后翻越媳妇溜，经武都冯家坪和西和县大桥一线与主力会师。18日进入康县望关，中午路过长坝。当日长坝逢集，集市上的人看见有队伍来，都很惊怕，有的开始躲藏。红军在集市上公买公卖，纪律严明，人们看到红军在集市上经过的表现不像原来的军人野蛮残暴，于是，集市由骚乱变为安静，秩序复归良好。

下午，红军在巩集宿营。饱受兵祸之苦的巩集人民听有部队要来，人们大多数出外躲藏，村里只有少数老弱病残者。红军到巩集后，打开了商户家的粮仓，把十石小麦和两石大米挖出来分给了穷人，用保长家的粮食喂了战马。晚上全部露宿在草铺里。红军走后，外出的群众回家一看，院子打扫得干干净净，缸里装满了水，用了群众的草料等生活资料都留有借条。村民敬必成的母亲给红军送了些豆角菜，第二天发现灶台上放了几个铜板。红军的精神感动了群众，他们奔走相告："从来没见过这样好的队伍啊！"

19日，红军从巩集出发，沿古大道蔡家沟直逼国民党康县政府驻地白马关（今云台镇）。红二军六师十七团先头部队翻越尖山子，行至小沟门时，与随众躲藏的云台学校学生袁治邦相遇，红军让其作向导，袁治邦得知红军的真相后，欣然答应带部队进城。红军接近县城白马关时已是傍晚。此时，国民党康县政府官员早已闻风逃往县城南山方向及三官冯家峡一带，城内群众和学校师生也出外躲藏，城墙上只有保安队在值哨。保安队听见有队伍来了，急问口令，又将手电光射向红军，红军立即用密弹作答，领头的骑兵迅速绕南河向东门包抄过去，保安队抵挡不及，弃城逃跑，红军顺利进占了县城。

六师攻占康县的第二天，师部决定由政治部主任刘型率十七团留驻康县，创建革命根据地，开展苏维埃活动。十六、十八两个团短暂休整后，由关向应、贺炳炎、廖汉生率领先遣部队离开康县，向东经大南峪窑坪、木瓜园、邓子园、罝口一线向陕西略阳县进军。去陕西的十八团于22日途经罝口时，国民党为了堵截红军，胡宗南部新一师第一一八团团部派一个主力营开至白水江镇驻防，在周围的番子山、庙山等险要处修建岗楼掩体，日夜把守。当红军逼近嘉陵江西岸的白水江镇时，驻扎在白水江镇的胡宗南部慌忙兵分两路向略阳县城撤退，以图固守略阳县城。红六师指挥部得知当晚有三条满载军需物资的敌船沿嘉陵江而下经过罝口，立即从秦家坝出发直逼吊巴沟的杨家水磨伏击，截获了三条满载军需物资的敌船，略阳县城敌军闻讯顿时乱成一团，急忙撤向大安。师部在准备攻取略阳之际，接到紧急增援成县战斗的电令，廖汉生率十八团经白水江驰援成县，贺炳炎率师部和十六团驻白水江待命，并开展了一系列苏维埃活动。留驻康县的十七团及三个团的扩红队和伤病员由师政治部主任刘型率领，分三个营分散驻防：一营由刘型主任和特派员王金甲率领300名战士驻防县城白马关；二营由团政委段远武率领驻窑坪；三营由团长蔡炳贵、参谋长苏绪庚率领驻郭家坝（今陕西省略阳县郭镇镇），各营奉命到各地驻防并开展工作。

正值红军在康县的根据地建设如火如荼行进行，张国焘破坏了中央静（宁）会（宁）战役计划。9月22日，国民党第三军（王均部）第三十五混成旅进犯成县，与红三十二军在成县大船坝、王窑、小川等地交战，切断了成康之间的通道。由关向应、廖汉生率领的红十八团奉命从白水江出发急进成县，与中路军配合兵陈成县五龙山伏击敌军进城，而红十六团还在白水江镇一带开展苏维埃活动。敌我形势的急剧变化，构成了有利于实现敌人把一、四方面军压倒在甘陕大道以北，把二方面军阻隔在渭水以南的目的。贺龙、任弼时、关向应、刘伯承根据中央“红二方面军撤离成、徽、两、康地区，渡渭水北上”的指示精神，要求成、徽、两、康地区红军及时集结转移。此时，西南方向川军孙震部正由武都向康县逼近，红十七团已陷入腹背受敌的危险境地。为了摆脱重敌压迫，9 月 25 日，红十七团同云台群众告别，从云台出发和窑坪红军一起向郭镇开去，全团在郭镇集结，开始了新的战略转移。

“成徽两康”战役的影响　红二方面军进入陇南，正是全国革命形势趋于有利、民主革命高潮正在到来的时候。此时，党的抗日民族统一战线政策取得了重大成果，红军与张学良东北军及杨虎城西北军已经实现了停战。由于二、四方面军共同北上，走出了草地，从而与由陕甘宁根据地向西发展攻势的一方面军形成了会合之势，这一空前有利的形势，大大振奋了红军与全国人民，也震惊了敌人。

受三大主力红军即将会师和全国新的民主革命高潮的鼓舞，我二方面军全体指战员战斗热情高涨，不顾刚刚走出草地，减员受损，体力虚弱等困难，坚决地接受了进军陇南的新任务。执行“成徽两康”战役的右路纵队二军团六师十六、十七、十八三个团进入康县的第二天就攻克了国民党康县政府所在地白马关城。红军在康县的磅礴气势，给世世代代受压迫的广大康县民众传递了一个时代变革的信息，唤起了劳苦大众跟着共产党走的信念和对新生活的希望，懵懂中苏醒的康县人民第一次看到了翻身得解放的曙光。

新开辟的成、徽、两、康四县这一同国民党反动派斗争的战略区域，形成了与陕甘宁根据地和一、四方面军互为呼应的有利局面，从而动摇了国民党反动派在陇南的统治。在“成徽两康”战役中，康县县城失守后，国民党甘肃省政府惊恐万状，急电给康县县长王肇南，“以失守城池，亦一律撤职，留任听候查办”①。

---

①见国民党《中央日报》1936 年 10 月 4 日第 4 版。

康县地处边远山区，交通、信息闭塞，党的组织尚未建立，革命思想少有传入，国民党反动派苛捐杂税名目繁多，抓兵拉夫无休无止，不少穷人被逼得妻离子散、走投无路，过着饥寒交迫的苦难生活。红军到来后，严格遵守工作纪律，指战员除了保证完成师部安排的工作任务外，还积极帮助群众开展生产劳动，解决贫苦农民的实际困难。红军对穷苦百姓的关心和帮助，深深地感动了当地群众，也赢得了人民群众的拥护和爱戴。康县人民由此懂得了革命道理，明白了中国共产党领导的红军和国民党军队代表着不同的阶级利益，有着本质的区别，只有跟着中国共产党走，劳苦大众才能翻身得解放。觉悟提高的康县人民，主动为红军带路送信、站岗放哨、抬担架、运子弹、救护伤病员，从而保障了康县临时根据地的巩固和发展。红军和群众的鱼水关系也推动了扩红工作，苦大仇深的农民主动接近红军，迫切要求参加红军。当时，在陇南各县参加红军的康县籍青年就有百人之多，他们随部队转战南北，奋勇杀敌，尽忠竭力，没有辜负康县父老乡亲的期望。

“成徽两康”战役以红军的胜利和敌军的惨败而宣告结束。“成徽两康”战役的胜利，有力地打击了国民党反动军队的嚣张气焰，鼓舞了广大军民的士气，促进了陇南抗日民族统一战线的基本形成，顺利地完成了红二方面军东出陕甘交界战略进攻的第一步，在陕甘交界开辟了一个新的战略区域，为红二方面军挥师北上和推动三大主力红军实现更大范围的胜利会师创造了有利条件。

康县第一个工农民主政权

康县苏维埃政权的建立及革命活动　红军长征到达康县后，以红军为柱石，在云台、窑坪创建起来的县乡苏维埃政权迅速在康县北部一带掀起了狂飚巨澜。穷苦百姓从长期的屈辱、压迫下站了起来，挺起了腰杆，第一次当家做主，勇敢地开展对敌斗争，为建设平等民主的人民民主政权不懈奋斗。

红军攻克康县县城时，老百姓早已躲藏到了大山里，城里仅余老弱病残者。红军得知流浪在街头的乞丐焦管管老小俱丧，无依无靠，就给了他衣物干粮。并做他的思想工作，使他克服恐惧心理，让他把外出躲藏的群众叫回来。焦管管深为红军言行所感动，找到了在群众中很有威望的崔怀清和县政府进步职员李殿臣，将躲藏在大山里的大部分群众叫了回来。红军在县城内外张贴标语，向群众宣传抗日主张，宣传革命道理。贫苦农民孙占奎积极为红军探听和报告国民党政府及保安队的消息，李殿臣帮红军筹集粮草。在红军主持下，召开了群众大会，成立了康县第一个工农民主政权——康县苏维埃临时政府，推选崔怀清任苏维埃临时政府主席，李殿臣、孙占奎、焦管管被推选为临时政府委员。会后，他们杀猪宰羊，酒宴庆贺，军民共享胜利喜悦。在苏维埃临时政府的领导下，广大群众一面打富济贫，打开几家地主的粮仓，把粮食分给了穷苦农民；一面动员进步青年参军，壮大红军队伍。

分散驻防的红军到窑坪后，于22日召开群众大会，给群众宣传革命道理和抗日主张，发动群众成立了窑坪乡级苏维埃临时政府和地方游击队，推选蔡培荣为主席，肖彦成为副主席，何守禄、谭中启、邓振邦、何银洲为委员。在红军支持下，苏维埃临时政府和游击队没收了一大地主和一保长家的粮食，杀了地主家的一口大猪，所获物资全部分给了穷苦老百姓。营长万虎成去木瓜园发动群众，建立了木瓜园游击队，指定万启春为队长，万德成为副队长。一时间在云台、窑坪、木瓜园一带掀起了轰轰烈烈的武装革命热潮。红军领导的革命运动使世世代代受压迫的穷苦老百姓变成了社会的主人，他们个个扬眉吐气，满怀喜悦，无不欢欣鼓舞。在群众的热情帮助下，红军在康县筹集募捐了大量军需物资，部队在补给中得到了休整。新生的革命政权有力地打击了土豪劣绅欺压穷苦农民的狂妄心理，长了人民当家做主的志气。

红军来到康县时，刚刚经历了长征行程中条件最为艰苦、环境最为恶劣的雪山草地，长期的艰难征战，战士们体力消耗殆尽，有的因长期营养缺乏而身体极度虚弱，带病行军。到了物产相对富庶的陇南一带，部队的供给困难原本能够得到缓解，但起初群众对红军的不了解，很难使部队在短时间筹集到物资，在未取得群众信任的情况下，战士们宁可忍饥挨饿也不动群众的东西，一些战士因疾病和饥饿，在万里长征胜利在望时却长眠不起。在经过康县的村镇和白马关、窑坪驻军期间，红军战士严格执行“三大纪律，八项注意”，严守贺龙总指挥提出的五条命令：一、群众不回来，部队不能进他家；二、有些人跑的时候把家里的门窗没关好，要替他们看着门，不让小偷进去偷东西；三、庄子内外要打扫得干干净净；四、不能打鸡赶狗，要让它们安安宁宁；五、向群众宣传抗日，宣传革命道理，使群众相信我们。要到山间和林畔向看不见的对象讲话，宣传抗日。① 按照党中央和二方面军总指挥部的指示，红军每到一地，指战员们便热情地帮助群众扫地、担水、打碾、放牧、垫圈、收割庄稼，对群众的利益秋毫无犯，宁肯挨饿受冻，也不随便进屋，不乱拿群众东西。红军除了纪律严明，用实际行动感染、教育群众外，还利用书写标语、开会座谈、演戏和教唱革命歌曲等形式，向群众宣传红军北上抗日的目的和革命道理，教育群众组织起来，同国民党反动派和封建地主阶级作斗争。通过广泛深入地宣传发动和红军为民的具体行动，戳穿了国民党反动派的谎言，赢得了广大群众的信任和支持。

红军在巩集宿营时，村里人听说有队伍要来，都惊慌得躲藏了

①见《新民主主义革命时期康县党史资料汇编》第12页。

起来，红军离开后，出外的群众回家看到，不但没有丢失一件东西，而且家里的水缸都装满了水，村庄、院落打扫得干干净净。用了的粮食、柴草都留有借条，写着数量，有的还付了钱。在行军途中，红军吃了地里的苞谷、洋芋等，无处付钱，就把钱系在苞谷杆上或放在菜地里。见此情景，人们惊呆了，都不敢相信能有这样好的队伍。全村人站在村口，遥望着红军队伍远去的方向，盼望着红军能够再来。

苏维埃政权被扼杀　1936 年 9 月中下旬，甘肃敌我军事形势发生了重大变化。中国工农红军三大主力即将会师，引起国民党政府的极度紧张，蒋介石急调十几个师的优势兵力，全力“围剿”，企图趁红军立足未稳而歼之。9 月底，胡宗南部从湖南发兵，继而从陕西进至甘肃，与毛炳文、王均、孙震部分四路向成、徽、两、康地区逼近，红二方面军四面受敌，形势极为不利。

10 月 1 日，红二方面军总指挥部鉴于当前敌情骤变，不宜继续单独留在陇南地区活动，遂致电党中央，建议红二方面军撤离成、徽、两、康地区，渡渭河北进。当日，红二方面军总指挥部在红川南场召开了两千多军民参加的大会，向群众发布了红军北上抗日的政治主张和今后的革命任务，会后，红军与地方游击队进行了整训，组建了新兵团。

10 月 3 日凌晨，中央急电红二方面军总指挥部：“胡宗南一部已到清水，关麟征四个团开宝鸡，令红二方面军趁胡敌尚未全部集中之时，以支队掩护，主力迅速走武山附近地区，向北转移。”同日，红二方面军总指挥部按照党中央的指示，下达了《第二方面军基本命令》，决定六军为右路，总指挥部及二军、三十二军为左路，迅速撤离成、徽、两、康地区，向北转移，经天水、甘谷与麻沿河、永兴镇、武山的中间地带，于 10 月 13 日前到达通渭县地域。

红二方面军总指挥部及二军、三十二军于 5 日从徽县城、伏镇等地出发，经银杏、峡门、榆树、高桥、新店、麻沿、汪川、盐官镇、红河镇等地，8日，在礼县固城与六军会合，红二方面军计划分左、右纵队继续北上。

9日，右纵队出礼县固城芦花沟进入甘谷县盘安镇；左纵队翻越礼县分水岭进入武山，经东梁山、湾儿等地到达洛门镇附近，抢渡渭水后，向会宁方向急进。10月22日，贺龙、任弼时、关向应率二军在甘肃隆德县境内的将台堡，与红一军一师胜利会师。

我二方面军在陇南向北转移时，前有胡宗南的截击侧击，后有王均的追击。为了摆脱敌军压迫，争取时间渡过渭水，驻防于成、徽、两、康地区的二方面军各部在向北转移的行动十分仓促被动，对留驻康县的红十七团未来得及收拢，使十七团与主力部队失去联系。处于孤立无援的红十七团全体指战员及时分析了形势，为了避开乘虚而入的重敌压迫，赶上主力部队，及时撤出了康县，开始了战略转移。

红军转移后，国民党康县政府随之卷土重来，重新占据了县城，保安队疯狂撕毁红军张贴的标语，野蛮追捕和杀害苏维埃临时政府成员和为红军办过事的人。在云台一带挨家逐户搜捕掉队的红军伤员，并将地方的小商贩、游医、艺人和工匠当作红军抓去关押，严刑审讯。首先在云台追捕杀害了苏维埃临时政府成员孙占奎、焦管管二人；接着追捕李殿臣，迫使李殿臣在走投无路之际服毒身亡；苏维埃临时政府主席崔怀清见状四处躲藏，一月后被抓回，剥光了上衣，背上火香，游街示众，脊背被烧得皮焦肉烂，然后投进监牢，后因兽医出身的崔怀清有医术在身，治好了县长的坐骑，有利用价值，方免其一死。至此，新生的康县工农民主政权被扼杀在摇篮之中。

在封建地主阶级和地方军阀相互勾结的旧中国，觉悟起来的民主革命先行者，率先投身于红军领导的苏维埃革命活动之中，为红军在康县传播革命思想、打土豪、分田地、建政扩红等革命活动给予了大力的支持，也为康县萌芽状态的民主革命付出了巨大的牺牲。

红十七团在康县的艰难转移

红十七团撤离康县后，与主力部队失去了联系。师部为了收拢十七团，师部执行贺龙总指挥的命令，派参谋长常德善带40多名战士进入康县探寻。由于师部与团一级没有电台联络，一切信息中断，经两日寻找未果。

9月25日，十七团在郭镇由师政治部主任刘型主持召开团部领导干部会议，分析了敌情，讨论了下一步行军方案。大家认为十六、十八团离开康县后，十七团与总指挥部和师部失去联络，敌我情况不明。东向略阳被川敌占领，北去被敌重兵所阻，部队已陷入十分危险的困境。最后决定唯有西去岷县方向或许有可能找到主力部队。抱着一线希望，部队开始了艰难转移。他们计划先向康县南部行进，然后到他们出发时的岷县、宕昌一带。从10月1日凌晨开始，十七团指战员日行夜宿，冒着连日秋雨，一路艰难前行，以图早日得到消息与主力部队会合。

康县南部山高林密，涧深水急。大山里人烟稀少，居住分散，群众生活十分贫困。在失去援助的情况下，战士们一日两餐都无法保障。给养受阻，导致战士们体质下降，战斗力锐减，再加上秋雨连绵和浓厚的雾障，部队行军缓慢而艰难，给红十七团的转移构成了极大的威胁。

十七团撤离郭镇时，找了一个向导，此人游手好闲，居心叵测，把部队引向通往陕西阳平关一带的仓社沟。据侦察，川敌孙震部已到达阳平关一带设防，如果再继续盲目前行，将会钻进敌人设置的包围圈。团领导发现陷落中计后，当即顺原路返回，改道向铜钱方向进发，经两天后才穿过清河密林到达白杨滩。部队继续向南艰难跋涉，计划驻防深山，以期暂时获得休整。队伍在翻枫岭过低垭时，从沿途老百姓口中了解到，南去阳坝，有民团盘踞，根深蒂固，不易打开局面。遂决定继续沿河西上，奔岷县方向。红军以退为进，摆脱敌人追击进入三河坝，但遭到当地反动势力的阻击。六师政治部主任刘型接到报告后，当机立断，指挥一营围攻。经过三小时左右的激战，由于红军无爆破条件及重火力武器，未能攻克炮楼，最后只好突围撤退。多日的艰苦跋涉，连同饥饿、雨中露营，战士们的身体愈加虚弱。这时，连续的行军和操劳，使原本患病的刘型主任在徒涉元曲河时呛了水，伤寒病情加重，不能行走。经过三河坝后，只能躺在担架上行军，他担心团部因照顾自己而耽误行军转移，于是提出把自己留下来，让部队轻松前行。战友们不顾一切地抬着刘型主任继续前行，但连续的高烧使他病情日益加重，几近昏迷。无奈之际，战友们只好把他托付给路边的一家老乡，并留下 5 块铜钱，以作酬谢。

此后，十七团继续沿河水西上。部队在康县南部行军期间，涉过了燕子河、三河坝河、元曲河等几条汹涌湍急的河流；翻越了齐家垭壑、枫岭、牛喝水岭等几座大山，经过两河、白杨、铜钱、吕家坝、秧田坝、中坝、店子、豆坝、碾坝等 6 个乡，一路边走边向群众宣传革命道理。部队到达碾坝袁家沟，由于连续在恶劣的环境中行军，部队得不到休整和给养，指战员们的体力消耗极大，许多战士身体已严重虚脱，部队在这里作了短暂的休整。一位老人，用自己家仅有的苞谷糁糁煮了三大锅粥饭给红军吃，红军战士们受到了连日行军中少有的亲人般的优待，深受感动。此时，驻康县的国民党中央军一师一团二营已得知红军的行踪，便带军前往碾坝一带围追堵截。团部研究决定，兵分两路继续向原出发地宕昌方向行进，一路沿望关、黄坪、蒿川子走礼县方向；一路越分水岭，经琵琶寺、麻崖子、洛塘，走三仓河方向。部队分散行军后，沿途到处遇上敌兵或民团乡丁把守，随时都有战斗发生。当村民们得知经过的是代表老百姓利益的红军队伍时，都不再躲藏，追着把板栗、核桃、鸡蛋等仅有的东西往红军手里塞。

十七团依然抱着回归主力部队的希望，一路辗转，终于到达西固境内的沙湾附近。据当地老乡讲，留驻岷县的红军早已撤离北上，过了黄河，鲁大昌的国民党军重新占领了岷县。听到这一消息，团长蔡炳贵、政委段远武心中的最后一线希望破灭了，部队下一步将走向何方，已十分茫然。他们决定回头东返，沿主力部队出发的路线，向成县方向前进。再次经过佛崖时陷入敌军重围，遭敌炮火猛袭，部队伤亡惨重，余部战斗力几近丧失，很难继续迎敌作战。他们依旧昼伏夜行，不知道地名，也辨不出方向，在深山峡谷中乱闯。由于找不到向导，他们只能借助北斗星辨别方向。经过一段时间的行军后，他们来到了陕甘交界，据说是白水江附近的一个地方。此时的十七团人数减员很大，大部队仍然联系不上，团领导蔡炳贵、段远武、苏绪庚等考虑到如果再盲目行走下去，部队的保障和给养将成为更大的困难。为了保存仅有的力量，缩小部队行动目标，使部队更加隐蔽而不被敌人发现，他们决定遣散战士，使其自谋生路，将仅余的20余名连排以上干部组成一个手枪队，由段远武带领，又返回到康县南部大山中，在大小馍馍山、牛头山、断头山等原始森林中迂回辗转，艰难行进。

他们在南部的深山密林里毫无目标地寻觅了二十多天，最后来到了一个远离村庄的高山上，这里群山环抱，林木葱茏，山顶有一片平坦的开阔地，更难得的是还有一座古庙可以栖身，夜晚可免受风雨袭扰，在近一个多月的行军中，这可以说是唯一遇见的好地方，于是，他们决定在这里驻扎下来。一天傍晚，难耐的饥饿迫使他们走到一个老乡狩猎的号棚里寻找食物充饥，但那个老乡一见有人翻找东西，误认为是棒客在抢东西，就大喊："有棒客，土匪来了！"喊声惊动了山里的路人，也惊动了盘踞在附近的民团头子，民团头子迅速集结了后营、高崖、两河一带的数百名团丁包围过来，一时喊声四起，遍山火把，枪弹如雨。他们寡不敌众，只有撤退。虽然跳出了包围圈，但两支手枪被民团夺走，他们的处境更加艰难。根据老乡们的喊话大致判断出，所在的地方叫牛圈坪。这里地处陕甘交界，山下不远处便是康县的两河乡，由两河向东而下，是陕西宁强县的苍社沟、赵家河，再往南即是三国古战场阳平关。在他们的脚下就是滚滚波涛的嘉陵江。过了江，往东南方向走，翻过大巴山就到湖北了。经过分析，他们确定了下一步回湖北老家去的计划。有了这样的打算，他们立即派人下山探测嘉陵江的水深和涉渡办法。然而，秋雨连绵，江水暴涨，无法涉渡。接着又打听嘉陵江上哪里有桥，探到的消息是，只有逆江而上百里以外的陕西凤州有桥，但如果到那里渡河，不仅路途遥远，而且沿途均有敌兵把守，关卡重重。这时他们还剩 20 余人，共有手枪 15 支，八音盒子枪 4 支，子弹 30 多发。段远武与蔡炳贵等人商讨决定，对外以川军手枪队的名义行动，不准暴露是红军及个人的真实身份。之后，各自分散安置。没有回老家的人，在当地老乡的撮合下，有的入赘被招为上门女婿；有的以抱养为子的名义落户当地，成为当地农户家的后代；有的在当地做工度日，择机另图出路。回家的发给了少量的路费，留下的隐姓埋名。从此，红十七团以及仅有的 20 余名骨干就这样在陕甘交界的康县两河牛圈坪一带悄无声息地散失了。

十七团在康县的散失，是中国工农红军长征史上的一大事件，是人民军队的一次严重损失。十七团在康县执行"成徽两康"战役时所表现出来的英勇顽强、艰苦奋斗、严守纪律、不怕牺牲的优良作风和大无畏的革命精神，给康县人民留下的极为珍贵的精神财富，将永远激励着康县人民在新的长征路上，继往开来，勇往直前。

康县人民支持拥戴红军

在红军到来之前，国民党反动派与地方土豪劣绅早就在群众中大肆散布“红军是青面獠牙的红头发，红军来了要杀人放火，共产共妻”等谣言，群众听到后非常害怕，也对红军很愤恨。当时，红二方面军刚刚走出雪山草地，奔赴康县执行任务的六师右路纵队在哈达铺一带只作了短暂的停留就奉命一路日夜兼程来到了康县。指战员们饿得面黄肌瘦，穿得破烂不堪，有的穿着短裤，有的穿着长衫，还有的披着羊皮，裹着毡片，头发胡子也长得很长，群众见了很是惧怕。红军所到之处，群众大都躲藏了起来，即使相遇也非常戒备，交流十分困难。

为了发动群众，呼唤劳苦大众行动起来投身于反帝反封建，争取民族独立和人民解放的革命洪流之中，在红军的带领下，通过打土豪，分田地，建政扩红，壮大革命势力，扩大巩固革命成果，实现穷人当家做主。红军进入康县后，把群众工作作为一切工作的基础。每到一处，向群众宣传红军的革命主张和共产党的政策，宣传党对全面抗战的决心和争取民族独立、建立民主政权的思想。红军一路打富济贫，亲民爱民的行动有力地回击了国民党和土豪劣绅的反动宣传，也改变了老百姓对红军的看法，红军所到之处，很快与当地群众融为一体，觉悟起来的农民，以不同的方式帮助支持红军在康县开展苏维埃活动。红军经过长坝时，何家庄一村民亲眼目睹了红军战士在集市上购物时公平交易，说话和蔼。当红军队伍离开长坝时，便自愿要求担任向导，带红军到蔡籽垭分路口。临别时，红军给钱以作酬谢，他没有接受。红军在巩集宿营时，村民敬克明的母亲把家里的苞谷棒子送给红军喂了战马，没有收一文钱，还有村民自愿给红军送去了一背篼豆角。红军向县城白马关行进时，恐慌躲藏中的云台学生了解情况后，欣然担任向导，并向红军首长介绍康县的情况，一直把红军带到了县城，为红军顺利攻城赢得了时间。红军攻占县城后，流浪乞讨度日的焦管管得到红军给予的干粮和衣物后，深受感动，找到并动员群众中有威望的崔怀清，一起帮助红军做发动群众的工作。贫苦农民孙占奎，帮助红军打探国民党康县政府的消息，收集、了解敌人情报及时报告红军首长。听说红军要来，国民党政府县长王肇南带领所属政府职员弃城逃跑，原在国民党康县政府任收发主任的北京籍康县市民李殿臣却独自留在城内，他早就对国民党政府不满，主张正义，思想倾向革命，听了红军的宣传，懂得了革命道理，更加坚定了自己的立场和信念，主动接近靠拢红军，积极为红军办事。康县苏维埃临时政府成立后，身为新生革命政权领导人的崔怀清、孙占奎、李殿臣、焦管管勇敢地站在红军和苏维埃政府一边，积极履行苏维埃政府成员的工作职责，带头组织群众落实红军师部各项工作任务，为红军筹集了大量的军需物资。云台街上的一些群众把自己家的房子腾出来让给红军住，准备好热炕让红军伤病员疗养，群众自发地把家里仅有的鸡蛋和面粉拿出来送到红军驻地，尽其所有款待慰劳红军，为红军的给养和体力恢复提供了帮助。

受当时形势和条件的限制，红军在康县活动范围较小，驻留时间不长，许多人想参加红军却未来得及赶上。有些人听到红军走了，就奋力追赶；在外地与红军相遇的人，顾不上与家人商量就直接参加了红军。这些康县籍和来自五湖四海的红军战士并肩战斗，生死相依。长征结束后，他们或随部队改编，在不同的军营和岗位上继续精忠报国，建功立业；或在作战中光荣牺牲。许多无依无靠的孤儿参加红军后，大多没有具体的姓名，直至在作战中牺牲都无法确认他们的个人信息，从此与地方失去联系，成为无名英雄。在长征途中，不少红军战士怀着对革命事业的无限忠诚，与饥寒、伤病抗争，与强大的敌人周旋较量，在复杂艰苦的条件下，在无力继续行军时，他们与大部队失去联系，长时间辗转无果后最终流落他乡。

散失的红军战士流落到康县后，受到了当地群众的热忱关心。深受战乱和压迫之苦的康县人民，感念红军经过时在家乡打土豪、分田地、一心为民，和穷苦农民结下的深厚感情，对流落的红军战士关爱有加。这些伤残患病的红军战士居无定所、生活难以为继时，康县人民在自己生活条件并不宽裕的情况下，自发组织起来给予关心照顾。有的四处求医问药，为他们医治伤病；有的托人帮助张罗，为他们就地建立家庭，成为不走的康县人；有的还为他们凑盘费，打探回家的路径，帮助他们早日返回故乡与家人团聚。这些流落红军战士在康县人民的悉心照料下，得到了家庭般的温暖，身体得到了恢复，生活有了保障。在康县安家落户的流落红军和当地人一样有了自己的房子和田地。新中国成立后，他们每个人都得到了国家和地方政府的终身优抚。

第三节　康县的民主进步活动和抗日救亡行动

哪里有压迫，哪里就有反抗。土地革命时期，深受各种奴役和压迫的康县民众，为了谋生存、求解放、争民主、要自由，自发地组织了各种武装斗争。这些斗争大都因种种原因遭到失败，但是，这些斗争的爆发，极大地唤起了劳苦大众反剥削、反压迫的觉悟，动摇了封建军阀和国民党反动势力在康县的统治。七七事变后，康县民众又积极投身到抗日战争中，为抗日的胜利做出了贡献。这些民主进步活动，都对促进新民主主义革命的胜利产生了积极的影响。

反剥削、反压迫的农民武装斗争

民国年间，阶级矛盾尖锐，贫富分化加剧，康县人民不堪忍受国民党政府抓兵征粮、苛捐杂税的残酷压榨，饱尝各种天灾人祸带来的苦难，由此在境内引发了农民自发组织起来，向黑暗统治、贪官污吏和劣绅恶霸展开的造反抗暴斗争。此间，农民武装斗争影响较大的就有两起。

万家河“神团”与劣绅豪强的斗争 1929 年，康县境内旱灾肆虐，广大农村庐舍荡然，釜罄如洗，草根树皮，挖食殆尽，贫苦百姓或赤身无衣，求生不得，欲生不能。即便如此，官府政客、豪强地主并没有停止对农民的掠夺和欺压。

康县岸门口保卫团团总张俊耀为了谋取万家河富户万青灵的钱财，精心设计演绎了一出栽赃陷害的婚姻闹剧，使万青灵颜面尽失，倾家荡产。万青灵难消心头之恨，遂将冤情告知于远在平凉的叔伯万文斗①。万文斗得知后，义愤填膺，叔侄即刻返回老家，招兵买马，建立了武装组织“陇南神武军”，俗称“神团”。

神团主张信奉神灵，惩恶扬善，抗拒劣绅匪患，要求自己的成员不贪财，不伤害平民，恪守武道，光明正大。他们表面借助神灵，传符练法，实际暗练气功，学拳习武，号称，任何枪弹不能损其毫发。万文斗任大老师，万青灵任二老师。起初团众只有 17 人，后逐渐壮大，达到 100 多人，下设 3 个营。武器初为刀矛，后随着缴获武器的增多，成立了钢枪连。

①万文斗，康县三官人，因家境贫困，自幼流落平凉拜师学艺，练就了一身气功和“符法”，后为神武军首领。以劫富济贫深受穷苦人民拥戴。

神团在康县建立的消息很快传遍了各地，国民党政府及地方豪绅十分恐慌和忌恨。是年 8 月的一天，团总张俊耀带了 5 个团丁，像往常一样威风凛凛地来到乡下催粮要款，带领大队人马正在训练的万文斗一见，火冒三丈，不费力就杀死 4 人，缴获了 5 支步枪。并有意放走 1 人，让其传报主子，从此万家河一带再不准国民党军及其他组织肆意骚扰。

1930 年 4 月初，国民党康县政府命令团总张俊耀剿灭神团，但此时的神团，经过扩充和严格的训练，其装备和战斗力都有了很大的提升。神团勇士们武艺高强，机智勇敢，官府曾先后 4 次围剿，不但没有达到目的，反而连战连胜，越战越勇。

5 月 3 日，神团攻占了康县县城，县长潜逃，县城周围 20 里以内成为神团的控制区。所到之处，将民愤极大的恶霸盗贼拘捕惩治，受到广大穷苦人民的欢迎。一些远在西和、徽县的穷苦百姓也自愿背粮拿钱，前来加入神团。

神团的存在，成为国民党地方当局心头之患。1931 年，张俊耀再次设局布阵，引起首领间的纷争，致神团内部互相残杀，最终归于衰败。

赵国正率领的抗暴斗争　20 世纪 40 年代初，贪官污吏横行，贫苦农民生活在水深火热之中。县内南部地区罗坪乡枫岭保保长李仁山，采用招场聚赌、抽头渔利，强迫人民种植鸦片坐地分赃、滥派粮款、放高利贷等手段，对广大百姓大肆剥削，如有不从，轻则打骂，重则杀头，贫苦农民对这个“霸地虎”恨之入骨。

1942 年 2 月的一天，李仁山向当地贫民赵国正逼债，将赵国正悬梁高吊，打得体无完肤。赵国正性情刚烈，不畏强暴。3 月 24 日，带领几个复仇心切的农民在元曲河砍死了李仁山，为民除了害。此举引起了官府的震动和恐慌，便派阳坝镇镇丁杀死了赵国正的两个亲属，并烧毁邻里房屋 40 余间。

愤怒之下，赵国正带领无家可归的村民，筹集了几杆枪，驻扎在白杨滩柳树坪一带，伺机复仇。9 月 17 日，阳坝镇镇长经过时，被埋伏于此的赵国正当场杀死，缴获步枪 3 支。赵国正接连诛杀保长、镇长后，武都专员公署保安团遂派出兵力联合县自卫队两千余人赶往白杨滩，企图一举歼灭赵国正农民武装。赵国正却带领武装民众迂回于康南大山之中，保安团和自卫队根本无法接近，两千多人的队伍驻扎在白杨滩，当地人民不堪其扰。为了把保安团和自卫队引出白杨滩，解除农民的痛苦，11 月 9 日晚，赵国正带领 70 多名武装农民，分兵穿林翻山，夜行 80 多里，于次日凌晨赶到岸门口，捉拿了县长王德馨，威逼其下令，限 3 天内将保安团队撤离白杨滩，王德馨立即照办。保安团队撤离后，为了保存力量，免遭新的不测，赵国正带领农民武装队伍迁往远离国民党驻军中心的豆坝李家院子。

1943 年 3 月上旬，武都专员亲临康县督战，剿灭赵国正领导的农民武装，在双方展开的“谈判”中，国民党康县政府县长以县自卫队队长职位利诱农民军首领，放下武器归顺政府，赵国正坚决不从。3 月 23 日，保安团和自卫队两千多兵力赶到豆坝，保卫了李家院子，双方展开激战，直到夜里农民军才突围出来。

豆坝战斗之后，赵国正带领 50 余人，20 支枪，继续转战于清河山林之中。9 月 29 日，县自卫队带领一队人马，出其不意，夜袭农民军驻地张家坝，赵国正等人战死，其余逃散，这支曾威震康县一时的农民武装力量在官府的镇压下归于失败。

两起农民武装起义虽然最终失败了，但其威力震撼了国民党在康县的统治，启发和激励了受压迫、受剥削的劳动人民觉悟起来，勇敢地与一切反动势力进行斗争，积极投入到新民主主义革命之中。

康县人民支援抗日战争

20世纪30年代，第一次世界大战后，走上法西斯主义道路的德、意、日三国企图重新瓜分世界。经过长期的准备，日本帝国主义于1937年7月公然发动大规模的全面侵华战争。具有强烈爱国主义精神的甘肃人民以民族和国家利益为重，积极投身于抗日战争。

1938年，北平大学农学院农经系毕业的成县籍进步知识分子、抗日民族先锋队队员卜宪基，担任了成县师范教导主任后，首先在进步师生中发展了一批抗日民族先锋队员。在此基础上，正式成立了“成县师范抗日救亡宣传队”，有折步洲（即叶滨）、邓述祖（即邓品珊）等20多名队员。宣传队成立后，在卜宪基、田宝瑞、王次兰等教师的具体组织指导下，先后排练了街头剧《放下你的鞭子》《捉汉奸》《狂欢之夜》；歌剧《渔光曲》（根据影片《渔光曲》改编）；歌曲《义勇军进行曲》《毕业歌》《大刀进行曲》《流亡三部曲》《热血歌》《保卫黄河》《铁蹄下的歌女》等20多个宣传抗日救亡的文艺节目，深入到城镇乡村进行宣传演出。康县与成县隔江相望，一衣带水，历史上经济互融，人文互通。成县宣传队为了更广泛地唤起民众，汇聚力量，共同抗战，他们跨过犀牛江，来到康县县城白马关一带进行宣传演出，鼓舞了康县人民保家卫国的斗志，激发了人们自觉参与抗战的热情。

抗日战争期间，甘肃成为全国抗日战场的大后方，甘肃各族人民集合于中国共产党倡导的抗日民族统一战线旗帜下，掀起了一场如火如荼的抗日救亡运动。当时，陇东是八路军的整训地和出发点之一，兰州是西北国际援华交通线的枢纽，甘新公路曾经一度成为国际援华物资输入的唯一陆路交通。随着战势的发展，甘肃的战略地位日益提高，中国空军在兰州建立了空军基地，国民政府在兰州成立了第八战区司令长官司令部。甘肃人民积极组织人力物力为抗战提供战略物资，康县儿女踊跃参与，也以各种方式和渠道奔赴抗日前线，为抗战的胜利作出了卓越贡献，立下不朽的功勋。

抗战爆发不久，国民党甘肃省政府就设立新兵招募处，又改名为甘肃师管区筹备处。按国民党政府军政部的分配，每月从甘肃应征5000名青年士兵（自1938年1月起，减为2000名）。1944年9月16日，蒋介石在国民参政会即席演讲中强调："国家在此紧急战时关头，要先其所急，使知识青年效命于战场。"他号召全国知识青年积极从军，提出"一寸山河一寸血，十万青年十万军"的口号。随后，国民党中央决定广泛发动知识青年从军运动，征集知识青年十万人，编组远征军。11月，甘肃省成立"知识青年从军征集委员会"，开始办理从军登记。至1945年1月，共征集3760人（女青年120人）。康县亦作广泛宣传发动，广大青年积极响应，120余名青年应征从军，加入抗战大洪流之中。自1937年9月起至1945年8月，在抗日战争最为艰难的8年时间内，甘肃省共有41.82万人征募入伍，其中康县输送兵员6634人。这些英雄的康县籍子弟兵均被分配到前线部队参加各战区的作战，此外，还有三支成建制的部队调往前线。可以说，几乎在抗日的各个战场，各个重大的战役中，都有康县籍将士奋勇杀敌的身影，涌现出了许多可歌可泣的英雄史迹，他们中的大部分，牺牲在抗日前线，为国捐躯。

历史上，康县北部地区经济、文化相对发达，人们接受新思想、新事物的意识较强。在那里，率先觉悟起来的青年，要么外出求学，用体魄和知识改变自己；要么经商学艺，用本领和财富报效国家。他们最早认识到了国家利益和个人利益密不可分的道理，纷纷走出去探寻救国救民的路径。有人通过八路军驻兰州办事处，奔赴延安参加八路军，进而投身敌后战场；有人参加了红军后，随部队开赴抗日前线；有人在西北军中参加了喜峰口、忻口、台儿庄、枣宜等战役；有人在家乡应征入伍，被分配到抗战的各个战场上。其中有参加中国远征军的，也有在其他军种的。大堡人侯兆璜，自幼怀揣拯救民族、报效祖国的远大理想，青年时期进入黄埔军校学习，属黄埔军校第九期学员。毕业后，被编入中央军卫立煌抗日部队，开赴前线，参加了陇原子弟参战人数最多、伤亡惨重的中条山战役。在保家卫国的神圣战争中，侯兆璜和陇南众多热血青年一样，把参加抗战作为崇高的使命，意志坚定，英勇顽强，在山西中条山守卫数年，在部队中先后任排长、连长、营长、团长等职务，身先士卒，冲锋陷阵，率领部队参加过多次对日作战，曾多次受伤挂彩，出生入死，屡建战功，直至抗战胜利。

与侯兆璜同祖同宗的侯兆烈，大堡小学毕业后亦进入军校学习，毕业后在卫立煌军中服役，任排长。后随部队开赴山西抗日前线作战，所在部队为卫立煌部第五师三团二营。在忻口战役中，侯兆烈肩负着守卫禹王洞的任务，战斗打响后，日军先向我方阵地发起猛烈的炮轰，使战局一度陷入被动，侯兆烈所在的三排战士英勇顽强，奋力阻击，战局得以挽回。接着日军举着长枪和刺刀向我阵地发起了五次进攻，均被打退，敌人死伤惨重，三排除 12 人幸存，其余全部牺牲，侯兆烈也身负重伤。侯兆烈入伍 10 年，其中有 8 年就在抗战前线渡过，几次与死神擦肩而过。由于战事繁忙，侯兆烈与家人长期失去联系，直至抗战胜利后才回到家乡康县大堡。

还有侯氏家族的侯守业，原为黄埔军校第十三期学员，毕业后在国民革命军将领、抗日名将傅作义部队任上尉连长，在抗日前线英勇作战，后随部队在平津战役中参加和平起义，所在部队改编为中国人民解放军，直到新中国成立后侯守业才回到故里。

在抗战英雄中，还有康县迷坝乡的崔生玉，1937 年抗战爆发时就参加了革命，曾为八路军一二九师三八五旅某班班长，1938 年牺牲于抗日前线；康县碾坝的李大义，1943 年 2 月在陕西武功县参加八路军，编入警备四团，先后任营部通讯员、副班长、班长，随部队转战于凤翔、岐山等地，参加过潼关战役。抗战结束后，所在部队改编为第一野战军六十二军，参加过解放兰州，新中国成立后，部队所属武都军分区独立营四连。还有许多不知名的康县儿女为了全民族的解放事业，在抗日救亡运动中献出了自己宝贵的生命，康县人民不会忘记。

组建和发挥合作社组织是康县人民支援抗战的另一种形式。合作社作为一种经济组织，在抗战时期的后方保障中占有重要的地位，发挥过重要作用。为了把农民组织起来发展生产，开展贸易运输，流通资金，兴办社会福利事业，解决抗日部队供给方面的困难，辅助国防工业建设，适当地改善人民生活，粉碎敌寇的经济封锁。1940 年康县开始创办合作社组织，其中：县联合社 1 个，乡镇合作社 7 个，保合作社 37 个，保乡合作社 1 个，县政府员工消费合作社 1 个，共计 47 个合作社承担着抗战时期全县股金、贷款的周转流通，工业生产、运销业务、公积金、公益金、储备粮的运转等合作业务，有力地支持了各项社会公益事业的发展和对前线进行物资支援的供给保障。

康县地瘠民穷，物资匮乏，资源利用率低。但人们爱好和平、保家卫国的热情不减。国难当头，康县人民舍小家顾大家，以国家和民族的利益为重，克服各种困难，努力发展生产，在极度贫困的情况下，节衣缩食，筹集物资，尽最大努力支援抗战前线。从 1942 年开始增纳抗战军粮，最多的年份 3358 石，少的年份也有 1306 石。至抗战胜利，累计献纳军粮 13995 石。妇女们还不断地为前方将士缝制棉衣、鞋袜等衣物穿戴用品。为了抗战救国，康县人民在人力、物力和财力上做到了竭尽所能。

第四节　中共康县地下党组织的建立及活动

1948 年，全国解放战争转入伟大的战略进攻。9 月以来，我中国人民解放军以排山倒海之势，连续取得了三大战役的伟大胜利。西北野战军在彭德怀、贺龙、习仲勋的指挥下，胜利地转入解放大西北的战略反攻。1949 年 5 月，西安解放；7 月，扶眉战役大捷；8 月，兰州解放，全国解放已指日可待。

为了推翻国民党的统治，迎接康县解放，中共徽县工委、成县工委从 1948 年 10 月起，先后派地下党员王永茂、苏效武、金少伯、高升贵、郝万杰等在康县发展党员 367 名，建立了 1 个总支，4 个支部。1949 年 2 月，陇南工委在徽县成立后，除武都外，各县党的工作在陇南工委统一领导下进行。这一时期，康县党组织在艰难中发展壮大，领导全县人民与国民党统治势力进行了艰苦卓绝的伟大斗争，为新民主主义革命的最后胜利作出了贡献。

中共徽县工委在康县发展党的组织

在陇南全境，徽县是中国共产党组织建立最早的地区。1938 年就有了党员，并成立了党小组；1939 年成立了北街小学支部和伏镇小学支部。

1941 年，处于摇篮之中的陇南地下党工作者和党的组织遭到了国民党反动派的血腥屠杀和破坏，党组织与上级失去了联系。此后，陇南地下党在“精干隐蔽”的方针指导下独立开展工作。党的活动主要在徽县，新成立了徽县东关回民党小组，发展党员 4 人。1942 年 6 月，陇南地下党与甘工委恢复了联系，党组织以徽县为中心，迅速向武都、两当、成县、康县、礼县，西和、岷县和陕西略阳、凤县等9县发展，建立了徽县、两当、成县、武都4个县工委，礼县、西和、康县和略阳分别建立了党的临时指导小组和党总支，组建和改建武装游击队5支。

1946年底，徽县工委召开了峡门会议，决定把党的组织推向邻近各县。会后，徽县工委对周边各地区发展党组织和开展武装工作的力量作了部署分工，委派到康县工作的是具有地下工作经验的金少伯。1947年，金少伯在成县、康县一带开展工作。康县远离国民党统治中心，山大沟深，居住分散，群众基础较好，开展游击活动条件比较成熟，但这里的人相互之间关系复杂，有的和保甲长有裙带关系；有的家庭成员本身就代表着不同的阶级，工作稍有不慎会给当地群众带来灾难。带着这些问题，金少伯回到徽县向工委作了汇报。

1948年10月，中共徽县工委派徽县城北区工委书记王永茂到康县发展党的组织。为了安全，王永茂到康县工作时带上织袜机，假扮成商贩，以织售袜子作掩护，在条件成熟的农村秘密发展党员，为全面推进党的活动创造条件。

王永茂来到康县长坝窝窝山一带，秘密调查了解情况，后来到豆坪的巩家坝、李家坝等村庄寻找机会，物色党员发展对象。在那里首先发展了巩现辉、巩现彩、李殿清、杨万春等人入党。王永茂代表党组织给新党员宣布了党的纪律，对发展党员工作提出了具体要求，后回徽县向工委作了汇报。此后，巩现彩等人在当地又发展了7名党员，这一带共发展党员11名。

1947年，礼县白官坡回族共产党员苏贵营遭到天水警备局司令部追捕，逼迫投靠到时任长坝副乡长的亲戚苏效武家躲藏。受苏贵营的影响，苏效武开始倾向革命。1948年10月，康县自卫队派人到长坝搜查枪支，实际是侦察地下党的活动。苏效武自感形势与己不利，便离开乡公所，约邻村青年李成均去徽县寻找共产党。他们在徽县伏镇找到了工委书记吴治国和工委负责人周冠军，苏效武向他们汇报了康县的情况和自己的思想。周冠军认为苏效武值得信任，便介绍他加入了共产党。

苏效武入党后，周冠军派苏效武回康县继续开展党的活动。在回家的路上，苏效武首先介绍李成均入了党。二人商量决定，回康县后，要动员更多的先进分子加入党组织，共同开展对敌斗争。他们分头行动，先在家乡发展了几名党员，接着又向周边扩展，先后在大堡、巩集、长坝一带发展党员 37 名。其中回族党员 11 名。

1949 年 3 月，徽县工委又派金少伯到康县开展工作。金少伯化装成货郎客，来到望关马嘴石，与原先在徽县入党的赵金顺、王万珍，郭维秀等取得了联系。金少伯在马嘴石站稳脚跟后，向党员们传达了徽县工委要求康县大力发展党员的意见，对党员进行了党的基础知识教育。尔后，金少伯以做生意、贩牲畜为掩护，白天走村串户，物色发展对象，晚上和赵金顺等几位党员分头一对一地给进步人士宣传政策，沟通思想。从 3 月到 5 月，在平洛、望关、长坝等地的几十个村庄，一村一村，一片一片打通，依托亲戚、熟人、朋友的关系，在农民、教员、学生中大量发展党员。为了工作需要，还在个别乡长、保长、甲长和国民党士兵中发展了党员。

1949 年 5 月，金少伯离开望关时，成立了望关党总支（隶属于徽县工委），指定赵金顺为总支书记，张存德为副书记，并对长坝、平洛一带的组织发展工作作了安排，这一时期共发展党员 224 名。

中共成县工委在康县发展党的组织

1946 年夏，成县籍红军战士台中堂受党组织委派从延安回到陇南开展党的地下工作。徽县峡门会议后，党的活动分别在成县的水泉、红川、小川等地展开。1948年初，红川、小川各建立了党的支部。1948年5月，建立了成县临时工委。1949年4月，陇南工委决定正式成立了成县工委，山炯堂任书记，茹素、台中堂、郝万杰、李仁任委员。

1949年，成县工委委员郝万杰在成县小川、苏元和康县黄陈（今属成县）、豆坪、李山一带开展党的活动。先后在黄陈一带发展党员13名。

为了便于开展工作，郝万杰根据党员分布情况，在黄陈五郎坪成立了第五十五支部（隶属于成县工委），佘海珍为支部书记。

1949年5月，成县工委委员台中堂在黄陈遇见了从国立临夏师范回乡的表弟高升贵，二人谈起志向、观点十分投机。高升贵向台中堂表白了自己迫切寻找共产党的愿望。6月，台中堂再次找到了高升贵，问及理想，高升贵说自己想筹集盘费，就是一路要饭吃，也要到陇东去找共产党。台中堂认为高升贵政治上可靠，并且立场坚定，便接收他入了党。

高升贵入党后，党组织派他以特派员身份到康县开展工作。

在康县，首先发展自己的几个同窗好友为共产党员。之后，几次到康县都和好友讨论下一步如何继续发展新党员的问题。在高升贵和几个好友的共同努力下，先后在将利、云台、大南峪、三官、王坝、长坝、平洛、豆坪、李山以及国民党康县政府所在地岸门口发展党员共69名。此外，还通过成县党的组织在康县黄陈唐山一带发展了9名党员。

1948年，通货膨胀使货币贬值，物价飞涨，教师生活困窘。在兰州市靛寺小学任教的康县籍教师强廷佐①在教师中游说，策动罢教，要求增加工资。后主持成立了教师联谊会，被选为主席。以强

①强廷佐，康县大南峪人，原兰州市靛寺小学任教，1948年领导教师罢课被解职，后回康县任国民党参议会秘书，1949年6月加入中国共产党，康县地下党主要领导人之一。

廷佐为代表的民主进步力量在校园鼓动教师罢课，引起了校方和当局的强烈不满，因此被解职。1949 年 3 月，回到康县的强廷佐又在县立中学任教，他在教师中继续传播革命思想，反对国民党的腐朽、黑暗，揭发政府官员的贪赃枉法行为，曾亲自出面向国民党康县司法庭控告民政科长培植亲信、贪污受贿的行为，在全县轰动一时，反响强烈。同年 4 月，强廷佐被思想进步的县参议会参议长李达观引荐任参议会秘书，此时的强廷佐早已把精力全部倾注于革命事业。强廷佐的思想表现被有同学关系的高升贵窥见。高升贵认为，如果介绍强廷佐入党，就等于把刀子插入敌人的心脏，而且在国民党机关以秘书身份作掩护为党工作，其有利条件得天独厚。因此，高升贵找见了强廷佐，两人一拍即合，便立即接收强廷佐入了党。

强廷佐入党后，同时承担了发展组织、建立通讯联络点、传递消息、监视敌人、争取上层人士的工作任务。当时西安已经解放，解放大军的节节胜利威震西北，康县频传黄世武①领导游击队在境内开展武装斗争的消息。

此时的国内形势已使国民党康县当局惶恐不安，一日数惊，他们四处设岗放哨、追查、防范共产党的活动。强廷佐虽受命于党组织，但由于身份限制，不便直接出来工作，便以祖父患病，常需回大南峪老家探望为掩护，在沿途动员进步人士参加民主进步活动。先后在三官、王坝、云台、大南峪、窑坪发展党员 7 人，并建立了联络点，培训了联络员。这个时期康县发展的党员均上报给了高升贵，经审查后，于 1949 年 7 月上旬予以批准。7 月中旬，强廷佐在参议会西楼秘密召开会议，通知共产党员焦建富、谢连金、王万业参加，会上传达了上级关于以岸门口为中心，在南部一带建立党支

①黄世武，康县黄陈人，解放前夕在兰州大学法律系读书时加入中共组织。1948 年冬，受中共洮衔工委兰州大学党支部委派，回家乡康县领导地下武装游击斗争。

部的指示精神。

为了有利于工作开展，进一步扩大党员和党组织的覆盖面，高升贵在将利、岸门口、平洛成立了三个党支部。将利为第一支部，祁占云任书记；岸门口为南山第二支部，强廷佐任书记；长坝、平洛为第三支部，由李金生、李应权负责。三个支部均隶属于成县工委。

由于当时政治形势异常复杂，在国民党统治区，共产党的力量还十分薄弱，党员之间居住分散，遇事不便沟通商量，除南山第二支部的焦建富、谢连金、王万业、强廷佐当时与支部联系密切，相互保持联络，基本形成一个领导核心外，其他支部与支部各负责人之间互相没有联系，党的活动秘密进行，单线联系，各自为阵。

康县地下党与国民党上层人士的斗争

深入敌内，分化瓦解国民党上层人士为我所用，是康县地下党组织工作的重要步骤和基本策略。

强廷佐在县参议会任秘书期间，利用职务之便，积极争取国民党上层人士。他认为在国民党康县区域内起决定作用的有三个人：县长孙述舜有政权；县自卫大队副大队长任生银有兵权；中学校长周学敬原为三青团干事，掌握县、乡两级骨干。他们三人狼狈为奸，拉帮结派，许多坏事都出自他们三人之手。

1948 年 9 月，参议长李达观以减轻人民负担为由，在县参议会上没有同意核准自卫队冬季服装费预算，引起任生银的强烈不满。在县长孙述舜、周学敬的纵容和挑唆下，任生银集合自卫队到县参议会门口张贴标语，提抗议。声称，李达观克扣军饷，扰乱军心，危害党国，要求李达观立即下台。李达观便与党团合并中受到县长孙述舜排挤的国民党县党部书记长张守礼结为盟友，与孙述舜、周学敬、任生银一派进行抗衡斗争。两派虎视眈眈，剑拔弩张，大有一触即发之势。强廷佐看到国民党康县上层之间争权夺利、钩心斗角的矛盾后，认为利用矛盾，瓦解国民党势力，转化进步力量为我所用是目前工作的重点。于是强廷佐积极动员李达观分清敌友，弃暗投明，当断则断，先发制人，争取斗争的主动权。李达观受强廷佐的影响，思想顿悟，对时局的判断有了更清晰的认识，很快倾向革命一边。

在国民党康县政权机构内部，自卫队副大队长任生银最为险恶。为了拔掉这颗“钉子”，强廷佐、李达观共同做自卫队中队长雍多堂、安兆南、分队长王建高的工作，并商定乘任生银去徽县购买军服返回途中将其处死在长坝。当李达观去长坝部署时，地下党员长坝乡长李金芳提出反对意见，认为把任生银杀死在长坝，对当地人不利，很可能会殃及长坝一方百姓的安全，因而未能实施。任生银从徽县如期返回路经长坝时，对李金芳声称，望关、长坝有300多名共产党，要求三天内摸清底子，上报名单。任生银回到县上扬言，望关、长坝已成了共产党的天下，要一网打尽。强廷佐听后，立即与李达观商量对策，决定以任生银去徽县“勾结共产党”为口实，先干掉任生银，再迫使县长承认“事实”，公布罪状。具体措施由李达观、雍多堂、安兆南负责落实。

6月26日凌晨，在自卫队出早操时，安兆南带领一队人马包围了县政府，缴了警察局士兵的枪，掐断了电话线；雍多堂带领一队人马包围了任生银的住所，击毙了任生银；雍多堂在归途中高喊：“打倒土匪任生银”，接着去县政府迫使县长孙述舜通告全县人民，电告省府备案。孙述舜一一照办，并当众宣布，提任雍多堂为县自卫队大队长。

除掉了任生银，就是除掉了康县政坛的一大祸害，但也给处于隐蔽状态下的地下党工作者构成了更大的威胁。国民党康县政府官员早就警觉到了共产党在身边的存在，他们强烈地意识到，对共产党人的剿灭是维护国民党政权巩固的关键所在。强廷佐等共产党人也预感到了国共两党在康县的斗争将愈演愈烈，一场血战风暴即将来临。于是，强廷佐加紧作李达观、雍多堂、安兆南等人的工作，动员他们在最短的时间拉出自卫队起义。李达观对起义原则上同意，但对起义后部队的去向和给养心存顾虑，行动计划一时难以决断，而国民党方控制破坏共产党的活动却不断加紧。

敌人觉察到李达观有明显倾向共产党的嫌疑后，便立即派人四处追捕，李达观闻讯连夜逃往长坝躲避，并聚众宣传："长坝、大堡为解放区。"为了有效地控制李达观，敌人以欺骗的手段将李达观诱回县府，并调来敌九十军臣和部队进驻岸门口，控制了李达观的势力，使其不能轻举妄动。强廷佐识破了敌人的阴谋，便立即警告李达观：只有尽快率部起义才是唯一出路。两人加紧策划起义之事，讨论的最初意见是确定在 1949 年 9 月 6 日拉出自卫队起义，起义后的队伍，从岸门口出发，绕牛头山向阳坝转移，然后以阳坝为根据地，阻止敌军南逃，并配合做好迎接康县解放的工作。为了保证起义万无一失，9 月 2 日晚，强廷佐相约李达观再次密谈自卫队起义后如何在党的领导下开展工作的问题，两人密谈至深夜。最后决定，以太石乡寺沟一带地势险要，粮草易筹，又接近西和解放区为首选方案。

第五节　"甘陕川边区游击总部"开展的游击斗争

1948 年秋至 1949 年夏，人民解放战争已进入战略进攻阶段。在西北战场上，人民解放军步步向兰州紧逼，国民党甘肃省政府面临摇摇欲坠的局面，为了摆脱困境，敌人企图利用陇南山大沟深与川陕甘接壤的条件，计划将省政府由兰州迁往武都，以便调遣兵力与川北陕南结成防线，继续负隅顽抗。这一时期，除了徽县工委、成县工委派员到康县发展党员，壮大党的组织，开展党的活动外，黄世武领导的“甘陕川边区游击总部”充分发挥游击队的优势，以强有力的战斗力和灵活机动的战略战术，在战胜国民党统治，迎接陇南解放中作出了积极贡献。

筹备武装斗争力量

1948 年冬，兰州大学党支部认为陇南地区山大林茂、地瘠民穷，群众基础较好，宜于开展游击活动，促成陇南全境解放。经汇报中共洮衔工委研究，同意委派该校康县籍法律系学生党员黄世武回家乡组织开展游击斗争。这时，国民党康县政府已处于混乱不堪、惶惶不可终日的状态。他们四处拉兵拉夫，催粮派款，弄得民不聊生；地方势力明争暗斗，各自都在为巩固自己的统治地位疲于奔命；军政人员中许多有识之士，也自找出路各奔前程。

放了寒假，黄世武回到康县后，利用关系，结识了康县朝野一些有影响的人物，进而谋划筹备武装斗争力量，与国民党势力形成军事对峙。为了有利于收集敌情，团结和动员更多的敌对力量为中共所用，黄世武首先与自己的旧友、国民党康县政府职员郭义臣①取得了联系，并通过郭义臣认识了李达观，接着又认识了到康县接新兵的国民党一一九军二四四师七三一团二营四连军需上士张瑞鲁、四连中尉排长王相贤、五连中尉排长刘德元、机枪连副连长盛伯涛、六连中尉排长余先效等。这些外省籍军官在军中虽有一定的

①郭义臣，康县寺台人，曾任过乡长、教员等职。1944 年前后，组织贫苦农民百余人进行抗丁、抗粮、抗税斗争。

地位，但一一九军军长王治岐为了扩大势力范围，叫嚷“以甘治甘”，在军中排挤和清洗异己，安插亲信，因而经常制造事端，摩擦不断，致使这些外省籍军官备受非难和歧视。而这些外省籍军官都有一定的文化，思想觉悟较高，关心政治，多有远见，早就有投向共产党的愿望。随着国民党内部潜在矛盾的逐渐明朗，黄世武掌握的信息也越来越多。接着，便以兰州大学毕业待安置人员的身份主动与这些中下级军官接触，以图利用矛盾，进行教育，争取转化。

在国民党军中，军需上士张瑞鲁负有管理枪支的职责。黄世武深知枪杆子对革命者的重要性，在与张瑞鲁的频繁接触中，不知不觉地增进了相互间的了解和感情。黄世武给张瑞鲁等人通报人民解放军在全国战场上节节胜利的消息。分析指出，一一九军的排外做法必然会导致中下级军官和士兵的思想波动，将有引起哗变的可能。并说，中国一定要走延安的道路。要解放全国的劳苦大众，就必须推翻国民党的统治，就需要团结广大人民，包括团结国民党军内受排挤、受歧视的官兵共同起来反抗。黄世武还告诉张瑞鲁，自己是受中共兰州洮衔工委、兰州大学党支部委派到康县开展地下游击活动的，目前最需要的就是枪支。黄世武的话深深打动了张瑞鲁。他们认为：目前一一九军内部的矛盾，以及下级军官思想的波动是争取转化军事力量的极好机会。张瑞鲁表示将抓紧运作，在部队移防天水时，联合具有老乡关系的天水马跑泉骑兵学校教官20多人共同举事，倒戈反正。黄世武对张瑞鲁思想的转变表示由衷的赞许，并鼓励他做好充分的思想准备，迎接即将到来的革命浪潮。

黄世武在国民党军中的活动激起了下层军官的思想共鸣，同时也引起了国民党康县当局的警觉。

1949年4月初，黄世武返回兰州大学，向校党支部作了汇报。党支部经讨论认为，目前康县形势发展很快，民众的革命热情已经焕发出来，公开组织革命活动的条件已基本成熟，应当立即行动起来。兰州大学党支部将陇南革命形势向中共洮衔工委作了汇报。党组织要求黄世武立即返回康县，抓紧组建游击队，开展武装对敌斗争。临行前，答应不久后将增派力量到康县协助黄世武开展工作。兰州陇右师管区补充团长、地下党员康君实也联络了西和县接兵的官员，要求他们配合帮助黄世武在陇南的工作。

为了筹集到枪支武器，黄世武寄希望于张瑞鲁等一一九军下层军官身上。当得知张瑞鲁带领新兵从岸门口出发，经镡河开往成县的消息后，便派共产党员陈思齐到岸门口找张瑞鲁商议筹划劫取枪支计划。张瑞鲁表示支持，并达成默契，要求陈思齐连夜行动，赶在新兵到镡河之前，组织力量趁夜黑人静埋伏于镡河渡口，待新兵临近时突然出击，一举劫取枪支。为了确保安全，陈思齐找到李达观安排了两个自卫队士兵护送，陈思齐联合郭义臣、郭臣、黄举科等人一起行动。不料，当陈思齐等人到镡河时，犀牛江水暴涨，无法涉渡，劫枪计划落空。

正值黄世武为组建游击武装缺乏枪支犯难时，有消息称：康县新兵到成县驻地后，新兵的枪支由驻天水的团部军需处配发。恰好连里派张瑞鲁和王家学去天水给新兵联系配备枪支事宜，张瑞鲁将此事汇报给了黄世武，黄世武认为这是一次难得的筹枪机会，便要求张瑞鲁准确掌握从天水往成县运送枪支的具体时间，以便途中取事。建议如果条件允许，可采取果断措施，先弄一批枪支。

张瑞鲁、王家学来到了小天水，正值盛夏之际，天气异常闷热，他们在街上乘凉休息。这时天水宪兵第六队的一个小队 12 个人正在巡逻，宪兵们每人都有一支枪，走到街口后，有的进了馆子，有的逛大街，有的去赌博，其中一个去上厕所。张瑞鲁和王家学认为这是劫枪的极好机会，于是两人分头行动，乘其不备夺下枪支。为黄世武组建武装力量筹到了第一支枪。

为了在国民党军队中培植亲信，争取工作主动权，1949 年 6 月，黄世武指使张瑞鲁利用敌人爱财如命的特点，通过行贿手段换取了上级军官的好感，很快将张瑞鲁提升为三八三团二营突击排排长。在军中有了职务，就有了军事话语权。张瑞鲁利用军务之便，广泛往来于军中官兵之间，尤其抓住一一九军内部的矛盾，利用部分外省籍军官受排挤歧视后，军心涣散、思想动摇的机会，动员他们认清形势，弃暗投明。经说服，其中在一一九军中，部分下级军官都有起义归顺于共产党游击队的意愿，这些人后来都成为组织西和暴动的主要力量。

西和暴动和“甘陕川边区游击总部”的建立

西和暴动 1949 年 7 月中旬，国民党一一九军在陕西扶眉战役溃败后退到天水。8 月 1 日，人民解放军挥师南下时，一一九军又兵分两路撤离天水：军长王治岐率二四七师向岷县撤退，副军长蒋云台率二四四师向西和县溃逃。

黄世武得到敌人撤军溃逃的情报后，秘密授意张瑞鲁抓住敌军后撤、军心涣散、部队换防的有利时机，在西和举行暴动，实施起义。二四四师七三一团行军从成县向西和县开拔，途经礼县罗家堡，晚上休息时，张瑞鲁召集王相贤等人秘密召开会议，研究了组织武装暴动的计划，约定在部队到达西和的当天晚上 11 时，以三发红色信号弹为标志进行暴动。起义后，拉出的队伍，第一会合点是西和的二郎坝，第二会合点是成县的唐坪，第三会合点是康县的黄陈，继而与黄世武地下武装会合。

8 月 7 日下午 2 时左右，二四四师退驻西和县城，蒋云台令其亲信杨伯达率七三二团留驻城内，章土魁率七三〇团驻扎上下坪、上下寨；曹国瑞率七三一团驻扎大水街。团部设在天主教堂（今县医院），机枪连驻下街曹家染坊及张家店，侦察连驻大水街小学。这两个连是举行起义的核心力量，分驻团部左右，形成两翼，敌对其监视甚严。下午 5 时左右，团长叫张瑞鲁谈话，鼓励他好好干，并当面许诺待后另作提拔重用。此时，参加了罗家堡商定起义会议的孙义礼已宣布提升为排长。当晚，城内演戏慰劳部队官兵，敌师部命令各团士兵进城看戏，张瑞鲁借故未去，乘机秘密串联，密商起义相关事宜。准备工作一切就绪，只待部队归营入睡后，于11 时如期发起暴动。不料，孙义礼提升后，受宠若惊，感恩戴德，为报答上司提拔之恩，即向团部告密，出卖了张瑞鲁等策划暴动的领导人，暴露了暴动的全部计划。约 9 时许，当张瑞鲁、刘德元等正在大水街小学门口南侧的五连驻地商议起义事宜时，团部派了一个警卫班荷枪实弹，杀气腾腾地冲进院内，命令张瑞鲁前往团部商议军机，张瑞鲁觉察情况不妙。与其束手被擒，倒不如破釜沉舟，来一个先下手为强。于是当机立断，决定提前举事。张瑞鲁果断地掏出两颗手榴弹投向院里，接着刘德元又冲出门外，持枪猛烈扫射，敌人被这突如其来的变化吓得魂飞魄散，未敢抵抗就仓皇逃命。各连队参加起义的士兵，听到枪声后，预感情况有变，遂迅速拉出队伍冲向街头，机枪连封锁南城敌军火力，掩护起义士兵向南撤出街头，沿小河子边打边撤，从黄家磨过漾水河上东山，绕行赵家河，取道大小庄，经侯村、小页到二郎坝集中。

城内敌军听到枪声后，一时摸不着头脑，疑为解放军已兵临城下，顿时乱作一团，互相开枪，乱打了一阵，通过喊话，方知是自己人打自己人。事后得知七三一团发生兵变，即派骑兵出城追击，至青羊峡前后，共抓获起义掉队士兵 4 人。第二天，蒋云台在东河坝召开全军大会，以逃兵扰乱军心罪，全部予以杀害。

甘陕川边区游击总部的建立 参加起义的队伍拉出西和县城后，到二郎坝经清点，仅剩 200 余人，即向石峡方向急进，途中张瑞鲁宣布起义成功，起义队伍为共产党领导的革命军队。队伍在接近石峡关时，又和九十军骑兵营遭遇，只好又向六巷撤离，到了六巷，又和敌九十军步兵营相遇，激战两小时后，因敌众我寡，张瑞鲁、盛伯涛、刘德元、王相贤决定分三路突围。起义前后处境的巨大反差使一部分士兵始料不及，在困难面前经不起考验，加之有些人对革命还缺乏认识，信心不足，沿途逃跑不少。8 月 8 日晚，队伍陆续到达黄陈时，仅剩 36 人。黄世武接见并慰劳起义官兵后，立即召开会议，宣布“甘陕川边区游击总部”正式成立，黄世武任副总指挥（指挥待上级党组织任命），张瑞鲁，刘德元、王相贤、盛伯涛、陈伯贞分别任作战、情报、财务等参谋，地下党员陈思齐负责后勤工作。总部下设四零一、四零二、四零三、四零四 4 个小分队。同时明确了任务，宣布了纪律。决定在短期内杀掉一批国民党康县党政军要员，以壮大声威，扩大影响，震慑敌人。通过宣传和发动群众，铲除地主恶霸势力，在控制区组织群众抗税、抗粮，招募人马，开展游击斗争，建立人民武装政权。

“甘陕川边区游击总部”建立后，敌人惊恐不安，顿感危机四伏，即派大队人马进行围剿。黄世武运用毛主席“敌进我退，敌驻我扰，敌疲我打，敌退我追”的战略战术，机智地带领游击队，绕开敌人的锋芒，牵住敌人的鼻子，转战于犀牛江两岸，活动在敌人控制薄弱，且具有作战优势的深山密林，苦练杀敌本领，稳扎稳打，以摧毁敌人的心理和军事防线。

马莲山游击战　西和暴动的队伍撤至黄陈的当天晚上，国民党九十军三三八师的两个连和成县自卫队就追到黄陈，包围了游击队，双方接火后，村外枪声大作。当时游击队一面临江，三面受敌，处境十分不利。为了保存力量，游击队连夜渡过犀牛江，迅速摆脱了敌人的包围。第二天早晨到达了安坪和赵坪，在那里休息了一天后，就转移到了寺台马莲山。

马莲山位于康县北部，犀牛江南岸，山高林密，地势险要，有利于军事防守，便于开展游击活动。山上有马莲山、袁家山、老泉山三个自然村，400多户人家，多数是佃户，群众基础较好，可保障游击队的给养。总部决定游击队暂时驻守马莲山进行休整，同时把武装斗争和群众工作紧密结合起来，发动群众开展抗丁、抗粮、抗捐、抗税斗争，并动员青年入伍，壮大游击队的力量。

进驻马莲山的第二天晚上7时左右，总部接到情报称：成县、康县自卫队200多人从鸳鸯坝、将利、尹家沟三路向马莲山围攻，企图围歼游击队。为了粉碎敌人的阴谋，总部决定趁敌人围歼游击队野心正狂的时机，坚决予以回击。于是将游击队兵分三路：一路在马莲山堡子上摆出防守的阵势，诱敌深入；另外两路分别占领马莲山东侧的山头和北部的袁家山，形成火力交叉，以封锁敌人的退路。

8月10日晚9时许，敌人进入马家沟、老泉山和袁家山境内，形成了对马莲山的合围之势，接着对马莲山进行炮击。可是过了一个小时后，发现敌人只是炮轰，并不进攻。总部识破了敌人先把游击队围困在山，然后调集重兵集中围歼的阴谋，便及时调整战术，将计就计，将马莲山吸引敌人的9人分为3个小组，分头出击。埋伏在马莲山东侧和袁家山的两个小分队同时向敌人射击。因为此前，参加围剿游击队的康县自卫队分队长王建高与游击队负责人对战斗计划早有约定，战斗打响后只放了一阵空枪，应付了差事，便草草撤回了兵力。而成县自卫队奉命炮击，火力始终不减，企图一举消灭游击队，但没想到却中了游击队的埋伏，游击队凭借熟悉的环境和有利地形，避实就虚，交叉回击，敌人死的死，伤的伤，剩余的敌人似惊弓之鸟，狼狈逃窜，第二天在打扫战场时，缴获了不少敌人在仓皇撤退中丢弃的弹药武器等战利品。

马莲山战斗有力地打击了敌人垂死挣扎的狂妄野心，极大地鼓舞了游击队员和当地群众的士气，第二天就有十多名青年参加了游击队。

老泉山谈判 马莲山战斗的胜利，震慑了国民党康县政府官员。8 月 13 日，敌九十军三三八师和国民党康县政府联合派出 7 人代表团，要求和游击队谈判。为了有力回击敌人，挫败敌人的锐气，游击总部派出了以张瑞鲁为代表的谈判团队，决定以形势和政策攻心。双方谈判在马莲山举行。

谈判一开始，国民党康县政府方面就直言提出：只要游击队反正，每人可晋升一级，有的可以当团长、团副，要钱给钱，尽其满足。游击队代表张瑞鲁，当即揭穿了国民党方面收编瓦解游击队的阴谋。严正指出：共产党领导的游击队与国民党军队有着本质的区别，游击队不爱官，不爱钱，需要的是人民大众的幸福和自由。并向他们讲述了全国解放战争即将胜利，国民党必将彻底失败的形势。警告敌人，放下屠刀，争取宽大处理。

敌人提出的谈判条件与革命形势发展趋势相去甚远。谈判必然无果而终。敌人收编游击队的目的不但没有得逞，反而受到游击队的严厉痛斥。

对对山游击活动

对对山游击区的创建 老泉山谈判之后，游击队撤离了马莲山，经云台唐家坝、乔家山、潘家山转移到了对对山一带。对对山位于康县东北部及成县南部的陕甘两省交界处，北临犀牛江，西连成康两县的交通要道，山大林密，地势险峻复杂，山上有两座互相对峙的峰峦，故称对对山。对对山距成县、康县和陕西略阳县均有数十公里，是国民党统治区的三角地带。从经济位置看，东有窑坪，南有云台，西有大堡，北有镡河等 4 个集镇，军需补给比较便利。山巅两峰之间有一道山梁，山梁上下建有100多间寺庙，是驻军屯兵的理想之地。游击队撤离马莲山后，根据战略形势变化的需要，“甘陕川边区游击总部”指挥部就设到了对对山。

西和暴动和“甘陕川边区游击总部”的创建，动摇了国民党在陇南的统治。在敌人统治区，一片风声鹤唳，草木皆兵。游击队的崛起，使敌人更加惶恐不安，进而加强了防范，到处设哨盘查，监视控制游击队的活动。游击队转移到对对山之后，广泛发动群众抗丁、抗粮、抗税，与敌人针锋相对，主动出击，派出小分队到邻近地区警告敌人取消对各乡公所的限制。先后捣毁盘查哨所十多个，摧毁了一批乡公所，逼迫停止了在大堡、云台等地抓兵、拉夫、征粮等活动。由于游击队的活动保护了群众的利益，广大群众都把游击队员当作亲人，游击队所到之处，群众无不热情欢迎，游击队的影响力吸引了广大农民群众，大家都向往对对山，都想为游击队做事出力。许多青年慕名来到对对山，要求参加游击队。在短短的10多天里，游击队就由原来的40多人壮大到120多人。这期间，游击队对内部进行了思想和组织整顿。黄世武还给游击队员们教唱《义勇军进行曲》《游击队之歌》等革命歌曲。在游击队经常出没的地方，不时可以听到“在那密密的树林里，有我们无数的好兄弟”的歌声。这种欢乐气象极大地激发了游击队员的革命热情，队员们也把对对山当作了康县的解放区。

奇袭敌六军卫队　随着游击队的壮大，粮食、医药、武器的补给问题也越来越突出。负责后勤工作的陈思齐为了弄到粮食、药品，尽心竭力，四处奔波，托亲戚朋友到成县、略阳购进。因国民党严查围堵，物资筹集均收效甚微。枪支和弹药虽然从乡公所和自卫队里弄到了一些，但数量太少。因此，总部派出侦察员到处收集情报，抓住一切有利时机从敌人手里缴获补充。

8月19日，游击总部获悉，国民党新六军军长兼天水专员高曾级的军部护送其家眷及勤杂人员由天水向四川昭化方向逃窜，有武装卫队护送，还有 20 多名抓来的民夫。卫队用骡马驮运着大量物品，正从镡河向康县云台、窑坪方向行进，准备晚上在窑坪住宿。获此消息后，总部决定，趁敌人长途跋涉疲惫不堪之机，夜袭敌人卫队，劫获驮队。黄世武立即带领游击队 40 多人连夜下山，向大南峪窑坪方向追去。

对对山距窑坪 50 余华里，当夜正值瓢泼大雨，山路陡峭泥泞，行动极为不便，游击队员摸黑前行。当游击队赶到窑坪时，已经是第二天凌晨 7 点多钟。经打听，狡猾的敌人在 5 点钟前已经离店上路了。黄世武立即命令游击队员火速追赶，在距离窑坪 30 华里的秦家坝追上了敌人断后的卫队。自以为平安无事的敌人还没等反应过来，就被游击队将后卫的一个班 12 人全部生俘。走在前面的敌人发觉情况不妙，丢弃勤务人员和民夫，不顾一切地向前逃跑，游击队员穷追不舍，前后夹击，不到一个小时，一枪未发就俘虏了数十个敌人，解救了二十多个民夫和所有的驮队骡马，缴获了 12 支步枪，一挺机枪，一支手枪，还有弹药、银圆和烟土。游击队对民夫进行了教育后，每人发给了路费当场释放，让其赶着自己的骡马回家，对俘虏经教育全部予以释放。缴获的武器、物资运回了对对山。当驻守在窑坪附近的胡宗南奥门部队闻讯赶到增援时，游击队早已离开了秦家坝，在迷坝碌碡坪休息了几天后，又返回了对对山。

赵家砭谈判　游击队奇袭国民党新六军卫队的行动震动了陇南地区国民党军政当局。敌人各路首领恼羞成怒，调集了三三八师、“奥门部队”“臣和部队”和九十军一个骑兵团，分别驻扎在宁强、徽县和康县平洛、云台等地，一边用上万人的武装力量围剿对对山一带的游击队，一边采取大兵压境的办法迫使游击队接受改编。他们派出了谈判联络员，提出要和游击队进行第二次谈判，为了弄清敌人的虚实，掌握新的敌情，游击队同意了谈判要求，派张瑞鲁继续担任谈判代表。

1949 年 8 月 27 日，谈判在大南峪赵家砭举行。谈判开始后，游击队代表首先提出四项条件：一是将大堡、云台、将利、镡河 4 个乡镇作为游击队正常活动区域，在该区域内游击队活动不受限制，国民党军不得侵入；二是在游击队活动区域内，废除保甲制，建立人民民主政权；三是在游击队活动区域内，不征兵、不纳粮，不缴税，保障人民群众基本权益不受侵犯；四是保证农村集市贸易秩序正常。国民党方代表也提出了四点要求：一是将游击队改编为国民党部队，给一个团的番号；二是给游击队供给军粮、军饷和被服，并给全体官兵补发 3 个月的军饷；三是双方交换军官；四是带慰劳品，慰劳游击队全体官兵。

由于双方对提出的条件互不相让，谈判陷于僵局。国民党方用物质利诱不成，便露出了狰狞的面目，妄图威逼游击队按他们提出的条件就范。在谈判中，国民党首席代表谎称：游击队已被国民党军 4 个师的兵力所保卫，再不就范将全部覆没。游击队早已识破了敌人的阴谋，首席代表张瑞鲁一针见血，直击敌人破绽：人民解放军在全国战场上节节胜利，解放西北的大军已迫近兰州，正在向南推进。让他们认清形势，立即投降归正，争取宽大处理。敌人谈判目的终未得逞。至此，敌方代表恼羞成怒，击桌狂叫，扬言要踏平对对山，还要当场绑架游击队谈判代表。张瑞鲁一把掀翻了谈判桌，愤然走出门外。敌人立刻命令事先埋伏好的士兵绑架游击队代表。这时，早已埋伏在附近的游击队员也出现在谈判现场。国民党方代表见游击队早有准备，如果双方继续对峙将局势难料，只得放弃胁迫，谈判再次失败。

游击队谈判代表回到对对山后，向总部汇报了谈判的经过，总部及时召开会议，讨论认为，目前局势日趋紧张，国民党方绝不会善罢甘休，将会采取更大的行动，要求游击队员做好新的战斗准备。

对对山激战　“甘陕川边区游击总部”在马莲山战斗以来，经过几次与敌交锋，缴获了一些武器，已拥有轻机枪 4 挺，冲锋枪 3 支，手枪 4 支，步枪 40 余支，装备有了改善，战斗力大大增强，在陇南地区声威大震，对国民党在康县的统治构成了严重威胁。

赵家砭谈判破裂后的第二天，国民党当局调集驻成县臣和部队一个团和驻康县的三三八师一个加强营，共计 3000 多兵力包围了对对山。实施围攻的敌人有炮兵、骑兵和步兵。游击总部根据急剧变化的战局，紧急召开会议，分析敌我形势。会上有两种意见：一种是主张硬打硬拼；一种是主张化整为零，分散隐蔽撤离。经过综合分析后认为，敌人兵力占绝对优势，已层层封锁了主要交通要道。游击队虽有 120 多人的兵力，但其中会打仗的仅有 40 余人，全部上阵肯定有困难。于是作出决定，利用有利地形先与敌人正面交锋，然后再相机突围。游击队在对对山的两个主峰各部署了一个小分队，由陈伯贞、王相贤小分队占据南峰，盛伯涛小分队占据北峰，刘德元小分队占据肖家山，张瑞鲁小分队留在指挥部担任警卫和预备队，并协助黄世武指挥战斗。

8 月 29 日凌晨 4 点多钟，敌人炮兵向对对山发起了炮轰，一小时后，敌步兵分数路向对对山进攻，游击队员分兵阻击，一直与敌人打到午后，激战了 8 小时之久。游击队员凭借居高临下的有利地形，坚守阵地，寸土不让，打退了敌人十几次进攻。下午 1 时许，敌人一个营的兵力偷偷从王家大山爬上了原告山顶峰，局势骤然反转，居于优势地形的敌人疯狂炮轰游击总部司令部，其他各股敌人也加紧了炮轰。一时间，司令部驻地的寺庙被中弹起火，寺庙周围的树木也燃烧起来。游击队员仍坚守阵地，奋力抵抗，敌我双方几近短兵相接，战斗达到了白热化。游击队员巩良凤阵亡，副队长龙云田因机枪射击时间太久发热爆炸而双手负了重伤。在南峰指挥战斗的队长陈伯贞被叛徒崔家豹暗中开枪，中弹牺牲。战士们急于清查叛徒，致战斗火力骤减，黑压压的敌人趁机爬上了山梁，并狂叫要抓活的。敌人以绝对优势攻占了游击队指挥部，游击队员一边与敌人拼杀搏斗，一边防守叛徒的暗算，分散了注意力。阵地在敌众我寡、敌强我弱的情况下失守。游击队只得分三路突围，边打边撤。张瑞鲁小分队负责掩护总部负责人及时撤离，其他队员被敌包围，穷途末路之际，就势顺着背面的悬崖，抓住树枝、藤条，溜到崖底。黄世武、张瑞鲁等冲出敌人包围后，向在战斗中牺牲的游击队员致哀告别后，立即突围转移。

对对山战斗失利后，游击队员以保存实力为主，暂时分散隐蔽。王相贤、盛伯涛、刘德元带领一部50多人撤至徽县史家坪，后被敌新二军打散，多人被捕，王相贤被敌人杀害在徽县白水江；郭义臣带领一部40余人，被敌臣和团击溃逃散，郭义臣遭敌杀害；张瑞鲁所带的13人与黄世武等3人会合于大堡，传令各路队员暂时分散隐蔽，伺机再作打算。

革命力量再遭扼杀 正值康县民主革命最关键的时候，此前由康县地下党组织策划的针对国民党上层，枪杀县自卫大队副大队长任生银事件经孙述舜、周学敬密告省府开始向下追查。陇南绥靖公署发来急电，要求立即处决李达观等。1949年9月2日，国民党康县政府方面对县城岸门口要道设防布控，准备翌日行事。雍多堂发现形势不妙，正准备通知其他同志撤离，就被拦截在路上，当夜被勒死在县长禁闭室。3日凌晨，安兆南被抓进县长禁闭室。李达观急速出门，催促不知情的同志立即撤离岸门口，刚离开参议会，就被抓到县长禁闭室。当天上午，李达观、安兆南同时被杀害在岸门口，王建高被杀害在云台。地下党策划的自卫队起义计划亦遭到破灭。

第二章　人民民主政权的建立和向社会主义过渡

解放战争进入全面的战略反攻之后，国民党军队已经成为强弩之末，在西北战场上节节败退。1949 年 12 月初，我第一野战军七军在军长彭绍辉率领下，从天水出发挺进西南，康县全境解放。解放后，康县积极进行土地制度改革，把封建地主阶级土地所有制改变为农民土地所有制。通过合作化道路，把小农经济逐步改造为社会主义集体经济。土地改革完成后，遵循自愿互利、典型示范和国家帮助的原则，从组织带有社会主义萌芽性质的临时互助组和常年互助组，发展到以土地入股、统一经营为特点的半社会主义性质的初级农业生产合作社，再进一步建立土地和主要生产资料归集体所有的完全社会主义性质的高级农业生产合作社。土地问题的有效解决，为有步骤、有区别地消灭封建剥削制度，促进农业生产发展创造了条件。

第一节　康县解放、人民民主政权的诞生

1949 年 12 月初，随着中国新民主主义革命进程的推进，康县在全县人民的期待中获得了解放。康县的解放和新政权的建立，标志着国民党统治在康县已经彻底结束。从此，康县人民在中国共产

党的领导下，开展民主建政和生产建设工作，康县进入了一个崭新的历史时期。

康县解放

1949 年 7 月，人民解放军于陕西扶眉战役大捷后，挥军西进，直逼甘肃、青海，受沉重打击的国民党军胡宗南残部龟缩在陇南。8 月 3 日，胡宗南派赵文龙在武都设立了川陕甘边区绥靖公署陇南分署，企图借秦岭之险，阻止人民解放军解放川陕甘边区。他们在徽县、成县、西和、武都一带调兵遣将，设防布垒，重兵防守，做垂死的挣扎。康县的李山、平洛、王坝、三官一带驻有国民党九十军三三八师和一一九军二二四师各一部，县城岸门口驻有国民党臣和部队一个团，同时还有地方军、政、警人员，专门对付地下党及其领导的游击队组织。10 月，反动军人张耀东受国民党甘肃省府调派，接任康县县长，到任后，疯狂捕杀共产党员和倾向革命的各界进步人士。一时间，反动气焰甚嚣尘上，全县上下笼罩在一片白色恐怖之中。

康县地下党组织面对反动派的残酷镇压，仍然坚持组织民众进行斗争。地下党员或公开与敌人武力对抗，或暗中传递情报，相互策应掩护，保护一线人员的安全。焦建富、谢连金从岸门口前往三官执行任务的途中，被敌臣和部队抓去关押到岸门口，在严刑拷打下没有供出党的秘密，后被强廷佐设法营救出狱；陈思齐在敌人追捕无处藏身时，被地下党员赵连璧藏到老家，敌人反复搜查，威胁考问也未能供出；在敌人撤离销毁档案前，王万也将三官乡的全部卷宗档案藏到三官殿屋顶，敌人焚烧档案时用废卷宗代替。后又动员三官乡自卫队员寥德山，将自卫队 11 支枪全部藏到文家沟大山里，解放后交给了人民政府。

10月初，黄建邦等人在已获解放的礼县参加了中共武都地委举办的首期干部培训班。接着新派康县干部和部分地下党员又参加了地委在西和县石堡乡举办的青年干部培训班，为解放后新任干部执政水平的提升奠定了基础。11月9日，中共武都地委在西和县苏合乡叶家阳坡召开会议，西和、成县、康县西进干部及部分地方干部共120余人参加了会议。会议着重对整顿干部思想，护送解放大军南下，迎接陇南解放，继续肃清残敌，发动群众支前等工作作了安排部署。

11月26日，人民解放军第一野战军第七军（以下简称第七军）和十九军向陇南及陕南国民党胡宗南部发起进攻，揭开了解放陇南的序幕。国民党大势已去，胡宗南残部闻讯仓皇撤离康县，县长张耀东匆忙将机关和学校人员、保指导员等由臣和部队和保安连收编，组成作战队伍，并以岸门口临近前线，县府须迁往阳坝后方为由，于12月6日，强行将所有人员裹挟带走。临走时纵火焚烧了朱家梁粮仓，牛头山下浓烟滚滚，熊熊大火三日不熄，数百万斤粮食化为灰烬，县城岸门口成为空城。

为了迎接解放大军的到来，康县地下党员积极行动，组织民众从岸门口至毛垭山，以及平洛、长坝、云台、大南峪等解放军入康过境的沿途，张贴了欢迎解放军的标语。云台成立了支前站，三官、王坝、咀台和云台的群众兴高采烈，踊跃运送粮草，支援解放军南下。

12月初，第七军在军长彭绍辉、政委冼恒汉的指挥下，从天水出发日夜兼程，经西和、成县，沿犀牛江南下。12月7日，奉命解放康县的第七军二十师六十团（黄河八〇部队）从成县双石头出发进军康县。驻镡河的敌九十军某营闻讯逃越犀牛江，拆毁了江桥，后入康溃逃。解放军迅速架起便桥，追敌经云台直至毛垭山，经一阵激战，敌军窜入林中，四处奔逃，经三官、岸门口逃往四川。至此，康县境内敌人溃逃一空，全县宣告解放。

国民党康县政权的接管

1949年12月9日，中共康县委书记黄建邦、县长李尚德等率干部30余人①从西和长道出发经成县镡河入康抵达云台。10日，康县人民政府在岸门口发布了《陕甘宁边区康县人民政府第一号布告》②。布告的发布宣告了康县人民政府的成立。

县人民政府成立后的首要任务是旧政权的接管，如前所述，国民党军政人员逃跑时，裹挟了机关工作人员、教师、学生，还将许多重要物资、卷宗、名册或运走、或埋藏、或破坏。县政府及各乡公所武器仍掌握在潜伏下来的敌人或与敌有关联的恶霸、地主手中，刚刚成立的人民政府还是一个空架子。康县交通信息闭塞，经济文化落后，大部分老百姓对共产党还不了解，一些潜伏下来的敌特分子四处散布谣言，破坏新的党群关系。新的县委、县政府工作人员初来乍到，人地两生，政权接管工作面临重重困难。

县委、县政府带领工作人员到达云台和岸门口后，及时采取对策，大力推进旧政权的接管工作。首先派出干部到长坝、平洛二乡了解当地的情况，收缴武器，宣传党的政策，揭露国民党的谣言，稳定群众情绪。10余天共收缴短枪4支，长枪40余支。12月15日，县政府发出《对敌伪政府各级人员登记交出物资武器的布告》，后又相继发布了《号召群众揭发控告坏人，但不可乱捆乱打伪保、甲长的布告》《关于收集社会上散存的枪支、取缔歹徒携带武器的

①干部有：郝建宁、郭占山、曹登亮、张学功、苏崇岐、高万仁、任登科、刘景章、曹延富、高怀剑、张瑜、冯义、陈三民、魏尚武、刘绪林、白怀信、孙一、高盛光、许仲佑等。

②布告："康县已获解放，为保障全体人民生命财产，维护社会安宁，确立革命秩序，建立民主政权，兹决定成立康县人民政府，任命李尚德为县长，并随令颁发印信，本县遵即于十二月十日宣布成立，本县长于同日到职视事，奉行中国共产党中央所制定城市政策及中国人民解放军总部颁布之约法八章，遵照陕甘宁边区政府颁布之各项政策法令领导我全县人民为共同建设新康县而奋斗。并启用新颁印信除呈报并分行外，特此布告周知。"《新民主主义革命时期康县党史资料汇编》第218页。

布告》《对散兵游勇枪支登记处理的办法》等一系列布告，向群众宣传政权接管的基本政策，要求国民党人员、散兵游勇自觉到县政府登记，交代问题，交出武器；要求群众积极向政府揭发举报土匪、特务、国民党残余势力线索。同日，县委、县政府工作人员在岸门口召开县区级干部会议，研究讨论了接管工作的政策、计划与组织分工问题。会议决定，接管工作首先按照“首恶必办、协从不问、立功受奖”的基本政策，动员国民党机关人员迅速到县政府报名登记，交出旧政府时期的物资、卷宗、名册，安排机关人员专人管理，并作了分工：国民党县党部、三青团、汇报室由丁子英、白怀信负责接管。其次是建立人民武装力量即成立县大队和警卫队，县大队有队员 104 名，警卫队有队员 40 名，这些队员贫农和中农占 90% 以上。当月，在岸门口、阳坝、平洛、大堡、云台设立了 5 个区工作委员会，各区负责接管工作。之后又进一步明确国民党各乡公所由区政府接管，保由乡政府接管，甲由人民代表接管。经过一段时间的紧张工作，接管工作初见成效。据县委《康县解放后两个月的工作总结》记载：“被国民党县政府县长张耀东裹挟后，逃跑回康县的国民党县党部正副书记长、三青团干事长、大部分的原国民党乡公所和县级各科室负责人，都向新的县政府报告登记，并开始移交相关物资、卷宗、名册。”在移交过程中，仍有部分国民党机关人员特别是负责人，不愿彻底移交。对此，我工作人员，耐心宣传党的宽大政策，对态度恶劣的原国民党机关人员扣押管制，直到交代为止。1950 年春，康县基本完成了对国民党县机关和各乡公所的接管。先后共收缴长枪 317 支，步枪 39 支，手枪 11 支，冲锋枪 4 支，机枪 1 挺，接收房屋 11 间，小麦 2136. 406 石，大米 3 石，玉米 329. 663 石，面粉 244 斤，白洋 1364. 7 元，白土布 454 尺，麻 338 斤，彩色土布 1178 尺，红洋布 7. 8 尺，各类绸缎 4. 8 丈，各类衣物 239 件，烧纸 6715 局，大小家具 196 件，豹皮 1 张，马 2 匹，麝香19两，各类卷宗55卷，书籍3000余册。

县委、县政府遵照“既不急躁，又不放任自流”的原则对各学校进行了接管。1949年12月12日，县政府组织旧职教员和社会闲散知识青年60余名，举办教师训练班，团结、教育、改造了一部分旧知识分子，唤起了他们为新中国教育事业献身的热忱。1950年1月，县政府设立文教科，为教育、文化、卫生、科学、体育合并管理的职能部门，并于年底配齐了各区文教助理员。1950年3月，全县共接管各中小学30余所，并分配当月结业的60余名（其中旧教职员38人）教师训练班学员到各小学任教。他们大多成为解放后的首任校长或临时负责人。在学校管理上，取缔了国民党在学校的一切活动，摘除了国民党青天白日国旗和蒋介石挂像，废除了训导制度及体罚制，并令各校积极动员儿童入学。教学内容上进行了根本变革：取消了“公民”“童训”课，小学一、二年级设国语、算术、美术、唱游4门课程；三、四年级增设常识，改唱游为音乐、体育2门，共6门课程；五、六年级将常识分设为历史、地理、自然。政治思想、道德品质教育贯穿在各科教学之中。

接管工作按政策规定，区别对待，首恶必惩，其余不问，并吸收了一少部分经教育改造后，愿意为新中国服务的国民党机关原职员到各机关继续工作。在对原保、甲长的处理，按县人民政府《布告》规定，实行了必要的保护政策，减少了借机泄私愤，乱打保、甲长人员的现象。

人民民主政权的建立

解放前，国民党实行保甲制度，将全县划分为10个乡镇，下辖133保，1564甲，22463户，115393人。

解放后，新的县委、县政府在接管旧政权的同时，建立健全了人民民主政权，即在健全县级组织机构的同时，加快区乡政权的建设，凸显了人民民主政权的本色。县委、县政府机关设在岸门口。县委下设秘书室、组织部、宣传部，县委书记黄建邦兼任县委秘书室秘书，丁子英任组织部部长，黄世武任宣传部副部长。县政府下设秘书室、财政科、公安局、邮政代办所，魏尚武任县政府秘书室秘书，刘景章任财政科科长，张瑜任公安局局长，张新桥任邮政代办所所长。在岸门口、阳坝、平洛、大堡、云台设立 5 个区工作委员会（过渡性组织），曹登亮任岸门口区区委书记，苏崇歧任阳坝区区委书记，郝建宁任平洛区区委书记，任登科任大堡区区委书记，郭占山任云台区区委书记。1950 年 1 月 1 日，县政府发布 1 号命令，在岸门口、阳坝、平洛、大堡、云台设立区人民政府；在岸门口、阳坝、平洛、云台、崔安、罗坪、长坝、大堡、将利、县坝设乡人民政府。配备了各区区长，以后又逐渐增加了副区长、文书、民政助理员、文教助理员、财政助理员、建设助理员（后改称生产助理员）、区营长（后改称武装部部长）、经费会计、通讯员。

为了适应政权建设对干部队伍建设的需要，1950 年 1 月 7 日至 25 日，康县举办党员干部训练班，有 61 人参加培训，学员来自农民和青年学生中吸收的新党员和经教育后愿意为新政权工作的国民党原机关人员、教员。培训的主要内容是讲授党的基本知识，学习党在农村的各项方针政策，以及新政权建设中的基本政策；开诉苦大会，控诉旧社会的黑暗，提高学员的政治觉悟和阶级觉悟，增强为新政权服务的能力。培训后，学员全部分配到县区机关工作。

1950 年 1 月 27 日至 30 日，康县第一届各界人民代表会议在县城岸门口举行，会议通过了在全县设 5 个区人民政府和 42 个乡人民政府的决定，初步确定了康县政权建设的框架。1950 年 2 月 28 日，县政府又拟定了《关于暂时乡政府的划分与建立人民政权决定（草案)》，明确规定了建立政权的各项具体政策。其中，一是规定了区、乡、村的划分原则：1. 区的规模：按全县户数人口的多少与便于管理的条件，以三万人左右为一个区；2. 乡的规模：以两千三四左右人口为一个乡；3. 村的规模：以十五至二十户左右之村庄为一个自然村；不足十五至二十户的小村庄，可由数个小村庄合为一个自然村。一个自然村选人民代表一名，三五个自然村代表中选代表主任一人；4. 区乡政府名称：一般为某某区公署、某某乡政府；5. 县级行政区划：根据户数、人口、面积等情况，将全县划分为 5 区 42 乡。纪常区（即岸门口区）辖 8 乡，5195 户，25843 人；云台区辖 9 乡，5216 户，26481 人；大堡区辖 9 乡，4639 户，19830 人；平洛区辖 8 乡，3860 户，16940 人；阳坝区辖 8 乡，3553 户，26299 人；6. 每乡设干部 2 名，其中乡长 1 名、副乡长或文书 1 名。二是规定了各乡干部的任用原则：1. 由政府推荐提名共产党员、农民积极分子和进步知识分子，然后由县委委派；2. 由乡农民代表选举乡长、副乡长或聘请文书。三是规定了经费开支标准：乡干部每人每月发小麦一石，办公费每乡每月约小麦二十五市斤。其后又在各村设行政村主任、农会主任、民兵队长各 1 名，并逐渐增设农会组长、妇女组长、民兵排长等。至 1950 年 5 月初，各乡人民政府基本建立，大部分村级政权也建立起来，全县乡、村级政权体系基本健全。

在国民党保甲制度已经推翻，新的基层政权正在建立的时期，基层村级管理实际上处于无政府的混乱状态。1950 年初，县委、县政府遵照上级精神，把建立农会组织当作农村基层政权建设的重点来抓。首先在各村选举农民代表，成立农会小组。各乡成立乡农协会，选出乡农代会和主任委员，并规定，村里各项事务必须经过农会讨论决定后才能施行。区乡农代会每一个半月召开一次，主要任务是讨论各项工作，推动农村改革，监督各级行政人员的工作。农会人员的构成，原则上是除地主、富农和与地主、富农有关联的兵痞、流氓以外的一般农民，并有一定比例的妇女。据档案记载，截至 1950 年 5 月初，全县有农会小组 234 个，会员 3539 名，其中女会员 100 名。在解放初的政权过渡时期，农会组织成为农村基层政权的领导核心，承担了政权组织的职能。在减租减息、生产救灾、剿匪肃特、镇压反革命等一系列重大工作中发挥了积极作用，

1955 年 6 月，根据《宪法》《地方各级人民委员会组织法》规定，原地方各级人民政府改称为地方各级人民委员会。

过渡时期康县行政区划变更

从人民民主政权建立至生产资料私有制的社会主义改造基本完成，短短六七年间，康县的区乡设置几经变更。

人民民主政权建立之初，1949 年 12 月至 1952 年 7 月，康县的区乡设置为 5 区 42 乡，即纪常区（即岸门口区），1950 年 2 月改称第一区，下辖许永、永安、中节、贾安、碾坝、鱼跃、崔安、草川 8 乡；阳坝区，1950 年 2 月改称第二区，下辖阳坝、铜钱、罗坪、白杨、枫岭、秧田、两河、后营 8 乡；平洛区，1950 年 2 月改称第三区，下辖平洛、张坪、刘河、太石、唐梁、豆坪、后佛堂、长坝、吊峪 9 乡；大堡区，1950 年 2 月改称第四区，下辖大堡、张湾、桃园、巩集、鸳鸯、黄陈、中坪、朝圣 8 乡；云台区，1950 年 2 月改称第五区，下辖云台、大山岔、窑坪、关沟、王坝、黑潭寺、三官、李湾、青林 9 乡。农村建立互助组、初级农业生产合作社时期（1952 年 7 月至 1955 年 12 月），康县的区乡设置为 9 区 77 乡，即第一区辖永安、许永、贾安、中节、曲河、新寨 6 乡；第二区辖白杨、枫岭、两河、池营、公湾、秧田、王坪、廖坝 8 乡；第三区辖阳坝、龙潭、铜钱、乱山、高崖、罗坪、华岩、梅园、席坝 9 乡；

第四区辖三官、万家河、陈家坝、王坝、咀台、金台、东庄、黑潭8乡；第五区辖云台、铺坝、中院、新院、柿坪、青林、上殿、郑湾、窑坪、吊节10乡；第六区辖碾坝、崔安、松林、鱼耀、斩龙、李家峡、大水沟、老柏树、草川9乡；第七区辖大堡、窄峡、巩集、东岳、寺台、四合、鸳鸯、中坪、黄陈、将利10乡；第八区辖长坝、张台、桃源、田坝、张湾、吊峪、望关7乡；第九区辖平洛、中寨、张坪、龙坝、豆坪、唐梁、刘河、麻滩、河口、太石10乡。

1949年12月7日康县解放以后，区域依旧。1956年1月31日，将康县蒿川子划归武都县，将武都县赵家坝划入康县。是年11月14日，经省人民委员会批准，将武都县洛塘区解板乡32个村、杨坝区草坝乡的孟家庄、范塄干、袁家里划入康县。

1957年3月，将陕西省略阳县的大南峪乡全部和木瓜园乡的大草坝、贺家沟地（共7个农业合作社）划入康县；将康县云台区的窑坪乡上、下庆阳和郑湾乡的史家河等地划入陕西省略阳县。同年10月29日，经省人民委员会批准，将武都县太平乡全部和裕河乡冷家砭以下12个村划入康县。是年，全县总面积2691平方公里。

1958年11月，国务院决定撤销武都专区，并入天水专区；康县并入武都县，徽县、成县合并徽成县。与此同时，将原康县所辖犀牛江以北的将利、郑山、黄陈、陆家沟、石榴、毕河等地域划归徽成县；而将原成县所辖犀牛江以南的马连、四方、刘河、迷坝等地域及纸坊公社的雍坝、水口、甘柏树沟等地划入武都县，归康宁片管理。1961年12月15日国务院决定，恢复康县建置。除将赵坝、唐坝二乡留归武都县外，原武都县康宁片全境为康县行政区域，总面积2958.46平方公里。县治嘴台。

第二节　人民民主政权的巩固和农村经济复苏

新生的人民民主政权在建立之初，面临着两方面的严峻考验。一方面，国民党统治时期，广大民众深受地主阶级高额地租和高利贷的剥削，以及土匪恶霸的残酷掠夺，生产凋敝，生活赤贫。如何改变旧的经济关系，解放和发展生产力，使崩溃的国民经济得到全面复苏，人民生活状况有所好转。另一方面，广大民众在政治上获得自由、民主和新生，被打倒的地主阶级，国民党残余势力、土匪、恶霸等则不甘于他们的失败。他们对人民民主政权虎视眈眈，并相互串联，四处活动，散布谣言，蛊惑人心，大搞暗杀、抢劫和各种反革命破坏活动。企图颠覆人民民主政权，复辟他们已失去的天堂。如何彻底消灭敌对势力，巩固人民民主政权，是对新生的人民民主政权的又一严峻考验。为了恢复国民经济，巩固人民民主政权，从1950年春至1952年底，县委、县政府遵照上级有关指示精神，动员和组织广大民众，在全县范围内深入进行了减租反霸、生产自救、剿匪肃特、镇压反革命以及支援前线、保家卫国的运动。

反霸斗争与减租减息

在人民民主政权建立之初，为了改革旧的剥削制度，改变旧的经济关系，全面复苏经济，首要工作是进行反霸斗争，使广大民众彻底摆脱以恶霸地主为主体的反动势力的欺压，真正得到翻身解放；其次是减租减息，减轻地主和高利贷者对广大民众的剥削，调动广大劳动人民的生产积极性。为此，从1951年春开始，县委、县政府按照上级有关会议和文件精神，在全县开展了减租反霸运动。

1951 年春节后，县委在岸门口召开县、区两级干部会议，部署安排减租反霸的具体工作。全县的减租反霸分四期进行。第一期，首先在云台区的云台、李湾、三岔、窑坪、关沟 5 个乡开展试点；第二期在城关区（岸门口）；第三期在平洛区和大堡区；第四期在阳坝区。每期分三个步骤：第一步，以 10 天时间宣讲政策，发动群众；第二步，以 10 天时间斗争恶霸地主；第三步，以 10 天时间减租减息，建立健全基层政权。

1951 年 4 月初，云台区的减租反霸试点工作正式启动。工作组进村后，首先对群众进行思想动员和访贫问苦。由于长期受封建地主阶级的统治，村里不少人认为，种地主的地就该交租；借地主、富农、高利贷者的债就该付息。还有人认为，受穷是命里注定等等。针对这些思想认识，工作组反复讲解党的减租反霸政策；讲解几千年来地主富农为什么富，贫苦农民为什么穷的道理；讲解地主阶级依靠政权和神权压迫贫苦农民的种种手段，让群众明白，地主阶级宣扬“宿命论”，其目的就是要穷苦农民服服帖帖地顺从他们的剥削和统治。通过访贫问苦，深入宣传，群众的顾虑慢慢打消了，开始觉悟起来，认识到“命运”全是地主阶级骗人的话。经过一段时间的发动工作，群众普遍被发动起来，很快形成了以贫苦农民积极分子为核心的骨干力量。农村成立了农会组织，组建了民兵队伍，站岗放哨，监督地富活动。每到晚上就主动到会场听政策、提疑问、联系实际，以活生生的血泪史、阶级仇，揭露封建地主阶级的剥削罪行。

在此基础上，广大贫苦农民以农会为核心组织，深入进行反霸斗争，召开群众大会，斗争恶霸地主。村村都开展了对不法地富的诉苦会，实行减租减息。这期试点工作实际花了 40 天时间，顺利地完成了 5 个试点乡的减租反霸运动。

通过试点取得经验之后，紧接着，减租反霸运动按原定部署在黑潭乡等第二期开展的各乡镇展开。试点运动中的反霸斗争和减租减息对其他各乡镇产生了极大震动，到处都可听到人们在谈论减租反霸的声音。广大民众热切盼望工作组进本乡本村开展反霸斗争和减租减息。工作组进村后，群众很快被发动起来，纷纷要求斗争村里罪大恶极的恶霸地主。

第二期减租反霸运动开展不久，中共武都地委书记黄恩明带领地委从干校抽调的70多名干部，在平洛区和大堡区开展了第三期减租反霸运动。第二期实际上只进行了25天就顺利完成了任务。第三期实际只进行了15天就顺利完成了任务。第四期阳坝区8个乡的运动，因匪情严重，暂时停顿。

斗争恶霸地主，长了贫苦农民的志气，灭了恶霸地主的威风，贫苦农民掌握了乡村政权，真正当家做了主人，使减租减息得以顺利进行。康县的租佃形式主要是“按地平分租子”，俗称“安种”，即地主出租土地，其他生产资料如种子、肥料、牲畜、农具及耕作由佃户承担，收成一般都是平分。农作物秸秆，在地主不要的情况下，归佃户，如地主需要仍然平分。其次是地主出租土地，承担种子、肥料、牲口、农具等生产资料，耕作由佃户负担，收获时按事先的约定，某几块地的收成归地主，某几块地的收成归佃户。一般情况下佃户耕作七八块地，只能得到两块地的收成，这种方式比“安种”的剥削程度还要严重。各地租佃，因地方不同，具体的形式也不尽一致。另外还有开垦荒地（多为坡地和林地），因为开垦难度较大，所以租额逐渐增加。第一年是“一九”分粮（即只需要交给地主十分之一的收成），第二年“二八”分粮，一直推到“四六”分粮为止。几年之后，土地变贫瘠后，租额又逐年减少到“一九”分粮。有的地方，地主为了鼓励农民开垦荒地，三年内免收租。地主对农民的剥削除了地租之外，还要农民无偿给地主劳动、修房子、办婚丧嫁娶等事，还要承担砍柴、担水等杂务活。逢年过节，还要给地主家送礼。而且租种地主家的地，地变贫瘠之后，地主仍然强迫农民继续耕种，直到为地主找到接替的人。

债务关系上，解放前，由于国民党政府货币贬值和物价波动，农村的货币借贷基本绝迹，实物借贷成为主流。主要有放布、放粮、放耳子（子耳）、放烧纸、放棉花这些借贷到期后，利还不上则变利为本，本上再生利，变为复利，俗称“驴打滚”。

在减租反霸运动中，减租减息自1950年初开始，一般按照二五减租，即不论何种租佃形式，均按照原租额减去25%的原则，总体上地主所得不超过土地总收成的37.5%。具体执行，各地因情况不同，不脱离原则的基础上，因地制宜。各级农会是减租的合法组织，他们通过各种形式，面向群众广泛宣传党的政策，保证减租交租。后来在执行过程中，有的地方搞“一刀切”，一律按照二五减租。县委出台政策及时纠正，并规定解放前开垦的荒地，地主投入生产资料的，要照顾地主的利益，在其所得数额内，应按照二五减租原则减少，总额不得超过37.5%，并规定各地房租不能增加。

依据租佃和剥削量，全县初步划订地主、富农1603户，人均占有土地4.79亩，而全县贫雇农人均仅占有土地1.71亩。为谋生计的贫农大量租入地富土地耕种，除小土地出租和富裕中农出租少部分土地外，地主、富农出租土地2016亩。减租182.6215石，折合9.131万公斤。地富退租71.7605石，折合3.588万公斤。1951年秋，全县减租反霸运动结束。这一运动的开展，大大消灭了地富的威风，大大增长了贫苦农民的志气，为年底开展的土地改革奠定了基础。

生产救灾和农村经济复苏

解放初，康县受干旱、暴雨等自然灾害影响，加上国民党统治时期残酷的剥削和掠夺，人民群众生活贫苦，吃不饱，穿不暖，难以维持简单的生产。县委、县政府自成立起就将生产救灾和发展农业生产放在重要位置，通过生产救灾和发展农业生产，推动经济复苏，以改变人民群众的赤贫状况。1950 年初，康县人民政府发布《关于生产救灾的指示》，强调了生产救灾的重要性，制定了生产救灾的组织形式、工作方法等内容。自 1950 年开始，每年都定期开展生产救灾工作。在生产救灾中，各区乡成立了 5—7 人的生产救灾委员会或小组（后改称生产工作组）。1950 年至 1951 年间，根据康县实际情况，生产救灾主要有变工生产、开垦荒地、借贷粮食、发放农业贷款、兴修水利等。

1952 年春夏以来，康县又发生了如冻灾、水灾、旱灾、冰雹等。1952 年 7 月 21 日，县政府发布了《大力发动群众做好生产救灾和备荒工作的指示》，要求各地迅速大力发动群众，在洋芋地、荒坡地、轮歇地和其它地，多种秋荞、秋豆、萝卜等蔬菜，加紧采集野菜和可食之物储存，并领导群众进行防洪，与灾情作斗争，以度荒年。并要求恢复和发展副业和手工业生产；开展运销，鼓励贩粮食；开展运肥与积肥运动；发动群众互助互贷；政府救济，并发放贷款；截至年底，县政府发放救灾款 8000 万元，并借出粮食，人民银行贷放赈灾款共计 3. 34 亿元，基本上解决了灾区群众的困难。1952 年 12 月 25 日，县政府又发布了《关于生产救灾与冬季救济工作的指示》，要求：1. 各区派人下乡检查救灾款的使用，变救灾款为生产资本，禁止浪费和坐吃山空的现象；2. 活跃农村借贷，发动群众互助互济；3. 做好副业生产，克服目前困难，为来年春耕生产做好准备；4. 安置农村中的鳏、寡、孤、独、老、弱、残。当年，还根据受灾情况的不同减免了一部分农业税，如二区，应交 33 万市斤粮食，减免 9. 1 万斤。由于 1952 年全县范围遭遇十年一遇的大雨，山区主粮玉米、豆类、洋芋等，全部减产甚至绝收。到 1953 年春，全县人民都在艰难地度春荒，其中受灾极为严重。县委、县政府高度重视救灾工作，把组织群众生产自救，集中全力战胜灾荒作为1953年工作的中心任务，及时研究制定了救灾措施，多方配合，救济一部分最困难的灾民，从各方面想办法不准饿死一个人。组织领导方面，将之前的生产救灾委员会和生产抗旱委员会合并为生产抗旱委员会，统一领导。

1953年7月中旬，一、五、六、七4个区又发生山洪河汛严重灾害，县委、县政府带领广大群众抵御洪灾，除发放救灾款和贷款外，发动山区农民修梯田、挖水平沟和排水沟、砌石墙，减少开荒，保护森林。这样做保持了水土，减少了灾害，增产了粮食。康县山林地带，野猪、老熊、狼等泛滥成灾，不但庄稼被野兽大量糟害，还有家畜家禽被野兽咬伤咬死。为此，1953年，康县抽调熟练射击的干部20人，编成6个队，到野兽出没地配合群众捕杀野兽。农村也成立了打猎小组，合力捕杀野兽，并对打猎模范进行奖励。据不完全统计，1953年仅二区在34天的保秋工作中，成立打猎队9组232人。采用重点围猎、轮流看守等方法，共打死野猪、獾猪、刺猪、黄鼠狼、熊等各类兽害88只，全县共消灭兽害448只。还有虫灾，如寺台乡马连山的虫灾出现后，捕捉黏虫50多斤。平洛等地出现红蜘蛛，都及时得到控制和捕灭。1953年，上级共给康县拨发农村救济费6.6亿元，加上1952年底结余的4000万元救济款，共计7亿余元，已于1953年上半年发放完毕，共救济4345户，17526人。

1954年，康县农作物因雪、霜、风沙、冰雹等各类自然灾害影响，粮食减产从二成到五成不等，极少数地方减产八成，几近绝收。1955年10月以来，康县各地霜、冻、虫、风、雹、洪水等各种自然灾害连续发生，并以冰雹、洪水灾害最为严重。受灾地区，除已成熟之夏收作物及土豆、玉米、秧苗、棉花等青苗受到损害外，人畜、房屋、公路、河堤、小型水利等受损更为严重。为了进一步做好生产自救工作，县委、县政府发出指示，要求：1. 坚决贯彻“生产自救”的方针，迅速妥善解决当前灾民生产生活上的困难问题。克服部分群众单纯依靠政府救济的思想，发动群众运用“亲邻相帮，互通有无”等群众所习惯的形式，根据灾区群众能力与条件，在不影响农业生产和贯彻“产区服从销区”的原则下，因地制宜开展各种副业生产，如打柴、烧石灰、烧炭、编山货，挖药材、打麻绳，打猎，组织群众跑运输等办法加以解决。2. 厉行节约、杜绝浪费。3. 发放救灾物资，并建立健全严格的救灾物资管理制度。

1956 年 6 月 14 日，康县发生几十年一遇的暴雨，全县 8 区 47 乡均程度不同地受到了洪涝，严重的地方农作物被洪水冲刷一空。暴雨之后阴雨不断，小麦生芽，玉米被冲毁，土豆因为久雨不停普遍发生晚疫病，叶枯实烂。仅云台、大堡两区的统计，受灾面积共 21.6 万亩，3109 株树木被洪水冲走，大型引水渠道被冲坏 7 条。全县小麦受灾面积 14.6 万亩（当时全县耕地面积 48 万亩），小麦减产 585 万斤，减产 40% 左右。灾害给全县农业生产带来了严重损失。灾情发生后，饥荒接踵而至，群众情绪波动。县委、县政府及时采取积极措施，教育、发动、组织群众抢收小麦，并于 6 月 29 日召开各区工作组长会议，对灾情与补救工作做了专题讨论和安排。会议决定：1. 受灾土地立即开展补种巴山豆、小豆、荞、蔬菜等晚秋作物；2. 加强田间管理，开辟肥源，积攒肥料，争取对补种庄稼追肥；3. 积极开展多种副业生产，弥补灾害带来的损失。通过生产救灾，1956 年底全县 48.9 万亩耕地粮食总产量 8212 万斤，每亩平均 167.1 斤，虽然比 1955 年有所减产，但群众生活基本没有大的问题。

1956 年 5 月 3 日、5 月 25 日、7 月 17 日，康县连续普降三次冰雹。自 6 月 18 日至 7 月 18 日，阴雨连绵月余，县内大部分地区程度不同遭受了灾害。47 个乡中有 14 个乡受灾，受灾面积 28.2 万亩，其中雹灾面积 2 万亩，涝灾面积 26.2 万亩。受灾严重的地区，小麦、玉米、土豆、水稻减产甚至绝收，全县粮食减产 1074.8 万斤，给群众的生产生活带来了严重影响。灾情发生后，县委、县政府高度重视，成立生产救灾委员会，立即组织工作组深入灾区，进行灾情摸底及安抚人心，并指示粮食、银行、供销等部门及时面向灾区配合做好救灾工作。之后，及时发放救灾款 2.7 万余元（指旧币），解决了 449 户 1374 人的燃眉之急，并对受灾地块进行翻种及补耕，发展多种经营、开展副业生产，弥补灾害损失。

第三节　政治制度变革、土地制度改革与其他社会改革

康县解放后，为了巩固人民民主政权，首先在政治领域确立了人民代表大会制度，由各界人民代表选举产生了县乡政权机构，实现了人民当家做主。废除了地主阶级的封建土地所有制，对农户按照土地占有、是否劳动、有无剥削三大标准，重新划分了阶级成分。废除了包办强迫、男尊女卑的封建婚姻制度，贯彻《中华人民共和国婚姻法》，实行一夫一妻、男女平等的新型婚姻制度。禁止种植、贩卖和吸食鸦片。保护了人权，巩固了工农联盟，为社会主义改造和社会主义建设创造了有利条件。

政治制度变革

新的人民民主政权建立后，为了实现人民当家做主，康县与全国一样，首先在政治领域进行了一系列制度变革。

确立各界人民代表大会制度　人民代表大会制度是我国根本的

政治制度。康县解放伊始，首先在政治领域确立了各界人民代表大会制度。由各界人民代表选举产生县乡政权机构，听取和讨论县乡政权机构的工作报告，决定全县各方面建设中的重大事务，切实体现人民当家做主，切实体现一切权力归人民。

1950 年，康县第一届各界人民代表大会召开了三次会议，2 月 7 日至 10 日，康县第一届第一次各界人民代表大会在县城岸门口召开。来自农民、商人、军队、机关、教育、妇女、士绅、工人、回民界代表共计 147 人参加了会议。会上听取并讨论了康县人民政府《两月来的政府工作报告》《今后工作报告》，内容主要包括剿匪、反霸、减租、清债、生产等五个方面的中心工作。各界代表共提出议案 30 余件，包括给予妇女政治、经济、文化上的平等、提高妇女地位，废除一夫多妻制，允许回民参加政权、管理自己的事务，改造国民党政府人员，禁止赌博，兴修道路、桥梁等。选举产生了康县第一届各界代表会议常务委员会，李尚德为主任。这次会议召开在康县解放两个月之际，旧政权刚刚推翻，新政权刚刚建立的承前启后时期，通过会议提高了农民的阶级觉悟，密切了党和人民群众的血肉联系。参加会议的许多代表在旧社会毫无政治地位，这次会议使他们切身体会到自己在政治上翻了身。提高了参会代表的思想觉悟，揭穿了国民党的种种欺骗宣传。代表们的民主观念得到增强。通过大会的民主讨论、民主发言、票决等方式，大家对民主有了感性认识；对党的剿匪、减租减息、对待保甲人员等方面的政策有了进一步的认识；给人民政府提供了宝贵的意见。比如禁止赌博和鸦片在有的地方落实不彻底；妇女的地位还比较低；部分地方保甲制瓦解、新的基层政权未建立，处于无政府状态，比较混乱；许多地方人民群众对共产党的政策还不了解，需要进一步宣传；等等。

1950 年 6 月 16 日，康县第一届第二次各界人民代表大会在县城召开。社会各界代表共88人参加了会议。会上，县长李尚德作了政府工作报告，报告了自第一次各界人民代表大会之后4个月来康县各项工作开展情况：1. 摧毁了保甲制度，建立了人民政权。4个月来，由群众选举乡长25名，各区建立了行政村、自然村及农会，一部分区建立了区农代会。2. 生产救灾，组织了变工队，鼓励妇女参加生产劳动，开垦了荒地，开展了互助互借工作，解决了许多生产中的困难。3. 财政工作。4. 收回枪支情况。存在的问题是：部分地方公粮、公债、税收任务未完成，匪患严重。提出今后的任务是：1. 组织群众集中力量夏收，贯彻谁种谁收、劳动所得的政策，领导群众变工互助，发展生产。2. 剿匪。3. 财政工作：完成1949年公粮、公债、税收任务，公粮限6月底全部入仓入库。1950年夏征按通产、不按实产，要评产分区征收。4. 减租问题。

1950年12月1日至3日，康县第一届第三次各界人民代表大会在县城召开。因天冷、大雪封路，出席代表共计56名。会上，县长李尚德作了政府工作报告，报告了剿匪、财经、发展生产三方面工作，并提出了今后的三项工作任务：剿匪肃特、评产征粮、禁烟禁毒。大会通过了几项重要议案：1. 剿匪肃特方法，从组织和整顿农会入手，严密组织群众清查户口，使土匪无藏身之处。通过群众积极分子组织治安小组，随时随地调查、监视匪特活动。广泛宣传镇压和宽大相结合的政策，争取匪特改邪归正；武力镇压冥顽不化的土匪特务，对因生活困难加入土匪的，通过群众教育、互助互济，使他们弃暗投明。2. 征收公粮中评产办法，发动群众据实报产。3. 大力宣传禁烟政策，在群众自觉的原则上订立村民公约，保证各村为"无烟村"，加大对烟贩的打击力度。大会选出了常务委员会委员14人。

1951年，康县召开第二届各界人民代表大会，1952年召开第三届各界人民代表大会。各界人民代表大会制度的确立，为之后的人民代表大会制度这一根本政治制度在康县的实施奠定了坚实的基础。

确立基层选举制度 1953年以来，全县逐步进行了基层选举工作的试点和全面推行，通过基层选举工作，选举产生基层人民代表和乡、村两级政权机构组成人员，由乡人民代表大会听取讨论乡政府工作报告，决定乡、村两级经济社会建设中的重大事务，从而确立了基层选举制度。

1953年，全县基层选举于5月12日至6月25日，首先在三官、万河两个乡进行了试点。在取得经验的基础上，从1953年7月10日开始，在5个区的43个乡全面开展。接着于1954年3月在其余4个区32个乡进行。为了确保选举工作顺利进行，县委、县政府首先组织所有参加选举的指导干部学习了相关政策法令，主要有：《选举法》《关于选举法草案的说明》《中央选举委员会关于基层选举工作的指示》《中央选举委员会关于选民资格若干问题的解答》及有关选民登记的规定。其后，各基层选区进行人口调查。通过登记，基本做到了"不重复，不遗漏"。全县共有常住人口34452户，152611人；在外人口2400人；有回民29户，151人。在进行人口调查的同时，对选民进行了审查和登记，剥夺了地主阶级、反革命分子等的政治权利。全县共登记选民98170人，占总人口的64%以上。接着召开选举大会，参选选民79461人，占总选民的80%以上。选举大会采取选举委员会、党团组织、各人民团体协商提出和选民联名或单独提名相结合的方法，提名代表候选人，选举产生乡人民代表。选举过程充分发扬了民主，因而赢得了群众的满意。1954年4月，全县9区77乡普遍召开了第一次乡人民代表大会，会议审议并通过了各乡上一届政府的工作报告及各乡两三个月之内的生产计划。选举产生新一届乡人民政府委员会。代表大会结束后，随即召开了新的乡人民政府委员会议，传达了第一次乡人民代表大会的决议，向群众宣布了新一届乡人民政府委员会名单以及议案处理意见。同时建立了政府必要可行的工作制度，整顿了乡、村两级政权组织。乡政府下设民政调解、财政粮食、文教卫生、生产建设、人民武装、治安保卫委员。取消了行政村，新划了自然村，设立了居民小组，至此基层选举工作圆满完成。

通过选民登记和选举，剥夺了反动分子的选举权；把违法乱纪分子和犯有严重错误、人民群众极不满意的人员从基层组织中清除出去，把群众爱戴的、联系群众的人推选到相应的工作岗位上，强化了基层政权建设。通过这次选举，康县基层组织发生了较大变化，据统计，全县共有 771 个自然村，1760 个居民小组，村级干部普选前有 3933 人，多数为贫雇农、中农；普选中新选 842 人，连选 3228 人，提拔 1062 人，落选 643 人，撤职 62 人。普选后有村级干部 5132 人，贫雇农和中农占绝大多数。乡级干部（不包括政府委员会）普选前有 1795 人，普选中新选 1134 人，连选 1649 人，提拔 20 人，落选 136 人，撤职 12 人。普选后乡级干部共计 2803 人。普选前有乡长 33 人，落选 10 人，新选 54 人，共有 77 人（男 75 人，女 2 人），副乡长共有 77 人。选举出县人大代表 155 名（机关代表 29 人，农民 93 人，妇女 22 人，教育界 3 人，商界 6 人，民主人士 2 人）。

这次基层选举是几千年来的重大制度变革，使人民群众第一次有了政治权利，真正翻身当家做主，体现了人民的意志。同时，经过普选，纯洁了基层政权组织，加强了政府和人民群众的联系，有力地推动了各项工作的开展。《中华人民共和国宪法（草案）》颁布后，1954 年 6 月 25 日至 29 日，康县第一届人民代表大会第一次会议在县城岸门口召开，全县 134 名人民代表出席了会议。会议听取并讨论了由大会主席李尚德作的《关于康县人民政府工作报告》，学习讨论了《中华人民共和国宪法（草案）》；听取并讨论了关于目前农村工作任务的报告，选举出席省人代会代表4人。1955年9月，全县47个乡进行基层普选，选出乡人民代表1587人。接着召开第二届乡人民代表大会，选出县人大代表157人。

确立基层政权建设的相关制度 通过基层选举，产生了乡、村政权机构后，于1953年3月13日，康县人民政府发出《关于整顿乡、村政权组织的指示》（下称《指示》），对刚刚建立起来的乡、村政权的职权、内部机构及职责分工等做了具体规定，是基层政权建设的纲领性文件，它使基层政权建设进一步制度化，规范化，是人民民主政权建立后在政治领域进行的又一重大制度变革。《指示》关于乡级政权的成立及其职责的具体规定是：1. 在普选的基础上，建立乡人民代表大会和乡人民政府委员会制度，并使之成为领导生产建设，组织人民行使权力的机关。乡人民代表大会可以召开大会讨论决定本乡人民所提出的重大事宜；听取乡人民政府的工作报告；加强对人民群众的社会主义教育，交流传播互助合作的经验与推广先进的生产技术；根据人民群众的意见对乡人民政府进行批评与表扬。乡人民政府委员会在乡人民代表大会期间，为行使政权的机关，必须按照《乡（行政村）人民政府组织通则》的规定，定期召开会议。2. 乡政府委员会的委员名额，一般为7—11人，由乡人民代表大会选举产生，设乡长1人，副乡长及委员若干，经区报县人民政府批准任命。3. 乡政府委员会的职权是：执行上级人民政府的决议和命令；实施乡人民代表大会的决议；根据上级人民政府指示或乡人民代表大会的决议讨论制订各个时期的工作计划，并于下次会议检查执行情况；领导和检查乡人民政府各部门的工作；向上级人民政府反映本乡人民的意见和要求，并提出建议意见。4. 乡人民政府应按工作需要，设置各工作委员会。生产合作委员会负责农业和副业生产，促进互助合作组织的管理，推广农业技术，防灾，兴修小型水利，护林造林以及畜牧保护与繁殖，维护交通设施等工作；民政调解委员会负责优抚救济、户口登记、代工动员、管理乡村干部贯彻与推行《婚姻法》，及协助乡人民政府筹备乡人民代表大会等工作。文教卫生委员会负责小学教育、农会教育及卫生保险，组织干部学习等工作。财粮委员会负责贷款发放、农业税的调查评议、公粮入仓、粮食计划收购和计划供应、农村交易税收、生产管理等工作。治安保卫委员会负责防匪、防特、防盗以及监督与管制地主反革命分子等工作。人民武装委员会负责民兵组织训练等工作。各种工作委员会设主任 1 人，必要时设副主任 1—2 人，可由乡政府委员会成员兼任，也可以另选其他人员担任，设委员 7—9 人。

《指示》中还规定县上保持一定数量的干部深入乡村，建立固定的蹲点乡，总结吸取经验，深入了解乡村实际情况，并督促乡村党政机构抓好乡村干部的培训，工作中要善于听取群众意见和开展自我批评，教育乡村干部充分发扬民主，克服命令主义，多发挥群众集体智慧和力量完成工作任务。乡村干部与代表、各工作委员会委员要深入群众，发挥模范带头作用。

土地制度改革

土地制度改革是推翻几千年来以封建地主土地所有制为基础的封建剥削制度的深刻社会变革。在中央明确政策思想、制定法律法令、建立农村基层政权、动员组织基层群众等一系列准备的基础上，从 1950 年冬开始，一场空前规模的土地制度改革运动在新解放区有领导、有计划、有秩序地展开。

康县是新解放区，旧的土地占有结构极不合理，地主的土地占比远高于中农和雇农，且土地质量较好，这一不合理的土地占有现状严重阻碍了生产力的发展。为了废除地主阶级封建剥削的土地所有制，实行农民的土地所有制，解放农村生产力，发展农业生产，县委、县政府按照“依靠贫雇农，团结中农，中立富农，有步骤、有区别地消灭封建剥削制度”的土改总方针，在全县深入开展了土地改革运动。1951 年 9 月 20 日开始在三官、王坝、黑潭、陈坝 4 个乡进行试点，12 月开始在全县全面展开。第一期大堡、云台、平洛三区，第二期阳坝、岸门口两区，历时 8 个月，于 1952 年 5 月底基本完成土地改革任务。1952 年 11 月 1 日至 1953 年 4 月 25 日，分三期对全县土改进行了复查，每期 50 天左右。

宣传政策，发动群众　1951 年 7 月下旬起，康县土改工作开始准备。县委、县政府根据中央和省、地部署，首先进行了广泛的宣传、动员和组织工作。在认真学习《中华人民共和国土地改革法》《关于划分农村阶级成分的决定》《甘肃省人民政府关于新区土地改革指示》等文件的基础上，提出土改工作计划、方针，并召开三级干部会，对土改政策进行了短期的学习和传达。之后县委成立了土改工作团，1951 年 9 月，工作团分赴各区乡，和区乡干部组成土改工作组，分别进村入户开展工作。

工作组进村后，召开各种会议，利用各种宣传手段，宣传土地改革政策，揭露谣言，发动群众，营造土改氛围。在实际工作中，首先面临的问题是群众难以发动。其原因主要是贫苦农民对党的政策不了解，思想觉悟不高，对工作组不信任，对土改存在种种顾虑，长期以来受地主阶级的剥削压迫，不敢解放自己；一般中农则存在观望心态。面对这种情况，工作组在实践中逐渐摸索出一些经验：一是通过访贫问苦，从发动个别贫苦农民做起，通过“人连人，户连户，村连村”的方法，使广大贫苦农民敢于起来同地主斗争，敢于解放自己，逐渐把大多数贫雇农团结起来，从而发动了群众。二是从实际出发，事先了解掌握当地实际情况，各种宣传教育结合实际，不照本宣科，不走形式。三是召开农代会、妇女代表会、各界人民代表会和各种小型会议，如院子会、家庭会，宣传讲解政策。特别是各种小型会议的召开，使一部分有思想顾虑的贫苦农民畅所欲言，积极和工作组同志沟通。四是各种宣传注意做到不误农时。通过一系列细致的思想政治工作，土改政策家喻户晓，贫苦农民的思想觉悟有了很大提高，纷纷参加农会，成为土改积极分子，勇敢地同地主进行斗争，形成了土改的核心力量。

同时，认真做了三个方面的工作：第一，注意纯洁和扩大农会和民兵组织，整顿基层政权。将前期因各种原因混进农村基层政权中的地主、富农、土匪、特务和其他代理人清除出政权，纯洁基层政权组织，使领导权真正掌握在贫苦农民手中。据统计，土改中共清除混入农会中的地主和富农 1188 人，并发展农会组织。农会会员原有 40762 人，土改结束时发展到 58121 人。清除混入民兵中的地主和富农 238 人，土改前有民兵 9395 人，土改结束时发展到 10365 人。基层政权的清除主要是通过落选和清洗两种方法。截至 1952 年 5 月，全县落选了乡级干部 91 人，村级干部 895 人，合计 986 人；清洗了乡级干部 53 人，村级干部 708 人，共计 761 人。第二，注意团结中农。县委、县政府明确指出，农村中召开各种会议，中农必须参加，要让中农认识到他们在政治和经济上都是受地主阶级剥削压迫的，在区、乡农民代表会中给予中农一定的名额。在农村各种基层组织中，中农干部必须占总数的三分之一，动员中农交出地主转移给他们的财产，在分配财产中，在满足贫雇农的基础上，适当照顾中农，慎重听取和吸收中农的意见。第三，注意在整个过程中重视发挥农会的作用。各区、乡在土改每个阶段，都召开农民代表会，许多问题通过农民代表会来协商解决。通过宣传动员，广大受地主阶级剥削压迫的贫苦农民和工作组组成了土改的统一战线，为开展土改工作打下了坚实的基础。

划分阶级成分　划分阶级成分是土地改革中极其复杂而又重要

的工作，是土地改革运动能否健康发展的关键。在前期对各农户基本情况作详细摸底调查的基础上，参考之前减租减息工作中的成分划分，根据中央《关于划分农村阶级成分的规定》，按照土地占有、是否劳动、有无剥削三大标准，重新划分成分。按规定，凡占有土地，自己不劳动而靠剥削为生的为地主。其主要剥削方式为收取地租。占有或租入土地，有比较优良的生产工具及活动资本，参加小部分劳动，但主要以剥削雇用劳动为生的为富农。占有或租入土地，有相当工具，直接从事劳动并以此为生的为中农。租入土地耕作，有不完全工具，受地主、富农剥削的为贫农。全无土地和工具，主要以出卖劳动力为生的为雇农。康县划分阶级成分通过自报公议、民主评定、张榜公示的方式，严格按照上级指示精神进行。新划分的成分有地主、半地主式富农、富农、小土地出租经营者、中农①、贫农、雇农、工商业者。

在划分过程中，区别对待开明地主、恶霸地主、一般地主。划定成分过程中特别规定：1. 凡出租土地超过自耕或雇人耕种之三倍以上，剥削量超过全年总收入之25%以上者，且雇长工或放高利贷，自己不劳动或只附带劳动，主要靠剥削为主的应订为地主。2. 占有大量土地（超过小土地出租最高标准两倍者），出租土地超过自耕和雇人耕种土地两倍以上者，应订为地主。3. 凡出租土地超过自耕土地的3倍以上，剥削量占总收入15%以上，但不雇长工或不放（少放）高利贷的，自己参加主要劳动，应订为半地主式富农。4. 凡占有土地在当地小土地出租之标准两倍以下者，但出租土地超过自耕和雇人耕种之6倍以上，剥削量超过25%，应订为地主。但全家能劳动者全部参加劳动，群众不反对，不应订为地主，而应订为半地主式富农。5. 凡出租土地超过自耕土地的3倍以上

①后来又将中农按占有土地分富裕（上）中农、中农、下中农。

者，但剥削量超过总收入之25%，全家能劳动的人全部参加劳动者，生活等于普通中农或低于中农，不应订为地主或富农，而应订为中农或贫农①。在土地改革中，全县共划订地主841户，占总户数的2.5%；半地主式富农307户，占总户数的0.9%；富农455户，占总户数的1.4%；小土地出租者383户，占总户数的1.2%；中农18219户，占总户数的55.1%；贫农10409户，占总户数的31.5%；雇农1727户，占总户数的5.2%；工商业者60户，占总户数的0.2%；其他687户，占总户数的2.1%。

斗争地主，分划财产土地　斗争地主，是为了打击地主阶级，特别是恶霸地主的嚣张气焰，打倒他们长期以来在农村的土霸王地位，以提高贫苦农民的政治地位和思想觉悟，使广大群众认识到新中国是人民当家做主。康县各区、乡都普遍召开了斗争会，会上通过群众诉苦、批判、批评等方式斗争地主。之后，组建人民法庭，根据罪行的不同程度，对揭发出来的恶霸地主、特务、土匪处以刑罚。通过斗争地主，广大贫苦农民在政治上翻了身。部分地方在斗争中出现了过“左”现象，在斗争对象上，扩大了斗争面，将小商人、小土地出租者，甚至个别中农都列为斗争对象，出现了错斗、乱斗。县委、县政府及时纠正，规定除较大恶霸地主外，对一般中小地主的斗争必须经过各乡工作组长的允许和批准，斗争之前要多做调查研究、多与群众讨论。斗争中以说理斗争为主，斗争的同时加强对地主的思想引导，最终把他们改造为自食其力的劳动者，从而使部分地区斗争地主中存在的过“左”倾向得到正确引导。

分划财产土地直接关系到广大群众的切身利益。据统计，全县共征收和没收土地127525.9亩，牲口1969头，粮食5909.512石，大小农具16350件，房屋9939间，棉花4140市斤，宅基地面积

①此为土改三期复查阳坝区之规定。

95.528 亩，分配给 22779 户贫苦农民。在征收没收中，主要坚持五个原则：第一，没收地主的土地、耕畜、农具、多余的粮食及其在农村中多余的房屋。但地主的其他财产不予没收，即不分底财。第二，不得因没收封建的土地财产而侵犯工商业，即保护工商业。第三，因缺乏劳动力而出租小量土地者，均不得以地主论。其每人平均所有土地数量不超过当地每人平均土地数两倍者，均保留不动，超过部分，予以征收。第四，保护中农（包括富裕中农在内）的土地及其他财产，不得侵犯。第五，解放后，以出卖、出典、赠送或其他方式转移分散的土地，仍然没收和征收。在分配中坚持的原则是：第一，没收和征收的土地，由乡农民协会接收，统一、公平合理地分配给无地少地及缺乏其他生产资斜的贫苦农民所有，对地主亦分给一份，使地主也能依靠自己的劳动维持生活，并在劳动中改造自己。第二，分配土地，以乡为单位，在原耕地基础上，按土地数量、质量及位置远近，用抽补调整方法按人口统一分配。部分乡与乡、村与村之间做必要的调剂。第三，缺肥补肥、缺瘦补瘦，即划分土地时，参照农民自有土地情况，肥瘦地合理搭配，确保整体基本公平。第四，分配中优先满足贫雇农，再照顾中农。第五，优待军烈属，凡军烈属家庭，均应分给与农民同样的一份土地和生产资料。土改中，全县 1499 户 8178 人烈军属及复退军人中有 1060 户，5744 人分得了果实，共分得土地 3658.8 亩，房屋 299 间，牲畜 89 头，农具 589 件，粮食 53331 斤，人民币 274.4 万元，其他物资若干。第六，分配过程中，群众有民主评议的权利。

1951 年秋收，正值土改当中，为避免影响生产，县政府发布《关于进行土地改革中执行“谁种谁收”政策的指示》，规定 1951 年秋收收成归耕种者所有，土地归属权发生变化的，耕种者向土地所有人缴租。至 1952 年 5 月底土改基本完成。

土改复查　为了巩固土地改革的胜利成果，解决土改工作中的遗留问题，遵照省、地部署，县委、县政府领导全县人民于1952年秋分期分批进行了土改复查工作。1952年10月，县委、县政府成立了土改复查委员会，发布了《关于土改复查政策问题的指示》。11月开始，派工作组赴各区乡进行了土改复查工作。第一期自1952年11月1日至12月16日，在第三、第四两区14个乡进行；第二期自12月22日至1953年2月7日，在一、五、六三个区进行；第三期自1953年3月中旬至1953年4月下旬，在阳坝区5个乡进行。参加的干部有308人，其中有来自省级18人，专区4人。土改复查工作分五个步骤：第一步（15天）：1. 召开各阶层村民大会广泛宣传土改复查政策，说明不是二次土改，并在三天内召开一次乡农民代表会议；2. 以乡为单位集中训练乡村干部及积极分子，每乡规定35—40人，训练内容是学习土改复查相关政策，主要是从检查土改遗留问题入手，批判不正确的思想，从实际出发，用事实教育人；3. 了解掌握具体情况、材料。第二步（3天）：1. 通过访问座谈调查情况，了解各阶层思想动态并通过思想政治教育解除他们的顾虑；2. 以乡为单位召开守法地主座谈会，向他们指明如何遵守政府的政策法令，参加生产劳动，改造自己。第三步（7天）：改定成分，调整分配不公，退果实，处理乡村干部和积极分子多分果实及贪污果实问题。第四步（8天）：查清地界，颁发土地证。第五步（5天）：民主建政，处理土改中清洗和改选的乡村农民干部，建立各种群众组织和工作制度，并召开乡农民代表会议总结复查工作，选出县级各界人民代表会议代表。土改复查工作中，第三期开展的阳坝区5个乡，将五步缩减为三步：第一步（18天），召开村民群众大会、农会、乡村干部座谈会，地主会、富农会等各种会议，特别是乡农代会，迅速安定各阶层情绪，顺利开展三期复查工作，宣传政策。第二步（25天），处理各种遗留问题，颁发土地房屋所有证。第三步（10天），民主建政，建党建团，发展民兵。民主建政主要包括乡农协会、健全乡人民政府、建立请示报告制度；根据二期土改的经验，严防自杀现象出现。

土改复查中，各级组织贯彻了党的“实事求是、有错必纠”的方针，重点针对划定成分进行了严肃认真的复查。由于康县地理条件和耕作技术的限制，农业主要劳动时间每年不满4个月，其余时间从事副业生产较多，在土改中，存在将一些从事农业主要劳动不满4个月的算作副劳动，而错定为地主的现象。土改中原订地主832户，根据实际情况，将144户改订为其他成分，占原划地主总数的17.3%，并适当退补了错误没收的土地和财产。土改复查中，首先给错划为地主的21户中农补退土地607.92亩，46户其他成分补退土地536.22亩，以及其他财物；将土改中漏订的38户补订为地主。全县共纠正385户，其中，降低了345户的成分，提高了40户成分。对破坏工作的，由人民法庭予以严肃的处罚，对果实分配不公平的进行了调整。其次，进一步整顿了基层政权，并在原有基础上健全扩大。全县清退干部96人，新提拔3810人，清洗农会会员163人，新吸收4277人，清洗民兵548人，新发展1207人；训练乡村干部1874人（积极分子361人）；据统计，复查前全县共有政权干部976人，农会干部1001人，青年干部121人，妇女干部396人，民兵干部631人，合计3125人；复查中，落选54人，免职28人，新提拔365人；复查后，政权干部1026人、农会干部1055人、青年干部197人、妇女干部462人、民兵干部668人，合计3408人①。再次，处理土改遗留的各种纠纷。据全县统计，共处理地界纠纷5268件、债务纠纷243件、坟园纠纷51件、房屋庄基场地纠纷230件、家庭纠纷549件、林地纠纷215件、典当纠纷603

①政权干部指正副乡长、乡政府委员、乡文书、村主任；农会干部指正副乡农会主任、乡农会委员、分农会主任；青年干部指正副团支部书记、支部委员；妇女干部指乡妇联主任、妇联委员；民兵干部指治安主任、民兵中队长、分队长。

件、婚姻问题602件、干部群众不团结83件、群众不团结249件、干部多得果实19件、贪污问题20件、其他19件，共计8151件。各区乡树立重点互助组，适时发放各种农业贷款，组织群众发展副业，组织生产自救。通过复查，解决了土改遗留问题，确定了地界、地权，登记了土地清册，并颁发了土地房屋证。

土地改革，极大地推动了农村生产力的发展和生产关系的改善，极大地推动了农村经济的发展。第一，封建土地所有制被彻底消灭，广大贫苦农民分得了土地和其他生产资料。土改后的1953年粮食总产量3644.42万公斤，单产70.5公斤，比土改时的1952年单产提高20公斤，比1949年单产提高19公斤。第二，基层政权得到巩固和发展，贫雇农在农村中的优势地位得以确立。土改中整顿基层组织，纯洁农会，土改结束时，大部分贫苦农民都参加了农会，全县共有农会会员53463人，占总人口的三分之一，参加民兵10564人。第三，农村中的封建残余势力被消灭，社会秩序空前安定，地主阶级开始参加劳动，在劳动中改造自己。第四，土改过程中，农民发扬了阶级友爱精神，农民阶级空前团结。不少地方在分划过程中互助互让。如大堡区张湾乡李家山村的农民，将本村斗争果实杂粮50石送给刘家沟农民，张湾的农民给马连山村农民土地24亩等等。第五，农民的生产积极性空前提高。全县共组成变工小组3415个，参加人数41568人。在自愿两利的原则下，各阶层开展互助互借，共借出粮食2157.85石，解决了4915户，19903人的口粮和种子问题。农村还组织了信用小组，全县共443组，参加人数9281人，借出本币563.5万元，土布202尺，纸1794局，洋芋4.3万斤，杂粮352.71石，新修水利2231亩，梯田9559亩，防洪8193亩，修渠5559条，打坝504亩，植树19.6万株，并开始走向有组织发展生产的道路。第六，贫苦农民思想觉悟得到提高。过去因消息闭塞、文化落后，谣言欺骗等原因，对党和政府不了解，党群干群关系不密切。通过土改，广大贫苦农民真正认识了党和政府，思想觉悟提高了，积极拥护共产党，干群亲如一家人。

其他社会改革

贯彻《中华人民共和国婚姻法》，废除包办婚姻，倡导婚姻自由 1950年5月1日，中央人民政府颁布了《中华人民共和国婚姻法》（以下简称《婚姻法》），这是新中国成立后制定的第一部基本法律。为了贯彻《婚姻法》，1951年10月15日，康县人民政府发出《贯彻婚姻政策的指示》规定：1. 彻底废除包办强迫、男尊女卑的封建婚姻制度，坚决实行一夫一妻、男女权利平等的婚姻制度；严禁重婚、纳妾及童养媳，以及干涉寡妇婚姻自由和借婚姻关系索取财物等；2. 结婚须男女双方本人完全自愿，不许任何一方加以强迫或任何第三者加以干涉。男20岁，女18岁，始得结婚。为了广泛深入宣传贯彻《婚姻法》，1953年2月7日，康县成立了贯彻《婚姻法》委员会，委员会由有关部门负责同志及民主人士等11人组成，县长魏尚武为主任委员，县委书记李尚德，法院、公安局、检察署、团工委、宣传部、妇联、民政科部门负责人及工商会代表、民主人士共10人为委员。3月起，开展贯彻《婚姻法》运动月活动。

为了慎重稳步地宣传《婚姻法》，防止混乱和偏差，委员会发出指示：1. 要求宣传《婚姻法》要耐心教育群众，不能搞批斗会、坦白会，不能使用家家评比、划分阵线、家庭站队等办法；2. 宣传过程中对群众要求解决的问题，干部应积极帮助，调解、改善家庭关系；需要到法院解决的，宣传人员不能代替法院处理，应积极帮助到法院解决。3月11日，县委发出《关于贯彻婚姻法运动月工作的指示》，要求各区在群众中普遍进行一次《婚姻法》宣传教育，改善夫妻婆媳之间的关系，并详细规定了宣传的方式方法和基本原则，即不追男女关系，多宣传《婚姻法》；不开斗争会，要加强个别教育；不调戏妇女，要尊重妇女权利；不片面强调离婚，要提倡尊婆爱媳、夫妻互敬互助；不做群众不能接受的事，要从实际出发，正确贯彻政策；不追旧账，要提倡建立和睦新家庭；坚决禁止打、骂、扣、罚，要耐心进行教育，提高思想认识，须法办的，交法院处理；不违反纪律，要坚决执行请示报告制度。各区组织乡、村干部认真学习宣传《婚姻法》，宣传当中，还对一些干涉婚姻自由、虐待妇女甚至伤人、杀人等严重犯罪分子进行了处理，保护了妇女的权益。

经过宣传，人民群众的认识逐渐提高，开始摆脱封建包办婚姻，登记结婚。据统计，1950 年 6 月至 12 月，全县有 5 对夫妻登记结婚，1951 年增加到 25 对，1952 年猛增至 525 对，1953 年仅 1 月就有 125 对夫妻登记结婚。那些受到封建包办婚姻迫害的人，逐渐学会运用法律武器保护自己的权益。1950 年 6 月至 12 月，法院登记受理离婚案件 35 件，占民事案件的 26%。1951 年，达到 77 件，占民事案件的 63%。1952 年增加到 996 件，占民事案件总数的 89%。1953 年 1 月有 144 件离婚案件，占比竟达 92%。这些登记离婚案件，主要起因是父母强迫包办婚姻、童养媳、婚后被公婆虐待、夫妻感情不合。

《婚姻法》的贯彻是几千年来农村家庭生活的一个伟大变革，是反封建斗争的深入。县委、县政府为贯彻执行《婚姻法》，在此后相当一段时期内进行了大量的思想和组织工作。新的婚姻制度使妇女的地位大大提高，改善了夫妻、婆媳关系，为家庭和睦起到了积极作用。然而几千年遗留的封建礼教传统无法短时间彻底改变，《婚姻法》的贯彻过程是漫长而曲折的。康县在贯彻《婚姻法》的过程中发生了许多悲剧：一些妇女了解了《婚姻法》之后，在维护自身权益的过程中，被虐待虐杀。据统计，1950年6月至1953年1月，法院受理因婚姻问题引起的刑事案件54件，其中虐待妇女的6件，虐待妇女致使妇女自杀的16件，虐待妇女致其重伤的9件，妨害婚姻自由的19件。

禁烟禁毒、铲除毒害 自1889年（清朝光绪十五年）起，鸦片开始流入康县，种植规模有逐渐扩大趋势，遍及康南、康北。解放初，由于匪患严重，人民政府忙于剿匪无暇顾及，部分地方普遍种植鸦片，以铜钱、后营、两河、白杨、碾坝、桃园等乡播种鸦片面积最大且最为普遍。铜钱乡梅子园135户，种植面积达225亩；桃园乡全乡430户，有390户种植鸦片。全县共计种植鸦片3804亩。康县人民政府对禁烟禁毒十分重视，1950年9月11日，县委、县政府成立了禁烟禁毒委员会，县长李尚德为主任。当月15日，康县人民政府发出《关于严禁鸦片烟毒的指示》，明确规定禁烟以禁止贩运、禁止种植为中心任务，并对全县禁烟禁毒工作做了具体安排：1. 各区乡成立禁烟禁毒委员会、禁烟小组等组织；2. 广泛向群众宣传禁烟禁毒政策，禁止群众种植鸦片，并教育已经种植群众改种其他农作物；3. 县区在禁烟禁毒委员会的指导下，开展缉私工作，没收鸦片，惩办走私鸦片者；4. 调查登记吸食鸦片者，并责令其限期戒除。1950年12月第三次各界代表大会上通过了关于禁绝鸦片和成立禁烟组织的决议，会后各区、乡成立了禁烟委员会，各村成立了禁烟小组，全县共有禁烟小组360个。各区、乡利用各种方式广泛深入宣传，教育群众认识鸦片的危害，群众的思想觉悟得到提高。禁烟小组的成员开始带头铲除自种烟苗，为群众作出榜样。1950年冬，康县人民政府将收缴的数百斤鸦片，当众销毁于岸门口街戏楼前。1951年4月8日，康县人民政府又发出《坚决严禁鸦片烟毒指示》，要求各区、乡开展群众性的严禁烟毒运动，坚决严禁烟毒，铲除烟苗。各区、乡结合减租反霸群众运动开展禁烟运动，并对顽固对抗者采取强制手段。经过半年的禁烟，至1951年10月，全县共铲除烟苗3744亩，占种植面积的95%。1952年，又结合土改运动继续禁止种植、贩卖、吸食鸦片，并在县政府所在地岸门口试办了戒烟所，改造烟民105人。至此，鸦片在全县范围基本禁绝。

第四节　过渡时期党的建设和群团组织建设

新中国成立之后，为了适应党执政的需要，县委重视党的基层组织建设和党员队伍建设。土改前，全县有基层党组织25个，党员323名。1954年11月，中央召开全国农村党的基层组织工作会议，对农村发展党员与巩固党的工作作了部署。此后，党员队伍迅速壮大，按照工作需要和党员分布状况，全县陆续建立健全了党的各级组织。共青团、妇联、农会、工商联、少年先锋队等群团组织先后得到建立健全，依靠群团、壮大群团成为党巩固人民政权，开展大规模经济建设的重要力量。

党的组织建设和思想建设

为了充分发挥党组织的领导核心作用，发挥基层党组织的战斗堡垒作用和党员的先锋模范作用。新中国成立以来，在中央和省、地委的正确领导下，全县各级党组织结合全县生产和建设的实际情况，切实加强党组织的自身建设，通过阶段性的整党建党和其他形式，不断健全基层党组织，发展新党员，提高广大党员和干部的思想政治水平，使党的各级组织在带领全县人民进行社会主义建设中取得了重大成就，顺利完成了向社会主义的过渡。

组织建设 新中国成立前，党的基层组织在康县已有建立和发展，并为康县的解放作出了贡献。土改前，全县有基层党组织25个，党员323名，其中农村17个，党员251名；机关8个，党员72名。党员分布不平衡，绝大多数农村没有党组织，有的则过于集中。如三区7个乡有党员161名，其中仅吊子峪村就有113名。教职员工中党员较少，60多名教职工中仅有党员5名。机关党员中有些是通过私人关系拉进来的。土改运动中，遵照上级有关文件精神，全县结合共产党员八项标准的教育，对党的基层组织进行了初步的组织整顿。整顿中，只是解决了农村党组织的突出问题，组织不纯现象仍然存在。土改后，农村部分党员存在麻痹、退步思想；“三反”运动中，通过“三反”，暴露了党内许多严重的贪腐、浪费和官僚主义，以及各种非无产阶级思想。全县各级党组织对于“三反”中暴露出来的问题作了深刻系统的批判和处理，这是对共产党员的一次深刻的阶级教育和思想整顿，是整党的一个实际步骤，但还不足以解决全部问题。部分党的领导干部和机关部门的党员中还存在工作疲沓，闹名誉、闹地位，盲目自大，简单急躁等思想意识。为了进一步解决少数组织中严重存在的组织不纯和思想不纯问题，1952年10月，根据中央《关于在“三反”运动基础上进行整党建党的指示》，省委《甘肃省关于整党建党的修正计划》精神，从1952年10月开始，结合土改复查，全县开展了整党建党工作。主要是解决组织不纯问题，即对已发现的中央整党会议所规定的8种坏分子坚决清除出党；对够条件的党员教育他们继续提高思想政治觉悟，对不够条件的党员争取团结教育改造，使他们具备条件；对经长期教育仍不够条件的劝其退党，从而纯洁党的基层组织。具体步骤是：县区党员，首先组织讨论，分析批判，自我检查，然后进行评定登记审查，组织处理。农村党员，结合土改复查分两期进行。第一期三、四区，10月初开始，12月初结束；第二期一、二、

五、六区和机关，12 月中旬开始，次年 2 月结束。通过整党，全县对清理出来的 8 种坏分子，分别给予了开除党籍、劝其退党、教育改造等处理。

从 1953 年 2 月开始，按照全国第一次组织工作会议关于在“三反”运动的基础上进行整党的指示精神，结合实际情况，全县各级党组织采取积极严肃的态度，有计划、有步骤、有领导地进行了发展新党员、健全基层党组织的建党工作。县委计划于 1953 年 6 月前，在农村中，有党员的乡每乡发展 3 名，共 12 名；完全没有党员的乡 37 个，每乡发展 6 名，共 222 名。机关团员积极分子中吸收 2% 的人入党，可吸收 25 名，总计发展新党员 259 名。发展新党员的对象和方法，根据《甘肃省关于整党建党工作的修正计划》精神，发展的对象主要是土改和其他各种运动中涌现出来的贫雇农积极分子。对入党积极分子，首先进行共产党员标准的八项条件的教育。对经过教育、考察，确实合乎党员条件的吸收入党。同时，将发展新党员与训练基层干部和农村积极分子相结合，有计划、有领导地在每期训练班中吸收一批新党员。为了保证整党建党工作圆满完成任务，县上成立了由县委书记、组织部长、宣传部长、纪委书记或副书记组成的整党建党委员会，设立了专门的办事机构，具体负责轮回巡视、督促检查等各项事务。各区向县委 7 天报告一次。通过县乡党组织的不懈努力，于 1953 年 6 月底基本完成了发展新党员的任务。

在阶段性的整党建党之后，全县各级党组织坚持把发展新党员，健全基层党组织作为党的组织建设经常性的工作来抓。1954 年 9 月，县委在《关于区书联席会议的报告》中指出，县直各部门，尚缺党员负责干部 23 人，区长及区上经济部门党员负责干部，尚缺 26 人。没有党员的空白乡 17 个，每个乡以 3 名党员计算，尚缺 51 人。不够 3 名的乡，尚缺党员 37 人，全县共缺少党员 137 人。主要的经济部门如银行、粮食科、县联社、贸易小组及卫生院、邮电局的负责人均不是党员。要求党的各级组织和相关部门大力发展新党员，改变一些乡村和县直部门党员奇缺，难以建立基层党支部的现象。

同年10月召开的康县第一次党代会进一步强调指出：要积极发展党的组织，全县10个乡没有党员，27个乡和个别部门还没有建立起党的基层组织，5个区没有区委会。计划到1954年11月底，健全全县区委会，12月底凡没有党员的乡，新吸收党员达到3—5人，并建立党的基层支部。到1956年，在农村、机关、学校，吸收新党员495人。加强现有支部特别是基层党的组织的领导作用。1955年5月，县第二次党代会又一次强调：在建党方面，首先发展党组织，整顿党务，改变以往党不管党的状况和突击完成任务的弊病，加强对培养对象的全面了解和长期教育，发展新党员1899名，从组织上保证党的政策的贯彻执行。通过加强党的组织建设，发展新党员，健全基层党支部，1955年全县有党员1284名，基层支部81个，区级党委9个。至1956年底，全县有党员3048名，基层支部71个，区级党委9个。基本上改变了少数区没有区委会，少数乡和机关单位没有基层支部，少数村和机关没有党员的状况，加强了基层党组织建设，充分发挥了基层党组织的领导作用。

思想建设　在1952年至1953年的阶段性整党建党中，以及之后的经常性党的建设中，各级党组织充分重视了党的思想建设，努力提高广大党员和党员干部思想政治觉悟和政策水平。

一是发展新党员严把质量关。1953年2月，县委对之前农村开展的两期整党建党工作进行了全面检查，总结出前两期建党中存在的问题，主要是将选择发展对象局限在少数干部中，年龄比例上老年多，青年少；个别对象政治历史不清。因此在第三期建党中将选择发展对象扩大为全乡积极分子，并且从多方面做详细了解。强调各基层党组织一定要负责任，决不可将不经教育、不够条件的人，为完成任务而接收入党。要接收的新党员必须是工人阶级和劳动人民中最优秀的人物，经过考察教育，成分好，觉悟高，历史清楚，对党忠诚，在群众斗争中，在工作、学习和生产中，表现积极，忠于党的事业，并愿意为党的事业奋斗，能够遵守党的纪律的人。选择的对象要多于发展人数，年龄上增加青年人的比例，并重视增加妇女党员的比例。接收的程序首先在建党小组会上研究并提出意见，再经县委派人谈话，上报材料上附上本人自传申请送交县委研究批准，然后提交党的区委会讨论通过后方可举行入党仪式。

二是加强对入党积极分子和新党员的思想政治教育。在整党建党中，全县各级党组织切实遵照上级指示精神，在群众中积极地宣传党的思想和主张，对于入党积极分子，由党组织进行个别培训教育，使他们提高政治觉悟，懂得什么是共产党员，为什么要加入共产党，以及怎样做一名合格的共产党员等。鉴于农村入党积极分子文化水平不高的实际，在教育内容上，将大道理寓于日常生产生活之中，使他们听得懂，喜欢听，并加强农村生产互助教育，明白农村的发展方向。对于接收的新党员在举行入党仪式后，再抽出3—5天的时间进行理论培训。培训中学习党的生活制度，党员的义务和权利，党员遵守党的决议、纪律等内容。康县第一次党代会上进一步强调指出，各级党组织要加强党员思想修养和思想品德教育，提高党员觉悟，全党必须坚决执行党的决议，贯彻党的政策，农村所有党员必须参加互助合作组织，在农村各方面建设中发挥模范带头作用。康县第二次党代会又一次强调，要加强党的思想建设，逐渐加强对全体党员干部的政策理论和文化知识教育。第一次党代会后，县委抽调72名干部去地委党校和干校学习，并且在县直各单位建立了学习制度。第二次党代会后，县委拟订了对农村党员的教育计划，给各区配备了专职支部教员，定期授课。自此，基层党组织的“三会一课”制度逐渐形成和坚持起来，在党的思想建设中发挥了重要作用。

三是坚持党的集体领导制度，既防止个人专断和家长作风，又防止无人负责现象。1955 年 5 月，康县第二次党代会上，县委在总结经验的基础上提出了坚持党的集体领导制度：第一，遵循上级指示，要求各项工作计划必须提交党委会统一安排部署；第二，为解决无人负责的现象，县委确定县委委员分管内容，分工明确，责任到人；第三，逐渐改变机械执行上级指示的思想作风，工作中多联系实际，并召开会议，交流经验，修订计划，及时纠正工作中的偏差和错误；第四，大力开展批评和自我批评，发扬党内民主，重大问题及时请示上级党委，确保班子团结。同年 8 月，县委再次作出《关于加强党的集体领导问题的决定》（以下简称《决定》）。《决定》提出：一、切实贯彻分工管理制度。县委设政法、财经、党群、农村四大口，各口由专人负责；二、各委员必须有高度的责任心。每个委员必须认真阅读上级党组织的指示、决议以及其他有关文件，提高自己的政策思想水平，并以认真负责的态度关心党的全盘工作；对提交县委会上讨论的问题，每个委员都应深入调查研究，认真思考，充分发表自己的意见和建议，以便使党委的决定做到全面正确。总之，就是强调提高党员领导干部的思想政治觉悟和政策水平，增强对工作认真负责的责任感、自觉性，强化党的民主集中制。

四是加强对干部的选拔任用和人才引进。为了解决各方面建设中急需的干部和各类人才，早在互助组时期，县委和全县的各级党组织就特别重视干部的选拔任用工作，通过各种途径，选拔任用干部，加强干部的培训。康县第二次党代会进一步强调，要大力加强干部的选拔任用。从 1955 年起，县上通过各种途径，逐年增加干部和区级以上骨干干部，使全县干部增加到 2986 名，区级以上骨干增加 417 名。为了解决干部严重不足问题，1955 年，国家从上海、天津等发达城市动员支边青年支援边远山区建设。县委紧紧抓住这一历史机遇，从支边青年中引进援康青年36名。这些支边青年在康县的各方面建设中发挥了巨大作用。

至1956年，在农村党员和积极分子中选拔干部232名，这些干部后来都成为康县社会主义革命和建设的中坚力量。

中共康县第一、二次代表大会

第一次党代会召开 1954年10月29日至31日，中国共产党康县第一次代表大会召开，出席代表51人，列席5人。

会议听取并讨论了县委书记林柏青作的《中国共产党康县委员会第一次代表大会工作报告》。报告中肯定了康县解放近5年来，县委在中央的正确领导下，在省委、地委的具体领导下，依靠全体党员干部和广大人民群众一致努力，在各项工组中所取得的显著成绩。

1. 全县范围内进行了空前的大规模的各项社会改革。经过了“镇反”运动，对土匪、恶霸、特务分子和反动党、团的骨干分子、反动会道门头子等五方面的敌人，分别给予镇压、关押、管制，基本上肃清了土匪，安定了社会秩序，保障了人民生活的安全和生产的顺利进行；土地改革全面完成，80000多无地或少地的贫苦农民分得了10000多亩土地和9900多间房屋，1900多头牲畜，16000多件农具，5900多石粮食，翻身成为新社会的主人；进行了伟大的抗美援朝运动，捐献人民币2.92亿元，不但顺利完成了捐献武器支援朝鲜的任务，而且使广大人民群众和干部受到了一次极为广泛的爱国主义教育，从而推动了生产运动的发展，加强了广大人民群众的团结；在机关、企业和学校的工作人员中，进行了清理中层、内层的工作和“三反”运动，提高了干部的思想水平，改进了工作作风，打退了资产阶级的进攻。

2. 在基本完成各项社会改革的基础上，大力发展了农业生产运动。一方面，大力发展农业互助合作运动。截至1954年9月，全县已建立2个农业生产合作社，常年互助组294个，参加农户1716户，临时季节性互助组2009个，参加农户9831户。据大南峪花庙子农业合作社统计，1954年种夏田63.8亩，实收9850斤，比1953年提高64%。另一方面，对农民进行各种类型的扶持。1953年发生10余年来未有的严重灾情后，县委、县政府动员全部力量进行生产救灾，几年来共发放救灾款10.75亿元（旧币），救灾粮7.26万余斤，各种贷款29.8亿元（旧币），帮助解决了农民生产生活上的各种困难。积极改进耕作技术，在部分地区推行了喷雾器16架，兴修水利901亩。由于措施得力，1953年全县粮食总产达5400余万斤，比1952年增产9%。

3. 整党建党，对原有的地下党组织进行了整顿，对不纯分子清除出党，纯洁了党的组织。自1952年以来，共接收农村党员252人，建立农村支部45个，接收机关党员25人。截至1954年10月，全县共有党员576人，支部59个。

4. 经过一系列的社会改革和国民经济恢复工作之后，按照过渡时期总路线的要求，实行了粮食、棉布和其他农产品的统购统销和棉花的统购工作，同时在青年团、妇女和政权建设、国营经济的发展和文教卫生等方面均有显著成绩，特别是通过普选工作，加强和巩固了人民民主政权。

报告指出，经过一系列的工作，康县的面貌已经发生了很大的变化。封建地主阶级已经被消灭，一切反革命分子已受到镇压，人民民主政权更加巩固，国营经济得到发展，农业、商业中的社会主义和半社会主义的经济成分日益增加，广大人民群众的物质文化生活已有不同程度的改善，社会主义觉悟和生产积极性已空前提高，为进一步进行社会主义改造和建设创造了有利条件。但也存在着不少问题，主要是：1. 对中央关于互助合作“积极领导、稳步前进”的方针在思想上重视不够，存在着不作为和急躁冒进两种倾向。2. 党的组织建设和思想建设方面存在缺陷，对党员的教育不够，某些地方党组织涣散，强迫命令和脱离群众的现象仍然存在。

大会经过讨论，确定了今后党在康县的主要任务是，大力开展以互助合作为中心的农业大生产运动和积极发展党的组织。会议通过了以下决议：1. 按照中央“积极领导、稳步前进”的方针，坚持自愿和互利的原则，依靠广大农民群众，大力开展以互助合作为中心的农业生产运动，对封建农业进行改造；同时，大力发展农村供销合作、信用合作和手工业合作。2. 坚决贯彻党的七届四中全会关于增强党的团结的决议，加强党的组织建设和思想建设，进一步增强党的团结，积极发展党的组织。计划到 1954 年 11 月底，健全全县区委会，12 月底凡没有党员的乡，新吸收党员达到 3—5 人，并建立党的基层组织。到 1956 年，在农村、机关、学校等吸收新党员 495 人。加强支部特别是基层党组织的领导作用，建立党委制，加强党员思想修养和革命品德教育，提高党员的觉悟。3. 全体党员必须坚决执行党的决议，贯彻党的政策，农村党员必须参加互助合作组织。4. 为保证完成 1955 年发展互助合作组织和增产粮食任务，1955 年的具体任务是，至秋收前，组织 60% 农户参加互助合作组织，其中常年组织达到 23%，占总农户的 13.8%，农业社 80 个，参加农户 1440 户，占组织起来农户的 27%，占总农户的 4.36%。粮食总产量达到 6371.3 万斤，油料总产量达到 846.78 万斤。5. 选举林柏青、郝建宁等 10 人为中国共产党康县委员会委员，林柏青、孙一等 13 人为出席中共武都地委代表大会代表。

第二次党代会召开　1956 年 5 月 14 日至 19 日，中国共产党康县第二次代表大会召开，出席大会代表 94 人，代表全县 1284 名党员。大会总结了第一次党代会以来的各项工作，研究部署了今后几年的工作。会上，县委书记林柏青作了《中国共产党康县第二次代表大会的工作报告》，总结了自1954年10月第一次党代会以来县委领导全县人民开展农业、工商业社会主义改造，开展经济建设等方面取得的成绩。大会研究部署了今后的工作，通过了8项决议，即到1956年底基本完成社会主义改造，1956年粮食亩产达到531斤，7年内全县造林87万亩、发展科教文卫事业等。大会选举了中共康县第二届委员会以及出席省党代会代表。

会议指出，在贯彻以合作化为中心的农业增产运动方面，1954年第一次党代会之后，全县各级党委、政府迅速把工作中心转移到以合作化为中心的农业大生产方面，初级农业合作社由1954年的2个发展到35个，农户由37户增加到664户，互助组由2009组，9831户发展到2278组，12564户；常年组由294组发展到580组，4537户。信用合作组织由1954年的56个社发展到72个社（后合并为47个社），供销合作社至1955年发展到区区有基层社。35个初级社都增产增收，使群众深刻地认识到互助合作的优越性。为了巩固互助合作组织，1955年，训练互助组组长1208人，农业社会计786人，积极分子1441人。毛泽东《关于农业合作化问题的指示》、中共中央七届六中全会《关于农业合作化问题的决议》发出后，全县掀起了农业合作化运动的高潮。仅仅3个月时间，初级社由35个增加到823个，入社农户由占农户1.96%增加到93%。在这个过程中，由于时间太紧，建设工作也出现了问题，后来在冬季生产中进行了整社工作，巩固了合作组织。在近两年的时间内基本上完成了对资本主义工商业、手工业的社会主义改造。在农业生产上，1955年冬季，注意勤俭办社，重视发挥妇女、青年的积极性，在土地基建、农业技术改革、搜肥、找洞肥等方面取得了很大的成绩。土地基建上，兴修水渠2455条，打井382眼，修蓄水池1257个，筑堤坝948道，42.48万丈；挖排水沟3.06万丈，修梯田

21654.21 亩，培地埂 12.92 万丈，挖水簸箕[①] 5981 个；农业技术改革上，普遍推行了选种、浸种、拌种，改进了栽培技术，绝大部分地区因地制宜采用了方形点种、丁窝点种、宽项密植，采取各种有效措施，如倒陈墙、旧炕、挖稀泥、扫路土、修厕所、勤垫圈、找洞肥，基本解决了肥料不足的问题；消灭害虫害兽上，消灭兽害 2500 只、鸟害 3.9 万只、鼠害 3.5 万只。

会议指出，在党的建设方面，首先发展党组织，整顿党务，改变已往党不管党和突击完成任务的弊端，加强对培养对象的全面考虑和长期教育，发展新党员 1899 名；在党组织大力发展的同时，从 1953 年至 1955 年对农村基层组织开展了两次整顿，查明混进党内的反革命分子、阶级异己分子和其他坏分子并清除出党，对违法乱纪的党员作出了严肃处理。根据中央和上级精神，建立了 74 个党小组、59 个党团小组，加强了党对合作化的直接领导，从组织上保证了党的政策的贯彻执行。其次加强思想建设，着重加强对全体党员干部的政策理论和文化知识教育。自第一次党代会后，抽调 72 名干部去党校和地干校学习，在县级各单位建立了学习制度。对农村党员，县委于 1955 年拟订了教育计划，给各区配备了专职支部教员，定期授课。另外，加强了干部的选拔任用，至 1956 年共选拔区书区长级领导骨干 27 名，县级科部长级领导骨干 18 名，并在农村党员和积极分子中选拔干部 232 名，加强了党在各方面的核心领导力量。

会议根据党中央提出的 1956 年到 1967 年农业增产纲要（草案），确定了今后的任务。在农业合作化与增产方面，1956 年底基本实现社会主义农业合作化，并迅速解决社内存在的问题，整治混乱现象，做到社社巩固、社社增产。到 1967 年，粮食总产量达到 8.32 亿斤，亩产提高到 1200 斤。兴修水利、保持水土，大力修建

---

①形似簸箕状的水田。

水平沟、水簸箕、沟头防护等田间水利设施，修建一大批蓄水池、灌溉涝池等；开辟肥源、推广良种。林业方面，7 年内造林 87 万亩，每个农业社至少要有 1 亩苗圃。畜牧方面，7 年内要达到“牛羊成群遍满坡，家庭副业喂鸡鸭”的水平。具体目标是，到 1962 年，牛由 2 万头发展到 5 万头，其它牲畜也要大规模发展。蚕桑方面，确保在原有 4 万株桑树、年产土茧 8700 斤的基础上，继续大力发展蚕桑养殖，并派人去武都江洛镇学习。科教文卫交通方面，在 12 年内，各区建立农业技术推广站，7 年内扫除文盲，普及义务教育；修竣望关至县城、成县至武都、望关至大船坝、略阳至武都、长坝到大堡、云台公路；各区建立卫生所，各乡建立接生站，有计划地组织和训练一批中医和中兽医。党建方面，不断巩固和扩大党的队伍，增强党的战斗力。在 1955 年 1284 名党员的基础上，今后 7 年内新发展党员 3237 名，并继续加强党的组织建设和思想建设，不断提高党员的社会主义觉悟。干部工作方面，积极培养和提拔干部，7 年内全县增加干部 2986 名，选拔区级以上骨干干部 417 名。

大会在充分发扬民主的基础上，严肃批判了领导上的右倾保守思想和骄傲自满情绪，进一步加强了党的集体领导，增强了党的团结，激发了党员社会主义建设的积极性和热情。

县第二次党代会对全面完成对农业的社会主义改造起了积极的推动作用。党内分工制度的确立，进一步明确了责任，加强了党的领导。但是，大会提出今后工作的目标任务，部分脱离了康县的实际，造成了一定负面影响。

群团组织的建立和发展

共青团　康县共青团组织始建于 1950 年 5 月。当时名称为“中国新民主主义青年团康县（工作）委员会”，有基层支部 22 个，团员233名，其中农村支部13个，团员138名。1952年3月更名为“中国新民主主义青年团康县委员会”。全县有团干部26名，团员543名。1954年10月29日至11月2日，在县委、县政府所在地岸门口召开新民主主义青年团康县第一次代表大会，出席会议代表89人，列席代表7人，代表全县82个团支部，955名团员。会上选举产生了由9人组成的青年团康县第一届委员会，并讨论通过了《关于团组织协助党组织在今冬明春建立48个社的决议》《关于在1955年发展900名团员，巩固发展团组织的决议》《第一届委员会和出席省团代会的决议》。同年11月，对82名团干部进行了为期10天的培训。主要学习过渡时期的总路线、互助合作政策、农业技术和团组织的建设、工作方法等，提高了团干部的政治素质和业务水平。至1956年6月召开青年团康县委员会第二次代表大会时，全县已经有基层支部211个，团员3927名。团组织机构健全，在各项工作中都能积极配合贯彻落实县委、县政府相关政策。1957年5月，更名为“中国共产主义青年团康县委员会”。

康县共青团组织自建立起，在县委和上级团委的领导下，紧紧围绕党的中心工作，按照青年特点，积极开展了许多有益的活动，教育全体团员和广大青年，坚决完成党在过渡时期的各项工作任务，充分发挥了青年在社会主义建设中的突击队作用。在新中国成立初期的减租反霸、剿匪肃特运动中，青年们积极勇敢地站在斗争的最前列。在抗美援朝保家卫国运动中，全县有374名青年积极应征，参加了抗美援朝战斗。特别在农业合作化时期，团组织大力组织和教育团员、青年，努力学习农业合作化运动的政策文件，积极投身于农业合作化运动，充分发挥青年突击队作用，有力地推动了全县农业合作化运动的深入开展，促进了当时农业生产的发展。

1955年至1956年底，党的中心工作是建立农业生产合作社，团组织首先组织团员和广大青年带头学习《农业合作化问题》《全国农业发展纲要》《农业社示范章程》等文件，组织了167个青年宣传队，深入村庄院落、田间地头，宣传党的农业合作化政策，采取多种形式，组织新建社的群众到先进社参观学习。先后去云台郑湾的花庙子社、碾坝肖家山社、长坝联盟社、贾安红旗社进行参观学习。学习他们建社后粮食连年增产，经济收入连年增加，群众生活不断改善的经验，激发了群众入社的积极性。大部分农民将土地、牲畜、大型农具投入农业社，归集体所有，打破了几千年来私有制度和私有观念，建立了“各尽所能，按劳分配”的社会主义分配制度。全县团员和青年都积极入社，有的团员和青年还担任了社主任、会计、保管或生产队长等职。

1957年是全县实现农业合作化的第二年。建立农业生产合作社的目的就是通过走合作化道路，不断增加群众收入，改善群众生活，而粮食增产的关键是解决肥料问题。为此，县委提出了“开辟肥源，增施肥料，力争粮食增产”的号召，团县委积极响应，发动全县农村广大团员和青年开展“千堆万背篼”积肥活动。全县各区乡团组织从实际出发，按照当地情况，组织团员、青年形式多样地开展这一活动。长坝区团委和长坝乡团总支带领团员和青年到深山密林寻找洞肥；城关区团委和新寨乡团总支，组织团员和青年在县城岸门口机关单位，扫垃圾、挖运厩肥。据8个区35个乡的统计，此次活动共组织青年突击队621个，有2万多名团员和青年参加，共积肥料160多万背篼，开挖5140个沤肥坑，沤绿肥275万多担，寻找洞肥114万余斤，从而解决了春耕下种肥料不足的问题，施肥量由1955年亩施肥14背篼提高到1957年亩施肥料40—45背篼。在增积肥料的同时，还修建了圈棚907座，厕所525个，有力地解决了肥料不足和人无厕所，畜无圈的问题，为促进粮食增产起到了积极的作用。

在农业合作化热潮中，党中央提出“十二年绿化祖国”的号召，共青团康县委积极响应党中央的号召，组织全县广大团员和青年，大力开展植树造林、护林活动。各地青年在造林、护林工作中，实行划片包干、责任到人，建立包栽、包活、包长大的制度，有力地推进了植树造林、护林工作进程。阳坝区的肖光明、云台区的刘玉英在造林护林工作中成绩突出，被推举出席了全国青年社会主义建设积极分子大会。

除此，团县委还配合党委各个时期中心工作，带领团员和青年开展了许多有益于社会和人民事业的活动。

一是参加兴修水利、水土保持活动。康县山大沟深，土地瘠薄，历来水土流失严重。新中国成立后，党和政府非常重视水土保持工作，采取封山育林、植树造林、打坝拦泥、修山湾塘、挖涝池、开排水沟等措施，防止了洪水冲刷、水土流失。尤其是 1956 年实现了农业合作化之后，全县开展修梯田、培地埂，对山、水、田、林、路全面进行综合治理。共青团组织带领团员和青年积极参加兴修水利和水土保持工作，与广大干部群众一起保质保量完成了任务。

二是开展颗粒归仓活动。为减少粮食损耗，在夏收季节，团组织发动青少年集体开展捡粮拾麦活动。长坝、望关、平洛等 10 个乡的 826 名青少年，在夏收之时拾回小麦 4. 18 万斤，其他各地也组织青少年开展了这一活动。

三是开展保畜过冬活动。康县属农业县，但对畜牧发展重视不够，一些人存在重农轻牧的思想。饲料不足，畜疫蔓延，饲养不善等原因制约了康县畜牧业的发展。新中国成立前后，在农村无牛户或者三四户农家合喂一头牛者甚多，农业合作化以后，面对这种情况，团组织教育团员和青年爱护耕畜，搭好圈棚，做到“圈圈有槽，槽槽有草”，备足草料，保畜过冬。长坝、平洛、大堡、云台、碾坝 5 个区统计，有 25700 余名团员、青年参与并开展了青贮饲料活动，共贮饲料 75 万余斤，解决了当时牲畜越冬饲料不足的问题。

四是开展消灭四害活动。《全国农业发展纲要》明确指出，从1956年起，12年内，在一切可能的地方，基本上消灭老鼠、臭虫、苍蝇和蚊子，并提出消灭不利于农作物生长的鸟害和兽害。团县委按照县委和上级团委的部署，从城镇到农村，从干部到群众，采取多种办法消灭“四害”。全县青年共消灭各类害兽23万多只，有力地保护了粮食和农作物的生长。

同时，在全县农村普遍组织开展了扫盲活动。

妇女联合会　1950年6月召开的全县各界人民代表大会上，召集与会妇女代表，选出了妇联筹备委员会。同年8月，召开全县第一届妇女代表大会，成立了康县妇女联合会①。妇联在配合党组织完成民主革命阶段遗留的各项任务、恢复和发展国民经济、减租反霸、土地改革中发挥了积极作用。抗美援朝运动中，不少妇女送子、送夫参军，发扬了高尚的爱国主义精神。1952年9月，召开了第二届妇女代表大会，正式成立了县妇联。全县6个区，都配备了专职妇联干部。这一阶段，通过宣传贯彻新婚姻法和男女平等教育，废除封建婚姻制度，广大妇女逐渐克服了男尊女卑的旧观念，逐步提高了政治觉悟和经济地位。1955年3月8日至11日，召开第三届妇女代表大会，到会正式代表56名，列席代表13名。会议总结推广了妇女参加农业生产的经验，选举了第三届妇女联合会和出席省妇女代表会的代表，选举委员9名，主任、副主任各1名。全县妇联专职干部由1952年的11名增至23名。在农业合作化运动中，各级妇联组织向广大妇女宣传合作化的优越性，激发了广大妇女走合作化道路的积极性，使其成为推动互助合作运动和发展农业生产的重要力量之一。

农会　1950年，在县委领导下，筹备成立了县农会，最后陆续

①因只选了常务委员，未选执行委员，上级审批认定仍为筹委会。

建立了39个乡农会和1400多个村农会组织。各级农会在党的领导下，组织发动贫雇农，团结中农，一道投身于剿匪肃特、镇压反革命运动，揭发检举匪特分子和反革命分子，监视敌人破坏活动，保卫了新生政权；抗美援朝运动中，动员青年参军，发动广大农民群众集资捐献飞机大炮，支援抗美援朝；减租反霸和土地改革中，带领贫雇农诉苦，斗争恶霸地主，监视地主，防止转移财产，保卫胜利果实；在互助合作运动和经济建设中，依靠贫雇农走农业合作化的道路，带领群众发展生产。1956年高级农业合作化后，由于形势的变化，县委撤销了农会组织。

工商联 新中国成立前，康县已有“商会”组织，会长由政府委任。当时商会的职能和任务是：一、组织工商界贯彻孙中山的建国方针，“发展经济，振兴实业”，抗日救国；二、协助政府在工商界催收税款，兴办民间公益事业；三、调节和处理工商界的纠纷；四、商议当地集体福利事业；五、通报商品信息，分析经济形势等。人民民主政权建立后，为了恢复和发展经济，在县委和县政府的领导下，改组旧商会，成立了康县工商联合会。领导成员由工商界民主选举产生，组织机构隶属于县委和县政府领导下的人民团体组织，全县共有会员800余人。1951年召开了第一届会员代表大会，选举产生了康县工商联执行委员会。当时工商联的主要任务是：一、贯彻落实党和政府的路线、方针、政策；恢复和发展经济；二、实行党和政府对工商业的利用、限制、改造的方针，维护工商业的合法经营；三、配合政府在工商界防特反特，开展反“五毒”工作，保卫新政权，组织工商界支援抗美援朝，开展“五反”运动，协助搞好税收管理和征缴工作；四、建立公私合营企业、联营社、合作商店和合作组织，经销、代销各种不同形式的商业机构的商品，组织工商界人士学习党的方针、政策，落实过渡时期的总路线；五、协调、解决工商业之间的各种矛盾和纠纷；六、介绍商情，通报商品购销形势。康县工商联第二届会员代表大会于1953年召开，参加会议的代表35人，会议听取了省工商联会议精神的传达和第一届支委会工作报告；讨论审议通过了二届执委会工作安排意见，选举产生了工商联第二届执委会。手工业私营工商业社会主义改造后，对工商联职能作了相应调整：一、认真贯彻过渡时期的总路线；二、组织和管理未“过渡”的合作工商店组、经销、代销和个体商贩工作；三、组织正当的商品交易，教育未过渡人员遵纪守法，照章纳税；四、配合市场管理人员管好集市贸易。

少年先锋队 1953年，康县各小学开始组建中国少年先锋队(简称少先队)，其宗旨是继承和发扬我国少年儿童运动的光荣传统，以增进少年儿童的身心健康。少先队工作在党的关怀下，由各级共青团组织负责，主要建立在各级小学，根据队员人数，学校设大队，班级设中队，中队以下设小队。有正、副大队长和中队长各1—2名，中队配有辅导员。少先队有队章、队旗、队歌，少先队员佩戴红领巾，队干部佩戴臂章。

第五节　社会主义改造的基本完成和主要产品的统购统销

1953年，中央先后作出了两个关于农业合作化的决议，规定了我国农业社会主义的路线、方针和政策。康县的农业合作化就是在这两个决议的指导下进行的。统购统销是国家对国计民生关系重大的商品，实行统一收购、统一供应的一种购销形式。实行统购统销对于稳定市场价格，保障人民基本生活必需品的供应发挥了积极的作用。康县从1953年对棉花、棉布实行统购统销。随着生产的发展，物资的丰富，统购统销的范围发生了变化。

农业的社会主义改造：农业合作化

土地制度改革后，广大贫苦农民分得了土地，生产积极性高涨，农村经济逐渐恢复，农民的生产、生活条件比解放前有了明显改善，但是广大农村仍使用传统的手工工具，靠人畜耕种，靠天吃饭，生产力水平低下，农业的基本形态仍然是分散的、个体的、落后的。一方面，自给半自给经济状态下的农村不能向城市和国家工业化供给更多的粮食和其他农产品；另一方面，农村呈现中农化的趋势，新的土地买卖和阶层分化现象开始出现。为了防止农村新的两极分化，使农民真正摆脱贫困，实现农业较快发展，以满足国家工业化对粮食和农产品迅速增长的需要，党中央开始引导农民走互助合作的道路。1951 年 9 月，中央召开了全国第一次农业互助合作会议，制定了《中共中央关于农业生产互助合作的决议（草案)》(以下简称《决定（草案)》)。《决议（草案)》根据土改后农民走互助合作道路的积极性，要求各级党委根据生产发展的需要和可能，按照“积极发展、稳步前进”的方针，坚持自愿互利的原则，采取典型示范、逐步推广的方法，引导个体农民沿着互助合作的道路前进。1955 年 10 月，党的七届六中全会作出《关于农业合作化问题的决议》，要求全力发展农业合作组织。遵照中央和省、地文件精神，县委、县政府和各级党政组织，积极引导农民通过互助组、初级农业生产合作社、高级农业生产合作社等形式，逐步完成了农业的社会主义改造，走上了农业合作化的道路。

互助组的建立和发展　互助组是农民自愿结合的一种生产互助合作组织。在生产互助合作中，土地和其他生产资料的所有权不变，生产劳动互助组织形式主要有临时和常年两种。临时季节性互助组，一般采用以工顶工的办法，包括以人工顶人工，以人工顶牛工。常年互助组有固定的成员，有较强的领导骨干，主要农事季节在一起劳动，坚持“平等互利，等价交换”的原则，每天农活结束时，按照个人生产好坏评记工分，然后以工还工，畜力也规定了基本工分标准。

康县农村的农民，在生产实践中曾形成了农忙时节互相帮工，俗称“变工”的习惯。如亲友、邻居互相帮工，缺耕牛的农户与有耕牛的农户协作，以人工换牛工等，这种灵活的变工习惯对发展互助合作组织有积极作用。新的人民政权建立后，按照上级精神，县委适时将这种松散的变工形式，引导到有组织、有计划的互助合作运动。1951 年，全国第一次农村互助合作会议之后，县、区、乡各级党组织即开始大力引导个体农民发展正式的互助合作组织。具体方法是先搞临时性、季节性的互助组，由小到大，由少到多，逐步向常年互助组过渡。1951 年春，结合减租反霸和春耕生产运动，发展 2000 多个临时互助组，参加人数 23000 人，季节性互助组 656 个，参加人数 8928 人。土地改革运动中，县委进一步对农民开展了组织起来的动员教育，在“自愿互利”的原则下，全县组建互助组 3415 个，参加人数 42000 人。其中常年组 509 个，参加人数 6617 人，其中有名无实的互助组 250 组 3750 人。1952 年 11 月至 1953 年 3 月两次对互助组进行了整顿，对 250 个有名无实的互助组作了调整，共建立了 1544 个常年互助组。1953 年 7 月 2 日，县委、县政府发文指出，劳动互助合作组织是建立在个体经济基础上的，发展前途是农业集体化或者社会主义化，这个过程是有计划有步骤的，并要求：1. 坚决贯彻在 1952 年基础上“整顿、巩固、提高”的方针，深入细致地开展农业合作化；2. 给群众宣传清楚政策，解除群众的顾虑，并使他们能够明白，在较低生产力水平和生产条件下，只有走互助合作的道路才能够提高产量，增加收入，使每个人都能人尽其力，同时能够兴修小型水利，开展病虫害防治，提高生产水平。互助组的建立和发展，初步显示了组织起来的优越性。比较典型的事例如崔安乡肖家山肖占品互助组。1952 年遇到了严重灾荒，全组成员齐心协力，共同抵御灾荒，他们开展副业生产，积累资金，提粮糊口。组内成员分工明确，男子承担耕地、送粪等重体力活，女子则负责挖野菜，挖根麦，维持生活。同时，抽出肖占品、肖海林赶驴跑运输。1953 年春荒，生活特别困难，互助组各户分别轮流到西和、成县背粮，所挣工钱和粮食全组分摊，加上政府的贷款资助，顺利渡过了春荒。

互助组的优越性吸引了个体农户积极要求加入互助组，使得互助组得到快速发展。1954 年，全县各种农业生产互助合作组织及新建社 2305 个，参加农户 11585 户，占总农户的 37.4%，其中常年组 294 个，农户 1716 户，临时互助组 2009 个，农户 9831 户。农业社 2 个，农户 38 户。到 1954 年 9 月，全县常年互助组发展到 3003 个，入组农民 17082 户，占总农户的 51.2%。

在快速发展互助组的过程中，也曾出现过一些问题，如有的地方在建立互助组的时候不切实际，强迫命令，没有做到自愿、互利；在整顿互助组的过程中，干部片面追求速度，贪多、贪大，走过场，脱离群众。有一名干部一个晚上就整顿十几个互助组。有些互助组偏向于副业，走上发展商业的道路，忽视了农业生产。对于存在的问题，县委及时进行纠正，要求全体干部在建立和整顿互助组的过程中加强对农业生产互助合作政策的学习，提高思想认识与政策水平，坚持一切从实际出发，改进工作方法，细心研究解决工作中存在的问题，要求各级干部在工作中目标不能过高，速度不能过快。

在生产资料私有制的情况下，互助组适应当时农村社会生产力发展水平，符合广大农民的愿望，推动了农村耕作技术的提高，促进了农业生产的发展。康县通过发展农民互助合作，全县粮食作物亩产由1950年的112斤提高到1953年的141斤；农业总产值由1950年的506.43万元（折合新人民币，下同）增加到1953年的700.74万元。个别地方出现了高产，如九区平洛乡张顺玉组大湾的64亩地，亩产高达287斤。崔安乡肖家山村肖占品互助组、郑湾乡花庙子村强邦建互助组是最早建立的两个常年互助组，他们实行评分计工，调动了组员的劳动积极性，农作物产量比单干户大大提高，在整个武都地区都比较有名。

初级农业生产合作社的建立和发展 初级社属于半社会主义性质。一般是按自然村建立的，多数是一村一社，少数大村也有一村数社的，它以土地入股和统一经营为特点。农民入社后，原私有土地除少量自留地外，大部分由合作社统一经营，按田亩评定常年产量，按股分红，耕畜私有公用，评定等级和工分，大型农具由社租用。社员参加社内劳动，以劳动工分为基础计算分配。初级社的权力归社员大会，日常工作由社务委员会处理。分配办法是从全年农业收入中扣除当年生产费用和公共积累后，按地股和劳动日比例分配，进行夏秋两季预分，年终决算。1953年2月，党中央下发《关于农业生产互助合作的决议》，要求在条件比较成熟的地区，有领导、有重点地发展初级农业生产合作社。同年4月，中央召开第一次全国农村工作会议，指出：党在农村工作的任务，是领导农民走互助合作、共同富裕的道路。年底，中央又发布《关于发展农业生产合作社的决议》，要求各地发展农业生产合作社。按照中央精神，1953年末，康县在互助合作基础比较好的郑湾乡花庙子和崔安乡肖家山两个常年互助组开始试办初级社。

1953年12月12日，县委抽调强邦建、强廷俊和王永才三人赴武都专区农业生产合作社社员训练班学习各地办社经验。学习归来后，拟订了建社计划。次年1月，由县委选派干部与乡、村干部组成工作组驻村开展工作。首先，对群众进行培训学习；接着，审查入社对象，开展土地评产入股和大型农具、牲畜、肥料的折价入社；紧接着，建立生产经营管理制度和分配制度。1954 年 2 月 19 日，康县第一个初级社——五区郑湾乡（今大南峪）花庙子初级农业生产合作社建立。入社农户 13 户，67 人，有土地 183 亩，牛 15 头，马 1 匹，各类农具 151 件。2 月 21 日，与花苗子农业生产合作社同时期筹办的崔安乡肖家山初级农业生产合作社成立，参加农户 23 户。在进行试点取得成功经验的基础上，同年 9 月 1 日，县委下发《关于建立农业合作社的经验》这一文件，对如何建立农业合作社作出系统、明确的要求。秋后，将领导骨干坚强、有较好的互助基础、组员真正自愿的互助组，组建为初级社。全县共新建 21 个初级社，参加农户 332 户。至年底，初级社发展到 35 个。

同年 12 月 7 日至 10 日，为了大力开展互助合作运动及做好冬季生产工作，康县召开互助合作代表会议，参加代表 110 人。会议总结了康县一年来的互助合作情况及生产经验，代表们明确了农业生产互助合作的方针和任务，明确了过渡时期党在农村中的阶级政策及原则精神，互相交流了增产经验。会议对今后工作作出安排，要求进一步整顿和发展互助合作社。1955 年建立 60 个农业社，组织起来的农户达到 2.04 万户，占总户数的 64%，并在每个乡建立农村信用合作社，达到全覆盖。

在建社过程中，县委、县政府高度重视，不断加强对建立和发展农业互助合作组织的安排指导，不断对农业社进行整顿和巩固。1955 年 1 月 11 日，康县召开区委书记联席会议，检查了二次农村工作会议后的互助合作运动发展情况，发现了一些地方在建社过程中存在的问题。比如，对土地产量评估不准确，青苗入社处理不妥，一些地方忽视冬耕地等正常的生产工作等。对这些问题，县委及时纠正，并按照“准备一批、发展一批、巩固一批、再准备一批”的指导原则，对建立合作社进行了全面规划，统一安排。

2 月 17 日至 19 日，康县召开了全县农业社主任联席会议，就如何解决农业合作运动中存在的问题，做好巩固现有社工作，并及时组织好春耕生产活动做了讨论和部署。其后，根据中央与省、地委关于巩固好现有社的指示精神，先后于 2 月、3 月两次召开了社主任与驻村干部会议，进一步研究了现有社的巩固问题。根据全县 35 个社的情况，进行分类排队，暂时停止建立新社，集中力量对现有社进行巩固。3 个多月里，主要通过以下几个方面进行了巩固提高：1. 紧紧抓住增加社员收入；2. 改进合作社经营管理；3. 对社员进行思想政治教育工作；4. 解决部分遗留问题。同时，还对青苗入社、耕畜报酬、副业、农业基本建设投资等方面提出了指导意见。

8 月 12 日，为了贯彻中央“积极领导，稳步前进”的方针，根据地委指示，计划在 1955 年秋收之后到 1957 年秋收之前，进一步发展初级农业生产合作社，1956 年达到 114 个，1957 年农业社达到 202 个，常年组和组织起来的农户做到全部覆盖。

9 月 28 日至 10 月 10 日，县委又召开了三级干部会议，这次会议全面否定了过去的“右”倾保守思想，认为在以往的互助合作运动中，领导的认识落后于群众，跟不上客观形势发展的要求。主要表现是计划保守，以防止急躁冒进为借口，导致发展的速度和规模受到负面影响，引起了群众和基层干部的不满，并将原因归为官僚主义作风，认为是领导干部不认真调查研究，只局限于上级分配的任务数字，满足于现状。同时还认为，1955 年县党代会的计划及之后增加的计划都过于保守。而只有这次的计划才接近了客观实际。会议认为，大力推进农业合作化运动已经具备了充分的有利条件：1. 互助合作运动开展以来，组织起来的优越性逐渐显现，得到广大农民群众的认可；2. 农村党、团组织有了很大发展，全县 77 个乡，有 65 个建立了党支部，农村党员达到了 584 人，建立了 78 个青年团支部，有农村团员 1366 人。这些党团员大多数担任着互助组领导，并逐渐成为农业合作化运动的领导核心；3. 两年来，全县已经培训了 633 个社的骨干，87 个农业社会计，脱产兼职会计辅导员 7 人，1208 名互助组的骨干，286 名县区乡的脱产干部。只要能发挥这些有利条件，就能大大推进新建社的工作。因此，会议对原有合作社发展规划重新做了修订，确定在 1955 年 35 个社的基础上，于 1956 年新建 278 个社，总数达到 313 个，入社农户达 6731 户。并逐年增加，到 1959 年入社农户 30144 户，占总农户 90.4%，基本完成社会主义改造。

10 月 29 日至 11 月 5 日，康县又一次召开了 1045 人参加的三级干部会议，会议传达了毛泽东的《关于农业合作化问题的报告》和党的七届六中全会通过的《关于农业合作化问题的决议》的文件精神，计划在原定 1956 年新建 278 个社的基础上，再增加 44 个社，即计划在 1956 年新建 322 个社。会议还讨论了土地报酬、耕畜和农具的处理，关于青苗、关于种子与肥料的投资，以及审查入社对象等一系列问题。

为了进一步贯彻落实毛泽东的《关于农业合作化问题的报告》与党的七届六中全会通过的《关于农业合作化问题的决议》精神，11 月 28 日，县委发布《关于彻底克服右倾思想，放手发动群众办社的紧急指示》，指出，由于大力开展宣传教育工作，农村中确实已经开始形成了农业合作化运动的高潮，然而某些区、乡领导和工作干部仍存在右倾保守思想。虽然广大农民要求入社，但区、乡领导仍局限在原定计划圈子内，不相信群众自己能建社，拒绝群众建社和扩社的要求，严重阻碍了农业合作化运动的健康发展。因此，县委指示，必须进一步学习毛主席的报告和党的七届六中全会精神，克服右倾保守思想。在工作中依据实际情况，修正各区、乡的农业社发展计划，大力发动群众，按照 1956 年基本实现合作化的要求，全县掀起合作化的高潮。

遵照县委文件精神，至1955年12月，康县初级社的建社工作全部结束，全县共建立起初级农业生产合作社789个，加上原有社34个，共有823个。其中一类社419个，二类社269个，三类社135个，入社农户达30644户，占总农户的91.94%，半社会主义合作化已经完成。但是其中有135个社是12月15日之后突击建立起来的，时间短，教育工作粗糙，群众内心顾虑多，土地报酬、农具、牲畜等问题均未处理妥当，其他社也不同程度地存在这种问题。为此，从1956年1月12日起至2月2日，开始大规模地进行第一期整社工作，主要做法是组织全体社员，认真学习示范章程。在此基础上，做好建社未完成的补课工作，处理好各社的遗留问题，密切结合冬季生产，组织好建社后的各项生产工作，逐步加强经营管理机制，纯洁社的领导成分，建立联社委员会，制订好1956年生产计划，以解决实际问题。

在发展互助合作组织中，县委、县政府特别重视加强对干部的业务知识培训，通过举办各种培训班，不断提高各级干部特别是合作社骨干的水平。1954年9月15日，县委发布《训练农业社干部计划》，10月14日开始，举办为期10天的训练班，共训练干部170人，技术人员11人，互助组长69人，支书或乡长文书58人。其中建社干部33人（内有区干部9人）合为一期，集中县上训练。训练的主要内容是：1. 讲解总路线；2. 农业互助合作运动的方针政策，建社的方法、经验以及合作社的经营管理等；3. 一般农业技术（包括水利、林业、畜牧）；4. 农业互助合作运动的领导方法。1955年2月15日，县委、县政府先后在县上以及各区举办互助组长训练班，互助组长、一部分党团员和准备转社的领导干部共1255人参加了培训。这次培训主要讲授了如何领导好互助组、过渡时期党在农村中的阶级政策，以及积肥施肥、作物病虫害防治的科学技术等内容。1955年11月14日，随着合作化大发展，出现了社多干部少，领导经验不足的问题。为有效解决这个问题，县委讨论决定：从已经巩固的合作社当中抽调政治觉悟高、有一定办社经验和宣传能力的社干及社员 22 人，组成辅导组，有组织、有重点地向广大群众宣传党的农业合作化的方针政策，农业社的优越性以及办社的经验等。1956 年 1 月 21 日，训练农业社技术委员 823 人，1 月 22 日，训练农业社会计 456 名。

高级农业生产合作社的建立　高级农业生产合作社是以自然形成的行政村为基础，几个初级农业合作社联合组成为一个高级的农业生产合作社。高级农业社实行主要生产资料完全归集体所有制，社员的土地转为合作社集体所有，取消土地报酬，耕畜和大型农具作价入社。在分配制度上，是以社为单位的社内统一核算，社员投工计工分，社内统一进行收益分配，“各尽所能，按劳分配”。高级社设主任 1 人，副主任 2—3 人，会计 1 人，出纳 1 人，保管员 1 人。高级社建立后期，为适应管理需要，社下设生产队，社对生产队实行土地、劳力、耕畜、资产“四固定”，并实行定产、定工、定投资和超产奖励的“三定一奖”制。在劳动管理上，推行农活定额管理，即定劳力、定任务、定质量、定报酬，普遍推行定额计酬制。

1956 年 1 月 23 日，中央政治局提出《1956 年到 1967 年全国农业发展纲要（草案)》，强调：“对于一切条件成熟的初级社，应当分批分期地使它们转为高级社。不升级就妨碍生产力的发展。”纲要要求：合作化基础较好，并且已经办了一批高级社的地区，在 1957 年基本上完成高级形式的合作化。其余地区，则要求在 1956 年每区办一个或几个大型（100 户以上）的高级社，以做榜样，在 1958 年基本上完成高级形式的农业合作化。

康县初级农业生产合作社转高级农业生产合作社的工作，从 1956 年 1 月下旬开始。县委根据转社应当具备的 5 个条件，即连年增产，公共积累多，干部条件较强，党的基础较好，社内团结。首先在友爱、劳动、先进、联盟、五星五个初级社进行转社试办，2月底建成高级社。与此同时，还试办了梅园、廖坝两个林业生产合作社。试办结束后，县委组织干部向农民广泛宣传高级社的十大优越性。根据有利于生产、有利于团结、有利于经营管理的原则，大力发展高级社，至4月，全县共有高级社29个，每社平均250户，最多540户，最少91户，村子小的10村为一社，村子大的4村为一社。同时，初级社合并为665个。

高级社建立后，由于规模过大，在经营管理上存在许多问题，特别是在劳动管理上问题突出。为此，1956年3月5日，县委发布《关于推行“三包”[①] 制的意见》，要求各地根据实际，做好以下工作：1. 合理确定劳动定额，进行包工。所谓定额，就是一个中等劳动，在一定的土地、耕畜、农具、天时等条件下，劳动一天能达到的质量和数量。评定劳动定额是一件复杂细致的工作，在制定定额时应按照合作社的全年生产计划，并综合考虑具体农活的技术含量、操作难度、土地类别、路程远近、作物种类、耕作难易等各种因素。2. 将各类土地排队进行包产。首先把合作社的土地按土质、位置、水分条件，分成不同类别，然后依据标准产量，得出不同作物、不同等级的土地总产，评出每个类别的定额产量。3. 贯彻勤俭办社方针，实行财务包干。财务包干主要包括：承包籽种、肥料、饲料，牲畜医疗、农具修理、生产管理费和杂项支出。财务包干与包工包产相配合，由各生产队进行承包。4. 发动社员认真讨论奖惩制度，使每队都争取得到超产奖励。但是在实际的生产过程中，实行常年包工、包产、包财务的社总数不多，高级社的经营管理仍然存在很多问题。

---

①“三包”指包工、包产、包财务。

1956 年 6 月，县委召开县科部长和区书联席会议，抽调县直干部 50 名，组成 9 个工作组，分赴各区帮助整社，并进行夏收预分辅导，各区训练区、乡干部 419 名，社干、会计 739 人，赴各社结合夏收预分进行整社。1. 抓住夏季生产中心环节，加强田间管理；2. 检查并修订生产计划；3. 妥善组织安排劳力，纠正忽视副业生产现象；4. 清理劳动工分；5. 处理社内问题，特别是牲畜折价偏低问题；6. 贯彻“少扣多分”原则，进行夏收预分，保证绝大部分社员增收。通过整社，社员劳动出勤率由 60% 至 70% 提高到 80% 至 90%，健全了社内民主，加强了社委会的领导，团结了社员。第二次县党代会上，进一步强调加强高级社内的经济管理，强调推行“三包”制，重视发展集体副业生产。会后，一般的社都订出了生产计划，实行了包工，有些社还制定了劳动规划，推行了包工包产。不少高级社还积极发展了社营副业和家庭副业。据 1956 年下旬至 9 月中旬不完全统计，副业生产总值达 482541 元，约占农业生产总值的 10%，但是，几乎所有的副业生产都集中到社统一经营，存在不少问题。例如不少社产出的石灰、瓦、木板没有销路，收购单位在执行价格政策上压价过低。

为了解决在合作社大量发展后对会计人员的需要，从 1956 年 1 月 25 日开始，康县在县初级中学附设农业社会计训练班，专门训练和培养农业社会计人才。会计训练班每期两个月，每年四期，设农业社会计、算数（包括珠算）、政治三门课程，每周安排体育、音乐各一节，作息时间和生活纪律与学校日常管理同步。

1956 年 8 月，以高级农业合作化为中心的建社工作在全县掀起高潮。到年底共建高级社 823 个，入社农户 32404 户，占总农户的 96. 4%。远远超过了原计划到 1957 年完成建立 244 个社的任务。有些刚建立的初级社还立足未稳，社员入股的土地报酬、生产资料折价偿付等许多问题尚未完全解决，又急速地进入新一轮的并社升级阶段。还有一些互助组或单干农民则直接进入了高级社。1957年春，通过对原建社的整顿，进行扩社、并社，将原有823个高级社扩并为389个，入社农户扩至33824户，占总农户的99.71%，基本完成了全县对个体农业的社会主义改造。显然，由初级社转为高级社，过于急躁冒进。即便如此，个体农业社会主义改造的基本完成，农业合作化的实现，从总体上实现了土地的公有化，社会主义集体所有制经济建立了起来，彻底摆脱了小块土地所有制的束缚，走上了合作经济的发展道路，促进了生产力的发展。

私营工商业的社会主义改造和信用合作

私营工商业的社会主义改造 按照国家对私营工商业改造的“利用限制改造”的政策，从1954年至1956年底，康县对私营工商业进行了社会主义改造。

从1954年开始，首先对私营商业进行了社会主义改造。依照中央“统筹规划，全面安排”的方针，1—2月，先从县城开始，对全县私营商业进行调查摸底和改造前的登记工作。紧接着，结合私营商户的思想动态，广泛开展宣传教育。主要宣传学习中央对私营商业实行“利用限制改造”的方针，变资本主义的私营经济为社会主义的国营经济。通过学习座谈和会议动员，促使私营业主在私营商业的社会主义改造中发挥积极作用。当时全县有私营商业者556户，从业人员676人。主要有棉布业、日用百货销售、饮食业、其他食品业、文教用品业、医药业等。根据当时上级指示的“直接过渡”的精神和康县的实际情况，对有条件转业的私营商户直接转入国营百货或其他行业。对其中思想进步，表现优秀的，直接吸收为国营企业的正式职员。据统计，全年共转业156户，从业人员156人。剩余的大部分私营商户，根据情况，指定了地区，在今后完成对他们的改造。

1956 年 1 月 30 日，县委发布《对私营工商业实行社会主义改造的实施计划》。按照实施计划，将全县划分为 4 个片区，岸门口、三官、碾坝为一个片区，云台、窑坪为一个片区，长坝、大堡、平洛为一个片区，白杨、阳坝为一个片区。抽调县政府财贸部、供销合作社、银行干部，组成 4 个工作组分赴各片开展私营商业改造工作。工作组分赴各片区后具体工作分三步进行。第一步，成立由当地区、乡领导，银行、供销合作社、税务所、私商积极分子与下派工作组人员组成的筹委会。通过办黑板报宣传，召开座谈会等形式，组织私营商户学习党的政策，引导私营商业主通过社会主义改造走社会主义道路。第二步，清产核资。实事求是、公平合理地盘点清查核定私营商户的资产资金。对私商将账外资金，贵重物品投入企业者予以鼓励。第三步，进行经济改组，即通过公私合营，直接过渡为国营或合作商业的方式进行改造。总的原则是按照地委 1956 年 2 月 6 日的指示精神，对已具备过渡条件的私营商业者直接过渡为供销社企业人员，其余的除转入农业外，组织起来。对于人员的处理有条件过渡的，企业与人员同时过渡。对于没条件的不作雇用，则组织于合作商店的代销、经销之内。具体在改组改造工作上，对于纯商业的 189 户 223 人，通过下述三种形式进行改造：一是办公私合营商店，属国营商业领导，并派国家干部帮助管理；二是办合作商店和合作小组，归供销合作社领导，实行统一经营，单独核算，为供销合作社代营、代销、代购。对于私商人员的安置根据其思想觉悟水平及其能力条件，或吸收为国家商业职员，或雇用为供销合作社成员。对于 56 户无法组织起来的半农半商者，通过农业的社会主义改造转入农业，回原籍参加劳动。

手工业的社会主义改造　康县是传统的农业县，历史上无规模化工业。所谓工业仅是手工业。对手工业的改造则通过组织起来的方式组成手工业合作社。

康县手工业主要是铁器、木器加工和竹器业，其他绝大部分是以农业为主兼营手工业。康县手工业者既是私有者，又是劳动者。根据手工业与农业、商业既联系，又区别的特点，对手工业的改造采取积极引导，稳步前进的方针，以自愿为原则，用教育说服和典型示范等方法，使手工业者组织起来走合作化道路。在组织步骤上，采取从供销入手，由小到大，由分散到集中，由低级到高级，逐步过渡的办法进行。1955 年建立 2 个铁器手工业生产合作社，参加人员 20 人。1956 年建立手工业生产合作社 2 个（缝纫业、铁器加工），参加人数 23 人，供销生产小组 11 组 95 人，组织起来的手工业者占手工业从业人数比例达到 94%。1957 年成立了竹器业生产合作社，使专门从事手工业者组织起来，实现对手工业的社会主义改造。

供销合作　为了发展经济，加强流通，土地改革完成后，县人民政府决定通过吸收农民入股举办供销合作社的办法，筹建康县供销合作社联合社，主要进行农副土特产品的收购与外销。于 1952 年 7 月，在城关地区组建了康县第一个基层供销合作社——城关供销合作社。

依据上级对私营工商业进行社会主义改造的有关文件精神，供销社自成立起就肩负了对私营商户的社会主义改造任务。特别是城关供销社的成立，对于促进私营商业改造起了极为重要的作用。1954 年以来，城关供销社首先对一些小商小贩和一些肩挑的“货郎担”以让利、让地段、批发给商品等方式，促其与供销社合作。与此同时，依照行业特点和个人意愿组织了 3 个合作商店，从业人员 21 人，23 个副食、杂货经销店，10 个代购、代销店。在党的政策感召下，将 11 户有一定社会影响和经济基础的棉布、土特产商，共 11 人，先后组织成“益民”“三先”两个联营社，从而实现了城关区域的资本主义工商业社会主义改造。1955 年，通过吸收农民入股和私营商户社会主义改造中的直接过渡，全县各区都有了基层供销合作社。总计，康县有基层供销社 9 个，分销店 14 个，社员 1.6 万人，占全县人口的 10.17%。到 1956 年新增分销店 24 个，社员达到 8.5 万人，供销社社员占全县总人口比例提高到 55%左右。

信用合作 旧中国时期康县金融业的主要是民间借贷，以高利贷借贷为主，借债人往往受高额利息的盘剥。解放后，康县的各级党组织切实把信用合作社的建立作为对旧的金融业社会主义改造，废除民间高利贷的大事来抓。通过动员广大民众积极入股的办法，于 1953 年建立集体所有制性质的基层信用合作社 12 个。1954 年 11 月 17 日，县委发出《关于建立信用合作社的方法步骤和应注意的问题》的文件之后，全县信用社的建立按照成立筹委会，宣传政策，发动建社，正式成立 4 个步骤，在现有 12 个社的基础上，分批分次，扩大信用合作社的建设。具体的建社步骤，首先以居民小组为单位进行登记。在自愿的基础上，对入社社员进行互相审查，并发给社员证。然后发动社员入股存款，聚集一定股金存款之后，采用“边建社、边集股、边存款、边取款”的办法，以业务带动社务，巩固组织基础。入股股金每股两万元（折合新人民币两元），以户为单位入股。再之后，讨论决定合作社内设机构监事会、理事会成员。最后，拟定公约、账务、会计制度，选定会计、监事、理事，召开成立大会。通过一系列工作，至 1955 年，康县有信用合作社 56 个，参加农户 2.1 万户，占总农户的 64%。吸收股金 3.1 亿元，使每个乡都有了 1 个信用合作社，全县达到全覆盖。1956 年，依照县委《康县以合作化为中心的全面规划意见》精神，信用合作社的主要任务是巩固扩大入社农户，使入社农户达到总农户的 90%左右。信用社的建立和发展，圆满完成了对旧的金融业进行社会主义改造的任务，实现了信用业合作化。

主要产品的统购统销

随着资本主义工商业的社会主义改造等一系列社会改革的不断推进，党提出了过渡时期总路线，国家开始实行计划经济体制，关系国计民生的主要商品，国家实行统购统销和计划供应政策。在此期间，康县的党组织和有关部门按照过渡时期总路线的要求，实行了粮食的统购统销，棉花的统购和棉布的计划供应。

粮食统购统销 实行粮食统购统销政策，是党和国家贯彻过渡时期总路线的重大措施。1953 年 10 月 16 日，中共中央发布《关于实行粮食计划收购和计划供应的决议》。同年 11 月 23 日，政务院发布《关于实行粮食的计划收购和计划供应的命令》。要求在农村向余粮户进行计划收购。对城镇居民和农村缺粮户实行计划供应，由国家严格控制粮食市场，规定由粮食部门统一经营（统购统销）粮食和油料，严禁私商经营，不允许国家和集体的其他单位自行采购和经营。在中央的统一管理下，由中央和地方分工负责粮食工作。为了贯彻中央精神，1953 年至 1954 年，县委和县人民委员会（下称人委）多次召开干部会议，对全县粮食统购统销进行动员部署。县成立粮食办公室，乡成立统购评议委员会，村成立统购评议小组。之后，从县上抽调干部深入农村，帮助乡村干部开展工作，通过召开乡村干部会、党团员、积极分子会，以及民兵互助组干部会等各种会议，首先统一先锋骨干的思想，进而召开群众大会，向群众普遍深入开展了粮食统购统销政策的宣传教育。通过对比解放前后一斗粮食能换到盐、水泥、铧、土布等商品悬殊的数量差距①，广大农民认识到粮食统购统销的好处。进村干部在完成广大群众思

①解放前一斗粮食换一斤盐，一片铧，九斗粮食换一尺土布；解放后一斗粮食可换七斤盐，四片铧，一尺土布。

想工作的基础上，进行调查摸底。通过对各地产量、夏收收入、人口、户数、缺粮与无粮户，人均口粮等方面的调查摸底，掌握情况分配各村统购任务数。然后以村为单位，让余粮户自报认购并进行公开的民主评议。最后报乡统购评议委员会审查定案，核定统购对象及其数量，落实国家下达的粮食统购任务。随后开展粮食统购，收交公粮，粮食入仓和复查扫尾等工作。由于各级党委和政府机关在粮食统购工作中领导得力，措施得当，特别是基层干部和党团员积极带头，自觉认购，并积极动员亲戚朋友自觉认购。如张台乡党员赵金山带头认购 500 斤，并带动赵全福、王仲安等 10 人自报认购 7000 余斤，粮食统购工作开展极为顺利。1953 年 12 月至 1954 年 1 月底，全县共向余粮户收粮入仓 466 万余斤。在实行粮食统购的过程中，一些地方曾出现对农户余粮底子摸不准，致使有的农户卖了过头粮的问题。为此，1954 年，县上及时总结上一年粮食征购的经验教训，在粮食统购中按照“多余多购，少余少购，不余不购”的原则，对农户的余粮按照当年实际产量以人计算，扣除口粮、公粮、籽种、饲料，剩余的实际余粮数量按 80% 比例统购。

粮食的统销对象为机关、部队、企业单位，城市人口和集镇居民，农村的缺粮和无粮户。步骤是先集镇，后农村；先灾区，后一般的供应原则进行供应，逐步展开。办法是在集镇设立中心据点，划分供应范围，群众凭购粮证进行计划供应。机关、部队、企业单位通过组织供应。对农村的缺粮户，则坚持“现在缺，现在供应；将来缺，将来供应；缺多的多供应，缺少的少供应”的原则，供应之前，先做好缺粮户的调查，确定供应数量，然后办理发放购粮证，通过计划，统一供应销售粮食。对机关单位职工和城镇居民的计划供应，区分他们的职别行业，办理发放购粮证，进行定量供应。干部教师等脑力劳动者，与工人等体力劳动者定量供应的数量有所不同，城镇居民定量供应的量亦与前两者有所不同。干部出差下乡则领取粮票，分为全国粮票和省内粮票。用粮票和钱币共同购买粮食制品。由于核定农民售粮的任务是在粮食收获后进行的，农民从播种到收获，对余粮还是缺粮，余粮户该向国家交售多少余粮，缺粮户能向国家买到多少粮食等情况心中无数。为了稳定农民情绪，同时为了进一步加强国家对粮食这一农村主要产品生产的计划性和主动性，国务院于1955年3月3日通知在全国范围内实行粮食定产、定购、定销的“三定”政策①，要求全国各地以乡为单位，确定全乡每户的常年计划产量和全乡粮食统购统销数量，并一律向农民宣布，使农民心中有数。“三定”政策的实行，使粮食统购统销工作有了很大改进，逐步实现了制度化和科学化。同时也澄清了部分群众对国家粮食政策的种种怀疑，顺利地完成了粮食统购统销的计划任务。

在粮食统购统销过程中，也曾存在一些问题。例如，个别地方仍存在强迫命令的做法，不深入调查农户的粮食情况，直接将任务指标硬性摊派到农户头上，一些缺粮户也被分派了任务。部分地方存在重视统购，轻视统销的倾向，对居民无法及时供应粮食。同时，在取缔了粮食自由市场的同时，对市场的监督管理不够，致使个别食品业主哄抬物价；仓库保管存在缺陷，统购到的粮食超过任务数字过大，致使粮食出现反潮、霉变。县委及时纠正了这些缺点。

粮食统购统销的实施，在当时的历史条件下，一是有效打击了粮食投机商等不法行为，稳定了粮食市场和粮食价格，从根本上避免了丰年“谷贱伤农”，歉年“谷价暴涨”现象的发生；二是从根本上割断了资产阶级在粮食方面和农民的经济联系，巩固了工农联

①“三定”政策：“定产”是根据粮田单位面积的常年产量作为计算国家粮食购销任务的基础。“定购”是根据定产，扣除农业税和农民自用的种子、饲料、口粮，计算出农户一年应有的余粮数量，然后按余粮的一定比例确定国家对农民的购粮数量。由农民在收获后按国家规定的牌价交售给国家。“定销”是评定农民的缺粮数量，国家按照牌价给予供应。

盟；三是限制了小农经济自发的资本主义趋势，促使农民在国家的指导下，把小农经济纳入国家计划轨道，以适应国家工业化对农业的要求，保证国家建设所需粮食；四是为国家对农业、手工业、资本主义工商业的社会主义改造起到了巨大的推动作用。

棉花和棉布统购统销 康县北部素有种植棉花和从事棉纺织业的传统。1949 年，全县种植棉花 1000 亩左右。新中国成立后，党和政府十分重视康县的棉花种植。1950 年至 1953 年保持棉田 1100 亩，比新中国成立前扩大种植 100 亩。1953 年棉花生产总产量 32270 市斤，全县人均有自产棉 2 两。平洛区出产的棉花脂白，纤维细，产量可观。

国家在粮食统购统销之后，又逐步对油、棉、布进行了统购统销。1954 年 9 月，按照中央人民政府《关于对棉布实行计划收购和计划供应的命令》和上级的指示，在县委的直接领导下，开始对棉布进行统购统销。县委首先召开会议进行部署安排，并组成工作组于 1954 年 9 月 12 日分赴各区。工作组到达各区后，通过调查，掌握了棉布商的分布情况，并通过召集棉布商座谈会，宣传了有关国家政策和棉花、棉布统购统销的政治意义，采取自报抽查的方法对棉布商进行了登记。全县共登记各类棉布商 178 户，登记花纱布 36198.2 尺，土布 53591.1 尺，并对棉布商做了安置，大部分棉布商都转为农业生产者。同时，登记了土纺织专业户，对他们采取停止发展，维持现状，并逐步紧缩的方针。对群众生产的棉花，除保留生活所需外，一律按上级定价，采用“一次询售，分期交货，分期付款”的方法，由供销社或贸易货栈收购。同时，向干部、群众分发购布证，所需要的棉布统一在供销社或贸易货栈凭证购买。购布证可以互相借用，但不能投机买卖。9 月 22 日，全县基本完成宣传教育和购布证的发放工作，当年供应标准：县直干部每人 5 丈，区乡干部每人 3.6 丈，农民和市民每人 2.5 丈。以后逐年供应的标准不尽相同。据不完全统计，1954 年，共计发出布证 1854112 尺，发给农民 30219 户，136964 人；发给市民 106 户，527 人；发给区乡干部、中小学教职人员、勤杂人员等共计 827 人；干部家属 94 人，基本上实现了棉布的统购统销。

第六节　经济建设和社会事业发展

人民民主政权建立后，通过政治制度变革、土地制度改革和其他一系列社会变革，广大人民群众在经济上彻底翻了身，在政治上当家做了主人，生产积极性空前高涨。特别是农业合作化运动和私营工商业社会主义改造的基本完成后，全县各阶层各领域的干部群众，充分发挥组织起来、互助合作的集体力量，以满腔的热忱投入到社会主义各方面建设之中，使社会主义建设在全县范围内全面展开，各项事业蓬勃发展，蒸蒸日上。

农业　自人民民主政权建立以来，县委和县政府始终把发展农业，改变康县农村贫穷落后面貌作为工作的重中之重来做。在农业发展方面，通过加强领导，采取各种措施，改善农业生产生活条件，力争提高粮食和其他农作物单位产量，增加农民收入，改善农民生活。1950 年，康县人民政府发布了《关于生产救灾的指示》。其中，特别强调了发展农业生产，并提出了一些具体措施。例如，要开垦荒地，对已有土地追加肥料提高产量；发动喂养猪、鸡、鸭副业生产，鼓励发展木耳、造纸等特产；提倡冬耕；兴修水利，重点在阳坝、两河、岸门口、贾安、永安、平洛、吊子峪、长坝、大堡、朝圣、云台、窑坪、李家湾等乡有良好平川地，并有水源的地方，修改水田。1952 年，县委在《康县 1952 年冬季生产计划》的指导下，特别强调土地的冬耕，要求根据全县各地气候不同的情况，把预计春播的土地耕好翻好。各地区在冬冻前，如大堡、平洛、云台等地，耕三遍、翻三遍；岸门口、碾坝、阳坝等地，耕二遍，翻二遍，冬地翻过后适时进行保墒养墒。1953 年 9 月，县委在区书区长会议上，严肃批评了部分干部存在的不重视农业生产的思想，并对今后农业生产工作提出了意见：1. 掌握各地生产季节，从而根据各地情况及早主动安排工作。根据“整顿、巩固、提高”的方针，按步骤整顿各个互助组。2. 积极开展积肥工作。3. 在现有基础上，掌握耕作技术，精耕细作，提高单位面积产量。4. 做好水土保持。5. 与各种自然灾害作斗争。6. 储草修圈，保护牲畜。并对当时农业生产方面的秋收、翻地、修田、挖水渠等几项重点工作作了安排部署。同年 12 月，县委在全县三级干部会议上，再次对农业生产和救灾工作作了部署。1954 年，县委就 1953 年和 1954 年全县山区地带的生产情况进行了经验总结。总结指出，解放以来，通过积极发展互助合作，和各种自然灾害作斗争，发放农业贷款和救灾款等一系列有效措施，康县的耕作技术得到改进，生产有了一定的发展，虽然遇到各种自然灾害，但粮食产量不断提高。这些发展主要表现在：第一，互助合作组织经过一年多的发展，数量、质量比 1953 年有了显著提高；第二，抵御各种自然灾害的能力不断增强；第三，改进了耕作技术，开辟了肥源，增施肥料，兴修水利。

几年间，康县通过典型示范，组织观摩，以事实教育农民开辟肥源，改进耕作技术，兴修小型水利。在开辟肥源方面，发动群众在家养畜攒粪，修厕所攒粪，沤绿肥，倒墙土，挖坑土，灶土，使“家里土”变为“地里虎”。在耕作技术改造方面，推广人工深挖，小麦改撒种为条种、点种，玉米留单苗，上底粪等。兴修水利方面，靠组织起来的力量搞小型水利。1952 年，新修整修水田 1100 亩，实有小水田面积达到 2400 亩，耕地面积比往年增加 89450 亩。1954 年兴修大小水渠共 7 条，灌溉面积增加到 606. 5 亩。通过精耕细作，温汤浸种，良种推广等农业耕作技术的提高，至1954年，全县农业生产得到较快发展。粮食作物亩产由1950年的112斤上升到1954年的141斤，个别地方出现了高产。如九区平洛乡张顺玉互助组大湾的64亩地，亩产高达287斤。农业总产值1950年为506.43万元（折合新人民币），1954年增加到700.74万元（折合新人民币）。

几年来农业生产发展的成就进一步鼓舞了全县广大农村的干部群众。1954年至1956年，县委、县政府进一步因势利导，以典型示范教育农民，带领农民发展农业和农村经济，采取的具体措施主要有：一、普遍开展水土保持工作，修梯田，挖涝地，挖蓄水池，砌石坎，培地埂，挖排水沟，挖水平沟；二、修堤坝扩大耕地面积，其中包括旱地抬水田，河滩地变水田，打坝，修河沿土地，修筑河堤；三、开展群众性的积肥运动，修厕所、修圈棚、拾粪、沤绿肥、烧草木灰、倒墙土等；四、改进耕作技术，推广新式农具和农药，小麦条播，麦地整地压碾，推广良种；五、护林育林，栽植桑园，培育苗圃地，栽植经济林，封山育林；六、消灭兽虫害，特别是消灭麻雀、老鼠、野鸡、野猪等四害。据1956年2月19日《康县各区各乡冬季生产材料统计表》统计，"到1955年底，全县修水利：旱地抬水田1981.8亩，河滩地变水田725.3亩，打坝475道，修河滩地5345亩，修筑河堤659道。水土保持：修梯田1.2万亩，挖涝地3066个，挖排水沟6739条，砌石坎8363道，培地埂1751道，挖蓄水池2120个，挖水平沟8455条；积肥：拾粪229万背斗，烧草木灰9万背斗，换旧墙土17.7万背斗，沤绿肥5833背斗，修厕所2836个，修圈棚854间；改进耕作技术，耕冬地一遍1.6万亩，耕二遍83.2万亩，耕三遍1.18万亩。肥土漫地7437亩，麦地加工、压碾麦地1.47万亩，捡石头34.4万背斗。除四害，消灭麻雀1.97万只，老鼠1.89万只，野鸡1177只，野猪15头，其他1226只。”

上述措施的落实，大大推动了农业生产，提高了粮食亩产量，增加了农业的总收入。1954年，全县实有耕地面积50.3万亩，粮食作物播种面积20.1万亩，冬小麦平均亩产量169斤，玉米平均亩产量233斤，水稻平均亩产量1100斤。1956年，康县虽然遇到严重的自然灾害，但一年来在党中央的正确领导和省、地委的及时指导下，全县农村实现了半社会主义合作化。农村各级党组织，采取多种有效措施，通过深入普遍发动群众，组织群众，领导群众和各种自然灾害进行顽强的斗争，在自然灾害频繁发生的情况下，仍然取得了很大成绩。其中，（一）旱地变水地2717亩，共增产粮食110.8万斤，3189亩老水田粮食总产增加58万斤，两者相加共增产粮食168.8万斤；（二）复种、间种面积15万亩，比1955年扩大了3.9万亩，共增产粮食519万斤，其余11.08万亩比1955年共增产粮食199.5万斤，两者相加共增产粮食718.8万斤；（三）推广优良品种6246.4亩，如玉米“金黄后”，小麦碧落一、四号，洋芋“西北果”，水稻“叶里藏”“长纲子”等，比1955年总产增加175.4万斤；（四）改进栽培技术，如冬小麦条播，玉米推广耕作种植和丁窝播种，洋芋“切子不留心”“窝苗双子”点植等，共增产327.4万斤；（五）在3.5万亩水土流失较重的地方进行水土保持工作，控制洪水的冲刷。此外，绝大部分土地实行药剂拌种和温汤浸种，防止了病虫害的发生。1957年，全县农业生产获得大丰收。粮食作物总面积45.15万亩，粮食总产11421.4万斤，与1956年总产8896.2万斤相比，增产2523.6万斤。亩产平均253斤，比1956年亩均产量239.8斤，提高了5.86%。

林业 人民民主政权建立以来，县委、县政府始终以大农业的角度审视林业发展问题，把林业发展作为农村经济发展的重要组成部分下大气力来抓。特别在农业合作化热潮中，党中央提出“十二年绿化祖国”的号召。1956 年 3 月，共青团中央在延安召开内蒙古、陕西、山西、甘肃、河南五省（区）造林誓师大会，全国各条战线、各行各业掀起造林高潮。为了响应中央的号召，美化山河，康县各级党政组织和群众组织齐心协力，采取各种措施护林，广泛发动群众，在全县掀起了造林的热潮。1956 年春，团县委与妇联、林业站在县城召开了全县青年、妇女造林大会。会上，学习了造林、护林的技术知识，交流了各地造林、护林经验，理清了粮食增产与造林、护林的相互关系，提出了在 3 年内把康县美化成“远山高山变成森林山，近山低山变成花果山，公路两旁变成林荫道，村前村后变果园桑园”的战斗口号。全县各区、各乡镇响应会议号召，普遍开展了突击性的植树造林活动，大面积植树造林。据统计，仅 1956 年全县造林 1.4 万亩，育苗 1643.3 亩，成林抚育 1509.5 亩，幼林抚育 2.8 万亩，采种 17.6 万斤，植树 320.3 万株。其中栽植经济林 41.9 万株，栽植桑园 488.5 亩，封山育林 60 万亩。同时，成立了 6 个区的林山站，增加了 2 个森林经营所的人员数量，加强了护林防火工作，制定了伐木审批政策，严格执行木材报审制度，制止滥砍滥伐；坚决执行“护林者奖，毁林者罚”的护林政策，以及在“在生产中护林，护林中生产”的方针，不断加强对滥砍滥伐的打击力度，保护森林资源。1956 年 11 月 28 日，县委《关于 10 个多月来的工作基本情况和今后工作安排意见》明确指出，发展蚕桑、柞蚕，把已培养好的桑苗指定专人栽好栽活，二、三区选点整好青岗树林，五、七、八、九区选点试办蚕桑。12 月，康县城关蚕桑指导站成立，当年训练蚕桑技术员 100 余人。

畜牧业 人民民主政权建立以来，县委、县政府非常重视全县的畜牧业发展，通过农村各级组织，动员和组织群众，进行畜牧业生产。一是动员千家万户养育牛、马、驴、骡、羊、猪等家畜；二是发放牲畜贷款，扶持千家万户的牲畜养育；三是培养技术员进行籽种选育、配种，从外地引进耕牛等牲畜良种；四是改进农民饲养管理技术；五是进行牲畜疾病的预防和治疗。1954 年，全县发放保畜贷款 5 万元，在发生过炭疽病的崔安、两河等乡进行了第一次预防注射工作，共预防注射大小家畜 1.06 万头。通过上述工作，到 1955 年，康县牲畜普遍发展。牛增加 2412 头，马增加 918 头，骡子增加 66 头，绵羊增加 1901 只。生猪由于传染病影响有所减少。1956 年 4 月，康县各区成立兽医站，9 月 20 日，康县畜牧兽医站正式成立。同年 7 月下旬至 8 月中旬，各区兽医站普遍进行了整顿，其后，各区兽医站工作逐渐打开局面。开展的工作主要是为基层社队进行牲畜的病情诊断与治疗，工作的报酬是收取一定的看槽费。兽医站成立初期，条件艰苦，看槽费收缴困难，兽医站人员收入极少，且不稳定，生活难以为继，在一定程度上影响了兽医工作的开展。为此，县委、县政府多次发出通知，要求各区乡基层组织和干部，积极配合，动员群众主动缴纳看槽费，解决兽医站生存困难的问题。通过种种措施，1957 年，康县畜牧业有了大的发展。除驴比 1956 年减少 17.5% 外，其他均比 1956 年有所增长。牛发展到 23940 头，比 1956 年增长 16.1%；马 3603 匹，比 1956 年增长 11%；骡 578 匹，比 1956 年增长 88.3%。1956 年原有生猪 35930 头，1957 年达到 103510 头，提高了 188.1%，每户平均 3.027 头，实现了“一户三头”生猪的指标。

副业 人民民主政权建立初期，县委、县政府在领导全县人民生产救灾中，积极鼓励广大农民群众喂养猪、鸡、鸭等家禽家畜，鼓励发展木耳、造纸、榨油、编背篼、编席、捻毛线、做麻鞋、制麻绳、纺线、织布、做毡、烧石灰等副业生产。1952 年 7 月，县政府发布的《大力发动群众做好生产救灾和备荒工作的指示》中再次强调，做好副业生产，克服种种困难，为来年春耕生产做准备。1954 年康县农村大面积受灾，县委、县政府再一次发出指示，要求坚决贯彻“生产救灾”的方针，在不影响农业生产的原则下，因地制宜地开展各种副业生产，如打柴、烧石灰、烧炭、编山货、挖药材、组织群众跑运输等。但在具体实施过程中，一些基层组织和干部担心大力发展副业生产会产生个人发家致富倾向，产生发展资本主义的苗头，不敢放手去做。县委经过调查研究，发现了这些问题，及时予以纠正。1955 年 7 月，县委在党代会决议中强调，为了改变在领导农业生产中的一般化领导作风，努力完成农业增产任务，必须组织力量加强调查研究工作。根据中央“农林牧结合，并发展多种经济”的山区农业生产方针，分期作出农业总体规划和年度计划，依靠互助合作组织予以实现。党代会后，在全县很快掀起了一个副业生产运动。各基层组织和干部大力帮助各地农业社研究副业门路，制订计划，组织劳力积极进行副业生产。1956 年 7 月，县委召开扩大会议。会上，又一次强调了各农业社要重视副业生产，并作出规划，制定措施，要求各社至少应抽 5% 至 10% 的劳力进行副业生产。通过反复的思想教育，扭转了农村经济发展中只重视粮食生产的单一化倾向，副业生产取得了可喜的成绩。仅 9 月全县副业收入达 23. 1 万元，至 9 月底有副业收入共计 71. 35 万元。

1956 年 10 月，县委又下发了《关于进一步开展副业生产的意见》(以下简称《意见》)，下达了进一步开展副业生产的具体指标。除社员按个人特长，自找门路，自定措施外，集体经营的副业生产，各社每月平均收入要达到 235 元，使副业收入达到农业综合收入的 30%。这一《意见》精神得到了全面落实，据统计，至 1956 年底，仅国营商业和供销合作社收购农民土特产品，投放在农村的资金就达 155. 03 万元，比 1955 年的 58. 01 万元增长 162. 2%，占 1956 年农业总收入的 25. 3%。据县委《康县 1957 年农业生产基本总结及 1958 年的任务》反映，1957 年除养家禽家畜的收入外，全县副业总收入达到 113. 35 万元。

工商、金融和交通运输

工业 康县是传统的农业县，所谓的工业仅是传统的手工业。人民民主政权建立初期，康县的手工业主要是铁、木手工业和一部分竹器业，其他绝大部分是以农为主的兼营手工业。社会主义改造完成后，康县建立起了手工业生产合作社。其中有以铁器加工为主的生产合作社，以木器加工为主的手工业联社，以及由缝纫制衣组成的缝纫厂等，从此，康县工业逐渐发展起来。

商业 从人民民主政权建立至实现社会主义改造之后，康县的商业是通过全民所有制的国营商业和集体所有制的供销联社两条途径不断发展壮大的。

1952 年，随着农村土地改革的推进和工农业生产的快速发展，个体商业、集体供销社已不能适应新形势的需要，国营商业亟待发展。为了限制个体商业唯利是图、囤积居奇，形势要求国营商业必须占领广大农村市场，促进城乡交流。当时，国营商业机构是贸易公司“一揽子”综合性商业机构，担负着工农业产品的购销、调存的任务。武都地区唯一的国营商业机构是岷县贸易分公司（后改为武都贸易分公司），担负着全区的贸易任务。1952 年 10 月，“三反”运动结束后，地县贸易机构分设，康县的国营商业机构才由岷县贸易分公司派员筹建。

当时县城所在地——岸门口镇，仅有一个由个体商户投资的联营社，经营百货及土特产，一家骡马大店，其余均为小商贩。10 月 5 日，筹建人员到了岸门口后，县委、县政府领导听取了汇报，决定由县工商科帮助选地址，共同筹建康县贸易机构。由于种种原因，直到 12 月才正式确定康县的贸易机构名称为“西北贸易公司康县购销组”，隶属“西北贸易公司成县支公司”领导，并为报账单位，1953 年 1 月 1 日正式挂牌营业。由于康县购销组人员坚持为农业生产服务，为方便群众服务，逢集之日摆摊设点，货物购销做到价廉物美，群众十分满意，购销额急剧增长，至 1953 年底，购销总额达 6 万余元，为国营商业的发展奠定了基础。在之后的业务开展中，购销组人员不辞劳苦，积极开展业务。如 1953 年全县遇严重的自然灾害，购销组深入农村收购土特产品以解决农民生产自救的资金问题。购销组人员亲赴阳坝、铜钱、两河等地收购木耳。开始因收购价偏低，遇到外商人员、二道贩子的激烈竞争。其后，县工商科派员协助工作，及时研究对策，调整价格，使得收购量逐渐回升。到 10 月底，购销组共收购木耳 1.7 万余斤。经人力、畜驮，再经汽车、火车运到兰州，其业绩得到了上级好评。全县其他各地的收购工作也全面展开，初步显示了国营商业在全县商业发展中的领导作用。再其后，随着工农业生产的发展，农民出售土特产品的品种和数量越来越多，购销组人力明显不足。1954 年下半年，购销组扩大机构，充实人员，扩建门市部，机构名称改为“西北贸易公司康县商店”，简称为贸易商店。改报账制为独立核算。人员由最初从岷县贸易分公司派来的 3 人增加到 20 人，并在云台设立购销组，在长坝、铜钱设立流动购销组。至此，康县国营商业进一步发展壮大。

供销合作组织是由农民、机关干部、小手工业者和小商贩各个阶层入股建立起来的合作商业组织，属于集体所有制商业。它是国营商业的有力助手，是生产过程中的桥梁和纽带，是国民经济中不可缺少的部分。土地改革的胜利，极大地解放了农村生产力，广大农民生产积极性空前高涨，农副业产品成倍增长。为制止投机商人和二道贩子利用商品交换，在流通领域里压价，剥削农民的不仁行为，党和政府号召组织起来，建立人民群众自己的商业组织。于是，县人民政府决定筹建康县供销合作社。1952 年 6 月上旬，省、地工作组来康县协助筹建供销合作社。县上成立了由县长李尚德兼任主任的“康县供销社筹备委员会”。筹委会成立后，立即宣传政策，发动群众，开展工作。同时决定，首先成立城关区供销社，并组织了5个工作组，深入贾安、新寨子、永安、许家河、中节子、两河等乡，动员和组织农民入股。同时吸收三官区的三官、陈坝、咀台、王坝、万家河、黑潭寺、金台、东庄8个乡和碾坝区的崔安、碾坝、草川、松树坝、大水沟、李家峡、老柏树、鱼跃、斩龙等9个乡加入城关供销社。实际上，城关区的供销社覆盖了3区23乡。当时，考虑到农民的经济条件，以户定股，每股2万元（折合新人民币2元）外加一角钱工本费，每户至少一股，多则不限。群众积极性很高，不到一个月，就入股1042户，股金折合新人民币2095元。为了使供销社扩大影响，增强扩大股金的吸引力，筹委会采取一边筹建，一边开展代销业务的方式，先开展代销业务，再滚动发展。于1952年7月1日，城关供销社正式开门营业。经过一段时间的筹备，于1952年9月中旬，召开城关区供销社社员代表大会，宣告城关供销社正式成立并运作。至1955年，全县各区都有了基层供销社。供销社的成立，显示了巨大的生命力和感召力。在政治上坚决贯彻执行党在过渡时期的总路线，通过自己的业务活动，对市场急需的生产用具和生活用品，积极经营。对一些小商小贩和一些肩挑的“货郎担”，供销社让利、让地段、批发给商品，帮助发展，促进了私营商业的社会主义改造。

在业务经营上，供销社始终把支援农业生产放在首位。根据康县情况和群众习惯，除供应好钢、毛铁、板铁外，并组织调进中南部适宜的“扇子锄”“短板镢”“大沙铧”“双叉镢”，北部适宜的“鹅项锄”“长板镢”“小沙铧”“短把镰”“刃镰”等生产用具，因地制宜地供应铁制、木制、竹制小农具，推广供应了化肥以及农药、药械等。为了支援农业生产，供销社还从四川购进供应耕牛、水牛、马、驴等大家畜。1953 年仅城关供销社生产资料供应总值达 2.45 万元，全县各基层供销社努力扩大经营范围，在生产资料方面，供应牲畜 206 头，铁料 8.4 万斤，小农具 4.4 万件，新式农具 20 件，总值人民币 15.4 万元，并收购价值 50.7 万元的土特产，赢得了群众好口碑。1953 年，康县遭遇大灾年，县委、县政府动员和组织群众开展生产自救活动，供销社通过自己的购销业务，支援灾区生产。当时，群众使用的清油非常紧张，供销社先后从岷县调运大量菜油和油渣，解决了灾区农民的生活急需。同时，供销社先后组织流动收购组，在王坝等地收购大麻、改连纸、构皮、麻鞋、木桶、簸箕、竹背篼等，总值 2.27 万元。还深入岸门口、阳坝、白杨、铜钱、两河收购木耳，总值 3.6 万元，解决了群众生产自救中的资金问题，支援了灾区生产。

在经营作风上，供销社自成立起，就遵守职业道德，实事求是地宣传和介绍商品，坚持买卖公平，童叟无欺，做到了秤平、尺足、油提满。严格要求营业员对待顾客热情耐心，服务周到。同时，制定了《服务公约》《意见簿》，设立“质量台”，对营业员的行为给予约束。

金融业 新中国成立初期，康县的金融业是以国有银行（全民所有制）与信用合作社（集体所有制）紧密结合的金融体系。

国有银行的建立和发展。解放前，康县商品经济很不发达，银行设立较晚。1943 年，甘肃银行在康县设立了一个办事处，职工 4 人，办理放款、汇款业务。1950 年，中国人民银行武都中心支行在康县建立了金库。1951 年 12 月，武都中心支行委派 7 名干部来康县筹建支行。经过一段时间筹备，于 1952 年 1 月 1 日正式成立康县支行。7 月组织上先后分来四批干部 36 人。同年 10 月 1 日成立了阳坝营业所，并在各区分派工作组开展工作，年底干部职工达 47 人。1953 年上半年，武都中心支行又调来干部 20 人。同年 2 月起，成立了长坝、三官、碾坝、白杨4个营业所，城关设立工作组。支行改组为股，即人秘、会计、信贷、农金4个股。同年3月，康县人民政府批准信用社干部为银行干部，年底信用社干部87人。至此，全县9个行政区都设立了营业所。加上农村建立信用合作社，全县的金融机构逐步健全。1956年1月起，人农两行分设，成立农业银行。农村业务划归农业银行，城镇业务划归人民银行。人民银行设人秘、信贷、货币流通、会计4个股。农业银行设综合、信用合作、农业放款、会计4个股。8个营业所划归农业银行领导。

人民银行机构建立之后，在县委、县政府和上级银行机构的领导下，积极开展各项业务活动，广泛聚集社会资金，加强货币信贷管理，调节货币流通，稳定物价，为促进农业、手工业和资本主义工商业的社会主义改造，为促进国家的社会工业化和国民经济发展充分发挥了杠杆作用。一是加强现金管理，吸收存款。存款是银行的主要业务，存款分单位存款和个人存款。对单位存款，康县支行组织各单位财会人员学习有关政策法令规定，核定库存限额，把超过库存限额的现金存入银行。各国营企业、机关、团体、供销社之间的交易往来和货币收付，除30元以内的小额零星者外，一律使用转账支票通过银行进行结算。这些工作的落实使分散的现金集中于银行，大大促进了存款额的增长。1952年单位存款31万元。至1957年底达63万元，比1952年增长一倍多。二是努力开展储蓄存款。新中国成立初开展的储蓄种类有“定期储蓄”“活期储蓄”“折实储蓄”“保本保值储蓄”，1953年后又增办了“零存整取储蓄”“优待售粮储蓄”“定额有奖储蓄”。通过采取广泛宣传，改善服务态度，争取党政领导支持等行之有效的措施，储蓄余额逐年增长。1953年达14万元，到1957年底达18万元，比1953年增长28%。三是工商信贷。贷款的重点是支持国营商业、粮食、供销等部门扩大贸易，占领市场，充分发挥主渠道作用。对粮食、农副产品收购，保障供应资金，确保收购任务的完成。对私营零售商业及小商贩，也适当给予贷款支持，活跃市场，并引导其接受社会主义改造。历年放款在1952年12万元，1953年17万元，1954年79万元，1956年达186万元。四是农业贷款。康县支行建立后，及时开办了农贷业务，贷款对象主要是有困难的贫困农民，贷款主要解决购买小农具、种子、耕牛等物品。土改期间，由于党政领导重视，工作组和区乡干部协助，14万元的贷款只用了一个多月时间就全部贷到了农民手中，保证了春耕生产的进行。1953年至1955年，这两年的贷款重点是生产互助组和农业合作社，支持农民走互助合作道路。1956年又增办贫农合作基金贷款。这一年全县建立初级社665个，银行发放贫农合作基金贷款6.12万元，帮助无力缴纳合作基金的贫下中农参加初级社。同时给组织起来的初级社发放贷款17.38万元，支持合作社购买生产农具，大家畜和化肥。又给社员个人发放副业贷款1.27万元，生活贷款2.12万元，主要用于解决购买仔猪和口粮等生产生活困难。这一年共发放贷款32万元，收回30万元，年底余额2万元。

信用合作社的发展及其业务开展。从1953年春开始，康县金融机构贯彻“积极引导，稳定前进”的方针，坚持“群众自愿”的原则，采用由小到大，由低级到高级的方法，积极发展信用合作。首先以行政村为单位建立信用互助组329个。其后，以乡为单位建立集体所有制性质的基层信用合作社12个。至1954年底，全县以乡为单位，建立信用合作社39个，入股社员1.03万户。1955年，全县信用社发展到56个，干部90人，入股社员2.1万户，占总农户的64%，入股资金45万元，全年存款28万元，放款29万元。1956年，根据总行全国农村金融工作会议提出的“坚决停止发展，全力转向整顿”的方针，对已建立的56个信用社分期分批进行了整顿。整顿的内容主要是积极开展业务，培养提高信用社干部政策业务水平，建立健全账务、财务制度，健全民主管理制度。经过整顿，信用社得到进一步巩固。1956 年吸收存款 20 万元，放款 49 万元，收回 38 万元，年底余额 40 万元。信用合作社的建立和业务开展，极大地支援了农业生产，解决了社员生产生活困难，有力地打击和遏制了农村高利贷，促进了农业的社会主义改造和农村经济的快速发展。

交通运输 康县历史上无公路通行。县城通往各区的驮道和人行小道共有 5 条：一条是通往阳坝区的驮道，约 90 公里；一条是通往碾坝区的驮道，约 30 公里；一条是经长坝通往平洛区的驮道，约 70 公里；一条是通往云台区的驮道。这几条驮道均因山大沟深，驮行极为困难。还有一条是通往大堡区的，约 35 公里，因万家大梁阻隔，无法驮行。

新的人民民主政权建立以来，县委、县政府非常重视交通运输业建设，充分发动和组织干部群众为全县的道路畅通奉献力量。1954 年，县政府按照“民办公助”的原则，即由整修路段附近村民参加整修，政府评分记工，并发给一定的生活补助（每工最高旧币 4000 元）的办法，地方自筹经费 37.57 万元，填凹、架桥、增搭栈道，修通了岸门口至周家坝驮运道。1955 年春，上级拨款 1.05 万元，地方自筹 1500 元，整修岸门口至阳坝道路，将人行道整修升级为驮道。1955 年冬，国家又投资 3 万元，于 1956 年底，修通了岸门口至阳坝驮运道。其后，县政府又出台《康县交通运输规划意见》，计划修建略武公路康县段，康县至燕子砭，咀台至三河口，长坝至窑坪等 5 条公路，共计 350 公里。同时，计划于 1957 年至 1962 年逐年修通岸门口至中节，中寨至冯坪，三官经云台至镡河，豆坪至将利，长坝经草川李家峡至赵坝，三河坝至低垭，大堡至黄陈等 7 条马车道共计 155.5 公里；逐年修通金钗峪至两河，平洛至唐梁，阳坝至梅园，中节至两河，阳坝至后营，枫岭至秧田，碾坝经豆坝，刘坝至唐坝，三河坝至瓦子坝等8条驮道约193公里。

按照《康县交通运输规划意见》，1956年国家投资29万元，采取“民办公助”的办法，经过8个月的苦战，修通了江（洛）望（关）公路和武（都）康（县）公路，并正式通车运行，使县境内全长80余公里，联结吊子峪、高石咀、望关、黑马关、石猫峡、岸门口大峡等昔日的悬崖峭壁、隘关栈道变成了宽敞的汽车公路。11月4日，省交通厅副厅长李萍乘一辆吉普车亲自来康县检查路况。12月8日在县城所在地岸门口隆重举行了通车典礼，甘肃省人民委员会主席邓宝珊亲临康县为通车剪彩。全县各乡镇、高级社都派代表参加，各地群众从几十里外赶来观看汽车，县城岸门口成了一片欢乐的海洋。

略（阳）武（都）公路是互通甘、陕、川三省的干线公路之一。1957年，甘、陕两省商定由甘肃康县和陕西略阳协同修筑各自所辖路段，康县按计划提前完成，而陕西未能动工，为此甘陕两省曾多次协商。为了尽快修通略（阳）武（都）公路，康县县委向周恩来总理发电报，请求国务院协调解决。电报发出的第10天，交通部、甘肃省委、陕西省委派出的领导和汉中、武都地区的同志齐聚岸门口，共商两省公路建设事宜。交通部劳动对康县县委书记张俊民说，县委发的电报总理收到了，总理对修这条公路特别关心，电报收到后，立即派他们来解决。第二天，中央和陕甘两省的负责同志到略阳县郭镇进行了实地勘察，遵照周总理“全国一盘棋”的指示精神，当场决定了有关问题，略阳县立即开工修建，是年年底，这条连接甘、陕两省的经济动脉得以全线贯通。

随着通行条件的改善，运输工具也由原来的人背畜驮逐步向包胶马车，木轮马车，胶轮架子车，汽车，拖拉机过渡。1957年5月，县交通科购进了第一辆木轮包胶马车。1958年4月，康县购进了第一辆汽车。

教育、卫生、文化和其他事业

教育 人民民主政权建立以来，在教育上力求建立一个小学教育、中学教育、扫盲教育、农民业余培训教育四位一体，紧密结合的大教育格局，旨在全面提升全县人民的思想文化水平。

学校教育，在1952年之前，康县仅有小学，共48所。在校学生1950年为1142人，1951年增至2669名。小学分初小和完小，初小只有一至四年级，完小是一至六年级。当时，师资极为缺乏。师资来源一方面是改造解放前的旧职员；另一方面是吸收失学失业青年任教，不足部分或从外地调入。1952年，有初小教师15人，完小教师25人，所有教师送武都地区集中学习，审查历史，改造思想，提高教学水平。1952年下半年起，县上要求大力发展学校教育。首先大力恢复与健全各初小，每乡最低恢复初小一所，并着手筹备恢复康县初级中学。由于县委、县政府的高度重视，加强了领导，小学教育迅速发展，在校学生人数增至3146人。学校开始参照苏联十年一贯制学校教学，小学实行五年一贯制，并使用新课本。同年8月，康县初级中学恢复，全称为“甘肃省康县初级中学”，校址设在岸门口，县政府秘书魏尚武兼任校长，有教职工5人，秋季开学招生49名。1953年，康县按照“整顿巩固，重点发展，提高质量，稳步前进”的文教工作方针，对全县学校进行整顿。首先完成了极其艰巨复杂的基数核实工作。查实全县有公办初小38所，公办完小10所，共48所；在校学生初小3099人，完小122人，合计3221人；教师89人，其他员工13人；民办小学9所，在校学生258人，教师9人。全县共计小学57所，学生3479人，教职员工111人。其次，加强对教师的教育和培训。大部分教师通过思想政治和业务学习，教学水平得到了提高。再次，解决了小学教育经费问题。1950 年至 1952 年，小学教育经费由预算外经费支出，教职工薪金极低。完小校长、教育主任发粮 250 斤，教员 210 斤，勤杂工 150 斤，往往数月领不到薪粮，有些教师不安心教学。自 1953 年起，小学教育经费列入正式预算，小学教师待遇有所提高，教学质量有了保障。复次是规范了教学内容。为了改进教学工作，提高教学质量，参照十年制学校各科教学大纲，中央教育部编发了中学数学、物理、化学、生物及小学算术等学科的教学大纲（草案），遵照这一教学大纲（草案），县政府下发了《关于小学教学大纲（草案）自 1953 年春季起试用的通知》，对学校教育中的教学内容进行了规范。1954 年，县上召开各完小校长，区文教助理员，乡文化委员及有关单位负责人参加的教育工作会议。会上学习了中央、省、地有关文件精神，针对全县小学教育中不同程度存在的盲目混乱，领导抓不住教学中心，工作无计划，教师队伍松散，工作懈怠等问题，安排部署了整顿工作。整顿先在岸门口小学进行试点，然后分 6 期进行，前后用时 3 个多月。通过整顿，调整了班级设置和编制，合理安排了班级人数，调整了教师队伍，撤换了 9 名作风差，素质低的小学校长，整治了教师队伍中的懒散现象。各学校普遍制订了教师政治和业务学习计划。政治方面，学习总路线和各类政治常识；业务学习方面，学习中央人民政府政务院《关于整顿和改进小学的指示》以及甘肃省教育机构颁发的《甘肃省整顿小学方案》《小学教师业务学习讲座》。此前，各小学教师上课大多没有备课。从 1954 年开始，要求教师上课前必须备课，推行科学的教学原则和方法，其中，岸门口小学成为全县的示范学校。至 1956 年底，康县共有公立小学 86 所，教职工 124 人，初级中学 1 所。从教学到管理逐步走上了制度化、规范化、科学化的道路，为今后的学校教育发展打开了局面，奠定了坚实的基础。为了迅速发展教育，1956 年，县委发文打破不许群众办小学的规定，提倡鼓励各社办小学，要求在学习上形式多样化，并提高对教师的待遇。

农民扫盲教育和农民业余培训。农村互助合作运动开展以来，康县农村各级组织按照上级“必须紧紧跟随着和结合着农村互助合作运动和农民生产的发展，积极地有计划地扫除农村中的文盲，逐步提高农民的文化水平，有效地为农业社会主义改造和发展农业生产服务”① 的扫盲方针，大力开展了对广大农村文盲的扫除工作。

首先是创办冬学。所谓冬学，就是在冬季的两个月中，利用互助组内闲置屋舍，举办识字班，教农村文盲识字。1953 年，由于条件不足，全县只开办了一个冬学扫盲班，有学员 42 人，专任教师 2 人，义务教师 6 人；1954 年全县共举办冬学 55 班，参加教师 64 人，入学学员 1738 人；1955 年举办 102 班 21 组，冬学教师 121 人，参加学员 4032 人。在每年两个月的冬学中，学员最多的能够默写 800 多个汉字，最少的也能默写 60 多个汉字。为了方便生产生活，冬学在组织形式上注重多样化，有的以互助组为单位进行学习；有的为了方便妇女，组织了炕头学习小组。

其次创办民校。所谓民校，就是常年性组织农民进行业余学习的学校。农村互助合作运动开展以来开办的民校，县级由文化馆负责，区级由区文教干部负责，乡级由文教委员负责。1955 年 10 月，康县计划在冬学结束时，将参加冬学学习的 40% 人员转入民校学习，人数约 1560 人。岸门口速成识字班原有的 42 名学员，学习热情很高。经过两个多月的冬季学习，一般都能认识 600 个至 800 个汉字。县上决定将岸门口速成识字班转为民校，全称岸门口农民业余学校，农闲时间集中授课，农忙时间分散指导，主要学习汉字，成语等语文知识，并布置小楷、日记等作业。此外，还将平洛、云台、四区冯家峡等地的冬学转为民校。为了解决课本问题，团县委

①中共中央文献研究室编：《中华人民共和国国务院关于加强农民业余文化教育的指标》《建国以来重要文献选编》第 6 册，中央文献出版社 1993 年版，第 262 页。

和县文化科合编了《记工识字课本》，油印 5 万册发到各村、社参加扫盲识字者的手里，识字内容以农活、地名、姓名及记工数字等日常用字为主。冬学、民校教育的开展，培养了当时农业合作化运动急需的会计、记分员。许多从民校、冬学出来的粗识字者成了当时推广农业技术的领头兵，以及互助合作运动的业务骨干。

医疗卫生 人民民主政权建立前，康县缺医少药，医疗卫生状况极其落后，广大人民群众深受各种传染病的侵害。人民民主政权建立后，县委、县政府和医疗卫生管理部门全面推进医疗卫生工作。

一、建立健全了医疗卫生机构。首先成立了康县人民卫生院。建院初期，院内设备简陋，只有普通床位 5 张，诊病治病多用中医诊治，西医的设备和药品严重不足。1950 年，全年初诊人数 5888 人，复诊人数 7413 人。从 1950 年起，基层卫生组织陆续建立，一些地方在自愿两利的原则下，由政府与私人诊所合作，组织成立了联合诊所。1951 年，三、五区成立了卫生所，每所工作人员 3 人。1953 年，全县有 9 个基层卫生组织，9 个卫生协会，全县有中医 167 人，西医 1 人，中医诊所 48 所，西药诊所 1 所，联合诊所 6 个，从业人员 15 人，其中技术人员 13 人。1954 年，康县对区卫生协会和其他卫生组织进行了整顿。具体办法是组织学习了党在过渡时期的总路线和全国卫生工作会议关于卫生工作要面向工农兵的方针，树立为农业生产服务，为人民服务的指导思想；修改了院所工作制度，明确了工作责任，建立了病历诊卷；组织了巡回医疗组，深入各区协会交流业务知识。同时给各区联合诊所交流了经营管理办法，对各区协会划分医疗管理地区，对协会内的会员进行了政治改造。通过整顿，全县卫生协会会员由 423 人精减至 269 人。巩固了 7 个联合诊所，新成立了窑坪、三官 2 个联合诊所。基本解决了少数协会内部不团结的问题，县卫生院，长坝、云台等卫生所，院卫生协会等单位工作效率显著提高，全县卫生工作逐渐深入农村。据不完全统计，全县卫生院和云台、阳坝卫生所，全年接待诊疗27761人次。医疗卫生收入比1953年大幅度增加，仅县卫生院全年收入10375万元，阳坝、云台卫生所全年收入5147.55万元。

二、大力开展了各类地方病、传染病的诊治和预防。一是成立地方病、传染病防治机构。1952年，县卫生院及云台、阳坝两个卫生所都成立了黑热病防治站。当年诊治患者4人，治愈3人。二是大力开展卫生防疫宣传。由于康县山大沟深，以及历史和自然的原因，形成了垃圾污水泛滥，农民不讲卫生，缺乏疾病预防意识的局面，使得黑热病、天花、霍乱、麻风病、大脖子病（甲状腺肿大病）等传染病、地方病常年肆虐，严重影响了人民群众的身体健康。为此，县上积极开展了防病宣传工作。每年动员执业医生配合卫生院，携带幻灯片、放映机等宣传工具，深入农村病区开展宣传教育。所到之处，结合农村实际以及真人真事，讲解传染病的传染途径及预防和治疗方法。医生们带头给各家各户的厕所和病室进行消毒，教育群众讲究室内外环境卫生，从源头上杜绝环境污染给人们健康带来的威胁。三是组织医生送药下乡，深入农村进行各类地方病、传染病的治疗和预防工作。自1952年开始，在全县范围内开展了为适龄人群点种牛痘的工作。1953年春季种痘时，全县各区组织医疗组，普遍深入农村开展地方病摸排防止工作，共计种痘接种16.5万人次，预防注射1.48万人次。全县治愈赤疾182人，甲状腺肿大3653人，伤寒42人，疟疾40人，乙脑10人，黑热病8人，其他传染病防治225人。1955年，对以往的巡回医疗组重新配备和充实力量，组织医疗组，深入农村开展各种传染病、地方病和其他疫病防治的宣传和诊治，共计宣传54次，全年种痘3097人，注射伤寒菌苗1120人，诊治黑热病8人，21名麻风病人送至徽县接受治疗，发放治疗甲状腺肿大病药品550瓶，防治病人14922人，其中治愈9432人。1952年至1955年间，在传染病防治方面，除完成牛痘接种16.5万人之外，防治甲状腺肿大病累计3.26万人，治愈1.41万人。至此，全县的黑热病、天花、霍乱等传染病被消灭，甲状腺肿大病得到有效控制，痢疾等传染病的发病率大大降低。

三、大力开展了爱国卫生运动。1953年4月，县文教科、民政科、卫生科、卫生院、公安局、武装部、团工委、县妇联等8个单位组成了爱国卫生运动委员会，县长魏尚武任主任。按上级“人人动手、个个负责”的要求，于4月在全县范围内开展了爱国卫生突击月活动。区、乡以及机关、学校也相继成立爱国卫生运动委员会，并开展活动。据统计，全县有区爱卫会5个，学校爱卫会4个，机关卫生小组14个，村级卫生小组311个。在突击月活动中，爱卫会通过黑板报形式向群众宣传挖蛹常识，各机关单位的干部，各基层干部、群众被广泛动员起来，参加挖蛹。基层干部还帮助农村农户打扫庭院、清理垃圾。县卫生院和区卫生所的中西医医疗组紧密配合爱国卫生运动，进行传染病、地方病的宣传和诊治。突击月活动通过30多天的爱国卫生突击，取得了良好的效果。之后，县卫生院召开了全县卫生模范、卫生代表扩大会议，奖励了卫生模范单位1个和卫生模范个人18人。1955年，全县进一步开展了爱国卫生运动。农村中实行划片包干，以农业社为基础，每社组织2—3个卫生小组，带领群众开展爱国卫生运动。运动中加大宣传，特别是加大了对偏远山区的卫生宣传，让大家确立讲究卫生、防病治病的习惯和意识，组织开展各项卫生评比活动，表彰开展运动中涌现出来的模范和积极分子，广泛动员群众修建厕所，清理垃圾，灭蝇捕鼠，营造安全健康的生活环境。

四、大力开展了妇幼保健工作。一是对旧社会的接生婆进行审查，建立和整顿各区、乡的接生站，取消一部分不合格的接生员资格，对接生员进行新法接生的知识培训。特别是注意在少数民族聚居的地方建立和整顿接生站，培训接生员。如八区张湾乡白杨树坝村，没有专业的接生员，无法成立接生站。因此，县上派出工作组深入该村和阿訇及教民们协商，召开了回民妇女会，说明了妇幼接生工作的重要性和新法接生的好处。训练了该村 3 个有一定接生经验的妇女，成立了接生站。二是大力开展妇幼卫生知识的宣传，推广新法接生。通过在各大集镇逢集时进行图片宣传等方法，使新法接生被群众所接受，1954 年，全县新法接生婴儿达到 496 名。1955 年，全县整顿接生站 10 个，培训接生员 10 名，复训接生员 53 名。至年末，有接生站 13 个，接生小组 37 个，接生员 121 人。三是开展儿童健康检查。至 1953 年底，全县有接生站 17 个，接生员 97 人，新法接生 44 人。同年“六一”儿童节，康县人民卫生院开展儿童健康检查，共检查儿童 176 人，其中有三分之二的儿童被检查患有甲状腺肿大病，引起了县、乡相关组织的高度重视。通过几年来妇幼保健工作的开展，全县普及了孕期卫生，产前检查，幼儿假死的急救等一些基本的生育常识，妇幼保健水平有了很大提高。

文化 人民民主政权建立以来，康县文化机构不断建立健全，文化设施逐步完善，文化活动不断开展，文化事业不断发展壮大。

1953 年，康县有文化馆一处，馆内有幻灯机、收音机、放映机和图书室，下辖一个业余剧团——岸门口业余剧团。据统计，7 月至 12 月，文化馆共放映幻灯 36 次，有观众 8461 人，并下乡放映了电影《苏联农民生活》。通过放映幻灯、电影，展览图书，出黑板报，组织业余剧团演出，极大地推动了各种文化活动的开展。1954 年，放映幻灯 54 场，观众达 1.19 万人次，收音机收听 6192 人次。出黑板报 46 期。通过这些途径，大力宣传了国家过渡时期的总路线、农村互助合作、购买公债、粮食和棉花的统购统销、棉布的计划供应以及《中华人民共和国宪法》等法律法规。1955 年，康县文化馆组织 3 个业余剧团到全县各地开展文艺演出 56 场，观众达 2.8

万余人。放映幻灯 110 多场，放映电影 34 场。组织大型展览会 11 次，组织讲座报告会 29 次。1956 年，放映《钢铁战士》《冬天的故事》《董存瑞》《湖上斗争》《五亿农民的方向》等一批优秀国产电影片 175 场，观众 15.38 万人。广大群众在电影文学作品中受到了教育和启发，提高了社会主义觉悟，增强了建设社会主义的决心，激发了生产积极性。1956 年 4 月 1 日，《康县报》创刊，刊期为周刊，初创时版面为 4 开 2 版，至 7 月底，共刊出 18 期。《康县报》为县委机关报，其宗旨是宣传党和人民政府的各项政策法令，报道国内外主要时事新闻，报道本县干部群众政治、经济、文化生活状况，引导广大干部和群众积极投身社会主义建设之中，掀起以合作化为中心的生产建设高潮。

1956 年，康县体育分会成立，县直机关成立了 3 个体育协会。同年"五一"劳动节，县委召开了第一届体育运动会，参加运动员 220 人；7 月召开了少年体育运动会，参加运动员 90 人；国庆节召开了球类运动会；冬季召开了篮球循环赛运动会。同年，康县初级中学进行了劳卫制①少年级的锻炼，参加学生 71 名。

邮电通讯 1953 年 5 月，武都至康县有线电话业务开通。7 月，邮电营业处改为邮电局。至 1954 年 12 月，邮电局有局长 1 人，职工 23 人，其中代局长 1 人，长途话务员 2 人，线务员 1 人，分发兼投递员 1 人。

---

①劳卫制：新中国的第一个体育制度，全称是"准备劳动与保卫祖国体育制度"。由苏联引进，在中国实行了近十年。

第三章　社会主义道路的艰辛探索和曲折前进

随着社会主义基本制度的确立，社会主义建设全面展开。然而前进的道路是曲折的。社会主义社会是人类历史上的一种崭新的社会形态，如何建设社会主义既无前例可效仿，又无经验可借鉴，只能在具体的实践过程中不断探索，积累经验，开拓前进。在探索的实践进程中，难免会犯这样那样的错误，出现失误。正是通过对经验和教训的理性反思，实践主体才愈来愈自觉，愈来愈成熟。通过对错误的纠正，通过对经济、社会各方面的政策调整，社会主义事业在曲折中得到发展。

1957 年，为贯彻中央八届三中全会精神，康县开展了整风运动。在 1958 年的“大跃进”和人民公社化运动中，全县人民发扬革命的积极性和创造精神，在生产建设中取得了一定的成绩。但因对经济规律和全县经济基本情况认识不足，使得以高指标、瞎指挥、浮夸风和“共产风”为主要标志的“左”倾错误严重泛滥。又因开展的反右派斗争被严重扩大化，使一大批干部受到批判斗争和错误处理，极大地挫伤了干部群众的政治热情和工作积极性。再加上自然灾害的影响，使全县工农业生产遭受重大损失，导致人民群众生活一度贫困。1958 年 12 月，康县并入武都县；1961 年 12 月，恢复康县建制。之后，县委认真贯彻执行中央提出的“调整，巩固，充实，提高”的方针和《关于进一步巩固人民公社集体经济，发展农业生产的决定》（即十二条），总结经验教训，纠正“左”倾错误，调整生产关系，放宽农村经济政策，开放集市贸易，扩大自留地，让农民休养生息。同时，对在拔白旗，反右倾，整风整社，民主革命补课等运动中被错误批判处分的干部进行甄别平反。调动了干部的工作积极性和农民的生产热情，较快地恢复了工农业生产，人民群众的生活得到明显改善。

第一节　社会主义道路的开拓

随着新的社会制度的建立，社会主义建设全面展开，但前进的道路上却遇到重重障碍。一方面，社会主义建设刚刚起步，建设的方略不够成熟，新的社会主义制度难免会存在很多缺陷，使得相当一部分人对新的社会制度抱有种种疑虑；另一方面，人们的思想观念、生活方式难免带有旧的社会制度的痕迹，不能很快地适应新制度，甚至对新制度抱有抵触情绪，特别是偏私观念严重地阻碍着社会主义前进的步伐。因而社会主义建设必然是在排除各种障碍中开拓前进，其中极为重要的环节是进行社会主义教育，整顿各级各类组织的工作作风。康县从 1957 年 5 月开始在机关进行了开门整风。通过大鸣大放的手段对党政机关的工作提出意见，有些意见被认为是反党反社会主义的言论，因而整风运动转化为对右派分子的反击。从康县反右派的实际看，反右斗争明显被扩大化了。把敢说真话的人诬陷为右派，其结果是挫伤了一部分干部的积极性。农业合作化之后，针对一些农民对处理国家、集体、个人利益关系问题，在全县农村开展了社会主义思想宣传和社会主义相关问题的大辩论，辩论的重点是粮食等生活物资问题。之后，从 1957 年 12 月开始，又进行了整社、整党、整团工作，以解决人们走社会主义道路的认识和决心问题。

农村社会主义思想宣传和社会主义大辩论

农村社会主义思想宣传　农业合作化后，农村情况发生了巨大变化。但由于农民在合作化以前还是个体生产，因此，自私、散漫、保守的思想仍然存在，这就与集体化的社会主义制度不相适应，加上各级领导犯有官僚主义、主观主义和命令主义错误，在农村放松了思想政治工作，不少农民对个人利益、集体利益和国家利益的关系认识不清。因而与集体、国家利益不可避免地发生了一些矛盾，这些矛盾影响着社员积极性不能很好地发挥。为了巩固农业生产合作社，发展生产，完成各项任务，遵照上级有关会议和文件精神，县委决定，从 1957 年 5 月起到 7 月底，用两个月的时间，由书记带领，全党动员，在全县农村开展一个声势浩大，深入细致的社会主义思想宣传运动。宣传内容和要求，一是所有脱产干部着重学习毛主席《关于正确处理人民内部矛盾》这篇文章，使所有脱产干部都能懂得我们国家已经从革命时期进入到了社会主义建设时期，知道在大变动的形势面前保持头脑清醒，分清两类不同性质的矛盾，学会正确处理人民内部矛盾的方法，转变脱离群众的官僚主义作风，克服以往简单粗暴，行政命令的方法，深入群众，与人民群众同甘共苦。特别要求各级党委能认真调查研究人民内部的主要矛盾，以便采取恰当的措施，经常地，主动地予以解决。二是在合作社干部中，着重进行参加生产，领导生产，为社员服务，依靠群众，民主办社的教育。使他们都能懂得既然是为社员服务，就应遇事与社员商量，都能吃苦在前，得利在后，既能参加生产，又能管好农业社。三是对广大的农民群众进行勤劳生产、爱社如家、遵守社章、争当好社员的教育，使他们都能懂得国家、集体、个人三方面利益的一致性，能够为了农业社，为了国家，在自觉的劳动中发挥积极性和创造性，接受三包制，保证劳动质量。

宣传的方法，一是普遍召开农村党团员会议，使其明确社会主义思想宣传运动的重大意义，并交代任务，从而把所有党团员动员起来。随之，根据情况召开青年、妇女等会议，进一步把各方面的力量组织动员起来共同开展宣传。二是从总结生产，掌握各社存在的问题入手，针对不同的问题，研究讨论解决的办法，并向社员介绍本县肖家山、花庙子、大山社等增产社的办社经验，教育社员向增产社看齐。三是采取个别座谈的方式，了解群众对合作社的看法，针对不同对象进行具体宣传，防止空洞说教。

遵照县委的安排，全县的社会主义思想宣传运动于5月下旬全面展开。为了把运动引向深入，县委于5月16日召开了由各农业社主任，党、团分支书记700多人参加的三干会议，对任务着重进行了讨论和部署。随即于5月26日，县委以3天的时间召开了由党、团、乡、社支部宣传委员、妇女宣传委员200多人参加的宣传员会议，继续进行了组织和思想训练，全面交代了任务。此外，县上还通过开办农业社会计训练班，中西医代表会议，烈军属代表会议等一系列会议，抽出一定的时间进行了讨论和部署。与此同时，在农村又以乡为单位召开了党、团员积极分子等参加的一揽子会议，动员组织了宣传力量。据统计，全县动员组织了拥有353名干部，7638名党团员，612名农村积极分子的宣传大军。在农村展开了声势浩大的社会主义思想宣传运动。充分利用各种宣传方式，如集市宣传、广播、黑板报、读报组、群众会、院子会、田间生产、谈心会等，宣传如何正确处理人民内部矛盾，民主办社以及夏收预分、夏借、夏购等政策，从而大大提高了社员群众的劳动生产积极性，推动了农业生产发展和合作社的巩固。脱产干部、社干部的领导作风也有了很大的改变。在宣传运动中，一些乡社还用算账的办法进行国家与集体、集体与个人、眼前与长远、局部与整体利益一致的教育，从而沟通了思想，解决了矛盾。如秧田乡母家河社，社员自留地过多，将影响社内集体生产，坝地、好地全留为自留地。在社会主义思想宣传教育中，向群众讲明，自留地过多的弊端。最后，社员一致同意按社章规定办事，把多余留的自留地主动上交，约30亩，全乡共收回多余自留地300余亩。一些乡社采用边宣传、边揭露矛盾、边解决矛盾的办法进行宣传教育运动，成效极为显著。如大南峪乡联欢社，全社40多个劳动力，每天平均上工的只有13人。通过开展社会主义宣传，经过教育后，次日上工人数即由原来13人增加到37人（三个因病务工），6天锄完了35.3亩苞谷。开展宣传运动前，廖坝乡中坝社老洋沟生产队社员生产情绪极为低落。原因是上年分配不公平，秋收时制订的方案未包括夏收，照工分只进行了大致的分配，加之财务账务不公开，因此，社员有意见，有的要求退社，有的不参加社内生产，认为“靠社没指望”。针对这种情况，在社会主义思想宣传中重新制定了分配方案，对已分配的做了长退短补，将财务账务进行了公布，出勤率即由原来的18人增加到32人。

社会主义大辩论 1957年下半年以来，经过社会主义思想宣传运动，全县农村形势逐步好转，广大干部群众逐步懂得了如何正确区分和处理两类不同性质的矛盾，农村的各种矛盾逐步得到解决。但总的形势仍不容乐观，农业合作化后，由于缺乏管理经验，不少农业社在生产管理、财务管理、收益分配上存在诸多问题，不少人对农业合作化存在诸多疑虑。粮食统购统销政策的实行，一些农业社由于征购量过大，导致社员留粮过紧，加之连续遭受自然灾害，社员生活开始出现问题。不少人对国家的粮食统购统销政策不满，甚至闹粮，各级党组织虽做了不少说服教育工作，但无济于事，闹粮闹社事件仍然此起彼伏，绵延不绝。一些不法地富和反革命分子趁机进行破坏活动，反攻倒算，坏分子也兴风作浪，煽动挑拨，由此引起不少社员群众思想混乱。为了从根本上解决农村面临的各种矛盾，巩固和发展社会主义建设成就，排除各种阻碍，开拓农业社会主义道路，从1957年9月起，全县在农村开展了以粮食问题为中心的社会主义大辩论。为了开展好这场大辩论，全县首先在8月下旬召开了三干会议，集中批判了干部在粮食问题上的严重右倾思想、尾巴主义和片面仁政观点，总结了由此给工作所带来的损失，从而在干部队伍中澄清了错误思想，提高了思想认识水平。于9月，全县的社会主义大辩论普遍开始。至10月底，短短两个月，全县395个农业社，14万多农民均加入了大辩论。通过开展大辩论，农村面貌大为改观，歪风邪气下降，正气上升，广大干部群众进一步坚定了走社会主义道路的信心和决心。

大辩论采用了以下三种做法：

首先，正确区分两类不同性质的矛盾，用不同的方法解决不同性质的矛盾。对不法地主、富农、反革命分子的破坏活动开展政治斗争，予以严厉打击。随着政治斗争的开展，大部分地区对地富分子及坏分子普遍进行了一次评审，对已改变成分而又进行破坏活动的重新戴上了帽子。对一贯守法，劳动积极的进行了鼓励，部分升了级，个别的还摘掉了帽子。全县有18名地主摘掉了帽子，占地主分子总数的1.52%；有28名富农摘掉了帽子，占3.02%。同时对好吃懒做、游手好闲的流氓，进行了劳动改造，大都由各社编成生产组或队，监督其生产，同样评记工分。

其次，用阶级分析的方法调查摸清农村人民内部各阶层政治思想状况，特别是对农业合作化和粮食统购统销政策的思想态度。根据10个社（一类社4个、二类社1个、三类社5个）的摸底调查，各阶层的思想态度，按省委思想排队标准可分为四类：1. 坚决走社会主义道路，拥护粮食统购统销政策，生产积极的1829人，占46.9%；2.

基本上愿意走合作化道路，基本上拥护统购统销政策，生产比较积极，但对合作化、统购统销政策和其他政策的某些措施和方法有些意见或不习惯的 1425 人，占 36.54%；3. 对合作化动摇不定，对统购统销政策有抵触和误解，生产不够积极的 542 人，占 13.9%；4. 坚决反对合作化和统购统销政策，并有严重的资本主义活动或有其他破坏行为的 104 人，占 2.65%。调查摸底的情况表明，农村中绝大多数人是愿意走社会主义道路的，真诚拥护合作化的。

再次，通过鸣放，展开辩论和思想交峰，用耐心细致的说服教育方法，解决人民内部的思想认识问题，澄清模糊认识，提高思想觉悟。开展辩论的基本方法是在鸣放的基础上，根据掌握和暴露出来的问题进行辩论。在鸣放阶段所呈现出的问题看，涉及粮食问题，对干部的批评意见，对社的经营管理等方面的意见。在粮食问题上鸣放出来的意见多是涉及统购统销政策和粮食留量问题，这方面的不满言论很多。因此，社会主义大辩论主要围绕以下四个方面的问题展开：1. 统购统销政策好不好；2. 一年 360 斤留粮标准够不够吃；3. 现在的负担比国民党时期重不重；4. 农业合作化好不好。辩论中，各地大都采用了回忆、对比、算账、摆事实、讲道理、发动群众民主辩论的方法。群众通过自我教育的方法，明辨了是非，端正了认识，解决了问题，提高了群众觉悟。

关于统购政策好不好的辩论中，许多社员群众由远到近，摆出了大量事实。如白杨区枫岭社社员说：“如果公家不实行粮食统购统销政策，今年春荒期间，粮价不知会涨到啥地步。现在仓库的苞谷（玉米）还是 5 分 6 厘。”大堡马莲山社员摆出统购统销能稳定物价的事实：“1952 年每百斤小麦只能换回 3 斤盐，或 4 片水烟，或 8 斤清油，或 3 片铧。现在国家实行统购统销政策，每百斤小麦能换回 40 斤食盐，或 15 片水烟，或 12 斤清油，或 12 片铧。这就是统购统销政策实行的好处。”经过辩论，绝大多数社员群众认为统购统销政策“好得很”。

在360斤口粮标准够不够吃的辩论中，不少农业社通过算细账的办法，有力驳斥了一些人“口粮标准不够吃”的论调。大堡区中心社在辩论会上有80%的人提出留粮不够吃，接着计算了5户人的实际吃粮账。社员黄志流家4口人，3个月口粮335斤，每人每月平均吃粮28.02斤。上中农黄降中全家4口人，每人每月平均吃粮24.37斤。细账一算，许多人逐渐有了清晰的认知。

关于现在的负担比国民党时期重不重的辩论。不少社清算了本社负担账。阳坝区红光社在账中说，本社在1949年给国民党出各种粮2.5万斤（小麦），苛捐杂税1464元，折合小麦1.9万斤，共计负担4.5万斤。而1957年，本社交公粮7000斤，购粮3660斤，群众负担解放后比解放前减轻了7倍。

在农业合作化好不好，社员生活有没有改善的辩论中，各地普遍采取了新旧社会的对比、算账的方法，使辩论很生动、很简单也很有说服力。如长坝团结社在对比算账中说，解放前全社群众缺吃少穿，给地主打长工、做短工的就有52户，占总户数的31.4%。解放后，这52户有15户变成了余粮户，有27户的基本生活得到满足，只剩下孩子多、有劳力不劳动的10户，生活稍有困难。过去吃饱穿不上，或穿上吃不饱的就有122户，这122户农业合作化后都变成余粮户，由无铺少盖变成了铺毡盖被，团结社的例子有力地驳斥了合作化不好的说法。

通过社会主义大辩论，农民思想发生了巨大变化，社员劳动积极性被调动起来，上工出勤率普遍提高，爱国爱社风气越来越浓厚。截至9月底，各地普遍完成和超额完成了公购粮任务，闹粮闹社现象大大减少，社干部工作更加积极，社员办社信心逐渐增强，统购统销政策在社员群众思想上逐渐扎下了根。

整社、整党、整团

农村中围绕粮食问题的社会主义大辩论，解决了一部分问题。但由于大辩论工作开展的主题广泛而力量不足，因此有的问题仍然解决得不够彻底。在农业内部，还有不少突出问题亟待解决。如牲畜、林木、大型农具等还没有折价归社，一部分社干部缺乏民主作风，生产管理普遍混乱，财务账项不清。在党团组织内部，有些党团员觉悟不高，滋长了资本主义思想；有的脱离群众，作风恶劣。一些基层组织缺乏领导社的经验。遵照上级有关会议和文件指示精神，全县在粮食大辩论之后，从1957年12月开始，进行了整社、整党、整团（以下简称“三整”）工作。

按照中央的指示，“三整”工作以5个方面的内容为主：1. 整思想。通过大鸣、大放、大争，在全体农民中建立“兴无灭资”的思想基础，辨明两条道路，使社干、社员中的贪污、盗窃、私分瞒产、扩大自留地、搞投机生意、不服从国家计划等自私自利的资本主义思想得到深入批判。广大社员树立爱国爱社，爱劳动和勤俭办社，勤俭持家的风尚，坚定走社会主义道路的信心和决心。2. 整政策。贯彻执行互利政策，处理好牲畜、农具、树木、果树、竹苇、水磨等生产资料的作价归社，股份基金的平摊以及贫农合作基金贷款的发放，安排好农村农活，贯彻党在农村的阶级路线，树立贫农、下中农在农业社内的领导优势。3. 整组织。康县地域辽阔，居住分散，宜办小社。整社中适当调整社的规模，200户以下的社一般不变。200户以上的大社经社员讨论，按大队或原初级社分成小社。组织机构实行社、队两级制，社、队分权。社干部参加生产，领导生产。4. 整社干作风。主要整顿社干部在联系群众、经手财务方面的问题，特别是不执行民主办社的原则，缺乏民主作风的问题。5. 整生产管理和财务管理。首先，制定统一的劳动定额，普遍推行“三包制”（包工、包产、包财务），实行权力下放，分级管理，建立责任制，使生产步入正轨。其次，清理历年账务，做好1957年全年决算，检查分配方案，建立财务账目，逐月公布劳动工账。对发现的贪污、盗窃、隐瞒、私分等问题进行严肃处理。再次，加强牲畜饲养管理，建立公共财物保管制度。

按照县委安排，全县的“三整”工作分三批进行。首批从1957年12月6日开始，至次年1月18日结束。全县抽调脱产干部202人（其中区级以上骨干23人），并从外地抽调党支部书记150人，组成县委“三整”工作组，集中力量在长坝、大堡、平洛三个区15个乡104个农业社展开。“三整”工作开始后，首先组织党团员、社干和粮食辩论中的积极分子，学习了中央关于整顿农业社的三个指示，反复讨论整社的目的意义，提高思想认识，解除思想顾虑，训练了一批坚强队伍，培养了整社的领导力量。在此基础上，划片包干，采取各种小型会议和个别交流，向群众展开了广泛深入的思想教育工作，从而掀起了以党团员、社干、积极分子为主的鸣放高潮，指出了党政组织在农村工作中的错误和缺点。

首批“三整”鸣放出的意见共有18190条。其中对县、区、乡脱产干部提出批评意见2324条。内容包括脱产干部有违法乱纪、乱搞两性关系的；有官僚主义作风，不联系群众、不深入调查研究的；有包庇地、富、反革命分子的；有挪用社内公款的。张湾乡从土改到1957年，去该乡工作的各级脱产干部173名，给其中100名干部提出意见170条。

对农业合作社干部提出批评意见4293条，内容包括私分瞒产、盗窃贪污、强迫命令、违法乱纪；做活挑肥拣瘦，趁机多挣工分；投机倒把，经营商业；带头破坏田间管理制度，敞放猪鸡，任其糟害庄稼；多留自留地，不参加生产劳动；徇私舞弊，挪用公款，阻止社员开展正当副业生产等。

对生产管理提出意见3912条。内容大致有劳动组织不合理，劳动定额不合理，工分高的工作抢着做，没有检查验收制度，农活质量不高。

对财物管理提出意见1892条。104个社中94个社一年没有公布过账目，占总数的96.3%；开支没有制度，钱账会计一手包，没有条据入账，不经批准，随意开支；开支不合理，有铺张浪费现象。张坪乡五星社买汽灯一盏、油印机一台、订书机和胶水摆满了办公桌；对社内公共财物保管不善。

另外，属于各项政策方面的意见217条。属于社员之间与其他方面的意见3592条，其中特别是畜牧管理方面，虽在一部分三类社有破坏牲畜、饲养不善的现象，但情节是十分严重的，如长坝新华社养羊31只，18只饿死，8只被狼吃掉，只剩5只。

掀起鸣放高潮后，紧接着掀起整改高潮。各社成立了各种处理问题小组，把群众鸣放出的问题做了及时的梳理分类，交各专业小组，逐项查清问题的真相，提出处理意见，及时进行严肃认真的处理。经查对，属于正确的意见15716条，占86.4%；基本正确的1637条，占9%；误解与错误的837条，占4.6%。属于正确的意见，就让干部主动向群众作检讨，承认错误。贪污的赃物，按其情况定出清退的期限如数清退。如果检讨的好，情节不严重，群众也不反对的，既往不咎。情节严重，群众反对的，根据群众意见，当场宣布撤职。属于是非不明，怀疑误解的意见，由工作组和本人作出解释，并通过清理和公布账目，及时消除群众的怀疑和误解。张湾乡刘家沟社，建社以来，从未公布过财务账项，社员怀疑很大。在整改中，把财务账项和年终决算一并作了公布，社员的误解消除了，也满意了。属于恶意攻击的意见，则交群众辩论，辨明是非。对于一些属于资本主义的思想和行为，则通过摆事实，讲道理和实物展览的办法，全面回击搞资本主义的人和事。对于地、富、反、坏的破坏活动，经群众揭发，情节严重的，则经县批准后，召开全社斗争大会或全乡斗争大会，进行斗争，该法办的予以法办。对社内经营管理上存在的问题，从“六比五评”入手，结合参考张河乡联盟社的经验，在大家分清责任，明辨是非的基础上，通过会议，发扬民主，制定了田间管理、财务管理、干部参加生产、牲畜饲养管理等制度。经过一系列的整顿工作，培养和训练了大批积极分子。接着改选了领导班子，健全了组织机构。据统计，三个区104个社，原有队长以上干部2073人，受到表扬和保护过关的1496人，下放的502人，共1998人，占社干总数96.4%。撤职的67人，占社干总数3.2%；法办的8人，占社干总数的0.4%。社领导班子改选后，共有队长以上干部1916人，其中贫农506人，新老下中农1043人，共计1549人，占社干总数的80.8%，从而确立了贫下中农的领导优势。

截至1958年1月18日，首批“三整”工作基本结束。三个区104个社，有94个社公开了财务账目，建立了财务制度；98个社搞出了1957年年终分配决算；4个社处理了牲畜和大农具等物的折价入社。48个社平摊了股份基金，49个社处理了林木的折价入社，44个社制定了社干参加生产制度。一类社从原来的39个增加到41个，二类社由53个增加到55个，三类社由原来的12个减少到10个[①]。广大社员走社会主义道路的信心增强了，社干的干劲鼓起来了。

为了切实搞好“三整”工作，各地特别注意把整党、整团和整社紧密结合进行。整党、整团工作与整社工作同样，首先是学习文件，提高思想认识，解除思想顾虑，掀起鸣放高潮，指出党团组织

①总社数增加2个，是大堡、平洛在调整社的规模后增加的。

和党团员在执行政策、联系群众及思想作风方面存在的问题和缺点。紧接着，针对存在的问题和缺点进行整改。从鸣放和揭摆出的问题看，三个区104个社的党团员中，坚决走社会主义道路，积极执行党的各项政策的党员425名，占42.34%；团员640名，占37.2%。愿意走社会主义道路，拥护党的各项政策，但由于觉悟不高，认识模糊，对党的某些政策执行不够坚决的党员365名，占36.35%；团员586名，占33.98%。对合作化和统购统销政策有动摇和不满，有轻微资本主义活动和违法乱纪行为的党员171名，占17.3%；团员387名，占22.44%。坚决反对合作化和统购统销政策，蜕化变质，有严重违法乱纪和资本主义倾向的党员43名，占4.28%；团员111名，占6.43%。从上述情况看出，党团员中大部分是好的和比较好的，但其中也混进了一些思想不纯分子和坏分子，他们中间有的带头闹社、闹粮，反对社会主义；有的搞投机生意和放高利贷剥削农民；有的违法乱纪乱搞男女关系；有的不过组织生活，不缴纳党费、团费，不愿接受党组织所分配的任务；等等。在整改中，结合思想教育进行了组织处理，彻底批判了党内的资本主义思想，清除了混入党内的不纯分子和有严重资本主义思想，坚持走资本主义道路的分子，从而纯洁了党的组织。这次整党共开除43人（其中逮捕法办6人），取消预备党员资格16人，留党查看9人，撤职21人，严重警告6人，警告13人，延长预备期2人。通过整党整团，使所有党员与团员提高了思想觉悟，坚定了走社会主义道路的信心和决心。

第二批“三整”工作从1958年1月11日开始，至2月底基本结束，共计开展了21个乡194个社。在总结第一批“三整”工作经验的基础上，第二批“三整”工作分为两个阶段。第一阶段的中心议题是集中力量解决两个问题：一是从检查四大运动（水利、造林、水保、积肥）入手，全面细致地安排生产，发动群众，在生产上大鸣大放大争，掀起一个轰轰烈烈的生产高潮；二是在掀起生产高潮的同时，掌握各阶层的思想动态，进一步宣传“三整”的目的、意义和内容，解除思想顾虑，发动社员对社干的工作作风、社的生产管理、财务管理，以及其他方面提出批评意见。教育社干主动“下楼”① 交代问题，展开批评与自我批评，揭露社内矛盾。与此同时，重点放在清理财务账目，核实产量，彻底搞清压产、瞒产、私分、贪污、盗窃等问题上。进一步以粮食问题为中心，进行大鸣大放，揭露资本主义思想，开展社会主义与资本主义两条道路的大辩论。第二阶段的工作内容主要是针对存在的各种问题进行整改，其中包括牲畜、林木、大型农具、水磨等的折价入社，选举新的社委会，建立健全各种制度尤其是财务制度，从思想建设和制度建设各个层面，坚定农村广大干部和社员群众走社会主义道路的信心和决心，进一步拓宽社会主义的发展道路。

第三批开展的是阳坝、白杨两个区，11 个乡，97 个社。时间从 1958 年 3 月上旬开始，至 4 月底结束。

经过“三整”，康县基层组织建设上取得了一定的成效。一是大力批判了干部群众的资本主义、本位主义、尾巴主义思想，特别是生产建设上的右倾保守情绪，进一步明确了两条道路和阶级立场；二是初步纠正了干部强迫命令，不劳动，贪污盗窃，铺张浪费及违法乱纪等现象，从而进一步密切了党群干群关系；三是纯洁了组织，调整了领导成分，使党、团、社的领导权牢牢掌握在党团中的先进分子手中，从组织上巩固了社会主义教育运动成果和农村社会主义阵地；四是巩固了合作社，推动了生产高潮和当前工作，为生产上争取 1958 年“大跃进”奠定了基础。

①“下楼”指干部向群众做检讨，清算思想作风账。

第二节 经济社会诸方面的政策调整

面对急躁冒进错误造成的严重后果，全党和中央通过调查研究，决心调整政策，纠正错误。1960 年 2 月，中共中央西北局兰州会议召开，主要检查甘肃省委的工作。1960 年 11 月，《关于农村人民公社当前政策问题的紧急指示信》（即“十二条”）下发。1961 年 1 月，党的八届九中全会召开，全会公报提出了对国民经济实行“调整、巩固、充实、提高”的八字方针。1962 年 1 月 11 日至 2 月 7 日，党中央在北京召开扩大的中央工作会议。参加这次会议的有中央和省、地、县委四级主要负责人以及部分大型厂矿和军队的负责人，共 7118 人，因此又称“七千人大会”。康县县委书记处书记、县长薛耀聪出席了会议。召开这次会议的目的是进一步总结 1958 年“大跃进”以来的工作经验和教训，统一全党认识，增强团结，动员全党更坚决地执行调整方针，为战胜严重困难而奋斗。遵照中共中央文件和西北局兰州会议精神，从 1960 年初开始，全县进行了经济社会各方面的政策调整，各级党组织领导广大干部群众，向错误、向困难作斗争，使全县各方面建设顺利度过了困难时期，走上了恢复发展的道路。

生产自救、整风整社和清理平调

面对急躁冒进错误造成的严重后果，西北局兰州会议召开之后，全县各级党组织首先从下述几方面开展工作，稳定民心，向错误、向困难作斗争。

生产自救，安排生活 西北局兰州会议召开之后，县委于 1960

年12月召开了第九次扩大会议，参加人员扩大到公社书记、主任。1961年1月，在省、地委工作组武都县指挥部的主持下，县上分白龙、康宁、洛塘三片，召开了党员四级干部会议，参加会议的共2259人。两次会议本着向错误，向困难作斗争的精神，分层次，分阶段传达了西北局兰州会议精神：第一阶段传达西北局书记处会议对甘肃问题的指示，省委常委（扩大）会议关于张仲良同志的错误事实的揭发以及地、县委关于领导工作中所犯错误的初步检查。揭发和批判了各级领导机关，特别是县委和公社党委工作中的严重错误，使全县各级领导同志首先明确了认识，划清了是非界限。第二阶段传达了甘肃省委常委（扩大）会议关于进一步贯彻西北局兰州会议精神的决定和地委关于当前安排人民生活的几项基本工作和具体措施。结合检查本县对西北局兰州会议精神的贯彻情况，讨论了群众生活安排、生产自救、整风整社以及春耕生产等各项工作。

关于生活安排，党员四级干部会议提出：一、认真解决社员的吃饭问题。(1）口粮标准按地委指示安排，所有地区绝对保证不能低于6两，吃不够的应补足，不执行的严肃查处；(2）抓紧粮食调运，供应缺粮社队；(3）所购的过头粮如数返还给社员。二、突击抢救人命，迅速制止死亡。对于干瘦、浮肿和其他危重病人进行集中治疗。在原口粮标准基础上每人每天增加2两粮，1钱油，5钱盐，灾区病人一律实行免费治疗。同时组织县、社医生下乡巡回治疗，康福散等药品必须落实到人。三、抓紧检查并解决好贫困户的越冬御寒衣被及住房问题，保证人人有棉衣，户户有棉被，家家有热炕。四、无依无靠的孤儿和老人，由县级部门负责分点收容，认真安置。在康宁、城关成立儿童福利院两所，救助孤儿。为了全面安排好社员生活，会议还要求各公社必须组织巡回检查小组，由领导率领到问题较多的地方，深入到队、到户，检查生活安排情况，了解口粮是否达到标准。

遵照两次会议的精神，县委领导亲自带队到基层社队检查会议精神贯彻和社员生活安排情况，并向县委和地委写出了检查报告。1960 年 12 月，县委第一书记和平带领县委工作组到平洛公社进行了检查。在检查报告中指出了平洛公社主要领导违背党的政策的错误，并对平洛公社社员生活做了具体安排，全社一类队 1 个，二类队 27 个，三类队 4 个，分别按留粮标准安排生活。灾区和缺粮队，一律补足每人每天 6 两；二类队平均按半斤计算。从 1960 年 12 月起到 1961 年接上夏熟，共需口粮 154 万斤，减去现存的 57. 6 万斤，还缺 96. 4 万斤。加上应扣除饲料 57. 6 万斤，共缺 154 万斤，除退回所购过头粮 99. 4 万斤外，还需国家供应 11 万斤。县委在批转文件中要求各公社，认真检查有无类似现象，发现问题立即纠正，切实把人民生活的安排落到实处。社员口粮不足 6 两的一律补足，并讲明政策，安定人心。迅速配合县委工作组，逐队检查产量，对于购买的过头粮，应尽快报县委批准，按原价退回。对于缺粮灾区和因被购买过头粮而没有粮食的生产队，应立即报县拨粮供应或先回销一部分粮食，绝对不能有丝毫拖延。对于一些缺菜的生产队，可以在全公社内组织调剂，并组织劳力大搞代食品生产。同年 12 月，县委工作组到五库公社检查生活安排情况。检查报告上报县委后，县委在批转文件中强调指出，口粮留粮时间，须以生产队为单位，根据各地实际情况，按照标准留，接上新粮，不能在全公社范围内强求一致，也不能粗估冒算。一律留到 6 月底的做法必须纠正，因为有的队可能要到 8 月底才能接上新粮。不注意这一点就会犯主观主义错误，就会发生人口外流、生病甚至死亡现象。牲畜饲料不管哪一类生产队都应按规定标准留足饲料，否则会造成牲畜乏瘦，甚至死亡，给来年的农业丰收带来极不利的影响。在安排好群众生活的同时，还要关心干部生活。

随着西北局兰州会议和县委有关文件精神的传达贯彻，以及县社工作组对群众生活安排的检查，全县各地普遍开展了生产自救运动。在运动开展中，核实了产量和生产队存粮，对社员口粮不足6两的缺粮队，经县委批准退回了所购的过头粮。其中的缺额粮食，县上统一拨粮供应；县、社派出巡回医疗队对浮肿、干瘦和其他危重病人进行了巡回救治。同时，各地普遍大抓了代食品生产，动员和组织社员群众采集可食用的野生植物，制成野生植物淀粉，如蕨根粉等。大力种植了南瓜、黄萝卜等蔬菜，以弥补口粮不足。经过数月的努力，到1961年上半年接上新粮时，群众生活困难普遍得到了缓解。落实了基本口粮，基本解决了穿衣、住房、疾病治疗、抢救人命等急迫问题。群众有了活命的信心，生产积极性逐渐被调动了起来。

可是，1961年6月，正是小麦成熟收割季节，康县连续下雨14天；8月，正是玉米灌浆、黄豆扬花之时，下雨19天；10月，正是黄豆成熟时期，又下雨25天。由于雨量集中，致使粮食生产大幅度减产。全县粮食总产量只有4161万斤，比1960年减产3215万斤，夏粮减产45.05%，秋粮比夏粮受灾更重。粮食的大幅度减产，使全县人民生活再度陷入了困难。除“四粮”外，全县每人年平均口粮只有145斤，且极不平衡，有的队日平均1斤以上，有的队只有二两。浮肿、干瘦病人也比以前有所增加。据岸门口公社调查，全公社16个大队，有12个大队发现浮肿、干瘦病人280人。灾情导致群众情绪不安，又出现了出外逃荒的现象。当时全家出走的有17户47人，单身外流的有50户200人。在此情况下，县委领导采取分片包干的办法，下到基层社队组织救灾。张俊民负责咀台区，李庆生负责大堡区，高启祥和县委工作组负责平洛区。由于县委领导亲自蹲点，亲自督查，各区、公社对生产救灾工作普遍抓得紧，人民生活安排扎实。所采取的措施是：1. 发动群众大搞代食品，广泛开展“亲朋相帮，互通有无”工作。据统计，全县共筹措代食品318.6万斤，互通互助互借粮食43万斤，蔬菜55万斤。仅寺台公社就搞代食品13.5万余斤，以工业编织品换回粮食1.3万多斤，互助互借粮食730斤。2. 国家给重灾区供应粮食。1962年1月供应3个区，77个大队，3786户，1.5万人，供应粮食15万斤。2月供应3个区，123个大队，8198户，3.5万人，供应粮食39万斤。连同1961年11月、12月回销指标，共供应粮食56.4万斤。3. 全县组织了43名医生到重灾区抢救病人。至1962年2月，治愈浮肿、干瘦病人254人。全县还设立了4个收容站，安置外流人口216人。4. 发放了救济物资。发放救济款15万元，布匹1600公尺，棉花6400斤，解决了一些人缺衣少穿的问题；5. 至1962年2月，全县种植早土豆424亩，种早蔬菜353亩。通过各级党组织的坚强领导和扎实工作，全县人民顺利地度过了生活紧张时期。

整风整社，整治“五风”　为了贯彻西北局兰州会议精神，尽快纠正急躁冒进的错误，县委第八次扩大会议和党员四级干部会议后，全县开始了整风整社，整治“五风”的工作。首先进行了50个队的试点。特别是在干部违法乱纪、人口外流死亡最为严重的两水公社的枣川、后村，甘泉公社的佛崖、李河等4个队，由县社负责人亲自领导，进行试点，总结经验，指导全盘。其后在干部违法乱纪、人口外流、死亡较为严重的117个三类队展开。各公社根据领导力量，每个生产队派脱产干部3—4人，由有一定水平的领导骨干带队，全面开展整风整社工作。整风整社与以往的整风整社有根本的不同。以往的整风整社是在急躁冒进错误思想指导下，以开展农村两条路线斗争为名，大力推行急躁冒进的东西，如以批资本主义为名，收回自留地和房前屋后果树，揪斗富裕中农“冒尖人物”，揪斗党内“代言人”等。这次整风整社是以贯彻西北局兰州会议精神为主线，从纠正“五风”入手，抓政策兑现，处理平调，全面纠正急躁冒进的错误。各地开展的整风整社工作一般分三个阶段进行。第一阶段用15天时间，宣传中央十二条和省委十条（党外八条）规定，深入发动群众揭盖子，纠正“五风”。凡是领导班子出问题的生产队，首先调整领导班子。然后用20天左右的时间，彻底处理平调，搞好退赔工作和“三包”收益分配，划好自留地和房前屋后果树，并清查和平反错定的“冒尖人物”“党内‘代言人’”。最后，用10天时间，整顿党团组织，选举基层干部，建立各种制度，搞好春耕生产。

在具体的整风整社过程中，各地普遍把重点放在揭盖子，纠正“五风”上。通过深入发动群众，揭发了干部的违法乱纪问题，并召开群众大会进行斗争。县级部门举办了整风训练班，将各地揭发出来的违法乱纪问题比较严重的干部，通过斗争会斗争后，经县委批准，送整风训练班进行集训和特训（问题特别严重的进行特训）。在集训中，一部分人能认识自己的错误，主动地检查交代自己的问题；另一部分人特别是问题大的人怕法办，情绪不安，怨天尤人，交代问题避重就轻。针对这种状况，集训班以学习中央十二条政策为纲，组织集训人员学习有关政策和群众路线方面的社论文章。采用大会报告，小会讨论的方式，由县委书记史政民亲自到集训班作专题报告，解除了一部分人员的思想顾虑，使受训人员逐步划清了是非界限，认识了错误，决心痛改前非，重新做人。

整风整社工作开展了近半年时间，整了9个公社之后，省地工作组武都指挥部对整风整社工作进行了全面检查。1961年9月8日，县委扩大会议上，省地工作组武都指挥部刘文山针对武都整风整社的进展情况，做了重要发言，提出了指导性意见。其中强调指出，整社任务主要是四条：一是确立正确的领导，三类队进行夺权，一、二类队彻底反“五风”。二是贯彻执行党的政策。其中，主要检查贯彻以下几件事：1. 贯彻按劳分配政策。2. 贯彻退赔政策。3. 检查自留地划拨情况。三是整顿党团组织。四是抓生产，抓生活。生产抓好“三包一奖”，生活要组织社员抓代食品，弥补粮食的不足。9 月 16 日，县委将刘文山的发言批转印发各地“参照执行”。

1961 年 12 月，武康分县后，康县的整风整社工作于 1962 年 1 月 15 日在全县范围内铺开。在整风整社中，除了反“五风”外，主要抓了核算单位的下放工作。随着新的核算单位的成立，各地在原有基础上对于大队和生产队的干部进行了分配。大队建立了党团支部，大队和生产队建立健全了管委会、财粮小组、监委会等组织。各项任务的包干也落实到各个生产队。到 1961 年底，分配工作基本结束的有 241 个大队，985 个生产队，其中以大队为单位统一分配的有 151 个大队，以生产队为单位进行分配的有 90 个大队。在上述各项工作中，各地坚持以社会主义教育为总纲，采取各种形式，进行了当前形势分析和集体主义、爱国主义教育，进一步澄清了混乱思想，稳定了社员情绪，树立了生产自救信心，推动了生产。

清理平调，兑现退赔　“一平二调”是“共产风”的典型表现。1959 年的中央郑州会议之后，一些地方在贯彻郑州会议精神，清算旧账中已注意纠正。其后，“反右倾”斗争开始，“平调”不但未得到纠正，反而进一步泛滥开来。1960 年 4 月，地委六级干部会议召开，会上反映出农村大量的“平调”现象。5 月 24 日，县委出台了《关于迅速纠正“平调”现象及有关几项具体意见的通知》，要求各级组织迅速纠正“平调”现象：一、县上集中抽调各社、队搞重点水利工程的劳力，以社、队为单位，算清实际劳动日账，按劳动日发给工资。公社或大队搞商品基地平调生产队的劳力，算清工资，按等价交换的原则还工或付工资。二、公社、大队抽调生产队的牲畜、车辆、农具等，原则上一律退归生产队，损坏、丢失、死亡的予以清理或赔偿。三、1959 年冬至 1960 年春，公社调集的鸡、兔，全部退回。为避免造成猪、羊和蜂的损耗，一般不再退回，但必须付清价款。四、国家机关、学校、团体、企事业单位占用生产队的土地一律退还。五、青黄不接时，高山与川坝生产队相互支援的粮食、播种时借用的种子和大搞水利时相互借用的粮食，一律如数退还。六、公社、大队平调生产队的现金，一律如数退还。但各级组织对纠正“平调”心有余悸，怕再次被反成“右倾”，因而行动仍然迟缓，态度不够坚决。其后，随着中央十二条和西北局兰州会议精神的传达贯彻，以及整风整社的深入开展，各地才对“平调”开始了实质性的纠正，兑现了退赔。1961 年初，裕河公社上报了本社“平调”清理和退赔进展情况：（一）公社平调：总额 1.6564 万元，已退 1.8427 万元，占退赔的 99.3%。其中：1. 劳动日：1959 年修建公社水利工程及 1960 年割草场 3 次，平调生产队劳动日 388894 个，每个劳动日按 0.3 元计算，共付劳动工资 11668.2 元；2. 粮食：1960 年平调生产队粮食 48315 斤，折价付款 309.21 元；3. 牲畜：退原物，牛 13 头，马 2 匹，羊 31 只，猪 27 头。无原物的折价付款，猪 9 头（88 元），羊 5 只（30 元），牛 2 头（150 元）；4. 家具、匠具：共 34 件，退原物 25 件，价值 519 元，付折旧费 36 元。无原物折旧赔偿 9 件，507.49 元；5. 房屋 4 件，付房租 38.4 元；6. 木板 310 片，折价 190 元；7. 生铁 140 斤，折价 11.4 元；8. 现金 2978.81 元；9. 菜籽油 290 斤，折价 29 元。（二）生产队共平调 13918.2 元，已退赔 11588.87 元，占应退赔的 83.5%，其中包括劳动日、粮食、房屋、木板、家具、灶具、砖瓦、现金和其他物件。

为了推动全县“平调”的纠正和退赔的兑现，1961 年 3 月 26 日，县委批转了裕河公社的“平调”清理和退赔进展。批转文件中强调指出，裕河公社能做到的，其他公社也应该做好。平调的原物如在，应退回原物，原物不在的再折价赔偿价款。

1959 年 11 月，铜钱公社在全社范围内进行了一次大搞商品基地运动。一月之内全社有 19 个生产队，调动劳力 1000 余人，开荒

105 亩，并全部种植玉米。中央十二条指示和省委关于处理平调的文件下发后，该公社认为，大搞商品基地运动属于平调性质。为了处理“平调”，兑现退赔，1961 年初，铜钱公社对商品基地问题作出了处理：1. 商品基地上 1960 年收获的粮食、蔬菜，各队归各队，其面积、投资、产量全计入生产队，劳动工分亦参加生产队分配。2. 凡是已经种了麦子的，谁种谁收，亦全归本队所有。3. 一些远离基地的生产队，不便经营的，按自愿两利原则，进行协商。将该队所开荒地转让给离荒地较近的生产队经营，由受让方付给转让方合理劳动报酬。

为了进一步促进各公社的“平调”清理和退赔兑现工作，1961 年 4 月，省地工作组和县委共同派出了退赔检查组，对全县的工作开展进行了普遍的检查，并撰写各公社“平调”退赔工作检查报告。4 月 28 日，县委批转了《外纳大队平调退赔工作检查报告》，强调指出，退赔的基础是算清“平调”账，各地应实事求是地算好，避免多算，或少算、漏算。同时印发了省委《关于退赔工作中几个具体问题的批复》，要求各地严格按照省委文件精神办事，切实做好“平调”退赔工作。由于省地工作组的敦促和全县各级党组织的努力工作，1962 年春，全县的清理“平调”和退赔兑现工作基本结束，取得了显著成效。

农村经济政策调整

随着中央“十二条”① “六十条”② 和省、地文件的传达贯彻，随着整风整社的深入进行，全县广大农村进行了经济政策调整。在

①指 1960 年 11 月 3 日中共中央发出的《关于农村人民公社当前政策问题的紧急指示信》，共十二条。指示信指出，一平二调的“共产风”严重地破坏了农业生产，必须坚决反对，彻底纠正。

②指 1961 年 3 月 22 日中共中央工作会议通过的《农村人民公社工作条例（草案）》，共 10 章 60 条，简称《农业六十条》，是中共中央在“大跃进”之后农村工作理念和工作方法的质变与飞跃。

此基础上，重新确立了该时期农村经济经营管理的基本制度。

基本核算单位下放 基本核算单位问题，是农村经济经营管理中的核心问题。在人民公社化运动初期，由于急躁冒进错误的泛滥，刮“共产风”，核算单位是所谓的“一大二公”的公社。搞平均主义，一平二调，严重挫伤了社员群众生产积极性。中央郑州会议后，改变以公社为核算单位的经营管理体制，下放了权力，实行了“队为基础，三级核算”。在当时的全县五干会议上，康宁片初步确定核算单位3249个，其中三级核算3248个，两级核算1个。公社化之前，以高级社为一个基本核算单位。公社化后，原来的一个高级社为一个生产大队的，实行公社和生产大队两级核算；几个高级社合并为一个生产大队的，原高级社为一个生产队，实行公社、大队、生产队三级核算。原来的初级社是生产队下辖的作业组或生产队。这种以初级社为规模的作业组或生产队，只是包工包产的承包单位，不是基本核算单位。这种“队为基础，三级核算”的经营管理体制，仍然难以克服队与队之间的平均主义，仍然不能很好地调动社员群众的生产积极性。于是，全县在进行社队规模调整的基础上，又进一步下放核算单位，将公社化前的几个高级社合并起来的生产大队规模加以调整。以公社化前的高级社规模为生产大队规模，以公社化前的初级社规模为生产队规模。将基本核算单位下放到以初级社为规模的生产队，重新确立“公社、大队、生产队”三级核算的经营管理体制。生产队规模一般在30户上下，居住分散的少于30户，居住集中的多于30户。生产大队的规模，根据具体情况确定。居住集中的，一般管辖7—8个生产队；居住分散的，一般管辖3—5个生产队。

1961年11月，县委首先在岸门口公社的许家河、咀台公社的孙家院、三仓公社的闹院子、石门公社的上白杨坝、熊池公社的湾儿、金厂公社的阳坡等6个大队进行试点工作。通过试点，广大干部群众充分认识到，基本核算单位下放，能有效地克服平均主义，充分调动广大社员的生产积极性，使农村工作大变样，接着在全县范围内结合整风整社全面实行。武康分县后，康县下放核算单位的工作，于1961年12月试点，1962年1月初全面展开，2月初基本结束。按照省委转发中央《关于以生产队为基本核算单位试点工作座谈会纪要》精神，首先调整了大队和生产队规模，处理了具体问题，后来又按省委办公厅1月22日电报精神，进行了一系列的复查和补课工作。全县生产大队由原来的367个调整为352个，生产队由原来的1336个调整为1474个。每个生产大队平均100户，每个生产队平均24户。基本核算单位下放到社队规模调整后的生产队。阳坝和白杨等地有20户76人，由于居住条件过于分散，实行了划定土地，包产包任务的办法，进行了大包干，群众称他们为包山户或包山组。

基本核算单位下放后，生产队的职权范围是：1. 管好用好集体所有的土地牲畜农具，合理组织和使用劳力；2. 因地制宜地制订生产计划；3. 制定农活定额，严格执行评工记分制度；4. 合理分配社员劳动成果，认真贯彻按劳分配政策；5. 管好储备粮、籽种和饲料；6. 健全财务制度；7. 保证完成国家公购粮任务；8. 关心社员生活；9. 经常向社员进行社会主义、爱国主义和集体主义教育。生产大队的职权和任务是：1. 认真贯彻党的政策和政府法令；2. 做好支部工作和思想教育工作；3. 督促生产队保证完成国家征购任务和农副产品收购任务；4. 督促检查生产队完成生产计划；5. 管理文化教育和公共卫生事业；6. 训练民兵，维护治安，调解民事纠纷；7. 管理全大队范围内农田水利和其他农田基本建设；8. 处理其他行政事务。大队干部的报酬，全县一律采取补助工分的办法解决，按大队干部应得的工分和生产队具体条件分摊到各生产队，参加生产队的统一分配，既分粮又分钱。

各地在下放核算单位时，对生产大队和生产队的财产如油房、水磨、圈棚、园艺、山林、羊、生猪、车辆、农具，各种原材料，按有利于生产、有利经营的原则分给了生产队使用。不宜分的由大队经营或由大队与生产队合营。关于收益分配，根据上级指示精神，1961 年的分配既允许以生产队为单位分配，也允许以生产大队为单位分配。1962 年全部以新的核算单位实行分配。

划分自留地，允许社员小片开荒，经营家庭饲养业　1959 年 6 月，中央发出《关于社员私养家禽、家畜和自留地等四个问题的指示》，省委发出十条规定。全县农村在贯彻中央指示和省委规定精神中，给社员划了自留地，房前屋后的零星树木退给社员，并允许社员家庭经营饲养业，允许社员利用闲散土地开荒种菜。“反右倾”斗争开始后，给社员划自留地，允许社员家庭经营饲养业等政策被迫停止。自留地还未划的不再划，划了的被迫收回。特别是 1960 年 4 月，地委六干会议，一方面强调清理“一平二调”，兑现退赔；另一方面又把社员家庭经营自留地，经营家庭饲养业作为资本主义来批判，强令收回自留地和社员房前屋后的零星树木。西北局兰州会议召开之后，于 1961 年秋至 1962 年初，全县在传达贯彻中央十二条和六十条精神以及西北局兰州会议精神中，结合整风整社，重新给社员划了自留地，并将房前屋后零星树木归社员家庭所有，允许社员进行小片开荒，允许社员家庭饲养猪、羊、鸡、鸭等家禽家畜。为了分清生产队集体和社员家庭私人的权属界限，县委和有关部门发文对相关问题进行了界定，如自留地面积不得超过生产队总面积的 7%，社员私人开荒面积不得超过自留地面积等。社员房前屋后零星果树的划分中，各地的具体处理和群众反映各不一致。有的一户留一棵，有的一户留两三棵。对此，1961 年 3 月 14 日，省地工作组武都指挥部发文对社员房前屋后零星果树的权属亦作了具体界定：1. 社员院子围墙以内的树木不论多少、大小，均划归社员个人所有（地富等在土改中被分配了的不再变动）。2. 自留地里的果树应归社员个人所有。树在10棵以上的，可不划分为自留地，如已划了的可另行调整，作为生产队果园；10棵以下的随地划归社员个人。3. 房前屋后零星果树，以社员的庄基房基为界限。4. 公社化后，社员自己栽植的树木均归社员个人所有。5. 合作化时，已折价入社的房前屋后零星果树，应划归社员个人，但不算平调；未入社而被生产队收回的，应按"平调"处理。在具体划拨自留地、允许社员个人小片开荒、经营零星果树中，不少社队却出现多划自留地、私人多开荒地、抢种集体土地、抢占集体果树现象。如三官公社，全社11个大队，应划自留地857.3亩，实划1348.88亩，多划491.55亩。抢种集体土地的5个队，共抢种43.8亩。对于这些问题，县委在1962年5月31日《关于加强恢复和发展农业生产的报告》中指出，全县对于社员多划自留地和私人开荒超过规定的，作了坚决纠正，不再变动。对一些还未作彻底纠正的，有什么问题，解决什么问题。自留地已经划定，多划的部分，秋后收回，坚决按政策办事，今后无论生死婚嫁都不再变动。

开放农村集贸市场　为了搞活农村经济，开放农村集贸市场，1960年，中央下发了《关于组织农村集市贸易的指示》，省委下发了《关于开放初级市场中若干问题的指示》。随着中央和省委指示精神的宣传贯彻，农村集市日趋活跃。全县原来停滞的37个农村集市全部恢复起来，上市物资品种数量逐渐扩大，成交金额日益上升，倒贩一、二类物资，贩卖熟食的人大大减少。1961年2月14日，据两水市场的调查，上市交易的品种由30多种增加到140多种，三级物资交易品种125种，成交额1.5万元，社员个人出售的产品占67.7%。多种经营、小商品生产也已开始活跃，生产队、社员个人养猪养鸡的日益增加，市场上原来没有的木勺、水桶、筛子、锅盖、凳子、扫帚、竹席等小商品已上市交易。洛塘公社集市恢复后，商店帮助生产队组织木器、竹器、烧炭、烤胶、农具等加工厂和专业组67个，一个多月时间，生产木勺、床板、锅盖等各种竹木家具用品8016件，不但增加了社、队和社员个人收入，活跃了农村经济，而且增加了国家农村产品采购。农村服务业、修理业也开始进入市场。

为了进一步活跃农村集市贸易，加强市场管理，1961年3月11日，县委出台了《关于进一步活跃农村集市贸易并加强管理的意见》。首先提出，大力宣传中央和省委相关文件精神及《甘肃日报》的相关社论，使广大干部群众明白党的关于开放初级市场的相关政策。其次对农村集市参与者、集市商品交易范围、集市交易的价格等事项作出具体原则性规定。关于农村集市贸易的参与者，规定：只限于国营商业、公社、生产队、社员个人和城镇附近的消费者个人。禁止机关、工厂、学校等参加农村集市购销活动。若必要时，可经县工商行政部门批准，通过当地市管会按批数直接到农村市场上去采购，或由国营商业代购。公社、生产队、社员个人，只准许在本公社以内的集市上出售自己的产品（粮、棉、油除外），买回自己需要的商品。不能跨社进行购销和贩运活动。关于集市商品交易的范围，规定：1. 第一类物资（粮、棉、油）不能上市交易。凡是留给农民的部分，或自留地生产的部分和社员个人节约的粮食，可以由农民自己调剂使用。如果农民愿意出卖，必须卖给国家收购单位，不准在农村集市上卖给其他单位和个人，也不准变成熟食出售。2. 严禁倒贩大烟、银圆等违禁物品。3. 严格取缔倒贩粮票、布票及购物证的投机活动，也不准以粮票、布票换取其他物资。4. 不准城镇居民和手工业者转行经商。5. 县城和集市上划分交易场所，动员买卖双方到指定场所交易。对于第二类物资，国家通过合同进行派购。在完成国家派购任务后，允许公社、生产队将剩余部分在本公社以内的集市上出售；对于第三类物资，国家不规定派购任务，公社、生产队和社员个人可以在市场上出售。关于集市上交易的价格，规定：第一类物资（粮、棉、油）完成任务后的剩余部分，向国营商业部门出售时，可以高于国家牌价；三类物资及完成任务后的二类物资，在农村集市上出售时，可以由出售人自己决定出售价格。最后还规定，全县除了已恢复起来的 37 处农村集市外，对没有集市的新寨、五库、枫相、裕河、白杨等 5 个公社，可在公社、商店所在地开建新的集市，洛塘的两河口、大堡的巩集可增开集市，以便农村交易。

实行“三包一奖”的生产管理制度和人劳两开的收益分配制度

1959 年以来，随着中央郑州会议精神的贯彻执行和基本核算单位的下放，为了有效地克服刮“共产风”时期队与队之间的平均主义，各地在农业生产经营管理上开始进行包工包产。经过一段时间的经验总结，逐渐形成了较为系统的“三包一奖”制。具体内容是：一、“三包”前，基本核算单位把劳力、土地、牲口和农具，给承包单位确定下来。二、基本核算单位的作物种植品种和种植面积，根据公社下达的计划，分别安排到各承包单位。承包单位在安排作物播种面积时，95% 的土地按照基本核算单位的计划安排，3.5% 的土地（包括承包单位的蔬菜地和饲料地），根据自己的情况机动使用。三、包产指标以上年实产为基础，要求丰产田增产 20% 至 50%，一般田增产 10% 至 15%。包产确定后，基本核算单位提出一个略高于包产的超产指标，组织各承包单位，开展超额竞赛活动。四、包工时，根据不同农活，不同劳力，制定准确的劳动定额，按照承包单位的不同作物、条件、作务计划，将田间作务工、农田基建工、机动工全部算清，一次包定，并向群众明确宣布，超工不补，余工不扣。五、包成本。根据合理使用投资，保证生产需要的原则，将籽种、饲料、农药和商品肥料等，按照需要算清包够，由基本核算单位统一掌握，下达指标，专项专用，连同农具修配和其他杂项开支，一次包给承包单位，结余不退，超支不补。六、奖励。承包单位超产奖励。对赔产单位，根据多奖少罚的原则，在不影响社员基本生活水平的前提下适当赔产。七、“三包一奖”既包农业生产，又包农、林、牧、副、渔。在副业生产和蔬菜生产中，既包产量，又包产值。在“三包”中，除农业生产由基本核算单位包给承包单位外，牧、付、渔业由基本核算单位包给专业队。

“三包一奖”制在初步形成中，基本核算单位是农村经济政策初步调整后的生产大队或生产队。其中生产大队，是公社化前的高级社或几个高级社合并而成的，生产队是以公社化前的高级社为规模，承包单位则是生产小队或作业组，即农业合作化初期的初级社。为了推行“三包一奖”制，地委《关于整顿巩固农村人民公社十项规定（草稿）》对基本核算单位和承包单位再次进行了政策性规定。其中指出，目前全区人民公社的基本核算单位的规模基本是适当的，但是规模化在100户以下的基本核算单位还有24.5%，其中21%在50户以下。有些承包单位太小，甚至还不到10户。根据便于领导，有利于生产和群众同意的原则，对过小的基本核算单位和承包单位，进行适当调整，除个别地区居住分散，不便于合并的情况外，应使基本核算单位达到100户以上，承包单位不小于20—30户。分配制度，在公社化初期，由于“共产风”的影响，实行的是供给制和平均主义。其后，随着对“共产风”的纠正和“三包一奖”制的实行，在分配方面开始实行“人劳两开”的分配制度。遵照兼顾国家、集体、个人三者利益的精神，生产大队或生产队将生产的产品除去应上交的公购粮任务，留足种籽和饲料及基本储备粮，剩余部分则为社员可分配部分。社员可分配部分实行“人劳两开”的分配，即全部产品按产值进行按劳分配，其中粮食按实际包产的产量，按人口分配占八成或九成，按劳动工分（包产时所包的工分）分配占二成或一成。承包单位按劳分配的总产值不足所分口粮的产值，则向核算单位交纳缺粮款；承包单位按劳分配的总产值超过所分口粮的产值，则由核算单位支付余粮款。

“三包一奖”的生产管理制度和“人劳两开”的收益分配制度，一方面，社员可分配部分是在生产大队或生产队这一基本核算单位内进行统一分配，生产小队或作业组作为承包单位，不得独立进行分配；另一方面，在一个生产大队内部，生产队与生产队之间，包产是以亩定产，而粮食分配是以人定量，超产不能奖励，少产又不少得，因而并未能很好地解决生产队与生产队之间，生产队内社员与社员之间的平均主义问题，使得生产队的生产积极性和社员的生产积极性都未能很好地发挥出来。为此，1961 年 3 月 7 日，县委出台了《关于 1961 年夏收预分有关问题的意见》，其中强调指出，坚决按照“各尽所能，按劳分配，多劳多得，不劳者不得食”的原则进行夏收预分，并对生产管理制度和分配制度进行了改进。关于“三包一奖”制，强调“超产一定要奖励，奖励一定要兑现”“至于少产少得的问题亦应坚决执行”。关于分配问题，规定“产值全部按劳分配”，粮食分配在口粮标准低的大队，一般可以按人劳分成分配，如“三七开”或“四六开”。

西北局兰州会议召开之后，随着《农村人民公社工作条例（修正草案）》（“六十条”）的贯彻执行，全县进行了社队规模的调整。将公社化初期过大的社队规模划小，以合作化时期的高级社为生产大队规模，以合作化时期的初级社为生产队规模，即将之前的生产小队或作业组提升为生产队，每个生产队平均以 20—30 户为宜。整风整社，将基本核算单位下放到社队规模调整后的生产队，从而重新确立了“队为基础，三级所有”的核算制度。该时期，在生产管理上尽管仍实行“三包一奖”制，在分配上仍实行“人劳两开”的分配制度，但其具体内容与社队规模调整之前大不相同。因为，原有的承包单位生产小队或作业组成了基本核算单位，社员家庭户成了承包单位，从而比较有效地克服了生产队与生产队之间，生产队内部社员与社员之间的平均主义，大大地调动了生产队和社员个人的生产积极性。不少生产队则将“三包一奖”制和“人劳两开”的分配制度合为一体，实行大包干，牲畜农具分配到户，土地承包到户。社员家庭户全年生产所得除去应上交的公购粮任务和集体提留，全部归己，真正兑现了按劳分配的承诺，从根本上克服了平均主义倾向，极大地调动了农民的生产积极性。

社会管理政策调整

农村经济政策调整的同时，全县进行了社会行政管理方面的政策调整。

调整社队规模　公社化运动中，公社规模过大，不便管理。西北局兰州会议后，随着中央“六十条”的贯彻执行，全县进行了社队规模调整。一是武康分县，重新恢复康县建制。1958 年 12 月，经国务院批准，康县并入武都县。1961 年 12 月，经国务院批准，重新恢复康县建制，将原康县所辖社队重新划归康县。二是调整公社规模，将公社规模划小，原来的一个公社重新划分为几个公社。如康宁公社划为咀台、碾坝、三官、王坝、岸门口、贾安 6 个公社；豆坝公社划为豆坝、店子两个公社；平洛公社划为平洛、豆坪、太石 3 个公社；大堡公社划为大堡、巩集、寺台、李山 4 个公社；长坝公社划为长坝、望关两个公社；云台公社划为云台、和平、迷坝 3 个公社；白杨公社划为白杨、秧田两个公社；阳坝公社划为阳坝、太平、托河 3 个公社；铜钱公社划为铜钱、三河两个公社。三是设立区工委。公社规模调整后，为了便于管理，县委增设了区工委。康县辖区增设了平洛、大堡、咀台、白杨、阳坝 5 个区工委。平洛区工委辖平洛、太石、豆坪、望关、长坝5个公社；大堡区工委辖大堡、李山、巩集、寺台、云台、和平、迷坝7个公社；咀台区工委辖咀台、岸门口、贾安、三官、王坝、碾坝、店子、豆坝8个公社；白杨区工委辖白杨、秧田、两河3个公社；阳坝区工委辖阳坝、托河、太平、铜钱、三河坝5个公社。四是调整大队和生产队规模。根据中央“六十条”规定，大队规模以原来的高级社为基础。公社化时由几个高级社合并一个生产大队的，重新进行调整，划分为两个以上的生产大队；生产队以原来的初级社为基础。公社化时以原高级社为生产队规模，以原初级社为生产小队或作业组规模的，将生产队规模调整为生产大队规模，将生产小队或作业组调整为生产队规模。武康分县，社队规模调整后，康县共有5个区、28个公社、352个生产大队、1474个生产队。

精简机构，压缩城镇人口，加强农业战线 为了贯彻中央“调整、巩固、充实、提高”的方针，贯彻中央和省地委的“大办农业，大办粮食”“精简机构，精简人员”“缩短工交、文教战线，加强农业战线”的指示，西北局兰州会议召开后，康县停办了钢铁等冶炼企业和其它一些工业厂矿。停办了大型水库、电站等水利水保工程，加强了农业战线。与此同时，进行了城镇人口精简和城镇粮食销量的压缩，撤并了一些行政机构。1961年7月底，全县城镇人口1.76万人。经精简机构，压缩城镇人口，实际精简城镇人口3163人。其中，职工干部1524人，中专学生1339人，城镇居民300人。

1962年，全县总的精简任务是851人。4月至5月，康县通过各方面工作，坚决完成和超额完成了省、地下达的精简机构和压缩城镇人口的任务。

减轻和取消地方上加给农民的过重和不合理负担 急躁冒进错误泛滥时期，地方上加给农民的负担有的过重，有的不合理。为了减轻农民负担，让广大农民得到休养生息，提高农民在农产品分配中的比例，西北局兰州会议召开后，西北局下发了《关于坚决减轻和取掉地方上加给农民的过重的和不合理的负担的指示（草案）》。遵照这一指示精神，康县各级党组织结合实际，切实采取措施，减轻了农民负担：（1）全县公购任务800万斤，已经落实到各生产队。除此而外，区、社、大队不再以其他名义增加任务。（2）取消社队吃储备粮的人口。农村医疗实体一律下放给了生产队或私人经营，自负盈亏；缝纫部、理发店下放给了生产队经营，实行交钱记工分，按劳分配。（3）公社和生产大队一律不经营企业。（4）严格控制干部的工分补贴。大队和生产队两级干部的补贴工分加起来略高于生产队总工分数的1%，最多不超过2%。（5）认真贯彻勤俭办社、勤俭办一切事业的方针，反对铺张浪费，严格控制不合理开支。（6）县、社各机关不再办“机关农场”。公社各级组织在限期内，把公社、大队在国家规定以外增加给生产队的公购粮和提取的机动粮、自筹粮，对生产大队、生产队经手的各种奖售物资、票证，未清结的分配账目、平调退赔款、公有化股份基金、工业建设基金、国家支援穷队款、向银行和社员的借贷，等等，一一进行了彻底清理。

在干部队伍中开展“三反”运动　自“大跃进”运动以来，尽管通过反右、整风、全民算账和整社运动，广大干部的思想觉悟有所提高，作风有很大的改进。但从地委六干会议期间的揭发和县社党组织调查摸底的情况看，干部队伍中的贪污浪费现象和官僚主义作风仍然是极为严重的。据调查，生产队小队长以上干部有贪污行为的占干部总数的16.9%。其中，公社干部占同级干部的5%，大队一级占13%，生产队一级占24%，小队一级占5%。生产队一级占的比重大。其中，会计、保管贪污的比例更大一些。如白龙公社大堡生产队，小队长以上干部26人中有贪污行为的12人，占

46%，共贪污人民币1456元，贪污粮食2200斤。铺张浪费现象在一些地区和干部中同样惊人。表现突出的是霉烂损失、讲排场、图阔气、请客送礼、大搞非生产性开支等。据平洛等10个商店的调查统计，自1959年7月以来，霉烂损失的商品达7.1万余元。洛塘公社为迎接检查，一次杀猪六头。官僚主义作风的具体表现是：会议多，深入实际少；文件报表多，解决问题少；一般号召多，调查研究少；以及瞎指挥、虚报浮夸、强迫命令、违法乱纪等。

为了纠正干部队伍中的不良作风，遵照中央和省、地委的指示精神，从1960年5月10日开始，全县分批分期进行了反贪污、反浪费、反官僚主义的“三反”运动，每期40天。根据政策要求和地方实际，康县的“三反”运动主要在小队长以上的干部中进行。重点是公社和基本核算单位。参加运动的干部主要是：县级机关的全体干部、财贸系统职工、工交系统营业员和车间主任以上干部，文教系统中、小学教职员。公社的重点是小队长以上干部和会计、营业员、炊事员、管理员、保管员、饲养员、出纳员、卫生员、记账员、加工员、代销员等。“三反”以反贪污为主，反官僚主义主要在公社党委以上领导机关进行。运动开展以来，在参加运动的1.6万人中，揭发出有贪污行为的干部3704人，贪污金额达21.9万元。

在浪费方面，据财贸系统115个单位的初步揭发，存在的各种损失共计49.7万元。县商业局从1959年至1960年6月，因管理不善，死亡生猪达496头，无故丢失活羊4头，驴1头。县种子站1960年4月底，用1080元印了籽种收购发票、出售发票、收入传票、付出传票等各500本，按实际用量计算，籽种收入、付出传票能用20年，收购发票和出售发票可用125年，给国家造成了严重的浪费。在官僚主义方面，从揭发的事实看，会议多，文件报表多，一般号召多，瞎指挥、强迫命令多等“五多”现象不仅普遍存在，而且相当严重。县商业局从1月至4月印发各种文件达1758件，每天平均14.6件。有些干部每天撰文拟稿，没有把主要精力放到深入实际调查研究，指导各项方针、政策的贯彻落实上。气象站由于官僚主义严重，探空观测仪器损坏却无人检查修复，致使1958年11月2日至1959年1月28日计80天的88份记录全被作废，影响了国际交换。

在揭露问题的基础上，各单位、公社、大队、生产队都进行了整改。通过“三反”运动，大大提高了广大干部的思想水平和政治觉悟，教育和挽救了犯错误的同志，改进了领导作风，密切了干群关系，推动了各项工作。但运动开展仍有不尽如人意的地方。例如多数单位只反了贪污，对官僚主义、强迫命令、违法乱纪、虚报浮夸等反得不够，特别是县、社领导机关中的官僚主义作风和基层干部中的强迫命令、违法乱纪、虚报浮夸作风没有严肃认真的检查。其后，结合整风整社，才进行了整顿。

甄别复查反右派斗争以来被错误处理的干部问题 1957年反右派斗争以来，全县（武康合县）在1957年反右派、1958年党内反右派，反地方主义、拔白旗和1959年反右倾等几次较大的政治运动中，共批判处理脱产干部988人，占全县干部3690人的27.5%。此外，1957年至1959年三年几次较大的政治运动都深入到农村。而且在农村还开展了粮食大辩论，反隐瞒私分，反“冒尖”人物，反“代言人”等，全县斗争处理了基层干部2000多名。

1961年5月前后，遵照省、地委组织工作会议精神，县委对反右派斗争以来批判处理干部的案件进行了摸底。根据摸底，1957年反右派和1958年党内反右派中处理的57名右派分子案件中，批判处理正确的或基本正确的只有36件，占57件案的63%。定性不准，处理不当的错案有21件，占57件案的37%。1959年的“反右倾”案件，虽于1960年做过复查，对大部分错案已作了平反，但根据摸底情况看，界限不清、定性不准、处理过重的情况还相当严重。在重点摸底的294件案件中，批判处理正确的或基本正确的只有117件，占37.8%；定性不准、处理不当的47件占15%；批判处理错的有57件，占19.4%；问题不清，需要再作复查的59件，占21.8%。1958年拔白旗处理的100名脱产干部，1959年根据中央监委的指示，35人的问题已作平反，还有65人的问题需要复查。反右派斗争以来，全县斗争或处理的2000多名基层干部，大部分属于斗错或处理错的。

在摸底的基础上，县委于5月12日对案件的复查工作进行了安排。首先，对反右倾运动中已作定性处理的383名干部问题全部进行了复查。对运动中作了批判，但未定性处理的145名干部的问题进行了清理，这两项工作于1961年9月底结束。其次，对1958年省二届二次党代会以后的反右派、反地方主义中处理的88人和拔白旗中处理的65人的案件进行了复查，于1961年12月底结束。再次，对反右派斗争以来，错斗或处理错的农村基层干部，结合农村整风整社，进行了检查纠正。

武康分县后，1962年4月2日，县委成立了案件甄别委员会。4月21日，成立了案件复查小组。案件甄别复查机构成立之后，立即投入到紧张的案件甄别复查工作之中。据统计，全县（武康合县中的康宁片）共批判处理干部2015人，至1962年12月，已对1253人做了平反，其中脱产干部应甄别181人，已甄别176人，占应甄别干部总数的97.7%。农村不脱产干部中通过甄别恢复了395人的职务。

对反右派斗争以来错误处理干部的甄别平反，不仅使广大干部解除了思想包袱，心情舒畅，工作积极性得以调动，而且还重用了一大批干部，充实壮大了干部队伍。

统战政策和其他政策调整

党的统一战线工作是中国革命取得胜利的三大法宝之一。对资本主义工商业的社会主义改造基本完成之后，由于急躁冒进的错误，全县在贯彻执行党的统一战线政策方面出现了不少偏差，给社会主义建设造成了不少失误。西北局兰州会议之后，全县在贯彻执行中央“调整、巩固、充实、提高”的方针中，对贯彻执行党的统战政策也进行了一些调整。特别是从1961年6月以来，县委根据中央指示和省委三级统战部长会议精神，开展了统战政策执行情况的检查，揭发和纠正了违反统一战线政策的“左”的或右的错误以及违法乱纪行为。认真贯彻了“包下来、包到底、安排使用、教育改造”的根本政策，妥善照顾了党外人士的生活，切实改进了党与非党的合作共事关系，使统战工作在服务于全党中心工作中发挥了积极作用。

对资本主义工商业改造方面的政策调整 在1956年资本主义工商业的社会主义改造过程中，全行业推行公私合营，经济战线上取得了很大成绩。但由于急躁冒进的错误，全县对私营人员有的政策没有落实到位，存在很多问题，例如对资改造方面，经过对执行党的“五不变”① 政策执行情况的检查，有些企业单位对私方人员的思想改造工作重视不够，没有健全私方人员的档案材料，也没有指定专人负责此项工作；工资待遇方面，随意调整降低；发放定息、股息方面，有些单位，对党的赎买政策认识不足，有扣卡现象，也有多发现象；安排使用方面，违背个人意愿，安排从事非专业工作。精简下放没有按中央提出的《关于精简下放支援工农业生产第

①“五不变”指高薪不变、安排不变、定息七年不变、学衔不变、改造不变。

一线，对资产阶级分子、小商小贩区别对待问题的几点意见》精神办理。

为了正确贯彻中央、省和地委有关“五不变”政策指示精神，针对存在的上述问题，县委在批转统战部《关于对资改造情况的检查及今后意见的报告》中提出了政策调整意见。

1. 凡在国营、公私合营企业、城乡人民公社工作，有定息的私方人员和资方代理人，不下放农村安家落户，但可根据生产需要和他们的身体条件，轮流参加定期生产劳动，支援工农业生产第一线。下放的方式一般是本企业所办的副食基地劳动，下放人员的职务、工资、政治待遇和定息不变。

2. 对已下放的私方人员尚未明确规定下放期限的，应明确规定期限，通知本人。对他们的职务、工资、福利未发部分，应从停发之日起补发。

3. 对年老体弱、残疾的私方人员，应按照 1960 年 12 月 28 日中央关于《资产阶级的高薪、病假期间的工资和退职退休等问题的指示》精神办理。

4. 对于没有定息的小业主和小商小贩，按照中央指示，家在县城集镇和大中城市郊区，本人条件又适于参加农业生产的，在完全自愿的条件下，可以精简下放到农村安家落户。如果条件适合，确属完全自愿者，可以留在农村安家落户，他们的工资、福利等待遇暂时不变。对已经停发的，均应补发，今后如何处理，待省委指示后再作决定；对于不愿意下放农村安家落户和确有实际困难的，可以参照有定息的私方人员的方针重新处理，以免增加农村人民公社的负担和麻烦；对老弱病残的，也应以负责的精神，给予妥善安置，适当照顾。

县委在批转统战部的文件中特别强调，凡各国营企业有私方人员的单位，必须相应地建立健全人事档案和人员考核制度，指定专人做好对私改造工作；凡是1958年以后的私方人员，不论是定息、工资、职务等问题，商业部门全面进行一次检查，有处理错误的一律按政策坚决纠正过来。

对民族宗教、民主党派方面的政策调整 遵照中央“调整、巩固、充实、提高”的方针，1961年6月23日，县委在批转统战部《关于下半年统战工作的安排意见》中，对民族宗教、民主党派方面的政策提出了调整意见。

1. 进一步贯彻团结、教育、改造的方针，继续贯彻宗教信仰自由的政策和对民族宗教上层人士采取“包下来，包到底”及临时发给生活补助费的办法。

2. 对留寺留人的情况，除城关所留的清真寺和阿訇1人外，并在回族聚居区两水、长坝各开放一个清真寺。

3. 对发展民族关系中的新气象予以支持。如对回民是否养猪要尊重自愿，对回汉通婚要按照“男女双方自愿，宗教界和其他人不得干涉、不宣传、不提倡”的原则办事。

4. 在各界民主人士中加强对毛主席著作和时事政治的学习，在回族党团员干部中加强无产阶级民族观和无神论教育，端正思想、提高认识，更好地为社会主义建设服务。

5. 对民主人士重新进行一次摸底，如写小传等，健全档案材料。

对资产阶级知识分子的政策调整 县委在批转统战部的报告中，还提出了有关“资产阶级分子和资产阶级知识分子”方面的政策调整意见。

1. 加强对阶级动态全面系统的调查研究，及时如实地反映情况，对发现的问题，给予适当处理。

2. 在资产阶级分子和知识分子较多的中学、医院、商业局配备一名统战委员，以便联系沟通，掌握资产阶级分子、知识分子的底子和思想状况，更好地加强改造工作。

3. 继续贯彻“贯彻政策、调整关系、调动服务、加强改造”的十六字方针和“以政治思想为统帅，以劳动实践为基础，以工作岗位和建设为基地”的改造措施，定期召开座谈会，与他们交流思想，检查自我改造规划执行情况，以便取长补短，对症下药。

4. 进一步加强对知识分子的团结、教育、改造工作，继续推动他们参加技术革命和文化革命，认真贯彻百花齐放、百家争鸣的方针，充分发挥他们的聪明才智，激励他们为社会主义建设多做贡献。

对中小学教育的政策调整 自“大跃进”、人民公社化运动开展以来，农村中小学经常搞勤工俭学活动，以及各种试验活动。为了搞所谓的教学改革，正常的教学活动被打乱，如停止上课搞秋收和代食品生产活动。西北局兰州会议召开后，为了贯彻中央“调整、巩固、充实、提高”的方针，遵照中央关于县城以下中学、农业中学都应加以整顿、巩固、提高的精神，县委于1961年3月21日在《关于学校教育工作的安排意见》中提出了对全县中小学校教育的政策调整意见。

1. 全县所有中学和小学一律按原规定的时间开学。农村公办、民办小学的学习分两类地区：灾情较轻，生产生活安排较好的长坝、大堡等16个公社的学校学生，照常进行全日制学习；灾情较重，生活安排较差的平洛、甘泉等13个公社的学校五、六年级学生暂改为半日学习，半日劳动。参加劳动的一般回原生产队，学生在生产队劳动同样实行评工记分，生产队给予应得报酬，但每天劳动不得超过两小时。

2. 全县所有农业中学一律改为业余学校。

3. 中学和小学原决定试验大提高的班级，一律改为试验小提高；小提高的再不作试验，按原十二年制教学计划进行教学。

4. 压缩教材，缩短一些课程的教学时数。普通中学和师范学校，主要学习政治、语文、数学、物理、化学等 5 门课程。小学为语文、数学两门课程。中学的史地、生物等课和小学的史地、自然、农业常识等课教学课时减少一半。中小学音、美课每周上一节，体育课一律暂停。已停课和课时减少的教师，可协助基础课教师和班主任做一部分工作。

5. 减少作业。中等学校学生作文每两周一次，理化数学习题作业减少三分之一。史地、生物等课程一般不布置作业。批改作业只对少数学习较差的学生做到全改，对学习较好的学生作业采取轮阅或课堂纠正。课外作业，如文艺创作、课外阅读等，均不得向学生布置硬性任务。小学生的周记暂停，作文每两周一次。减少数学作业，史地、自然、农业常识等课程的作业尽量精简。所有作业均需在课堂完成，不得占用学生的课外时间。

6. 减少勤工俭学活动。学生参加劳动的时间执行中央教育部门的规定，集中劳动一天不得超过 6 小时。学校的劳动主要是蔬菜等代食品生产，以改善师生生活，但不得超过规定的劳动时间。小学 10 周岁以下的儿童停止一切轻重体力劳动；10 岁以上儿童，除了在学校附近参与轻微的短途运水、运柴、运煤等劳动外，停止一切过重的体力劳动。

7. 切实加强伙食管理，认真办好食堂。各学校必须指定 1 名书记或校长专门负责学生食堂工作。领导人员要经常深入食堂检查，对炊事员、管理员加强政治思想教育。各个学校应保证学生吃够口粮标准，决不允许以任何借口克扣学生口粮，已扣的要迅速清查，如数退给学生，继续克扣者严肃惩处。

8. 突击治疗疾病，限期治愈浮肿病。灾情较重，家庭困难较大，确系无钱看病的学生给予免费治疗。

9. 晚上一律不开会、不办公，学生不上自习。

第三节　广泛深入开展社会主义教育

1962 年 8 月，党中央在北戴河举行中央工作会议，会上，毛泽东号召阶级斗争要“年年讲，月月讲，天天讲”。9 月召开的党的八届十中全会通过的党在整个社会主义历史阶段的基本路线内容指出：“社会主义社会是一个相当长的历史阶段，在这个历史阶段中，存在着阶级、阶级矛盾和阶级斗争，存在着社会主义和资本主义两条道路的斗争。存在着资本主义复辟的危险性①”。为了贯彻中央和省委有关指示精神，坚持走社会主义道路，纠正资本主义倾向，从 1962 年至 1965 年，康县在农村、工交系统、城镇和广大干部中广泛深入地进行了社会主义教育运动（以下简称“社教”）。

农村的社会主义教育

康县农村社会主义教育的中心内容、时间安排、开展方法随着形势的发展几经变更，曲折复杂。

1962 年 12 月 9 日至 30 日，康县召开了生产大队以上的党员干部会议，传达了党的八届十中全会和省委工作会议精神。与会同志学习了毛主席在 8 月中央工作会议上的讲话精神，深刻讨论了阶级斗争和两条道路斗争问题，按照当时的基调认识了阶级斗争和两条道路斗争在农村阵地的具体表现，即走集体化的社会主义道路与走单干的资本主义道路斗争的具体表现。随之，于 12 月 28 日，县委发出《关于开展以巩固集体经济为中心的社会主义教育运动的指

①中央文献研究室编：《毛泽东传》第 6 册，中央文献出版社 2011 年版，第 2477 页。

示》，决定1962年冬至1963年春，在全县广大农村，以贯彻中央《关于进一步巩固人民公社化集体经济，发展农业生产的决定》和《农村人民公社工作修正草案》即“六十条”为中心，进行一次以巩固集体经济为中心的社会主义教育运动。文件指出，进行社会主义教育运动的目的是提高干部和群众的政治思想觉悟，明确方向，纠正单干风，坚定走集体化道路的信心和决心，改善经营管理，办好生产队，进一步调动广大社员集体生产的积极性，尽快地恢复和发展农业生产。社教的方法是以思想教育为主，通过召开支部会、小组会、团支部会、群众会，青年、妇女、民兵等各种类型会议，学习文件，摆事实，讲道理，使广大基层干部和社员群众提高思想觉悟，充分认识农业集体化、机械化是发展农业生产，摆脱贫困，走共同富裕的唯一道路。单干是一条少数人发财致富，多数人穷困破产的资本主义道路。分田到户，包产到户以及各种削弱集体经济的做法都是错误的，从而提高思想认识，坚定不移地走社会主义集体化的道路。同时，结合社会主义、集体主义、爱国主义教育，解决农村中普遍存在的突出问题，特别是彻底纠正单干风倾向和生产队的经营管理问题。按照“六十条”规定解决自留地、自留树的划分以及小片开荒问题。坚持把生产队的生产管理、劳动管理、牲畜饲养管理、财务管理、民主管理以及会计制度建立健全起来，切实做好夏收预分和年终决算等收益分配工作，调动干部群众的生产积极性，掀起生产高潮。对有分田单干、投机倒把、侵占集体财物、多吃多占等错误的人，坚持“团结—批评—团结”“惩前毖后，治病救人”的方针，“思想批判从严，组织处理从宽”，只要经过教育，认识错误，改正错误，追回多吃多占的土地、果树、钱、粮等财物后，可酌情给予适当处分，或者不给处分。具体的工作部署是，全县农村社教分三批进行。全县1504个生产队，第一批开展81个生产队，办点取得经验，指导全局；第二批开展456个生产队，集中针对二类和三类生产队；剩余965个一类生产队作为第三批进行。

遵照县委安排，确定试点的第一批农村社教工作，从1963年1月5日开始，3月10日左右结束。共开展了81个生产队，其中三类队32个，二类队46个，一类队3个。共抽调308名干部，每个队安排干部3人以上。试点工作开始后，各地普遍召开党、团支部会，干部会和青年、妇女、民兵、贫下中农积极分子等一系列会议，并运用访贫问苦，个别谈心的方法，向广大基层干部和群众宣传党的八届十中全会精神，宣传党的政策，宣传农村人民公社“六十条”。通过发动群众，调查摸底，揭摆问题，驻队工作组基本弄清了农村存在的突出问题。三类队存在的问题及其特点是党团组织涣散，集体经济瓦解，贪污盗窃严重。有的分田到户，有的包产到户，大牲畜、农具分到户；有的籽种、公购任务摊派到户。二类生产队存在的问题及其特点是，缺少党团组织生活，集体经济有所动摇，多划自留地，扩大开荒，生产队经营管理不善，队干部有贪污多占行为，群众生活困难。一类队尽管集体经济比较巩固，账务比较清楚，干部作风比较民主，但也存在不同程度的问题，特别是单干思想的倾向比较严重。针对存在的问题，驻队工作组结合社教相关文件政策的宣传，从思想教育入手。首先注重解决基层干部和广大群众的思想问题，方向问题，坚定走社会主义道路的决心，对群众的一些错误想法和错误做法坚持耐心的说服教育，使他们自觉地认识错误，端正思想，回到正确的道路上来。同时对存在的具体问题按政策规定进行了具体处理，例如对抢种的土地采取自报公议的民主评定逐块进行了登记，并由集体收回；抢收的庄稼由民主评定产量后，在当年分配中扣除；对多划的自留地，按政策规定收回集体；对抢拿集体的农具，将原物追回集体。诸如此类，该退赔的退赔，该收回集体的收回集体。特别是进行了生产队的财务清理，发动群众核准收入，清理工分，清理尾欠，清理库存，按政策规定进行收益分配和年终决算。在评工计分上，按土地远近，耕作难易，费工大小，从种到收由民主评定工分，按工分参加生产队统一的收益分配。

试点工作结束后，县委又对农村社教的具体部署做了局部调整，决定社教由原来的三期变为四期，年底全部完成。夏收前重点放在集体经济解体或受到严重削弱，领导核心有问题，当前生产、生活上有较大困难的生产队。县委要求，各驻队工作组根据各类生产队的具体情况，集中解决当前农村中存在的主要问题，认真总结经验，继续改进干部作风，建立和健全各种经营管理制度，提高经营管理水平。

第二批社教于3月20日开始，夏收前结束。第二批社教除了借鉴第一批社教的成功经验之外，还具有一些不同特点。从揭摆的问题看，干部问题表现突出。在已揭摆问题的82个队中，干部存在着严重贪污、多占、挪用、作风不民主、闹不团结纠纷、干工作不得力或不干工作等问题，导致生产经营管理混乱，群众生活困难，单干问题的比重有所下降，但仍是严重问题，82个队中，削弱和破坏集体经济的有41个队。党的八届十中全会后有重新单干的，有弃农经商的，有搞赌博、迷信活动的。针对上述突出问题，第二批驻队工作组除按政策规定作出具体、恰当的处理外，特别重视作了下述工作。

一是特别重视从组织上树立贫下中农的领导优势。生产队普遍建立了贫下中农小组，生产大队普遍建立了贫下中农委员会。贫下中农小组和贫下中农委员会，定期召开会议，讨论重大问题，宣传和执行党的政策，向党组织反映群众的意见和要求，并监督生产队干部执行党的政策。二是特别重视整顿基层组织，教育基层干部。三是特别重视了生产队经营管理制度的建立和健全。四是特别重视社教的验收工作，按社教验收标准进行验收，不符合标准的，进行补课。

在前两批社教结束即将开展第三批时，1963年5月，中央《关于目前农村工作中若干问题的决定（草案）》（即前十条）和毛主席加批的7个附件下发，规定了社会主义教育运动的路线、方针和政策。为了系统地学习领会和贯彻中央“前十条”和“7个附件”精神，6月6日至7月15日，县委抽调了县、区、社三级书记等干部共57人，在三官公社的10个大队，35个生产队，开展了为期40天的蹲点调查研究。蹲点结束后，7月20日，县委调查研究工作组向县委上报了《关于在三官公社蹲点调查研究的总结报告》，并附了7个附件：1.《关于万家院生产大队建立贫下中农组织和树立贫下中农领导优势的情况报告》；2.《揭开阶级斗争的盖子在斗争中锻炼壮大阶级队伍》；3.《三官公社史家沟大队文家沟生产队进行村史教育的情况报告》；4.《干石坝大队阶级斗争情况调查报告》；5.《组织革命的阶级队伍，巩固社会主义教育成果》；6.《关于阶级斗争在党内的情况反映调查》；7.《三官公社史家沟大队“四清”情况报告》。三官公社蹲点调查研究之后，依据所反映的问题，县委对全县农村社教作出重新安排。10月1日，县委再次下发了《关于开展农村社会主义教育运动的安排意见》（以下简称《意见》），其中强调指出，“这次教育运动，是关系社会主义与资本主义谁战胜谁的问题，是关系到马列主义与修正主义谁战胜谁的问题，是解决好当前农村中根本问题的问题，是有关我们党的思想上、政治上、组织上和经济上的基本建设问题，是为社会主义和共产主义事业打基础的问题”。《意见》指出，全县的社会主义教育运动与中央决定（草案）的要求质量，还差的很远。现在看来，除三官蹲点调查过的35个生产队外，其他的都需要补课。全县1515个生产队，还有1480个队需要从头做起。每个公社，不论一、二、三类队，也不论是否搞过，都要一个队一个队的搞。同时要搞深、搞透、搞彻底。为此，县委安排全县5个区，28个公社，1480个生产队，计划用两年多的时间分7批全部完成。根据三官蹲点调查研究实践的经验，社教的内容紧紧抓住五个方面：一是在各条战线上开展阶级斗争，提高干部和群众的阶级觉悟。二是重新教育党员和干部，通过干部洗手洗澡，放下包袱，把95%以上的干部积极性调动起来。三是把贫农、下中农群众充分发动起来，建立坚强的革命的阶级组织队伍。四是彻底做好清工、清账、清财、清库的“四清”工作。通过“四清”使农民得到实际的经济利益。五是教育干部参加集体生产劳动。方法步骤分为四步：第一步，召开各种会议，发动群众，组织生产，解决群众迫切需要解决的问题；第二步，进行“四清”，妥善解决干群关系，民主解决内部问题；第三步，建立贫下中农组织，开展对敌斗争，分化、孤立和打击少数反社会主义的人；第四步，整顿组织，建立健全各种制度，并开展评选“五好”干部和社员的活动，进一步改进公社各级工作，掀起农业生产的高潮。在“四清”运动中，始终抓好追赔、兑现，同时健全民主理财制度，防止再度出现“四不清”。

县委对农村社教重新作出安排后，1963 年 12 月，中共中央《关于印发和宣传农村社会主义教育运动问题的两个文件》① 的通知及其附件下发。中央文件指出，要在全国范围开展一次伟大的宣传运动，把中央 5 月的《决定（草案）》和 9 月的《规定（草案）》两个文件，向全体党员、全体农民宣读。

为了贯彻中央和省委指示及地委召开的县委书记会议精神，县委于 1963 年 12 月 28 日下发了《县委关于贯彻执行〈中央关于印发和宣传农村社会主义教育运动问题的两个文件的通知〉的安排意见》，其中安排“两个文件”的宣传运动以公社为单位，分期分批进行。两个文件的宣传运动开始后，全县的农村社教分点上的社教和面上的社教两个层面进行。第一批点上的社教在平洛、豆坪、太

---

①两个文件指 1963 年 5 月《中共中央关于目前农村工作中若干问题的决定（草案）》（前十条）和 1963 年 9 月《中共中央关于农村社会主义教育运动中一些具体政策的规定（草案）》（后十条）。

石三个公社的42个大队、178个生产队内进行。于1963年11月10日开始，1964年2月6日结束，历时85天。受到教育的干部群众达11478人（总人口16905人）。从运动揭发和暴露出来的问题看，在178个生产队中，敌情严重的59个；在353名四类分子中，有破坏活动的121名；在42个大队中，经济上“四不清”的大队有42个；在966名基层干部中，背有大小不同思想包袱和经济包袱的有811人。有109个生产队曾程度不同地刮过单干风，其中，36个生产队分田到户或包产到户，共计超划自留地1976亩，超开荒地1376亩。有70个生产队的137人（其中四类分子21人）从事过投机倒把活动。有147个生产队发生过封建迷信、赌博活动。通过社教，在966名干部中除155人基本没有问题外，有809个背有包袱的人，放下了包袱，轻松愉快地投入了工作，而且工作作风和思想作风有了很大的转变。各社队普遍组织了阶级队伍，帮助大队、生产队进行了“四清”，公社进行了“三清”，对四类分子进行了评审。侵害集体经济的现象得到了纠正，广大群众的集体生产积极性空前高涨。面上的社教分两期进行。第一期开展了28个公社，913个生产队，12月20日开始，1964年2月7日结束，共搞了三批。第二期开展了剩下的602个生产队，于1964年3月10日开始，4月1日结束，共搞了两批。

点上和面上的社教进行了一个阶段后，4月26日，县委召开常委会议，传达了谭震林同志在全国农村社会主义教育运动座谈会上的讲话摘要。经过讨论，县委对今后的社教又进行了重新部署：整个农村的社会主义教育运动4年完成。1964年夏、冬各完成一批，累计完成427个生产队；1965年春、夏、冬各完成一批，两年累计完成1000个生产队；1966年再完成三批，年底全面结束。每期运动时间不少于3个月，问题复杂的，还可以适当延长。

1965年上半年，随着社会主义教育运动的深入进行，为了坚持走集体化的社会主义道路，杜绝搞单干的资本主义自发势力，全县又开展了自留地、开荒地、自留羊、单干风的纠正和处理工作。全县共组织了800多名干部，连同贫下中农代表共1000多人，组成了庞大的县区社队联合工作组，深入到队，按照中央“六十条”和省委有关文件精神，具体处理自留地、开荒地、自留羊、单干风的问题，截至6月11日，工作基本结束。据县委向地委汇报工作开展情况时的统计，全县共收回各种土地16280.4亩，其中多划的自留地7654.2亩，多开荒地6521亩，抢占集体土地105亩。收回超限额绵羊1097只，大家畜3头；收回用材树1998棵，果树3897棵；收回水磨一盘，其它各种大型工具108件。还调整收回质量较好的麻地、水地和大块旱地4097.8亩。在当时以片面追求阶级、路线为是非标准，违背经济规律，不实事求是，不讲求效率，一哄而上的集体经济环境下得出的结论是：凡是单干风处理彻底的地方，社员维护集体经济，坚持走集体化的社会主义道路的积极性高，农业生产的干劲大，生产队的经营收益好，能切实掀起集体生产高潮。

工业企业和财经系统的社会主义教育

随着农村社会主义教育运动的深入开展，工业企业和财经系统也开展了整风和社会主义教育运动。

工业企业的社会主义教育 康县工业企业在武康分县之前已经进行过整风和社会主义教育运动，并取得了一定的成绩。但据武康分县后的1962年对康县农具厂、软木厂、酒厂三厂的经营情况的调查，存在的问题仍然比较严重。其一，亏损严重。农具厂软木厂、酒厂1961年销售亏损1.4万元，1962年第一季度亏损仍未扭转。软木厂停工以国家贷款发工资4个月，农具厂1月至2月亏损404.8元。造成亏损的主要原因：1. 管理不善。没有建立健全财务管理制度，丢失、浪费、损耗等现象严重。2. 纪律松懈，出勤率低，工作效率低。3. 非生产人员多。4. 不计算经营成本，损失严重。部分产品由于原材料价格上涨，收购调运滞后，加大了成本，造成亏损。其二，生产处于无计划状态。各厂虽有国家计划和厂内计划，但因供产销无保障，计划不能实现。软木厂因产品销路问题，被迫停产。农具厂因原料、燃料供应不上，全年的生产一直不能正常进行。其三，职工思想混乱。主要表现：1. 农村核算单位下放，自留地划分和实行按劳分配，家在农村的职工家庭生活困难，不安心生产，消极怠工，有的干脆不上班生产；2. 农村初级市场恢复后，一部分职工认为有机可乘，于是倒贩买卖，搞投机倒把活动，甚至出现严重的违法乱纪行为；3. 厂子生产不稳定，职工工资低，月工资只有23—26元，根本无法维持家庭生活。软木厂停产几个月，工资发不出，职工思想混乱，不愿留在厂内上班；4. 部分企业领导不关心职工疾苦，影响职工思想情绪。为了从根本上解决工业企业存在的上述问题，使之扭亏为盈，1962年3月17日，县委印发了《工交部〈关于工交系统开展整风和社会主义教育运动的安排意见〉的报告》，成立了县委工交系统整风领导小组，下设办公室，分成4组到岸门口和长坝，协助农具厂、软木厂、长坝酒厂进行整风和社会主义教育工作。各厂也以支部为核心组成整风领导小组，负责本厂的整风和社会主义教育工作。

按照县委的安排，从3月20日开始，全县各厂的整风和社教运动全面铺开。具体工作分为三个阶段进行：第一阶段为鸣放阶段，时间在半个月左右。主要组织全厂干部职工学习中央《工业七十条》以及中央有关社会主义教育文件精神，揭摆厂内存在的突出问题，进行财务检查，搞清本厂自建厂以来的财务支出和盈亏情况，寻找原因，总结经验教训，堵塞漏洞。通过这一阶段的工作，各厂普遍能够正视厂内存在的问题。

第二阶段为整改阶段，时长半个月。各厂普遍针对存在的问题，建立健全企业管理制度。首先“五定”，即定产品方案和生产规模，定人员和机构，定主要的原材料、燃料、动力、工具的消耗和供应来源，定固定资产和流动资金，定协作关系。通过“五定”核定企业综合生产能力，使今后的指标制定、生产任务的提出更加符合实际。其次实行计划管理，即根据国家计划，采取领导和群众相结合的方法，制订出本厂生产、技术、财务计划。再次是实行定额管理。包括劳动定额，原料、材料、燃料、动力等消耗定额，设备利用、工具消耗定额，管理费用定额。最后是合理调整职工工资和改进工资制度，建立健全各种奖励制度，激发职工的生产积极性。在建立健全企业管理制度的同时，建立健全党委（支部）领导下的厂长负责制，加强对广大干部职工的社会主义教育，包括形势教育，政策教育，任务教育，责任教育，开展抓不良倾向的工作，提高广大职工的社会主义觉悟，增强爱厂如家的意识，激发生产积极性。

第三阶段是组织建设阶段。主要是进行整风总结，建立健全组织，进行组织发展，处理遗留问题。对揭发出来的问题，坚持“惩前毖后，治病救人”“思想批判从严，组织处理从宽”的原则进行处理。对犯有错误的干部和职工以教育为主，让其自觉认识错误，改正错误。通过上述三个阶段的整风和社会主义教育，使全县的工业、企业建立了党委（支部）领导下的厂长负责制，建立健全了企业管理制度，确立了坚强的领导核心，提高了职工的政治思想觉悟和政策水平。从而达到了“总结经验，肯定成绩，转变作风，纯洁队伍，增强团结，健全制度，搞好生产”的整风和社教目的，逐步扭转了企业的亏损局面。

财税系统的社会主义教育　康县税务系统针对工作中存在的突出问题，深入开展了社会主义教育运动，加强了对干部和职工的政治思想教育工作。存在的突出问题主要是，农村初级市场开放以来，一些投机倒把分子千方百计逃税漏税，甚至在市场上殴打税务干部，轰斗闹事的现象时有发生，致使一些税务干部在税收工作上产生为难情绪，认为搞税收工作“朋友少，冤家多”，有的要求调动，久假不归。申请退职，不安心工作的税务干部相当普遍。1962年至1963年春，康县税务局党支部在全系统职工中深入开展了社会主义教育工作。一是加强干部的政治理论学习。系统学习了党的八届十中全会的文件及其有关社会主义教育的文件，提高干部的无产阶级思想，正确认识三面红旗，抵制资产阶级思想对干部的侵蚀。同时进行业务学习。基层税务所利用每月到县局报月报的机会，以会代训，以老带新，使一线职工掌握税务工作政策和业务技能。二是结合社会主义教育运动，对全体税务干部进行政治形势和经济形势教育，阶级和阶级斗争的教育，遵守党的政策、法令和组织性纪律性教育。通过教育，澄清模糊思想，干部们进一步认清形势，坚定了革命意志。三是全面掌握干部思想动向，分别不同类型和不同对象，进行经常性的思想教育。四是表扬先进，促进落后。在1963年的春训会议上，对税务干部的思想状况进行了一次鉴定，开展了评比，评选出了先进。全县税务系统通过社会主义教育运动，有力地推动了税务工作。1963年第一季度收税8.6万元，完成了计划任务的122%。县委于1963年4月26日批转了税务局党支部《关于加强干部政治思想教育工作的情况报告》，要求各区、公社、各单位借鉴税局支部的做法，加强干部的政治思想教育工作。

金融系统的社会主义教育 康县信用合作社自建社以来，广泛吸收了农村闲散资金，在支援农业生产、帮助社员群众解决农业生产生活困难、打击高利贷、协助银行开展农村金融工作等方面发挥了积极的作用，以存贷方便快捷深受社员群众欢迎。但进入60年代后，由于放松了领导，有些信用社办得不尽如人意。根据摸底排队，全县32个信用社，办得好的一类社只有11个仅占34.3%；办得一般的二类社 12 个，占 37.5%，办得较差的三类社就有 9 个，占 28.2%。三类社的主要问题是：1. 没有认真贯彻民主办社的方针，形成理事不理，监事不监，信用社一切工作由会计一人包办。更没有定期公布账目，社员不了解社方，于是出现了社员退股退社的现象。2. 账务混乱，差错丛生，债权债务不实。社员反映说，信用社是无底洞，填不满，还不清。因而业务逐渐减少，甚至连年亏损。3. 服务意识不强，不能方便和保证社员存取，失信于民。4. 放款不能按期收回，造成资金呆滞。变相的高利贷死灰复燃，扰乱了正常的金融秩序。上述问题在二类社中也有不同程度的存在。为了解决突出问题，充分发挥信用社在农村经济建设中的职能作用，1963 年 9 月 29 日，县银行党支部根据省委批转省人民银行《关于整顿信用合作社意见的报告》精神，向县委呈报了整顿康县信用合作社的报告。10 月 7 日，县委发文予以批转。

县委文件下发后，全县各区工委、公社党委按照县委文件精神，把信用合作社的整顿作为全县社会主义教育运动的主要组成部分，对全县的信用合作社进行了整顿，全面开展了对信用社干部的社会主义教育。从 1963 年 10 月至 1964 年初，信用社的整顿和社会主义教育主要进行了四个方面的工作。

一、清查账目，落实盈亏。各信用社指定了专人对错乱的账务进行了清理。对社员的存款和贷款账目由信用社干部亲自登门逐笔核对，并对历年贷款按照分行发放的清理办法进行了清理。

二、明确经营方针，积极开展业务。针对存款不能保证支付，贷款收不回来的突出问题，各信用社首先集中力量，收回了到期和逾期贷款，并发动社员积极主动存款，从而保证了存款的支付，巩固提高了信用。同时，严格遵守勤俭办社的原则，无论有无盈余，都坚持节省开支，增加收益，有亏损的信用社扭亏为盈。坚决杜绝社队干部非法挪用信用社资金的违法乱纪行为。

三、整顿干部队伍，加强思想教育，建立了各种奖励机制。对工作一贯勤恳扎实，廉洁奉公的，给予了表扬奖励；对不愿意或不适应做信用社工作的，进行了调整；对于个别有严重贪污盗窃投机倒把行为的进行了清理。并查清了贪污，追回了赃款。

四、建立健全民主管理制度，加强社员群众监督。各信用社普遍建立健全了信用社的社员代表大会、理事委员会、监事委员会和社员小组等组织。坚持由社员代表大会讨论决定信用社的业务计划、财务支出、决断盈亏的处理、干部配备、福利奖励以及贷款利率等重大事项，理事委员会领导日常业务，监事委员会负责监察业务、财务、干部作风和政策执行情况，社员小组负责储蓄和贷款政策，并及时反映社员的要求和意见。

通过整顿和社会主义教育，全县的各个信用社都程度不同地纯洁了干部队伍，改进了干部作风，进一步明确了经营方针，积极开展业务，更好地发挥了信用合作社在融通资金、为农业生产服务、为巩固集体经济服务的作用。

干部队伍的社会主义教育

1962 年 12 月至 1965 年春，全县在农村进行社会主义教育的同时，在县、区、社、队干部队伍中进行了社会主义教育。方法上以会代训，多次召开三级、四级干部会议，学习社教文件，贯彻上级社教会议精神，揭摆存在的各种问题，引导与会干部“下楼”，放“包袱”①，进行自我检查，自我反思，自我纠错，以求提高阶级觉悟和社会主义觉悟，达到“洗手洗澡，轻装上阵，团结对敌”的

①“包袱”包括思想“包袱”和经济“包袱”。思想“包袱”指阶级观点模糊，腐化堕落，打骂群众，不执行政策，不安心工作，支持单干，支持封建迷信活动等；经济“包袱”指贪污盗窃，瞒产私分，投机倒把，挪用多占，假公济私，走后门，挥霍浪费，收受礼物等。

目的。

1962 年 8 月，北戴河中央工作会议和 9 月党的八届十中全会召开之后，12 月 9 日至 30 日，康县召开了生产大队以上四级党员干部会议，参加会议的有 844 人。会议分三个阶段，第一阶段，县级和十七级以上党员干部参加；第二阶段，县、区、社三级干部参加；第三阶段，大队党支部书记、党员大队长和附近生产队党员队长参加。中心内容是传达学习党的八届十中全会和省委会议精神，结合康县实际，深入讨论。讨论的重点是形势，阶级、阶级斗争和两条道路斗争问题，回顾和检查过去的工作，肯定成绩，总结经验教训，提高广大干部的阶级觉悟和社会主义觉悟，坚定走集体化社会主义道路的决心。

1963 年 9 月 8 日至 27 日，康县又一次召开了县、区、社、队千余人参加的四干会，中心议题是学习贯彻中央《关于目前农村工作中若干问题的决定（草案）》（前十条）及其附件和毛主席批语，联系实际，揭本地区阶级斗争“盖子”，促进县、区、社、领导干部层层“下楼”，全面放“包袱”，检查改正自己的错误，“洗手洗澡，轻装上阵”，坚持走社会主义道路，防止资本主义复辟。这是针对县、区、社干部进行的更加深入的社会主义教育。

会议分两个阶段进行。第一阶段为预备会议，9 月 9 日至 15 日，共开了 7 天。县、区、社三级负责人共 111 人参加了会议。通过两天的文件学习，与会人员领会了主要精神。接着，会议介绍了县委工作组于本年 6 月至 7 月在三官蹲点调查研究中揭露出的农村阶级斗争的表现，使与会人员把注意力集中到检查本地区阶级斗争问题上来，掀起揭阶级斗争“盖子”的高潮。根据结果认为，阶级斗争的表现十分严重，首先是阶级敌人的复辟活动达到触目惊心的程度，其中发展反革命组织、图谋待机暴乱、策应蒋介石反攻大陆的案件 3 起，共集结匪徒 80 余人。有 90 户地富反攻倒算，倒算土地 7 亩 9 分，房屋 39 间，水磨两盘，牲畜 2 头，其他生产资料 37 起。抢占生产资料的地、富、反、坏分子 288 户，共抢占集体土地 31.9 亩，庄基地 15 处，树木 260 余根，农具 98 件，毒害牲畜 31 头，砍伐树木 300 余根，纵火 5 起，盗窃粮食不计其数。其次，资本主义活动猖獗。初步揭发，有 723 人搞投机倒把，其中“万字号”[①] 1 人，“千字号”[②] 79 人，放高利贷 31 户，用雇工的 192 户，买卖土地 18 户，买卖房屋 105 户 200 余间，买卖庄基地 34 户 34 处。再次，赌博风盛行，封建迷信活动猖獗。总计有 713 名阴阳、风水、端公、巫婆纷纷出来骗钱害人。此外，买卖婚姻的有 117 起，重婚纳妾，童养媳也多处发现。人贩子 32 人，贩卖人口 54 人。总之，一切牛鬼蛇神纷纷出笼，各种歪风邪气盛行。存在上述问题的主要原因，一是阶级敌人的本性没有变，他们一有机会便会兴风作浪；二是有的干部阶级观点模糊，没有擦亮眼睛，缺乏识别敌我能力；三是有的干部对自己的世界观改造不够，沾染了资产阶级思想，被敌人腐蚀侵袭。通过揭“盖子”、查根源，使与会干部自觉联系检查自己的思想、观点和作风，从而主动“下楼”“卸包袱”“洗手洗澡”。13 日，县委书记台中堂代表县委在会议上“下楼”做检查。在肯定成绩的基础上，着重从执行政策上检查了县委对阶级、阶级斗争的认识和态度，特别检查了在纠正单干风和社会主义教育过程中，没有很好地贯彻阶级路线的各种问题。在县委集体“下楼”的带动下，与会干部立即掀起了鸣放和放“包袱”的高潮，仅 14 日一天，到会的 66 名区、社领导骨干，就有 61 人争先恐后地发言，并在各组讨论会上“下楼”，共放“包袱”621 个。会议还安排 3 位同志发言，诉阶级苦，进行新旧社会对比，引导与会同志尽快放“包袱”。与会干部大都通过新旧社会对比，忆苦思甜，以

---

①“万字号”指纯盈利万元以上。
②“千字号”指纯盈利千元以上。

诚恳的态度主动“下楼”，全面“放包袱”，决心改正错误，与资产阶级思想决裂，坚定不移地走集体化的社会主义道路。

第二阶段为正式会议。参加会议的有县、区、社、大队干部和贫下中农代表，共计1112人。从9月16日开始，30日结束。正式会议分四步进行。第一步，学文件，揭“盖子”；第二步，查“上当”，放“包袱”；第三步，划界限，分是非，处理“包袱”；第四步，进一步学习文件，部署今后工作。会议的第二阶段，各组学习了中央“前十条”、一部分附件及毛主席批语，在展开讨论的基础上，用阶级分析的方法，揭开了本公社、本大队阶级斗争的盖子，比预备会议期间揭得更深透，更具体。突出表现在：1. 全县2723名四类分子中，有1003名有破坏活动，占36.2%。破坏活动主要有记变天账，开黑名单，指地界，划庄基，教唆子孙进行复辟活动，收要旧账，夺回财产，喝血酒，密盟誓，组建反革命组织，千方百计破坏集体经济，恢复宗族特权，造谣惑众，瓦解群众革命斗志，采取各种手段拉拢腐蚀干部，基层干部被拉下水的有202多人。2. 资本主义复辟活动猖獗。全县有1436人搞投机倒把活动，其中“万字号”1人，“千字号”124人。用雇工剥削的1736户，放高利贷的41户，买卖土地6.3亩、房屋702间、庄基地136处、果树659株。3. 封建迷信活动猖獗。全县1515个生产队，有1250个生产队有迷信活动，有1592名阴阳、端公、巫神、马脚、风水、画匠等迷信从业者。1962年以来，全县共修补庙宇85座，画神像374宗，跳神、弄鬼、念经、祈雨4296起。4. 买卖婚姻、重婚纳妾、贩卖人口时有发生，其中买卖婚姻173起，讨小老婆112人，童养媳255对。有人贩子72人，贩卖妇女112人。5. 赌博之风盛行。全县有439个生产队有赌博活动，有赌头277人，赌博1504次，参与赌博人数3393人。通过揭阶级斗争的“盖子”，暴露阶级斗争的种种表现，与会人员充分认识到阶级斗争的尖锐性、复杂性和长期性，从而提高了思想政治觉悟和阶级觉悟，充分认识到自己过去由于“阶级斗争观念淡薄”“革命意志薄弱”，经不住各种诱惑所犯的错误。为了正确引导与会人员“下楼”卸“包袱”，县委召开了常委会，对各区社存在的问题逐一作了排队，薄弱环节由常委和县委各包一组，各区社的集体“下楼”和负责人的卸“包袱”由县委把关验收。由于层层带动和分口把关，与会人员都争先恐后放“包袱”，做到放得快，卸得净。据统计，在区、社、大队 749 名干部中，有 722 人共放“包袱”4914 个，其中思想“包袱”2259 个，经济“包袱”2655 个。贪污、私分、挪用、多占粮食 26381 斤，现金 10996 元，棉布 180 尺，棉花 21 斤，布票 3193 尺，棉票 139 斤，核桃 833 斤，大麻 127 斤，木耳 19 斤，食油 32 斤，劳动日 2713 个，其他物资 1017 件。涉及区委书记 1 人，公社书记 14 人，公社主任 20 人，区、社一般干部 35 人，企事业干部 19 人。在 90% 以上的干部放下“包袱”后，会议进入了正确处理“包袱”阶段。县委为了正确贯彻中央“说服教育，洗手洗澡，轻装上阵，团结对敌”的方针，拟发了《对干部放“包袱”中若干问题处理案例》并召开会议，反复讲述处理“包袱”的政策界限和应注意的问题。之后，对与会 722 名有大小不同“包袱”的干部作了正确处理，不给处分的 568 人，免予处分的 120 人，问题还未清楚的，今后将进一步查对落实。最后，评选了优秀干部 50 名，树立了典范。四干会后，9 月 28 日，县委下发了《关于传达贯彻干部会议精神的安排意见》，遵照县委安排，各公社都效仿县四干会的开法，召开了公社、大队、生产队三级干部会议，全县总计参会人数 6653 人。

1964 年 10 月和 11 月，县委又接连两次召开千人以上的四级干部会议，总的议题仍然是贯彻以阶级斗争为纲的精神，揭摆干部队伍中存在的种种问题，要求干部继续“下楼”放“包袱”，检查改正工作中的错误，坚持开展阶级斗争和道路斗争。对于 10 月召开的四干会议，地委认为“存在着右倾”“怕”字当头，于是在开完会议不到一个月的时间里，又召开四级干部会议，纠正以往工作中的“右倾”错误，以求更加深入地开展阶级斗争和路线斗争。

1965年1月，中央出台了关于《农村社会主义教育中目前提出的一些问题》(即二十三条)。2月9日，为了贯彻地委召开的县委书记会议，康县再次召开县、区、社三级干部会议。之后，各公社又陆续召开公社、大队、生产队三级干部会议。两个三级干部会议都安排了一半左右的时间，集中学习讨论“二十三条”，总结面上的社教工作。安排一半左右的时间开展干部“下楼”，放“包袱”，动员有问题的干部放“包袱”，“洗手洗澡”。据统计，参加县、区、社三级干部会议的有536人，共有409人自觉放各种“包袱”2326个，占参会总人数的80%以上。其中经济方面的“包袱”1422个，计贪污、盗窃、投机牟利、挪用公款3.4万元，粮食粮票9.6万斤，棉布和布票2642尺，棉花和棉证95.5斤。政治方面的“包袱”170个，组织方面的“包袱”70个，思想方面的“包袱”644个。各公社召开的公社、大队、生产队三级干部会议，参加人数共计5185人，共有3422人放了各种“包袱”，占参加干部会议总人数的60%以上。共放“包袱”1.2万个。通过几次会议的召开，全县各级干部中的问题得到逐步解决，广大干部进一步坚定了走集体化的社会主义道路，对巩固集体经济发挥了积极的作用。

第四节　加强党的建设，发挥党组织的领导核心作用

为了正确领导全县人民群众全面进行社会主义建设，西北局兰州会议召开以来，康县各级党组织努力从各个方面加强党的自身建

设，注意防止重犯“左”的错误，恢复发扬党的优良传统和作风，使党组织的领导核心作用得到充分发挥，康县的社会主义建设逐步走上健康发展的轨道。

加强制度建设，完善党委工作机制

在“大跃进”“反右倾”“拔白旗”时期，命令主义、家长制作风、以党代政、残酷斗争、无情打击等“左”的思潮泛滥。西北局兰州会议召开以来，康县各级党组织为了防止重犯“左”的错误，首先重视从下述几方面加强党的制度建设，完善党组织的工作机制，恢复发扬党的优良传统和作风。

坚持民主集中制原则，不断健全党委会集体领导制度 为了防止重犯“左”的错误，康县各级党组织首先重视改进集体领导。1962 年 3 月 25 日，县委作出了《关于改进县委集体领导的规定》，一是界定了党委和政府各自的职责和工作任务。二是要求各级党委克服和纠正党委包办代替行政事务的错误。三是规定健全党委会议制度，全体委员会至少一季度召开一次，常委会和书记处会议按需要不定期召开。四是规定认真贯彻执行集体领导和分工负责相结合的制度。一切重大问题必须经过会议民主讨论集思广益，然后作出决定，彻底防止和克服个人或少数人决定重大问题的错误。五是规定把调查研究和工作检查形成制度。县委成员每年至少有 4—6 个月的时间，走出办公室，下乡检查和调查研究工作，每季度向县委写出一份有情况、有分析的调查报告。领导成员应按分工来指导业务部门做好经常性的调查研究工作。六是健全学习和党内民主生活制度。县委全体成员要带头坚持每天两小时的学习制度。常委要经常地、严格地开展组织生活，接受支部监督。县委成员之间要经常谈心，并开展批评与自我批评。谈心会至少两月一次，解决存在的问题。之后，在1963年1月县委关于《1962工作基本总结和今冬明春的工作安排》中特别强调加强调查研究，改变领导作风，克服以党代政。要在党的统一领导下，充分发挥政府部门和群众团体的作用。凡是应该由部门做的工作，都应当放手交给部门，决不能包办代替。1963年2月4日，县委再次作出《关于加强党委制的决定》，对加强党委的集体领导作出了规定：一是健全党委的会议议事制度。一切重大问题都必须交党的委员会，经过委员充分发表意见，根据少数服从多数的原则作出决定。一经集体作出决定之后，必须无条件地贯彻执行。在执行中，发现原决定有不妥的地方需要修改时，仍需交委员会集体讨论决定，不能私自修改。不论常委会或委员会，到会委员必须达到半数以上才能作出决定。二是加强党的集体领导制度，并注意发挥个人的作用，使党的集体领导和个人负责制密切结合起来。党委会的成员对自己分管的工作要主动提出意见或方案，经过党委的讨论决定后，认真执行。需要由上级组织决定的问题，必须及时请示，不得各自为政，搞分散主义。三是健全民主生活制度。县委每年召开2—3次思想见面会，开展批评和自我批评。党委的主要领导应当成为经常“洗脸”和经常“扫地”的模范，主动地、自觉地进行自我批评。开展批评必须实事求是，以理服人，既反对一棒打死的态度，又要反对“一团和气”和“当面不说，背后乱说，开会不说，会后乱说”的自由主义态度。四是健全党委的发文制度。需要以党委的名义发出的重要文件，要经过党委的集体讨论，不能由个人私自决定。一般性的文件由主管常委按既定原则签发。五是建立健全时事政策学习制度。六是加强调查研究。1964年5月11日，康县第三次党员代表大会召开，县委书记台中堂在工作报告中再次强调，民主集中制原则是我们党和国家的重要制度原则，各级党组织都必须认真贯彻执行。

自西北局兰州会议召开以来，县委不仅连续出台规定和指示，要求区工委、县直工委、公社党委加强集体领导制，恢复发扬党的优良传统和作风，而且要求率先垂范。1964 年 11 月，县委召开了全县县、区、社、大队四级干部会议，会上，县委书记台中堂代表县委从五个方面作了自我批评：第一，县委领导核心中长期存在不团结现象，而且相当严重；第二，在执行党的方针政策和上级指示的过程中存在着严重的本位主义和分散主义；第三，对社会主义革命运动认识不深，缺乏独立、创新的工作精神；第四，县委领导核心中，官僚主义严重，如对区、社工作了解不够，没有认真调查研究；第五，县委常委中存在多吃多占、生活特殊化的现象。个别领导干部革命意志衰退，革命热情不高，如此开诚布公，直面缺点错误，在康县党的历次会议上都是不多见的。1965 年 2 月 15 日，县委书记台中堂前往张掖参加社教前夕，县委常委召开组织生活会议，常委们结合自己分管的工作，畅所欲言，促膝谈心，气氛和谐。同年 9 月 22 日至 23 日，县委又一次召开了在家常委和县委委员会议，对各自的思想和工作作了检查。1966 年 4 月 26 日，县委以书信的形式向县委各委员征求意见，要求各委员接到书信后，在 3—5 天内，把个人的思想活动和对其他同志的意见写成书面材料，迅速寄回县委，供常委会处理日常事务时参考。

在县委领导带动下，全县各级党组织不断加强制度建设，完善党委工作机制，特别是通过谈心会开展批评与自我批评，自查自纠问题蔚然成风，对克服主观主义、分散主义、官僚主义起到了积极的作用。

建立健全党的监察制度，严肃党的纪律　为了进一步加强党的监察工作，1962 年以来，县委重视从四个方面建立健全党的监察制度，推进党的监察工作。

一是充实监察机关力量，壮大监察工作队伍，明确监察工作职责。1963 年 2 月 18 日，县委《关于认真执行中央关于加强党的监察机关的决定指示》规定：1. 县监察委员会由7人组成，其中4人专职。专职委员由县级干部，至少是科级干部担任。2. 县监委派一名专职监委委员，兼任县直机关的监察员。3. 各公社党委设立5—7人的监察委员会。4. 党的支部委员中设立1名监察委员。5. 各级党委都必须加强对同级党的监察委员会的领导，定期讨论监察工作。在召开党委会全体会议的时候，通知同级监察委员会委员列席。6. 监察委员会和监察委员的职责是认真贯彻党的监察工作的方针、政策，与党内一切不良倾向作斗争，经常对党员进行纪律教育，及时、实事求是地向同级党委和上级监察委员会汇报和请示工作，监查处理党员的违法乱纪案件，对已经受到处分的党员进行悔改表现的考察和思想教育。

二是严明党规党纪，查处违纪党员。1962年以来，县、社党委监委委员会狠抓了违纪党员案件的查处。仅1964年1月至12月，县委监察委员会对21名违纪党员分别给予警告、严重警告、留党察看、党内除名、开除党籍等党纪处分，被处分的21名党员中，既有一般党员，也有身居要职的领导干部。

三是以典型案例作为活教材，对广大干部进行警示教育。1963年6月21日，县委批转了县监委的11起典型案例，要求各公社、各部门、各单位结合当时开展的城镇“五反”运动、干部“下楼”卸“包袱”运动，以及农村社会主义教育运动，组织广大党员认真学习讨论，以儆效尤。

四是建立健全监察案件报批制度。为了使监察工作制度化、规范化，防止随意化，1962年3月，县监委出台了《关于处分党员批准权限和应具备的材料意见》。为了建立健全案件的报批工作制度，提高案件的查处质量，1965年8月27日，县委批转县监委《监察案件报批工作暂行制度》，严格规定了案件的立案范围、案件的处理权限、报送案件应具备的材料等事项。

建立健全人民来信来访工作制度，倾听群众呼声 西北局兰州会议召开后，康县各级党组织从多方面重视来信来访工作。

县委设立了人民来信来访办公室，区工委、公社党委及企事业单位均设立了相应的组织机构，配备了专职干部，并对职责作了明确的规定。1962 年 7 月 20 日，县委在信访工作室《关于 1962 年上半年的工作报告》中提出，统一思想认识，加强党对人民来信来访工作的领导；加强联系，健全制度；对人民来信来访反映的问题，深入实际，调查研究，防止偏听偏信，主观臆断；认真清理积案；采取“重要来访领导接见，重要来信领导批阅；一般案件，就地接待就地处理或委托下乡工作组代查代办；重大案件派专人专案查处”的方法，加快了案件处理的进度，提高了处理质量。

由于领导重视，切实加强了对人民来信来访的办理，仅 1962 年，全县各级组织共接待处理人民来信来访 4348 件（次），占来信来访总数的 88.64%。为了把信访工作做得更好，1962 年 3 月 25 日，县委又一次下发了《关于进一步做好人民来信来访工作的几点意见》，其中特别要求，建立健全信访工作专门登记、阅办、批办、转办、回执、统计、建档、立卷制度，做到件件有登记，事事有交代，有始有终，负责到底。认真执行“多办少转”或“只办不转”的原则，加强调查研究，切实解决问题，迅速处理积压案件。

加强党的思想建设和对干部的教育管理

为了保证广大干部贯彻执行党的路线、方针、政策，推动各项工作的快速发展，西北局兰州会议召开以来，康县各级党组织大力加强了党的思想建设，狠抓了对广大干部的常规性政治思想教育。

一、根据干部队伍的实际状况进行有针对性的工作，解决干部的思想误区。据 1962 年 5 月 3 日县委《教育干部提高思想做好工作》文件反映，1962 年，全县共有脱产干部 1709 人，基层不脱产干部 5571 人。西北局兰州会议召开以来，全县各级党组织遵照省、地有关文件精神，对全县广大干部进行了党的路线、方针、政策教育，反对不良倾向的教育，以及鼓干劲、顾大局、战胜困难的形势教育，广大干部的思想作风和精神面貌有了很大的改变。但由于过去几年的政治运动，错误地批判和处理了一大批干部，导致相当一部分干部是非不分，功过不明，加之在国民经济困难时期，部分干部经不起困难的考验，不同程度地受到资产阶级思想的影响和腐蚀，因而有相当一部分干部思想处在混乱状态。主要表现在：对当时形势缺乏正确认识，在暂时的困难面前消极悲观，迷失方向；在过去的政治运动中，受错误的批斗和处理，一些干部工作的积极性受到挫伤。如 1958 年的拔白旗，1959 年的反右倾，致使不少干部认为当干部没有好下场，一部分干部受资产阶级思想侵蚀，特别是一些农村干部认为当干部不如跑自由市场实惠。有的跑成都、跑西安做生意，有的贪污盗窃，有的参与迷信活动，党内组织生活不正常，不少党支部不开会议，党员不过组织生活。如三官公社 120 名党员，6 个月不参加组织生活的就有 63 人。干部生活确有实际困难。当时物资匮乏，物价高，干部工资低，不少干部只能靠借债维持生计，这些问题的存在对干部的工作积极性影响极大。针对上述问题，全县各级党组织加强了对干部的形势教育。1962 年以来，县委书记、县长给全体干部作思想动员报告 4 次。经过学习讨论，干部懂得了越是国家在困难时期，越要识大体，顾大局，越要艰苦奋斗，与困难作斗争的道理，大多数干部的思想水平有了提高，思想稳定，工作安心。此外，建立了经常性的学习制度，以政策教育为主，组织广大干部学习中央“六十条”。县委安排全县大队党支部书记、大队长及脱产干部分期分批进县党校学习，进行党的基本知识和党的优良传统的教育。通过党校培训教育，广大干部提高了思想认识，不愿当干部的也能安心积极工作。同时对历次政治运动中受处理的干部进行了甄别复查，不仅使广大干部解除了思想顾虑，心情舒畅，焕发了工作的积极性，而且启用了一批干部，充实壮大了干部队伍。随着县、社、队规模的调整，全县从县到队建立健全了党的组织和制度，党内生活走上了正轨，做到从政治上教育提高干部，从工作方法和生活上关心干部。

二、召开专题讨论会、座谈会，专门研究干部的思想状况、存在的问题，寻求解决问题的方法途径，不断提高干部教育的深度和广度。1963 年 3 月中下旬，县委分别召开区工委、公社书记和县直单位的负责人座谈会，通过座谈交流，比较系统地掌握了干部思想、作风方面存在的问题，确定了加强干部思想教育工作的任务和方法。两次座谈会情况表明，1962 年以来，通过思想政治教育，广大干部进一步认清了形势，革命意志更加坚定，干劲更足，绝大多数干部能够贯彻执行党的方针政策，艰苦朴素，勤恳工作。但是，仍有少数干部对当前的形势缺乏足够的认识，在困难面前丧失了信心和勇气，有的甚至不顾党纪国法。主要表现是：无组织无纪律，请假长期不归，擅离工作岗位。道德败坏，乱搞两性关系。贪污盗窃，投机倒把。随意打骂捆绑群众。讲迷信，挪用多占，剥削群众。基于上述问题，县委要求各级党组织，结合全县进行的社会主义教育运动，进一步加强干部的思想教育和理论学习的领导工作，充分发扬民主，开展批评与自我批评。首先要求各级领导干部主动放“包袱”，修正自己的错误。对于一些问题较多的、自己无力解决的公社，由县、区派工作组予以帮助。注重培养、发现和表扬好人好事，树立学习榜样，加强干部的监督和监察工作。特别对于那些贪污盗窃，投机倒把，违法乱纪屡教不改的干部，在认真查清问题之后，严肃处理，绝不姑息迁就。1964 年 6 月 26 日，县委下发《关于加强思想战线工作的指示》，要求各级党组织在今后的三年内，对干部群众进行社会主义阶级教育，反对现代修正主义教育，进行政策和形势教育，针对特定对象，进行党的支部教育，青少年的共产主义思想品德教育，知识分子的思想改造教育，少数民族干部的爱国主义、民族宗教政策和无神论者教育。

三、抓干部的政治理论学习。1963 年 10 月 12 日，县委下发《关于贯彻执行〈中央西北局关于组织县级以上干部学习五本书的决定〉的通知》，要求县级以上干部学习《实践论》《矛盾论》《关于正确处理人民内部矛盾的问题》《中国农村的社会主义高潮》序言、按语选和划分阶级的文件等五本书。1964 年 2 月 12 日，县委下发《关于贯彻〈甘肃省委关于组织干部深入学习反对现代修正主义问题的决定〉的通知》，要求各级党组织，组织干部学习反对现代修正主义问题的文章。7 月 19 日，县委下发《关于立即组织干部学习〈九评〉的通知》，要求各级党组织，组织干部学习《人民日报》和《红旗杂志》编辑部的文章以及“九评”苏共中央公开信。8 月 15 日，县委下发《关于六四年下半年机关干部理论学习的通知》，提出从 1964 年 8 月到 1965 年 1 月中旬，以学习西北局决定的五本书为主，区社及所属企事业单位干部，除必须学习上述内容外，还要学习毛主席的《为人民服务》《纪念白求恩》《愚公移山》《关心群众生活，注意工作方法》《健全党委制》《党委会工作方法》等文章。1965 年 10 月 26 日，县委下发《关于学习〈红旗杂志〉（1965 年第 11 期）社论的通知》，要求学习《红旗杂志》发表的《用无产阶级宇宙观创造我们的新世界》的社论。11 月 16 日，县委下发《关于印发〈把社会主义革命进行到底〉等七个材料索引的通知》，要求全县组织广大干部学习。1966 年 2 月 26 日，县委下发《关于进一步认真学习毛主席著作的安排意见》，要求把毛主席的书当作一切工作的最高指示，把学习毛主席著作规定为雷打不动的制度。在农民中也要学习毛主席著作，讲授毛泽东思想。2 月至 4 月，着重学习毛主席《为人民服务》《纪念白求恩》《愚公移山》这三篇文章。各级领导干部还要继续学习《党委会的工作方法》以及《县委书记的好榜样焦裕禄》《向毛泽东同志的好学生焦裕禄同志学习》等文章。5 月、6 月继续学习《把社会主义革命进行到底》等七个学习材料的删节本。下半年继续学习毛主席的四篇哲学著作。县委要求，各级领导干部在学习中要带头学，带头讲，带头用，带头写读书笔记或心得体会。县委中心学习组除了搞好自己的学习外，还要给其他干部的学习进行辅导，解答学习中提出的疑难问题。

四、加强对干部的管理。1963 年 3 月 14 日，县委在《批转组织部关于认真贯彻中央组织工作会议精神的意见》中指出，几年来，康县对干部管理有些放松，这极不利于党的事业发展。干部是革命还是做官？这是摆在每个干部面前的一个尖锐的问题，党组织必须帮助广大干部正确对待这个问题。今后必须把干部管理、考察、鉴定、挑选、提拔、教育、监督等经常性工作抓紧抓好，要求经常性地对干部进行考察了解，形成制度，恢复干部鉴定制度，并将鉴定材料和总结存入干部管理档案。各级党组织定期讨论干部的思想和工作，经常性地检查干部工作路线和干部政策的执行情况。对那些工作落后，民主集中制执行不好的地方，要着重进行检查。对于任人唯亲，不问政治，思想和业务各方面都违反干部政策的不良倾向，必须进行坚决的斗争。任免、提拔、调动、撤换和处分干部，必须严格按照制度和管理程序办事，坚决反对干部管理上的非组织行为和本位主义倾向。根据康县具体情况，股长级以上的干部由县委管理，党、群、政法和区委公社的一般干部由县委组织部管理，其他部门的一般干部由人委民政科管理，支部书记和生产大队长由县委委托区委管理，支部副书记和生产大队副队长以及生产队长等干部由公社党委管理。今后在干部调动、选拔、处理时，应参照干部管理权限分别提请有关部门审批。

加强党的基层组织建设

为了把党的基层组织建设成领导广大干部群众进行社会主义建设的堡垒，充分发挥党员的先锋模范作用，西北局兰州会议召开以来，康县各级党委狠抓党的基层组织建设。

一、结合社会主义教育运动，整顿党的基层组织

1963 年 3 月 15 日，县委批转组织部《关于认真贯彻中央组织工作会议精神的意见》指出：近几年来，各级党组织在社会主义经济建设中，放松了干部的思想政治工作和党的建设，少数基层党组织，组织生活涣散无力，发挥不了战斗堡垒作用。有一部分党员和干部，在新的阶级斗争形势下，经不起考验，他们的思想变了，感情变了，生活也变了。有些已经丧失了一个革命干部应有的品质和共产党员的本色，其中极少数干部在思想上、组织上、生活上堕落蜕化变质。对此，必须集中力量，在党内开展一个大规模的、普遍的教育运动，重点整顿党的基层组织。通过整顿达到省委提出的六项要求：一是支部的领导核心纯洁；二是支部民主集中制初步建立；三是所有党员都能按期缴纳党费，过组织生活；四是建立了学习制度；五是所有党员都能带头参加劳动，模范地遵守国家的政策法令；六是敢于和各种错误倾向作斗争。在整顿基层组织工作中，对某些党员的突出问题，本着“团结—批评—团结”的原则和“惩前毖后，治病救人”的方针，经过批评与自我批评，在弄清问题、提高思想认识的基础上，分别不同情况加以处理；对犯有严重错误的，根据情节轻重和认识悔改程度给予适当处分；对经过教育仍不愿继续保留党籍的，应准许退党；对蜕化变质分子应坚决清除出党；对于到期将要转正的预备党员，各公社党委要进行详细的摸底，不够转正条件的，必须延长或取消转正，不能姑息迁就。按照县委整党的意见，各基层党支部普遍开展了基层党组织的整顿工作。1964 年 7 月 28 日，县委再次批转下发县委组织部《关于加强党的建设，整顿党的基层组织的意见》指出，全县农村第一期结合社教有 42 个党支部，519 名党员参加了整党。通过整党，进一步提高了党员的阶级觉悟，纯洁了党的组织，增强了党的战斗力，发挥了党支部的战斗堡垒作用。但据抽样调查，在开展整党的支部中，只有 15 个达到了中央的 7 个要求，有 7 个支部搞得不深不透，走了过场，需要重新补课。因此，按照县委的统一安排，全县广大农村结合社教运动，进一步对基层党组织进行系统的整顿，重点是结合运动上党课，向党员进行社教和整党的方针政策教育，结合中央文件的学习，教育党员做一个合格的共产党员，引导党员在支部会上自觉“下楼”，放“包袱”，“洗手洗脑”，正确开展批评与自我批评。在“四清”过程中，教育党员带头揭发“四不清”问题；在组织阶级队伍，开展阶级斗争中，发动党员和群众诉苦，提高党员的阶级觉悟，端正党员的阶级观点；在组织建设阶段，对党员全面进行了一次鉴定，对犯有严重错误的党员进行了处理。据第一期开展社教的 3 个公社的统计，42 个支部 519 名党员中，有各种“包袱”的 343 人，共放“包袱”538 个，其中经济“包袱”308 个，政治“包袱”230 个。共处理了 6 名党员，占党员总数的 1.1%，严重警告 2 人，警告 1 人。对 34 名预备党员进行了处理，其中转正的 24 人，取消预备党员资格的 10 人。对极少数错误比较严重，群众意见大，不宜担任领导工作的支部领导，通过选举作了调整。42 个支部，原有支部成员 126 人，通过选举连选连任支书 18 人，支委 72 人，新选支书 24 人，支委 12 人。经过全体党员充分讨论，制定了支部生活制度、会议学习制度和干部参加集体劳动等制度。

二、做好“重新教育党员”的工作

1963 年 3 月 15 日，县委在《批转组织部认真贯彻中央组织工作会议精神的意见》中指出，根据现阶段党员中存在的问题，必须在党内开展一个大规模的重新教育党员的工作。要求坚持以高标准教育党员，通过教育，使每个党员都懂得什么是共产主义和共产党，什么样的人符合共产党员的条件，怎样做一个合格的共产党员，树立终身为共产主义奋斗的决心。各公社党委要尽最大努力，集中力量，对全体党员进行一次大规模的普遍深入的教育运动。

教育的主要内容是：形势教育、阶级教育、社会主义方向教育、党的政策教育、党的基本知识和党的优良传统教育。有一定自学能力的党员干部，从中央规定的三本书、党章和刘少奇《论共产党员的修养》中选择一部分进行学习。其他党员主要学习党章和中央宣传部、组织部合编的《做一个好的共产党员》，学习省委和武都地委编写的《进一步巩固人民公社集体经济，发展农业生产宣传提纲》中的第一、二部分。在进行党的基本知识教育时，主要进行党的性质、目的，党员的权利、义务和基层党组织的工作任务及优良传统的教育，结合当地实际，在生产生活条件较好的生产大队和生产队，主要进行艰苦朴素、勤俭办社、勤俭持家的教育；在生活条件困难的生产大队和生产队主要进行树立克服困难，艰苦奋斗信心的教育。

在教育方法上，贯彻理论联系实际的原则，把集中训练和经常教育相结合。各级党委负责人带头学习，亲自讲党课，掀起学习高潮。具体做法仍以公社训练为主，分片训练为辅。各公社根据当地农时季节分期分批进行训练，在训练过程中加强辅导，领会精神实质，注重总结经验，提高教育和训练的质量。

三、严格按党员标准，有计划、有重点地接收新党员

1964 年 7 月 25 日，县委下发《关于有领导，有计划，有重点地接受新党员的指示》指出，1964 年，全县共有党员 4116 名，占全县总人口 143669 人的 2.8%，其中农村党员 3622 名，占全县农村总人口143669人的2.5%。这些党员经过教育培养，多数立场坚定，工作积极，在社会主义革命和社会主义建设中起到了积极的作用，有力地巩固了党在农村的社会主义阵地。但是，有些党的基层组织，党员结构不合理，缺乏新鲜血液，党员行业分布也不均衡。全县354个大队中，有11个大队没有党组织；在1515个生产队中，有194个生产队没有党员，占生产队总数的5.12%。全县党员中，25岁以下的党员390名，46岁以上的党员459名。文教卫生系统206名职工中，只有40名党员。两所中学的125名学生中没有党员。全县女党员413名，占党员总数的10%。因此，为了加强薄弱环节，加强党的基层组织的战斗力，县委提出，在今后的三年内有计划、有重点地接收一批新党员，充实和壮大党的各级组织。接收党员的重点放在社会主义教育运动结束的公社、没有建立支部的大队、没有党员的生产队，农业系统的农技站、种子站、畜牧站的技术骨干，文教卫生单位的积极分子、共青团员和妇女代表。

县委明确要求，接收党员必须坚持高标准，切实保证质量。凡是接收的新党员都必须是经过较长时间的培养和全面考察，真正具备了入党条件的人。无论机关、学校、厂矿、商店还是农村，凡是接受的新党员，都必须成分好、阶级觉悟高、政治历史清楚，在农村主要从贫下中农、劳动积极分子中接收。上中农成分的人，一般不宜接收入党。凡是政治历史尚未审查清楚的，一律不得接收入党。接收新党员是今后一项经常性的工作，成熟一个，接收一个，不能规定任务指标，更不能搞突击。为了坚持高标准，县委秘书室还向全县转发了中央提出的《共产党员的十条标准》。

四、培养选拔新生力量

1964年7月28日，县委在《关于报送培养和选拔新生力量工作规划的报告》中分析了康县的干部队伍现状：一是缺额大，各级领导核心不健全。全县应配初级骨干157名，实有110名，缺47

名。二是全县应配初级骨干的单位和部门106个，有49个单位和部门没有配上正职。还有些单位和部门的正、副职不够坚强，缺乏战斗力。三是年轻后备干部匮乏。全县初级骨干110名，平均年龄34岁，年龄最大的62岁，最年轻的27岁，特别是妇女干部比例小。为了做好后备干部队伍建设，县委对全县干部进行了一次摸底调查，共摸排出新生力量84名，其中男79名，女5名。这些干部或年纪轻，或出身好，政治条件优越，或有一定的文化基础，绝大多数有一定的工作经验，经得起考验。县委提出，对于摸排出来的优秀青年干部要加强对毛主席著作的学习，用毛泽东思想武装头脑，分期分批地组织他们参加城镇“五反”和农村社教运动，使他们在革命运动实践中得到锻炼和提高。

妇女干部的培养选拔是干部工作的一项薄弱环节。1962年全县有妇女干部85人，精简后至1964年有妇女干部75人。大部分集中在文教卫生、财贸战线上。全县直接从事妇女工作的干部仅有4人，这与妇女在人口中所占比例极不相称。县委计划从现有妇女干部和新吸收的妇女干部中挑选20人，参加农村社会主义教育运动，经过锻炼和学习培训，为今后选拔妇女干部和从事妇女工作打好基础。

通过种种途径的培养和锻炼，县委对干部进行了有计划的提拔任用。1964年提拔任用10名，1965年提拔任用25名，1966年提拔任用49名。全县各级党组织新生力量得到了增强，活力逐渐显现。

中共康县第三次代表大会

1964年5月11日至20日，中共康县第三次代表大会在县城咀台举行，参加会议的代表113人，代表全县4116名党员。会上，薛耀聪致开幕词，台中堂向大会作题为《总结经验，增强团结，鼓足干劲，乘胜前进，为建设康县新山区而奋斗》的工作报告。

报告第一部分实事求是地总结了1956年康县第二次党代会以来8年间社会主义建设所取得的成绩和经验教训。

报告指出，1956年以后，全县在继续完成对农业、手工业、资本主义工商业社会主义改造的基础上，进行了反右派斗争，取得了政治战线和思想战线上社会主义革命的胜利，为“大跃进”奠定了政治基础、思想基础和经济基础。1958年到1960年，三年的“大跃进”，通过大规模的群众运动，康县社会主义建设取得了很大的发展。工业方面，从无到有，有了一定的发展；农业方面，在很短的时期内，全县实现了人民公社化，农业生产得到了迅速的发展，粮食产量逐年上升，1959年全县粮食总产8300万斤，达到了历史最高水平；交通方面，陆续修通了康县至略阳、岸门口至枫岭、长坝至窑坪、咀台至碾坝4条公路，通车里程190多公里；邮电事业有了很大的发展，不仅社社通了电话，绝大部分生产队也通了电话。

在实际工作中也出现了许多严重的缺点和错误，其突出表现是，在社会主义革命和社会主义建设中，犯了主观、蛮干的错误；在人民公社化的问题上，混淆了社会主义与共产主义的界限，大搞“共产风”，大搞平均主义，损害了“队为基础，三级所有”的核算体制，挫伤了农民的积极性；在国民经济建设中，不从实际出发，严重浮夸，搞过了头，违背了以农业为基础的总方针；对待农民问题上，违背了马克思列宁主义中不能剥削劳动者的原则，违背了教育农民的原则，把农村中两条道路的斗争扩大化，用对待剥削阶级的方法“革农民的命”，损坏了工农联盟；在党的建设中，犯了违反党章的错误，实行过火的党内斗争，破坏了党内民主集中制的原则。

严重的工作失误，加上自然灾害的袭击，给康县的社会主义建设事业带来了一定的影响。1960 年下半年，全县部分地区严重缺粮，农民口粮标准低，致使人口外流和因饥饿引起浮肿等四大疾病不断发生，生产受到一定的影响。干部思想混乱，“五风”普遍严重，少数生产队坏人掌权，贫下中农受到摧残和迫害。残余的反革命分子和各种反社会主义分子趁机兴风作浪，进行反革命复辟活动。1960 年 12 月，中共西北局根据党中央和毛主席的指示，在兰州召开会议，迅速扭转了甘肃的局面，康县的工作才开始走上了正确的道路。

1961 年，康县党的各级组织，认真贯彻西北局兰州会议精神，集中力量同困难、同错误、同敌人进行了坚决的斗争。抽调大批力量深入农村，抢救人命，安排了人民生活，稳定了群众情绪。在省委工作组的具体帮助下，分期分批地开展了整风整社运动。宣传贯彻了中央《十二条》紧急指示和《六十条》。兑现了政策，纠正了一平二调。在坏人当权的地方，进行了夺权斗争。在一般地区，进行了反“五风”斗争。随后又调整了社、队规模，克服了“两个平均主义”①。对于 1959 年被错误批判的干部，逐个进行了甄别，消除了怨气，增强了团结，调动了广大干部的积极性。动员组织广大群众生产自救，战胜了自然灾害，度过了困难时期。

1962 年，武、康分县以后，康县继续贯彻党的以农业为基础的国民经济总方针和以调整为中心的“八字”方针②，根据康县的实际情况抓重点工作。

第一，以自力更生为前提，抓了群众的生活安排。由于 1961 年遭受自然灾害的袭击，1962 年上半年，康县绝大部分群众的生活出现了严重灾荒，人口逃荒外流，患四大疾病的人有万人以上，许多地方的生产处于停顿或半停顿状态。1963 年形势虽然有了好转，但

①“两个平均主义”指生产队下面生产小队之间和生产小队中人与人之间的平均主义。

②“八字”方针指调整、巩固、充实、提高。

由于1962年的严重春旱，全县30%以上的生产队群众生活仍然相当困难，在此情况下，县委集中全力，教育和发动群众，发扬艰苦奋斗，自力更生的优良传统，开展了节约度荒，群众互助，大搞代食品的生产自救运动。经过广大干部群众的共同努力，仅1962年就创造各种代食品46.5万斤，互借粮1.8万斤，各种蔬菜120余万斤。并积极寻找副业门路，用副业生产所得换回粮食47万多斤，加上两年中国家供应粮食7150万斤，发放救济棉布9.5万多尺，棉花2.3万多斤，救济款23.1万多元，拨放免费医疗款5.2万多元，基本解决了群众吃饭、穿衣、住房、治病等方面的实际问题。上述措施不仅使农业生产得以顺利进行，更重要的是群众真正感受到了党和国家的关怀，更加热爱党，热爱毛主席，热爱社会主义道路。与此同时，在整个国民经济的调整工作中，认真贯彻了中央有关政策，除了精兵简政，逐年减轻国家公购粮任务以外，还着重减轻了地方上加给农民过重的不合理负担，纠正了公购负担上层层加码的现象，核减了县、社各级吃商品粮的非农业人员，取消了大队、生产队的自筹粮、机动粮和不合理的补助，还农民一个休养生息的机会和条件，从根本上解决了群众的生活问题。1963年秋后，全县人民的生活普遍有了提高，绝大多数社员吃饭问题得到了缓解，而且新修了一些住房，人们的精神面貌大为改变。其后，各级党组织进一步重视了对群众生活的安排。

第二，以阶级斗争为纲，进行城乡社会主义教育运动。1961年以来，由于集中力量抢救人命，组织生产，放松了其他工作，认为阶级敌人趁机进行复辟活动，富裕中农的资本主义倾向有所抬头，少数贫下中农受敌人煽动，或对集体化经济心存抵触，对走农业集体化道路产生动摇，因而不少地方刮起了“单干风”，影响了集体经济的恢复和发展。1962年，蒋介石叫嚣反攻大陆的消息传出，阶级敌人更加嚣张，秘密串联，书写反动标语，发展反革命组织，拉拢和腐蚀干部，篡夺大队、生产队的领导权，公然抵抗政府法令，拒不服从政府监督改造，反动会道门进行复辟活动，牛鬼蛇神纷纷出来骗钱害人，多吃多占，贪污盗窃，投机倒把活动较为普遍，少数干部因为资本主义的影响，思想产生动摇。面对复杂的形势，全县反复多次开展了以巩固集体经济为中心，纠正“单干风”的农村社会主义教育运动。1963 年，全县在县级机关开展了“五反”运动。农村社教后，基层干部，工作作风和思想作风大大转变。以贫下中农为主力军的阶级队伍组织起来了，形成团结广大群众坚持社会主义道路的核心力量。通过“四清”，健全了社、队财务管理制度，侵害集体经济的行为得到了纠正。对四类分子普遍进行了评审，对有破坏行为的进行了说理斗争，牛鬼蛇神的活动大大收敛，投机倒把活动基本制止，基层组织得到了很好的整顿，各项制度日趋完善，广大干部的革命干劲大大增强，出现了群众自觉生产的热潮。城镇“五反”后，领导干部生活作风、思想作风和工作作风都发生了深刻的改变，广大干部职工普遍受到了一次很好的教育和锻炼，纠正了多吃多占、生活特殊化等不良风气，工作出现了新局面。

第三，进行国民经济各部门的恢复，特别是农业生产的恢复和发展。全县各级党组织贯彻中央有关农村工作政策，树立以农业为基础的思想，调整农业结构，给农业增加新生力量，加强农业技术指导工作，建立健全生产队的经营管理，顽强地与自然灾害作斗争，使国民经济特别是农业生产得到较大的恢复和发展。1962 年集体粮食总产达到 4863 万余斤，比 1961 年增长 20%。1963 年粮食总产包括社员自营达到 5476 万斤。大家畜有了明显的恢复和发展，年底存栏数 1962 年达到 24979 头。猪、羊、鸡、鸭等家禽家畜都有很大的发展。护林防火，禁止毁林开荒的工作得到了应有的重视，乱砍滥伐基本制止。副业生产引起了普遍重视。工业交通、财政贸易和文教卫生系统继续贯彻“调整、巩固、充实、提高”的方针，也取得了很大的成绩。

第四，加强党的建设。一是加强了党的民主集中制原则，实行了党的集体领导，纠正了家长式管理作风；二是重新教育了干部，初步解决了干部中存在的队伍不纯、四不清、多吃多占等问题；三是在党内斗争的问题上纠正了残酷斗争、无情打击的错误做法，坚持了团结—批评—团结的原则，既纠正了错误，又团结了同志；四是重新教育了党员，对80%以上的农村党员，进行了系统的党课教育，增强了党性；五是重点整顿了软弱涣散，缺乏战斗力的农村基层党组织，纯洁了领导核心，建立健全了各项工作制度。

报告的第二部分，分析了当时的形势，提出了今后的任务。指出，必须认真贯彻以粮为纲，多种经营的方针。粮食作物到1970年播种面积达到38.8万亩，亩产232斤，总产9000万斤。其中川坝地1.55万亩，亩产600斤。十五度以下修水平梯田4万亩，亩产1600万斤；二十五度以下修坡式梯田15万亩，亩产300斤，总产1500万斤。经济作物，到1970年，总面积达到6100亩，其中大麻1900亩，单产190斤，总产36.1万斤；油料2000亩，单产130斤，总产（包括花生）7.6万斤；棉花500亩，单产38斤，总产1.9万斤；药材1200亩，单产160斤，总产19.2万斤；其它作物2.6万亩。林业生产方面在保护好现有资源的前提下，大力种植经济林和用材林。特别注意木本油料、木本粮食等经济树，到1970年，核桃、漆子、花椒、松子、桐子、杏仁、药木子等木本油料类产量1520万斤，产值340万元。木本粮食类800万斤，产值80万元。牧业生产方面，积极恢复和发展大牲畜，增加役畜，大力发展家禽家畜，到1970年，大牲畜3.4万头，山、绵羊2.7万只，生猪达到5.5万头，每户平均一头牛。康县按16万人口算，每人平均占有粮食563斤，现金收入78元。5年后，使康县山区人民的经济收入和生活水平发生巨大变化。

报告的第三部分提出了为实现5年奋斗目标必须采取的措施。其中强调，要正确总结“大跃进”以来的经验教训，分清是非界限，扫清思想障碍，并列举了16种需要划清的是非界限，例如，党内的原则斗争是正确的，但残酷斗争、无情打击则是错误的；苦干、硬干的精神是正确的，但不分昼夜、疲劳群众的做法是错误的；学习先进经验、外地经验是正确的，但不因地制宜、死搬硬套则是错误的；等等。

大会分组讨论了工作报告和关于代表资格的审查报告，采取无记名投票方式，选举出了中共康县第三届委员会和常务委员会，以及出席甘肃省第四届党代会的代表。会上，县委组织部部长高启祥、宣传部部长韩仁、大南峪公社党委书记赵世俊等14人代表行业和部门作了表态发言。

第五，台中堂作了总结报告。大会号召全县各级党组织和共产党员广泛深入地开展学习毛主席著作运动，克服资产阶级形而上学的思想方法，永远说老实话，做老实事，当老实人。坚持“四个第一”①，发扬“三大作风”②，动员和组织全县人民艰苦奋斗，奋发图强，为把康县建设成为一个社会主义新山区而奋斗。

①“四个第一”：人的因素第一，政治工作第一，思想工作第一，活的思想第一。
②“三大作风”：理论联系实际，密切联系群众，批评与自我批评。

第四章 “文化大革命”的内乱和社会主义事业的艰难推进

正当以高举“总路线、大跃进、人民公社”三面红旗，跨越社会发展历史阶段的急躁冒进思潮被逐步纠正，全国人民在党的“调整、巩固、充实、提高”方针政策的正确指引下，全面推进社会主义建设并取得举世瞩目的巨大成就之时，一场旨在“反修防修”“防止资本主义复辟”“巩固无产阶级专政”的“文化大革命”被错误地发动和开展。从1966年起至1976年，历时十年之久，“文化大革命”造成的严重内乱，极大地迟滞了社会主义事业的健康快速发展。康县与全国一样，在十年“文化大革命”期间，由于内乱，社会各项事业发展处在极为艰难的推进中。

第一节 “文化大革命”在康县的初起

1966年5月，全国“文化大革命”开始，7月，“文化大革命”风暴波及康县。先是在教师中大抓“黑帮”和“牛鬼蛇神”，8月，在全国形势的影响下，康县学生开始停课闹革命，接着起来造“修正主义”的反。1967年1月，中共康县委、县人民委员会被造反派非法夺权，导致党政组织瘫痪，全县形势一片混乱，乱象愈演愈烈。

“文化大革命”的错误发动

所谓“文化大革命”，是由毛泽东发动和领导的。其出发点是防止资本主义复辟，维护党的纯洁性和寻求中国自己的社会主义道路。但他对社会主义阶段阶级斗争扩大化的认识、对党和国家政治状况的错误估计导致了一系列重大理论和政策问题的混乱，从而混淆了敌我。认为党中央出了修正主义，党和国家已面临资产阶级复辟的危险。认为过去几年的农村“四清”、城市“五反”和意识形态领域的批判，都不能解决问题，只有用“文化大革命”这种形式，公开地、全面地、由上而下地发动广大群众，才能彻底揭发党和国家生活中的阴暗面，把所谓被“走资派”篡夺了的权力夺回来。

1965 年 11 月 10 日，上海《文汇报》发表姚文元的《评新编历史剧〈海瑞罢官〉》的文章，这件事成为“文化大革命”发动的导火索。1966 年 3 月 12 日至 22 日，在中央召开的政治局扩大会议上，毛泽东指出：“文、史、哲、法、经要搞文化大革命。”是年 5 月 16 日，中央政治局扩大会议通过了由毛泽东主持起草的指导“文化大革命”的纲领性文件《中国共产党中央委员会通知》（即五·一六通知）。改组成立了以陈伯达为组长，江青为第一副组长，康生为顾问的中央文化革命小组，使之成为不受中央政治局约束的领导“文化大革命”的指导机构。1966 年 6 月 1 日，《人民日报》发表了《横扫一切牛鬼蛇神》的社论，对“文化大革命”起到了推波助澜的作用。6 月 3 日，康县成立了以县委书记台中堂为组长的“文化大革命”领导小组。12 日至 16 日，县委召开了全县领导干部大会，传达了地委召开的“文化大革命”座谈会议精神。8 月，中央八届十一中全会通过了《中共中央关于无产阶级文化大革命的决定》（以下简称“十六条”）。“十六条”和此前的“五·一六”通知成为“文化大革命”全面发动的标志。

自“五·一六”通知之后，康县各机关、学校、工厂、农村纷纷行动起来，采取“四大”（即大鸣、大放、大字报、大辩论）的方式，迅速展开了对吴晗、邓拓、廖沫沙的“三家村”和《海瑞罢官》《燕山夜话》《三家村札记》轰轰烈烈的批判，全县上下一改“五·一六”通知前冷冷清清的局面，短短几天里，“《海瑞罢官》是一株反党反社会主义的大毒草”“向‘三家村’猛烈开火”之类的大幅标语贴满了大街小巷、学校、工厂，以及农村的显眼位置。各单位频频召开批评会、声讨会。接着由政法干部组成的工作组进驻学校。于是，发端于教师队伍，以批判“黑帮黑线”和“横扫一切牛鬼蛇神”为旗号的“文化大革命”运动在全县迅速展开。

口诛笔伐，声讨高层“黑帮黑线”

随着“文化大革命”在全国范围内的全面展开，西北局、省委、地委层层召开会议，下发文件。根据西北局和省委、地委的指示精神，1966 年 5 月 12 日至 16 日，县委召开了有 104 人参加的全县领导干部大会。要求各单位放手发动群众，彻底破除几千年来，一切剥削阶级所造成的毒害人们的“旧思想、旧文化、旧风俗、旧习惯”，创立和形成崭新的无产阶级的“新思想、新文化、新风俗、新习惯”。采取“大鸣、大放、大字报、大揭发、大批判、大声讨”的方法，大造声势。从机关到企业，从城镇到农村，在各条战线上掀起了一个全党全民参加的声讨“黑帮黑线”、揭发“牛鬼蛇神”的群众运动。5 月 17 日，县委发出《关于组织广大干部群众参加文化大革命的通知》（以下简称《通知》），要求全县各级党政组织一定要遵照中央和上级党委的指示，积极领导广大干部群众投入这场革命斗争，坚决把社会主义“文化大革命”进行到底。《通知》指出，《人民日报》《甘肃日报》《红旗》杂志等报刊，登载了工农兵批判和声讨邓拓、吴晗、廖沫沙、翦伯赞、田汉等反党反社会主义罪恶活动的大量材料，要求县里下乡的干部，要向队干部和群众，特别是贫下中农介绍报纸上批判和声讨邓拓、吴晗、翦伯赞等人罪恶活动的材料，组织广大干部和群众积极参加声讨活动。把一切牛鬼蛇神揪出来，暴露在光天化日之下，彻底粉碎资产阶级向党的猖狂进攻。

遵照县委的统一安排部署，全县各机关、学校、工厂、农村，采取大鸣、大放、大字报、大辩论的方式，迅速开展了对《人民日报》所指控的“大毒草”的批判。一些机关组织召开抗日战争、解放战争老同志参加的声讨大会。县直机关分层次召开干部和各种类型的声讨大会。县邮电局召开了邮电系统全体职工电话声讨大会。长坝、岸门口等公社召开了千人声讨大会，写出了成千上万篇批判文章。许多贫下中农按照上级组织定好的调子和批判方式对所谓“邓拓等黑帮黑线”“反党反社会主义罪恶”进行了批判。截至6月5日，全县共召开各类声讨会568次，参加声讨大会的77138人次。其中有公社社员参加的68104人次，国家干部参加的1409人次，学校师生参加的7625人次。有6083人在声讨大会上发言。其间，办黑板报311期，写批判文章7076篇，书写标语82753张，大字报10193张，书写毛主席语录4671条。但是，基层大部分民众对“文化大革命”真相知之甚少，所以批判是盲目的。群众只能从报刊上抄点东西作为“批判稿”，实则敷衍形势而已。批判会、声讨会成为政治生活的常态。在批判邓拓、吴晗等所谓“反党反社会主义黑帮”的同时，逐步展开对本县有“反动”言论的所谓“牛鬼蛇神”的揭发。

全县性的运动开始后，由于受人们认识上的局限，运动开展不够平衡，个别公社和大队迟迟未动。有一部分大队认为，“文化大革命”所反的东西与农村很遥远，与己无关，对跟风搞运动不感兴趣，群众积极性不高，不愿参加。为了进一步发动群众，把运动开展得全面激烈，6 月 16 日，县委又召开公社书记、主任会议，再次动员要求各区、社党委，各单位、各部门克服右倾保守思想，从机关到学校、从城镇到农村，在各条战线迅速掀起一个全体党员、干部、工人、农民、民兵、学生参加的声讨“黑线黑帮”，揭发批判“牛鬼蛇神”的群众运动。

7 月 14 日，县委根据省委指示又发出通知，要求各机关、学校召开群众大会，生产队召开社员座谈会，声讨江隆基（兰州大学党委书记兼校长）的反党反社会主义罪行，有力支持兰州大学的“文化大革命”。8 月 2 日，县委召开县级机关职工大会，根据 7 月 27 日《甘肃日报》刊登的阮迪民、吴坚（《甘肃日报》主要领导人）“反党反社会主义的罪行”，在全县范围内开展肃清阮、吴“黑帮”在康县的流毒，以推动全县的“文化大革命”。

上挂下联，揭批下层“黑帮”

为了使运动逐步向纵深发展，即通过上挂下联，在声讨上层“黑帮黑线”中联系本地区、本部门的实际，揭批下层“黑帮黑线”人物，县委要求机关各单位按照业务联系，分为县委、人委、财贸、政法、工交、医院、一中、二中等大组。各大组成立领导小组，指定一、二人专门办公。一中、二中、县医院因情况复杂，由县委直接派工作组进驻；公社和所在地企事业单位以及小学，统一由公社党委具体抓。由于逐级加强了领导，运动很快由声讨邓拓、吴晗、廖沫沙等上层“黑帮黑线”，转入揭发本地区本部门的反党反社会主义“黑帮黑线”。县直机关通过召开脱产干部和职工会议等形式，揭露本单位本部门的问题；公社一级则召开大队干部，贫下中农代表，学习毛主席著作积极分子参加的会议，进行大鸣大放大揭发。至6月中旬，全县参加运动的脱产干部达1137人，其中党员308人，团员214人。绝大多数干部职工都积极投入到了揭批本地区、本部门的“黑帮黑线”的运动中。特别是由于县“文化大革命”领导小组成员亲自深入到后进单位进行大会动员、个别启发、大力支持革命左派，使揭批本地区、本部门“黑帮黑线”的运动很快开展起来。二中等单位领导压制群众贴大字报、揭发问题，县委发现后及时采取坚决措施，撤换单位领导人的职务，职工群众很快被发动起来。截至6月22日，全县共贴出大字报68513张，有254人受到了揭发，参加运动总人数达到了22.3%，被确定为问题比较严重的57人，占总人数5%。其中中级骨干1人，初级骨干6人，一般干部50人。6月16日，县委用四天半的时间召开公社书记、主任会议，仅会议期间贴出大字报630张，涉及58人，揭出问题143件。其中被认为是攻击马克思列宁主义、毛泽东思想的10件；为邓拓“黑帮”辩护的2件；支持苏修的5件；对现实不满、妄图资本主义复辟的7件；反对突出政治的3件；破坏党的团结，违反党的政策的30件；包庇坏人坏事的5件；贪污盗窃的3件；道德败坏的20件。

联系本地区、本部门的实际被揭发出来的“问题”，大都属于人民内部矛盾，其中有的是对现行政策不满所发的牢骚，有的是对新中国成立以来经济社会发展质疑的正常言论，有的是社交往来中对社会现象的调侃。从其本质和危害性而言，都是一些小事小非问题。但在运动中却被无限上纲，定性为攻击党中央、毛主席，攻击无产阶级专政，抵制毛泽东思想，攻击三面红旗，散布修正主义和资本主义毒素，宣扬资产阶级生活方式，破坏党的团结等。例如，有的职工说“毛主席晚年时期确实有个人崇拜”“毛主席的话我们要灵活运用”。有位教师说“毛主席的著作我以前都看过，我都晓得，对我教外语的人作用不大”，被无限上纲为“攻击党中央、毛主席，攻击无产阶级专政，抵制毛泽东思想”；一位县级干部说

“一九五八年尽吹牛”“康县解放十六年来搞了个啥，除了两条公路外，啥也没有”；一位科级干部说“大跃进把粮食跃进光了，妇女都不养娃了”，被无限上纲为“攻击三面红旗，散布修正主义毒素”如此等等。因为这些问题，他们中有的被撤职揪斗，有的被劳动教养，有的被降职降级，程度不同地受到了一定的处理。

运动中，县上采取点面结合的方式，对于政法、工交、财贸等大口以及各公社，由系统内部的文化革命领导小组领导运动开展，组织鸣放和揭批，县上进行面上指导。加强请示汇报制度，机关每天汇报一次，公社每 5 天汇报一次。县上把文教战线作为运动的重点，县委派出由政治干部组成的工作组直接领导运动。县委工作组采取暑假集训，集中揭批的办法，首先集中全县 365 名中、小学公办教师在咀台小学集训。集训吸取了机关单位前一段走弯路、纠缠生活作风等枝节问题的经验教训，一开始就把精力集中到揭批反党反社会主义的“黑人黑话”上来，矛头对准“资产阶级右派分子”“反革命修正主义分子”，特别是“党内那些走资本主义道路的当权派”，以求揪出隐藏在教师队伍中的“黑帮黑线”人物。通过充分发动，支持“革命左派”，开展大鸣大放大揭发，集训期间共张贴大字报 17000 多张，揭出各类“黑线”人物 96 人。通过问题的揭批，县上认为，小学的问题最为严重，9 个学区基本烂掉了。21 所完小，就有 14 所需要夺权。特别是通过揭批，“挖出了”长期隐藏在教师队伍中的“资产阶级代表人物和反革命分子”。有一个教师是地主的儿子，从他家里搜出大量日记，作为证据，被视为有反动立场、长期隐藏的资产阶级代表人物，予以揪斗；有一个成县籍来阳坝任教的教师，被视为隐藏在教育战线从事反革命活动的中统特务被挖出来批斗。集训会上还揭发了所谓以沈鹏、边作汉为首的“反革命组织”。

在教师集训会上被揭发出来的“黑帮黑线”说的“黑人黑话”，

与县直单位揭发出来的所谓“问题”“反动言论”相类似，大都是一些教师说的几句牢骚话，生活闲聊中说的调侃话，按事实讲的老实话，但都被“揭发”出来，无限上纲上线，被认为是攻击党，攻击社会主义制度，攻击三面红旗，反毛泽东思想，宣扬资产阶级生活方式，散布资本主义毒素，妄图复辟资本主义，属于“黑帮黑线”。由于“揭发”出来的所谓“黑帮黑线”“黑人黑话”越来越多，为了使被揭发出来的人和事都能得到批判，全县的教师集训会原计划40天，后延长到60天。教师队伍中被揭发出来批斗的所谓“黑帮黑线”人物达80多人。10月，教师队伍中被揭批的“黑帮黑线”人物与其他机关单位被揭批的“黑帮黑线”人物一起，被押送至岸门口陈家山劳动改造。

对于公社一级及广大农村的“文化大革命”，县上首先派出工作组在大南峪公社及窑坪大队进行试点。在公社党委的统一领导下，试点工作通过摸底排队，确定开展“文化大革命”的点是5个大队，即贺家沟大队、赵家沟大队、大南峪大队、新院大队、李家庄大队。这5个大队的情况是：贺家沟大队书记、大队长、文书，都是坚持走资本主义道路的当权派。该大队投机倒把、单干活动盛行。赵家沟大队书记工作软弱无力，近几年有“和平演变”趋势，大队长本身有“四不清”，生产队单干活动严重，有个别农户和人养蚕，大队处理后拒不交回；大南峪大队，地富反坏右五类分子用金钱、美女等手段拉拢腐蚀干部，搞“和平演变”；新院大队，干部挪用公款，搞投机倒把；李家庄大队干部“四不清”，钩心斗角，搞单干活动。根据这些情况，公社党委认为，5个点基本都属于夺权对象，阶级斗争、两条道路斗争尖锐突出，牛鬼蛇神猖獗。为此，公社成立领导小组，点上成立5个工作组，抽调脱产半脱产干部17人（包括县委工作组），农村基层干部13人，共30人，到5个点开展“文化大革命”工作。公社领导配合县委工作组，以窑坪为重点，总结经验，以点带面，并组织巡回检查组指导全社“文化大革命”工作。工作组进队后，通过召集社员会，贫下中农会，青年、妇女等各种会议层层发动，迅速掀起了大鸣大放的声讨高潮。5 个点上贴出大字报 1200 余张，揭发出 49 人的问题，其中五类分子 23 人，干部 20 人，群众 6 人，在干部群众中有“反党言行”的 10 人，搞资本主义活动的 5 人，“和平演变”的 7 人，其他 4 人。

8 月 10 日，大南峪公社党委将试点情况报告区委、县委和地委。县委批转了大南峪公社“文化大革命”试点的情况报告。提出了全县农村开展“文化大革命”的指导性意见。其中强调指出，遵照西北局扩大会议关于“农村无产阶级文化大革命可以仿照面上社教的办法进行”的指示，要求进一步大胆放手发动群众，充分运用大字报、大鸣、大放、大辩论的方法，广泛、彻底揭发问题。公社党委对群众揭发出来的问题，仔细研究，分类排队。凡属夺权的大队，生产队，及时抽配力量与县委下乡工作组结合起来，开展夺权斗争。力量不足的，先从那些问题最多，影响较大的地方入手，彻底搞好一两个队，突破一点，推动全局。然后根据问题大小和群众要求迫切的程度，分批开展斗争。不属于夺权的单位，采取“下楼”放“包袱”的办法加以处理。批转文件还指出，运动中要坚决依靠贫下中农的“左派”，发展壮大“左派”，教育改进中间派，团结百分之九十五以上的干部群众，最大限度地孤立和打击那些资产阶级代表人物，特别是反党，反社会主义，反毛泽东思想的当权派，也就是党内走资本主义道路的当权派。除了地富反坏右要随时揭发，随时斗争外，其他斗争对象，一律要报县委批准，不能乱斗。干部的最后处理，要按原定管理权限报批。坚持摆事实，讲道理，防止简单、粗暴做法，禁止打人和其他形式的体罚。对于受“黑帮”影响的人，要经过批评和批判，使他们划清界限，与“黑线”决裂，不能混淆阶级阵线，转移斗争目标。更不能用任何借口，去反对社员群众。各级领导都要站在运动的最前列，把无产阶级“文化大革命”进行到底！

贯彻“十六条”，扭转斗争矛头

8月7日，中央政治局扩大会议印发毛泽东8月5日写的《炮打司令部——我的一张大字报》。大字报首先赞扬北京大学聂元梓等七人的大字报是“全国第一张马克思主义的大字报，写的何等之好啊！”接着指责自6月上旬派工作组50多天里，从中央到地方的某些领导同志，“站在反动的资产阶级立场上，实行资产阶级专政，将轰轰烈烈的“文化大革命”运动打下去，颠倒黑白，混淆是非，围剿革命派，压制不同意见，实行白色恐怖，长资产阶级威风，灭无产阶级志气”。8月8日，由中央“文化大革命”领导小组起草，经毛泽东审定的《中共中央关于无产阶级文化大革命的决定》（即“十六条”）出台，对“文化大革命”的目的、重点、依靠力量、方法等做了规定。“十六条”规定，这次运动的目的是斗垮走资本主义道路的当权派，批判资产阶级的反动学术权威，批判资产阶级和一切剥削阶级的意识形态，改革教育，改革文艺，改革一切不适应社会主义经济基础的上层建筑，以利于巩固和发展社会主义制度。这次运动的重点，是整党内那些走资本主义道路的当权派。“十六条”特别指出，在这场运动中，一大批不出名的革命青少年成了勇敢的闯将，他们的革命大方向始终是正确的，党的领导要善于发现左派，发展和壮大左派队伍，坚决依靠革命的左派，彻底孤立最反动的右派，争取中间派。“十六条”一再强调要“敢”字当头，充分运用大字报、大辩论这些形式，进行大鸣、大放，不要怕出乱子。“十六条”同“五·一六”通知一样，没有对“走资派”“左派”“右派”这些概念提出明确的界定标准，没有对如何实现党的领导作出具体规定。虽然也提出区别两类不同性质的矛盾，要用文斗，不用武斗等，但这些原则性规定在后来的运动中未被遵守。

“十六条”出台后，经过西北局、省委、地委，层层传达到县上。在贯彻执行“十六条”精神的开始一段时间，县上尽管明确“十六条”规定，无产阶级“文化大革命”，只能是群众自己解放自己，斗争的重点是党内走资本主义道路的当权派。但在实际开展中，仍然按原有的在县直机关、文教卫生部门、广大农村基层干部中揭批“黑帮黑线”的思维模式推进运动开展，继续在基层干部群众中揭批“资产阶级右派分子”“反革命修正主义分子”“走资本主义道路当权派”。8 月 22 日，县委在给地委汇报贯彻执行“十六条”情况的报告中说，当前运动的重点，仍要放在教师集训会、医院和县级党政领导机关，集中解决这些单位的问题。工交企业，基本建设和财政贸易等基层单位的“文化大革命”运动，应当与“四清”运动结合进行。区社干部中已经揭出来的反党反社会主义右派分子，可以组织斗争，力量不足的，经过县委批准，调县批判斗争。大队和生产队，扔按面上社教的办法进行。属于夺权的，要组织较强工作组开展夺权斗争。但是，随着毛泽东《炮打司令部》大字报批评“派工作组”“镇压群众运动”做法的广泛宣传，以及林彪在毛主席天安门接见红卫兵时的讲话的宣传，全国范围内掀起了批判“资产阶级反动路线”的浪潮。前期运动中派工作组进驻大中学校揭批“黑帮黑线”的做法，被认为是执行资产阶级反动路线，予以全面否定。各地纷纷撤回之前派出的“文化大革命”工作组，并给被打成“黑帮黑线”的人彻底平反。遵照上级有关指示精神，顺应批判资产阶级反动路线的大形势，康县亦撤回派驻中小学、教师集训班和其他机关单位的工作组，并给被打成“黑帮黑线”的同志平反，解除了对他们的批判斗争和集中劳动改造。与此同时，红卫兵运动的兴起受到“十六条”有关规定的充分肯定，被认为“他们的革命大方向始终是正确的”，从而大中学校红卫兵运动风起云涌。他们教条主义地理解毛主席“马克思主义的道理千条万绪，归根结底，就是一句话‘造反有理’”的语录，开始起来造各地党政领导的反，搞所谓“踢开党委闹革命”，揪斗当地党政领导干部。9月3日，兰州铁道学院学生在兰州市红山根体育场揪斗当时的省委书记汪峰。其后，外地红卫兵来武都揪斗当时的地委书记黄恩明。10月，北京贴出“打倒刘少奇”的大字报。至此，“文化大革命”的斗争矛头逐渐由揭批下层领导干部和一般群众中的“黑帮黑线”“反党反社会主义分子”“资产阶级代表人物”“反革命修正主义分子”转向造当地党政领导的反，揭批地方党政领导干部，揪斗当权派。由此而来的是党政领导机关不断受到冲击，党政领导工作正常秩序遭到破坏，甚至瘫痪，经济社会秩序开始混乱。

第二节　“文化大革命”内乱的加剧和平息

1967年1月，县委、人委机关遭到“造反派”冲击后，多数党政领导干部受到围攻揪斗批判。3月，县人民武装部奉命介入地方“文化大革命”，执行“三支两军”任务。七八月间，县政法机关遭到冲击失去职能，此后，派性纷争一度膨胀，局地发生武斗伤人事件。三派群众各派出工人、农民、红卫兵代表，成立了“三代会”，负责一切群众组织活动，内乱趋于缓和。

红卫兵运动与破“四旧”

党的八届十一中全会后，红卫兵运动迅速席卷全国。8月18日，毛泽东在北京天安门首次接见红卫兵。8月22日，中央广播电台把首都红卫兵大破“四旧”[1]的行动向全国广播。9月初，中共中央、国务院发出《关于组织外地师生来京参观文化大革命的通告》。各地红卫兵纷纷涌入北京“取经”，北京红卫兵也分赴各地“点火”，号称“大串联”。从8月18日到11月下旬，毛泽东先后8次接见来自各地的红卫兵，人数达1100万人。至此，红卫兵大串联遍及全国城乡，红卫兵运动达到高潮。

8月29日，县委发出通知，要求对直接向毛主席和党中央写信、打电话、发电报、自愿进京上访的，相关部门和窗口单位不能刁难、阻挠和扣押，要给予支持。红卫兵大串联开始后，县委又发出通知指出，目前在全国广大革命师生中兴起的徒步长征串联是无产阶级“文化大革命”中出现的新生事物，是广大革命师生在毛泽东思想光辉照耀下的伟大创举，全县人民要对各地革命师生步行串联的革命行动给予热情支持，具体帮助解决食宿方面的问题，认真搞好接待工作。康县岸门口中学、长坝中学250多名学生组成10多个长征队，经武都、西安、延安等地向北京徒步串联。外地红卫兵徒步长征大串联经过康县时，县内在县城咀台设立接待站，在平洛、望关、长坝、大堡、云台、王坝、岸门口、贾安、白杨、铜钱、阳坝等11处各设接待点。没有设点的地方，如有步行串联的师生经过或要求解决食宿的，当地有关单位和社队给予热情接待。因接待串联师生影响贫下中农生活的，由当地发给误工补贴。沿途各接待点除了承担步行串联师生的食宿，伤病员的治疗和供给补充外，还协助串联师生宣传毛泽东思想，组织老红军向串联师生讲阶级斗争史、革命斗争史、家史、翻身史等。组织当地贫下中农社员与串联师生一起学习毛主席著作，交流活学活用毛主席著作的经验。

---

①“四旧”指旧思想、旧文化、旧风俗、旧习惯。

参加串联的青少年学生幼稚而狂热。他们所到之处，不做任何调查研究，便召开群众大会，宣传“文化大革命”，鼓噪“造反有理”，以简单、粗暴、蛮横的行为打击他们认定的“牛鬼蛇神”，随意揪斗地方党政领导干部，随意在街道墙壁、机关单位门口书写“打碎×××”“火烧×××”“砸烂×××”之类的大幅标语，使“打碎”“火烧”“砸烂”之类的口号和行为风行一时。同时，他们还高喊“造反有理”的口号，张贴向旧世界宣战的大幅标语，大破所谓“四旧”。一时间，街道、店铺、医院、学校等地方许多有影响的老名称、老字号招牌被当作“四旧”“封、资、修”货色，通通取消或砸掉，换上含有“灭资兴无”等内容的新招牌，新字号。例如岸门口中学被改名为继征中学。一些地名也被随意改换成当时比较时髦的名字，如向阳公社、永红大队、东方红大队；等等。各商店的香水、香粉、胭脂被视为资产阶级旧东西禁售；彩花缎被面被封存，古典式陶瓷、盆栽花卉被视为“封、资、修”的东西被砸碎；一些家庭保存的四大名著等古典小说，也被抄出来全部撕毁焚烧。在红卫兵的宣传鼓动下，广大农村也掀起破“四旧”浪潮。各种墓碑、寺院、道观、神庙、雕塑、碑刻被悉数毁坏，家谱、祖宗灵牌、收藏的书画等珍贵文物、祭祀器皿以及一些文物、古董统统被没收或焚毁。如大堡东岳山、咀台白云山、王坝鸡山等在周边各县均有较大影响的宗教场所，在破“四旧”中均被严重损毁。“大串联”不仅给全国铁路交通造成严重混乱，使工农业生产受到直接影响，而且使个人崇拜、“怀疑一切”“炮打一切”的极“左”思潮在全国迅速扩散开来。在红卫兵运动迅猛兴起，“大串联”遍及全国时，周恩来、陶铸等人仍努力把红卫兵运动纳入党组织领导的轨道，要求“红卫兵注意政策，不搞武斗，不要影响生产”。为维持国民经济的正常运行，9 月中旬，在周恩来主持下，经毛泽东批准，中共中央就维护工农业生产问题连续发出通知，明确提出要坚持党的领导，坚守岗位，完成好生产任务，红卫兵不要到工厂农村进行串联，不搞群众直接“罢官”等等。但在实际贯彻中，这些要求未能很好地落实。相反，红卫兵运动及尔后的造反派组织兴起，他们打着“造反有理”的旗帜，肆意冲击党政军领导机关，使经济社会秩序更加混乱。

造反夺权与揪斗当权派

红卫兵大串联后，通过“取经”，各地大中学校学生纷纷仿效清华大学附属中学、北京大学、北京航空大学学生组建红卫兵组织的方法，回校组建自己的红卫兵组织。这些红卫兵组织没有统一的领导和组织机构，而是自行组织的在大鸣、大放、大字报、大辩论中“观点相同”的造反派组织，其名称也是以组织者的个人意愿而定，相互间无上下隶属关系。如有的起名为“毛泽东思想红卫兵”，有的起名为“红卫兵××战团”“红卫兵××战斗队”。尽管中央、国务院三令五申红卫兵不要去工厂农村中串联，工厂企业不得成立造反派组织，不得成立跨行业的群众组织。但是，工厂企业职工仍然效法王洪文在上海组织“工总司”得到中央“文化大革命”小组默认的做法，纷纷成立各式各样的战斗队和造反派组织，造本地区、本单位党政领导的反。行政事业单位干部职工也效法学校学生、工厂企业职工组建造反派组织，成立自己的战斗队。为了强化在“观点统一”基础上的战斗力量，红卫兵造反派组织仍然去工厂农村进行串联；工厂企业、行政事业单位和学校师生仍然进行跨行业串联，成立跨行业的群众组织。一时间，各类“战斗队”“战团”“兵团”之类造反派组织如雨后春笋，纷纷建立，遍及城乡。如长坝中学曾成立“红卫兵60团”，岸门口中学、康县农具厂、副食厂职工都成立了各自的红卫兵组织。县委机关职工也成立了“××战斗队”。

在造反派组织群雄逐鹿的浪潮中，各造反派组织以自己的判定标准，以自己的“辩论”观点，进行大鸣、大放、大字报、大辩论。在观点相同的基础上，各造反派组织又进行跨行业的相互联合，组织起更大规模的造反派组织，如“红总司”“红三司”“工总司”之类。这些造反派组织成立后，为了把所谓“文化大革命”进行到底，到处去造反，致使学校停课，工厂停产，机关单位停止办公。1967 年 1 月，上海发生“一月风暴”。王洪文筹划成立并组织领导的“工总司”等造反派组织，联合召开了“彻底打倒陈丕显、曹荻秋为首的上海市委”大会，夺了中共上海市委的领导权。1 月 27 日，武都地区“大联合、大夺权司令部”等造反派组织联合召开了“打倒黄恩明、董宏杰为首的武都地委”大会，夺了中共武都地委的领导权。在此形势影响下，康县以县委机关战斗队为主，夺了县委的权。

2 月，无法无天的造反派夺权及其引发的内乱蔓延，引起了老一辈革命家的关注，谭震林、陈毅、徐向前等一大批老革命家奋起抗争，被称之为“二月逆流”。3 月，在反击“二月逆流”的风暴中，一场从县到公社全面揪斗“当权派”的“斗争”在全县范围内展开。虽然“十六条”规定，运动的重点是整党内一小撮走资本主义道路的当权派，毛主席又说“走资派”只占百分之一、二、三。可是，“走资派”的概念模糊不清，判定无明确标准。人们的认识不尽相同，各个造反派组织以自己的标准衡量“当权派”，揪斗“走资派”。结果 90% 左右的县级党政领导和公社的党政领导受到揪斗。起初的揪斗是罚站、背《毛主席语录》和“老三篇”①、检讨，回答问题；之后便进行武斗、“炒菜”、“坐土飞机”、挂黑牌、戴高帽子、游街，甚至过电、捆吊等。县委书记台中堂在批斗中就曾被过电。夏秋之际，地委书记黄恩明、副书记董宏杰和专署专员安振

①“老三篇”指毛主席著作《为人民服务》《纪念白求恩》《愚公移山》。

等被押送至康县，与县委书记台中堂、县委副书记杨映春、副县长张一然、白汉云一同，于县城、各镇（区）接受群众的轮流批斗。当时董宏杰因腰伤无法行走，就由台、张、杨抬着游行。

全面夺权使各级党组织和政府失去了应有的权威，难以正常工作，混乱局面几近失控。于是，毛泽东决定派军队全面介入地方工作，进行“三支”“两军”①。1967年1月，县委和县人民委员会被“造反派”夺权后，党政组织处于瘫痪状态，全县经济社会秩序一片混乱。在这种情况下，人民解放军甘肃省康县人民武装部奉命介入地方“文化大革命”，执行“三支”“两军”任务。成立了康县抓革命，促生产第一线指挥部，负责组织全县生产，维护日常生活秩序，维护了必要的社会稳定，减少了工农业生产和人民财产的损失，在可能的范围内减轻了“文化大革命”造成的破坏。但是，执行“三支”“两军”任务的解放军指战员既缺乏思想准备，又缺乏地方工作经验，特别是受“文化大革命”中极“左”倾向的干扰，他们在“三支”“两军”和“抓革命、促生产”中难免发生错误和失误，因而他们在组织全县生产，维护日常生活秩序所发挥的指挥领导作用极为有限。

派性斗争和武斗事件

全面夺权和大部分领导干部被揪斗、打倒，引发了一系列问题。首先提出了原有党政领导干部的鉴别问题。他们之中哪些属于应打倒的“走资派”？哪些属于反革命派？如果是“走资派”，却没有揪出来打倒，则是“大方向错误”；如果是革命派，却当作“走资派”打倒，或者虽是“走资派”但已认识错误并决心改正，则应

①“三支”“两军”指支左、支工、支农；军管、军训。

解放出来，让他们重新工作，走上党政领导岗位。1967 年毛主席在强调同“走资派”斗争的必要性时说过，绝大多数的干部都是好的。对党内“走资派”是要整的，但是，他们是一小撮。要扩大教育面，缩小打击面。要允许干部犯错误，允许干部改正错误，不要一犯错误就打倒。要解放一批干部，让干部站出来。那么，究竟由谁去解放那些应该被解放的党政领导干部，让他们站出来，重新走上领导岗位？其次是提出了有关“全面夺权”的问题。当初夺权是夺了“走资派”的权，还是夺了革命干部的权？夺权行为的正确性由谁来认定？当初的“夺权”一般是由观点相同的造反派组织联合起来进行的，观点对立的另一派组织则被排出在夺权组织之外，成为夺权组织的反对派。于是就有了夺权派组织的夺权大方向正确与否的问题，以及谁是造反派，谁是保皇派的问题。同时，那些“站出来”的领导干部又存在“站队”问题，即根据自己的认识，选择站在哪一派组织一边，支持哪一派组织。“十六条”规定，“文化大革命”是“群众自己解放自己，自己教育自己”。上述问题在未得到上级表态之前，只能靠群众自己在大辩论中通过摆观点去辨别。于是由对当权派揪谁保谁的目标不同，或对一个领导干部是批还是保的态度不同，便产生两大派组织的截然对抗。无论机关单位的干部，工厂企业的职工或是在校师生，凡是热心参加“文化大革命”的人，都参加到一定的造反派组织中，按照自己的观点认识去确定自己的“站队”，是站在夺权派一边，还是站在反夺权派一边，这就是所谓的派性对立。因为派性，在各学校、单位、街道、食堂，到处可见一堆堆的人群在激烈争辩，或张贴针锋相对的大字报。人与人之间，因观点不同，形成势不两立的两大派别，甚至家庭内部的成员之间也因观点不同站在不同的派别，冷战不休，势不两立。即便是原本和气的一家人，也成为水火不容的冤家对头，甚至罹难于派性斗争中。

派性斗争起初是文斗，即通过大鸣、大放、大字报、大辩论进行激烈争辩。为此，高音喇叭震天动地，大幅标语刷满大街小巷。在文斗中，两派组织都认为自己是忠于毛主席，誓死捍卫毛主席的，是革命的造反派，所“保”的是革命的领导干部，所打倒的是“死不改悔的走资派”；都攻击对方组织是保皇派，所保的是“死不改悔的走资派”，所打倒的是“革命”的领导干部，并试图用各种手段压倒对方。文斗压不倒时，便采用武斗。其后，则以武斗代替文斗。所谓武斗即械斗，除了飞机和核武器之外，一般的常规武器皆被投入战斗。

康县的派性主要是“红总司”与“红三司”两大派之间的对立。起初，县直机关对“岸门口会议”（县武装部召开）是对还是错存在分歧，以肯定派为一方，否定派为另一方。1967 年二三月，肯定派一方的各“战斗队”“战团”“兵团”联合起来，成立“康县无产阶级革命派大联合司令部”（简称“大联司”）。同时，县人武部执行“三支、两军”任务，以“大联司”为革命派，予以支持。否定派一方的“红十二总队”受压瓦解。之后，原“红十二总队”组织成立“六·九总部”等组织，与“六·九总部”观点一致的群众组织联合成立“康县红色造反派第三司令部”（简称“红三司”）。是年 8 月，有人得悉台中堂是“叛徒”的假材料后，“大联司”相当一部分成员怕保“台”错了“大方向”，站错了“队”，于是“杀”出大联司，成立了第三派组织“八一八总部”。“大联司”未“杀”出去的成员将原“大联司”所属组织改组为“红色工人造反兵团”“红战团”“红卫兵团（红三团）”，并联合成立了“康县工农兵造反派联合总司令部”（简称“红总司”）。公社以下基层单位，如公社所在地企事业单位和生产大队等，也相应地成立了“战斗队”“战团”“造反兵团”之类群众组织，并形成了“红总司”与“红三司”两大派组织的派性对立。但县直机关“红总司”“红三司”与公社以下基层单位的“红总司”“红三司”不存在隶属关系，各自是独立的。县武装部支持县“红总司”，基层民兵一般加入“红总司”，既是民兵也是战斗队员。“八一八总部”势单力薄，难以匹敌。派性斗争主要是“红总司”与“红三司”双方的斗争。

两派组织从一开始，就进行非常激烈的辩论，并逐渐将文斗上升为武斗。1967 年 7 月，武汉震惊全国的“七二〇”事件发生后，江青在讲话中提出“文攻武卫”，陈伯达倡导武装“造反派”，全国武斗骤然升级并被合理化。8 月 4 日，王洪文经过周密部署，调动 10 万造反派，近千辆卡车，包围了上海柴油机厂，并在黄浦江上调集炮舰、运输船等 20 余艘，实行水陆包围，用武力消灭群众组织“上海柴联司”。这场武斗后，与“工总司”观点不同的群众组织被彻底摧毁，“工总司”成为上海地区造反派组织的唯一霸主。不少地方的群众组织甚至把兵工厂制造的新式武器拿出来投入战斗。8 月 5 日，康县“红总司”前身“大联司”调遣岸门口中学红卫兵团来县城，满载红卫兵小将的大卡车行至人民桥头急转弯处不慎翻车，致使 3 人死亡，57 人受伤，梁 × × 因截车被击毙。“八五”事件和梁 × × 事件，后果是明确的。“八五”事件后，一部人从“大联司”即之后的“红总司”“杀出”，成立“八一八总部”，成为第三派组织。至此，“红三司”与“红总司”势均力敌。因经历“八五”事件，双方都保持高度警惕，以准备对付随时都可能发生的武斗。9 月 11 日与 9 月 14 日，武都地区发生“9 · 11”和“9 · 14”两大派组织的大规模武斗事件。康县的“红总司”与“红三司”亦剑拔弩张，但因种种原因，未实际发生武斗。10 月之后，部分公社“红三司”自制土手榴弹，准备应对对方可能发起的攻击（后将自制土手榴弹上交）。

由于派性的激烈对抗，毛主席的“最高指示”指出，工人阶级内部没有根本的利害冲突，要求两大派组织实现革命的大联合。1968年4月，康县三派组织在武都地区支左部队的倡导和主持下，各方派代表5人，4月14日，赴地区支左部队驻地莲湖小学进行谈判，经过50天的谈判，于6月2日达成大联合协议。7月19日，兰州军区、省革委会对康县“文化大革命”表态，认为三派都是革命群众组织。可是在群众尚未知情的情况下，一些人散布“红三司”是反动组织。7月23日，大堡、巩集、豆坝等公社武装部，武装民兵连、排持枪，“红总司”队员带刀，突然对“红三司”成员实施“抓捕”，巩集民兵甚至开枪射击目标。同时，岸门口、平洛、阳坝、云台、店子等公社连续发生武斗，数人被打死，一些人被吊打致残，有300余人逃往成县、武都避难。

革委会、“三代会”成立和内乱的逐步平息

7月19日，兰州军区，省革委会对康县“文化大革命”表态定性。要求康县三派群众组织在毛泽东思想的基础上实现革命大联合，停止派性斗争。随之，经县武装部组织三派群众组织协商，报省革委会批准，于8月19日，康县革命委员会正式成立。

新生的革命委员会由军方代表、革命领导干部、群众组织代表“三结合”组成。军方代表，人民解放军康县武装部政委王玉文任主任；革命领导干部，赵国成任副主任，群众组织代表任常委或委员。县革命委员会是党政合一的领导机构，肩负着原县委和县人民委员会双重职能。革委会下设政治部、生产指挥部、保卫部、办公室和战备办公室等二部两室[①]。三部两室的职责是：生产指挥部分

①三部两室指整党建党后，为了加强党的一元化领导，减少层级，精简机构，提高工作效率，县委不再另设办事机构，县革委会下设的政治部、生产指挥部、保卫部、办公室及战备办公室三部两室即为县委的办事机构。

管经济计划、工农业生产（包括农、林、水、牧、气）、基本建设、交通邮电、物资供应、劳动工资、财政粮食、商业贸易、市场物价、卫生保健、民政福利、机关财产，以及有关的其他工作；政治部分管组织、干部（包括行政编制工作、中学生招生与大学生分配）、工、农、青、妇等群众工作，以及其他有关政治思想方面的工作；保卫部分管公安、检察、法院、劳动改造、劳动教养、户籍管理、保密保卫，以及其他有关对敌斗争的工作；办公室分管机要、档案、来信来访、调查研究，以及其他不属于各部分管的工作；战备办公室分管形势战备教育、全民办后勤（公网一地建设）、民兵工作、军事训练等战备工作。各公社、县直机关单位和各局的请示报告，凡属各部室业务范围，各部室研究处理，部门决定不了的，再提交县革委会讨论。

县革命委员会成立后，1968 年 12 月底，全县 28 个公社普遍成立了公社革命委员会，厂矿企业普遍成立了革命领导小组。随后，各生产大队，公社所在地企事业单位，由公社革委会批准决定并报县革委会备案，普遍成立了革命领导小组。公社革命委员会亦由军方代表、革命领导干部、革命群众代表三方构成。公社武装部部长任革委会主任，革命领导干部任革委会副主任，革命群众代表任常委或委员。生产大队革命领导小组则由大队民兵连长、革命领导干部即原大队支书或大队长、贫下中农代表组成。有的大队由民兵连长任领导小组组长，有的大队则由原大队支书或大队长任领导小组组长。大队革命领导小组成员的构成和成立的报批程序是，由大队民兵连上报公社革委会，由公社革委会给大队民兵连作批准与否的批示。

各公社革命委员会在成立和庆祝大会上普遍发了《给毛主席的致敬电》，表达了广大农村干部群众“永远忠于毛主席，党中央”“照毛主席指示办事，抓革命、促生产”的决心和信心。1968 年 8

月24日，岸门口公社革命委员会成立和庆祝大会《给毛主席的致敬电》写道：“天上群星朝北斗，地上葵花向太阳，毛主席啊！毛主席，我们岸门口六千多革命人民的红心啊！永远向着您。”“毛主席啊！毛主席，我们一定读您的书，听您的话，照您的指示办事，做您的好战士。”

各公社革命委员会成立后普遍发了成立公告。在公告中特别强调了三大事项，即收缴武斗器械，查处“文化大革命”内乱中一些不法分子趁机盗窃公私财产，劝诫社员积极参加集体生产劳动。1968年8月22日，向阳公社革委会成立后的第二号公告严令，立即交出所有武斗凶器，在接通告后3日内不交回公社武装部，公社武装部派专人查处，对煽动抗交武器者，视其情节，报上级从严处理；凡抢夺盗窃国家、集体和个人的财产，必须无条件地于8月底前如数退还，自动交出者既往不咎，抗拒不交者，查明后从严处理。全社社员必须认真执行毛主席“抓革命，促生产”“就地闹革命”“业余闹革命”的伟大号召，积极参加社会主义集体劳动，服从劳动纪律，听从劳动指挥，不得无故在外流窜，以便维护社会主义革命新秩序。公告的发布和实施，对平息“文化大革命”内乱，稳定经济社会秩序，促进社会主义各项事业的发展起到了巨大作用。

继县革委会成立后，9月4日，康县召开了革命工人代表大会，成立了常设委员会；12日，召开了贫下中农革命农民代表大会，成立常设委员会；14日，召开了红卫兵代表大会，成立了常设委员会。“三代会”成立后，以公社革委会成立同样的方式，给毛主席写致敬电，字句铿锵有力，信誓旦旦。“三代会”还联合发出《公告》表示，坚决执行兰州军区“七一九”对康县问题的批示，坚决服从县革委会和人武部的正确领导。至此，学校开始全面复课，工厂企业开始全面复工。“三代会”及其常委会的成立，结束了三个造反派组织长期的派性斗争及其造成的内乱，全面稳定了康县经济社会秩序，推动了全县经济社会及各项事业朝着正确方向发展。

第三节　全面开展“斗、批、改”运动

“十六条”规定，这次运动的目的是斗垮走资本主义道路的当权派，批判资产阶级反动学术权威，批判资产阶级和一切剥削阶级的意识形态，改革教育，改革文艺，改革一切不适应社会主义经济基础的上层建筑，以利于巩固和发展社会主义制度。遵照“十六条”的基本精神，全县广大干部和群众，紧跟毛主席伟大战略部署，在“文化大革命”中全面开展了“斗、批、改”活动。

学习毛主席著作与“三忠于”“四无限”[①] 活动

学习毛主席著作活动　按照上级关于“文化大革命”的基本精神，要全面深入地开展“斗、批、改”活动，推动其他各方面工作，首先必须掌握毛泽东思想这一锐利的思想武器，用毛泽东思想统率一切，推动一切，改造一切。为此，“文化大革命”开始不久，县上就遵照地区有关会议文件精神，筹备召开“康县学习毛主席著作先进单位和积极分子代表会议”。经过紧张的筹备工作，1966 年 8 月 24 日至 8 月 31 日，康县学习毛主席著作先进单位和积极分子代表会议胜利召开。参加会议的代表 358 名，列席代表 69 人，共计 427 名。会议由县委书记台中堂作了题为《更高地举起毛泽东思想的伟大红旗，为把我县办成毛泽东思想的大学校而奋斗》的动员报

①“三忠于”指无限忠于毛主席，无限忠于毛泽东思想，无限忠于毛主席无产阶级革命路线；“四无限”指对毛主席无限热爱，无限忠诚，无限信仰，无限崇拜。

告。报告中说，这次会议的目的，就是要把毛泽东思想更高地举起来，举到全县各个角落里面去，举到每个人灵魂深处去。让毛泽东思想这个伟大的精神力量，变成伟大的物质力量。会议上，与会代表通过大会发言和小会讨论，广泛交流了学习毛主席著作的心得体会和经验，并提出了今后如何掀起学习毛主席著作新高潮的意见和建议。会议作出了《关于进一步掀起活学活用毛主席著作的群众运动，尽快把我县办成毛泽东思想大学校的决议》（以下简称《决议》）。《决议》指出，广大工农兵群众、革命干部、革命知识分子应怀着强烈的阶级感情，把毛主席的书当作命根子，当作传家宝，当作粮食，当作方向盘。在学习毛主席著作运动中，认真贯彻“带着问题学，活学活用，学用结合，急用先学，立竿见影，在‘用’字上狠下功夫的方法”，通过更深入、更广泛地发动和组织群众，把活学活用毛主席著作的群众运动推向更新的阶段。

为了满足各阶层、各级别，不同文化层次的干部和群众学习毛主席著作的需要，中央毛主席著作编辑出版机构将毛主席著作分为各种不同的版本出版：一是《毛泽东选集》一至四卷（选集毛泽东在民主革命时期的著作），满足高层领导干部和高级知识分子学习的需要；二是《毛泽东选集》（甲种本，选集《毛泽东选集》一至四卷中的重要篇目），以满足中层领导干部和中级知识分子的学习需要；三是《毛泽东选集》（乙种本，选集《毛泽东选集》一至四卷中的篇目，比甲种本相对少而精），以满足一般干部和群众的学习需要；四是《毛泽东选集》（单行本，将《毛泽东选集》中的重要篇目分为单篇单独出版），以满足部分干部和群众特殊的学习需求；五是“老三篇”和“老五篇”① 的合订本或单行本，以满足基层干部群众普遍的学习需求；六是《毛主席语录》（将《毛泽东选

①“老五篇”指《为人民服务》《纪念白求恩》《愚公移山》和《关于纠正党内的错误思想》《反对自由主义》两篇的合称。

集》中的重要语句辑录），以满足各阶层、各级别、各种文化层次的干部群众“急用先学，立竿见影”的学习需求。为了更加深入地掀起学习毛主席著作的新高潮，康县学习毛主席著作先进集体和积极分子代表会议闭会后，全县各级党政组织立即把开展学习毛主席著作运动当作各项工作的重中之重来抓。首先，运用广播、黑板报、大幅标语、大型语录牌等形式，大张旗鼓地宣传，大造舆论。对边远山区和广大农村派驻村干部入院入户宣传，到田间地头、农田基建工地进行宣传，并且具体组织社员群众的学习。其次，广泛动员干部群众购买《毛泽东选集》四卷本或甲种本或乙种本，特别是“老三篇”和《毛主席语录》，在职干部职工必须人手一本。对于农村贫下中农，则由县上和公社党政组织公费购买赠送，每户一套。

推动运动深入持久开展的具体方法措施，一是抓两头，带中间，首先抓好县上和公社党政领导干部的自身学习，以身作则，起学习带动作用。县委决定，县委委员要坚持经常学习，做笔记写心得，每季度互相检查一次。县委开会首先有针对性地学习几段毛主席语录，召开大型的会议，要用一定的时间学习毛主席著作。布置工作、检查工作、总结工作、汇报工作，都要把学习毛主席著作当作中心。各区、社党委、农村党支部、县直各单位都要这样做。同时，抓好广大社员群众的毛主席著作学习。运用回忆对比、忆苦思甜的方法，激发广大社员群众学习毛主席著作的阶级感情，增强他们学习毛主席著作的自觉性。在组织社员群众的学习中，主要是学习“老三篇”和《毛主席语录》。树立阶级和阶级斗争的观点；爱集体、爱国家的观点；完全彻底为人民服务的观点；毫不利己专门利人的观点；以及战天斗地，改造自然，改变穷白面貌的观点。二是联系工作和生产生活实际以及本人的活思想，有的放矢，学用结合，在“用”字上狠下功夫。在学习中，大力推广“讲用会”的方法，用毛主席的教导来对照检查自己的思想和行动，勇于把自己“摆进去”，把思想“亮出来”，带着问题学，边学边用。通过“讲用会”，汇报学习成绩，推广学习经验，表扬先进，激励后进，从而达到用毛泽东思想教育人、改造人、塑造人，消除资产阶级世界观，确立无产阶级世界观的学习效果。三是广泛宣传先进人物的先进事迹，向先进集体和先进人物学习，发挥榜样的力量。在学习毛主席著作的热潮中，雷锋、王杰、刘英俊、麦贤德、焦裕禄、大庆人、大寨人、南京路上好八连等先进人物和先进集体，已经为广大干部和群众树立了光辉榜样，会议期间评选出的先进集体和积极分子代表，更是活生生的榜样。广大干部群众一定要向这些先进集体和先进个人学习，活学活用毛主席著作，把毛主席的语录当作最高指示。

1968 年 8 月，县革委会和公社革委会成立后，普遍把举办毛泽东思想学习班，掀起宣传和学习毛泽东思想伟大群众运动作为各项工作的重点来抓。通过抓毛主席著作的学习运动，推动各项工作的开展。8 月 25 日，云台公社革委会刚成立，就召开了全体委员会议，通过了《关于立即掀起宣传和学习毛泽东思想伟大群众运动的决定》，要求在全社范围内掀起一个大办毛泽东思想学习班的新高潮。机关办、农村办、干部办、群众办、专业办、业余办。参加学习班的干部和群众要以“老五篇”为教材，以“斗私批修”为重点，以门合同志为榜样，通过学习班的学习，在灵魂深处爆发革命。8 月 28 日，秧田公社革委会刚刚成立，即在第一次全体委员扩大会议上，通过了《关于进一步把活学活用毛泽东思想伟大群众运动推向新阶段的决定》，对学习毛主席著作提出了具体要求。

“三忠于”“四无限”活动　随着学习毛主席著作群众运动的深入广泛开展和门合同志典型事迹的广泛深入宣传，康县与全国各地一样，深入开展了“三忠于”“四无限”活动。在“三忠于”“四无限”活动开展中，一是在车站、街道、广场、交通要道，以及人群比较集中的公共场所，大塑特塑巨型毛主席塑像，大立特立巨型“忠”字牌，毛主席语录牌；在公路两旁、广场周边、村庄道路两旁、用土石奠起地基后，在上面用石子镶嵌“三忠于”“四无限”“敬祝毛主席万寿无疆!”之类的标语口号；在城镇街道、农村院落、机关单位办公室的室内室外、墙壁上、门板上、柱子上等显眼的地方，大都涂画上毛主席画像、头像或者毛主席语录，“三忠于”“四无限”的标语，或“忠”字牌，“用”字牌；甚至一些家庭日用品，如茶缸、脸盆、洗漱用具、毛巾、手帕等，都被喷涂上各种各样的“忠”字或者简短的毛主席语录；办公室、会议室、教室、住宅悬挂毛主席画像，摆放毛主席塑像。二是佩戴毛主席像章，唱语录歌，跳“忠”字舞。无论干部群众，机关单位职工还是农村社员，每人胸前佩戴毛主席像章，学校学生胳膊上佩戴“忠于毛主席”红袖带；无论城镇还是农村，召开各类会议或其他一些公共活动，要唱由劫夫谱曲的毛主席语录歌。若是举办文艺晚会，则以“忠”字舞为主要节目内容，配舞的歌曲以《敬爱的毛主席》《大海航行靠舵手》为主。跳舞时每个人胸前戴上毛主席像章，手拿一本《毛主席语录》，随着舞曲节拍而手舞足蹈。除文艺晚会外，一些单位、学校、街道、农村还在其他场合组织干部群众学生跳“忠字舞”。随着“忠字舞”的普及，《敬爱的毛主席》《大海航行靠舵手》的歌曲到处传唱。三是建立“早请示、晚汇报”制度。无论行政事业单位或是厂矿企业，干部职工每天早晨上班前须伫立在毛主席画像前，默示片刻，接着齐声朗诵“敬祝伟大领袖毛主席万寿无疆！敬祝林副主席身体健康!”。颂毕，先学《毛主席语录》有关段落，然后再布置当天的工作任务，各自上班。下午下班时同样，全体职工先伫立在毛主席画像前齐诵颂词、学习《毛主席语录》，之后向毛主席汇报当天的工作。四是宣传、学习毛主席“最新指示”不过夜。每逢毛主席最新指示发表，无论是白天，还是晚上，只要一听到广播里播出毛主席最新指示，立即召开庆祝会，敲锣打鼓到各单位，各生产队进行宣传、组织学习。五是以毛主席语录为“最高指示”，大小会议的会前必须先学《毛主席语录》。从县上到基层各部门各单位的上报文件或下发文件，首页开头必须以“最高指示”为眉头，录写几段毛主席语录。有的文件则以“三忠于”“四无限”之类的标语口号为文件的结尾。很多文件录写的“最高指示”往往与文件内容不相干，徒具形式。此外，不少农村公社要求社员田间劳动实现“八上地”①；不少中小学校，在学生期末的德智体品行鉴定中，都要写上自己本学期来如何做到“三忠于”“四无限”的相关内容。

“三忠于”“四无限”活动，从1967年夏秋之际开展以来，一直持续5年之久，愈来愈成为极端形式主义、极端封建主义的东西。1971年，林彪叛逃的“九一三”事件发生后，毛主席于1966年写的《给江青的一封信》在党内公开传达，信中指责林彪一伙“名曰打鬼，借助钟馗”，借“三忠于”“四无限”之类的活动来实现其不可告人的目的。党中央又作出指示，不要搞“忠”字化活动，反对任何以宣传毛主席为借口的形式主义、封建主义行为。至此，所谓的“忠”字化活动得到制止，泛滥城乡的毛主席塑像、画像、巨型“忠”字牌、“忠”字化标语等，被突击铲除或涂抹，以“三忠于”“四无限”为内容的极端形式主义的“忠”字化活动终于被废止。

①“八上地”指在进行生产劳动时，将毛主席像、红旗、忠字牌、语录牌、语录本、学习会、斗私批修会、讲用会搬到工地的做法。

清理阶级队伍，“一打三反”和清查“五·一六”分子①

清理阶级队伍　县、社革命委员会成立之后，“文化大革命”中的斗、批、改转入清理阶级队伍阶段。

1968年10月，中共八届十二中全会发布公告。提出，“必须继续在工厂、人民公社、机关、学校、一切企事业单位、街道等各方面，认真做好清理阶级队伍的工作，把隐藏在广大群众中的一小撮反革命分子挖出来”。按照要求，从10月开始，全县在公社、机关、学校、工厂、企事业单位、街道、农村生产大队及生产队，全面开展了清理阶级队伍工作，又称为“刮十二级台风”。清理的对象是叛徒、特务、死不悔改的走资派，没有改造好的地、富、反、坏、右分子和国民党残渣余孽。清理阶级队伍工作，首先是靠查询所谓“档案”，群众的举报，以及一些捕风捉影的说法，把所谓的“对象”揪出来。接着是县、公社、大队、生产队，机关单位层层召开各种类型的大会、小会进行批斗。有集镇的地方在逢集日将揪出来的对象带上“高帽子”，坐“土飞机”游街示众。其后是大搞“逼、供、信”。查证落实被揭发出来的“问题”。批斗、查证落实告一段落后，则是旷日持久的关押或集中劳动改造。当时仅县直机关就清理出40多人。11月，县直机关被揪斗的40多人被送往县“五七干校”（王坝瞿凉寺）劳动改造。在县直机关清理出来的40多人中，真正隐瞒历史问题未作交代或犯有罪恶，隐藏较深的清理对象只是极少数，绝大部分是在解放前夕曾在国民党行政事业单位当过职员，在小学或中学期间经老师介绍，集体登记加入“三青

---

①清查五·一六分子是指1967年北京一度存在的一个名为首都五·一六红卫兵团的极“左”反革命组织，该组织在1967年8月间，利用五·一六通知进行秘密活动，散发诬蔑攻击周恩来的传单。

团”，之后合并转入“国民党”。有的是在不知情的情况下填表参加国民党特务组织，未从事过任何活动，解放后，参加革命工作，或在解放前夕已参加党的地下工作。这些问题大都已向党组织和政府交代清楚，并在1957年至1958年间的“审干”运动中，由县委或地委作出结论。但在清理阶级队伍中，这些问题又被从档案或举报中翻出来揪住不放。存在这些问题的人被当作“叛徒”“特务”“国民党残渣余孽”之类的阶级敌人被揪斗、关押、劳教。直到1972年，才由整党建党后成立的县委设立的审查领导小组予以甄别。审查甄别中，1957年至1958年“审干”中已作出结论，如未发现新问题，维持原“审干”结论，并恢复“清队”前的状态。在“文化大革命”揪斗当权派中被揪斗的原县委、人委领导干部台中堂、杨映春、高启祥、张一然、白汉云等，在“清队”中被再次作为“大叛徒”“大内奸”“大工贼”“刘少奇及其在康县的代理人”“死不悔改的走资派”，由县上召开千人大会，予以重点批斗。直到1972年4月《人民日报》发表《惩前毖后，治病救人》社论后，才陆续被“解放”出来，恢复工作，走上新的工作岗位。在农村生产大队和生产队的“清队”中，被清理出来的“阶级敌人”，大都不属于应当清理的范畴。如有的是已经戴上地、富、反、坏、右帽子，长期被监督改造，未曾发现新问题；有的是在民主革命时期，曾当过两三个月以上国民党甲长、保长；有的为抗战征集过粮草的；有的懂点巫术，参加过会道门组织，且已终止会道门活动的。但他们都被当作没有改造好的地、富、反、坏、右分子、国民党残渣余孽、牛鬼蛇神之类的阶级敌人予以揪斗。还有些人在“文化大革命”派性斗争中“站错了队”，被公社、大队领导视为异己，便随意扣上“反革命分子”的帽子予以揪斗。如此这般被清理出来的“阶级敌人”，数量之惊人。仅巩集公社大方山大队就清理出18人。全县“清队”案件多达3732人（至1972年底，定案处理3730

人）。但按政策界限清理出来的，真正有问题的人只是极少数。被清理出来的人，大都由大队革命领导小组集中起来烧炭、烧石灰、烧砖瓦、修河堤，或从事其他苦役，予以劳动改造。在“清队”中随意扩大事实，捕风捉影，无限上纲，肆意混淆两类不同性质的矛盾，打击报复，搞逼、供、信。对批斗或查证落实的逼供信对象，采用捆绑、吊打、“吃红烧肉”“钉活门神”“坐汽车”等酷刑严刑拷打。被清理出来的人一般以大队为单位，进行关押或集中劳动改造，由大队革命领导小组派人看管。这些人动辄被看管人员或大队革命领导小组成员拳脚棍棒相加。在“清队”中，曾有不少人被殴打致死，或忍受不了种种痛苦折磨自杀而亡。1971 年，据整党建党后成立的新县委的调查，全县在清队中曾有 20 人被打死，其中因派性打死 3 人，私人成见打死 9 人，一般历史问题揪斗打死 8 人，自杀 79 人，自杀群体中有职工 21 人，生产队干部 4 人，一般历史问题的贫下中农 39 人，地、富、反、坏、右分子 15 人。当时，巩集公社大方山大队将清理出来的一个曾从事过农村巫术的人殴打致死。案发后该大队支部书记被抓，才使“清队”中无法无天的过激行为有所遏制。“清队”工作取得“显著成效”后，12 月 16 日，康县“三代会”在《关于当前工作的安排意见》中再次提出：“康县地区的清理阶级队伍，是挖出了一批叛徒、特务、死不悔改的走资派、现行反革命分子及国民党残渣余孽。但是，……我们的清理阶级队伍工作，仅仅是个开始，阶级敌人还远远没有挖完。”但由于种种原因，清理出来的人被送往劳动改造后，“清队”工作遂告一段落。

“一打三反”运动 1970 年 1 月 31 日，中共中央发出《关于打击反革命破坏活动的指示》，2 月 5 日，又发出《关于反对贪污盗窃，投机倒把的指示》和《关于反对铺张浪费的通知》（合称“一打三反”），全国相继开展了“一打三反”运动。1971 年 8 月，经县委研究，“一打三反”运动由县革委会政治部具体领导，成立专案办公室，抽调干部，经过培训后，进驻各县直单位和各公社开展工作。重点抓工交、商业、供销、粮食等经济部门。其后，县委成立定案审批小组，审理“清队”和“一打三反”运动中的案件。在“一打三反”运动中，全县共揭发出被认为有政治、经济问题的3174人，认定为贪污、盗窃、投机倒把的金额53万余元，粮食和粮票51万余斤，棉布和布票3.4万余尺。运动中已追赔现金8.8万余元，追赔粮食和粮票16.9万余斤，追赔棉布和布票1.1万余尺。根据问题大小，关了一批，判了一批，至1972年底，全县已定案处理3164人。

清查“五·一六”分子　“五·一六”组织是指北京一度存在的一个名为“首都红卫兵5·16兵团”的反革命集团。1971年6月，遵照地区清查“五·一六”分子会议精神和省委清查“五·一六”办公室给省委的汇报等有关文件精神，康县开始清查“五·一六”分子，主要清查“文化大革命”中制造武斗事件，打、砸、抢事件，冲击军管会，砸革委会等一系列事件的主谋和主要肇事人员，以及参加北京“五·一六”组织的人员。8月，经县委派员初步摸底认为，全县重点涉及单位有平洛、豆坝、王坝、岸门口、银行、手工业联社、制药厂、医院、农副站、粮食局、工业品公司、农具厂等。重点审查对象有10个，重点事件有8个，如“八五”事件，岸门口武斗事件，三〇四案件。县革委会成立之后说县革委是马蜂窝要捅，专打黄狗黄狼战斗队，砸军管会，砸豆坝革委会，砸邮电局革委会牌子等。在调查摸底的基础上，县委决定康县清查“五·一六”工作分两期进行。第一期从9月15日开始，至11月底结束。先开展县支行、县医院、制药厂、粮食局、工业品公司、农副站、手联社、农具厂、县革委三部两室等9个县直单位，区和公社，先在贾安公社进行试点。其余单位和公社为第二期，从11月开始，通过宣传动员、学习文件、摸底排队、开展“四大”、专案调研等工作，不断把运动推向深入。从9月15日至10月15日，第一期开展的单位大都开了两次会，有的还开了讲用会，有的单位把清查“五·一六”与“一打三反”结合起来。通过开展“四大”，全县共揭发出线索79条，办学习班148期，开声讨会400多次，揭出重点对象23人，其中有经济问题，属“一打三反”对象的15人，这些问题最后报县委定案审批小组予以处理。在清查“五·一六”中，人民银行被认为问题最多，情况最为复杂，被作为重点，由县委派最得力的干部组成宣传队进驻。从9月初派宣传人员进驻至10月，通过开展“四大”，揭发事件47起，涉及人员11人，情节严重的4人。对问题严重的4人分别给予点名批评或停职反省的处理。11月底，第一期开展的单位撤回了宣传队，接着第二期的清查工作全面铺开。运动的内容主要是开讲用会，办学习班，批判极“左”思潮，对职工进行思想教育工作。

阳坝公社“反革命组织”冤案 1968年11月，阳坝公社在“清队”中，采取逼供信的手段，造成一起重大冤案。事情的起因是，1964年，原康县公安局和陕西宁强县公安局共同侦破了以何××，曹××（均捕办判刑）为首的反革命集团案件。在审理过程中，何××供出原中共康县委监委书记王××参加了其反革命组织（一直作为嫌疑内部掌握）。1968年11月，在清理阶级队伍中，县“五七”干校的职工将王××以漏划富农分子及“反革命嫌疑”为由揪出来进行逼供。在逼供和指供的情况下，王××供出了他参加以何××为首的反革命组织，并供出了其他一些人员。根据这一情况，县“五七”干校和县清理阶级队伍办公室派王××、宋××二人，持县保卫部介绍信，到阳坝对王××所供的问题进行查证落实。

王、宋二人到阳坝公社后，与公社革委会共同研究决定，将王

××所供人员一一传到公社询问。经过询问，将所供参加阳坝地区群众组织的人员造成了花名册。王、宋二人认为这个花名册即是参加反革命组织的花名册。为了达到“破案”的目的，王、宋二人又将阳坝营业所两名职工叫到公社询问，经询问，又供出了十多名机关干部。至此，王、宋二人便信以为真，与公社革委会研究决定，将所供出的人员全部集中公社，并成立专案小组，建立了保卫班子，对他们进行“审讯”。在“审讯”中，私设公堂，违法乱纪，搞逼、供、信，迫使这些人在他们张贴好的刘少奇像前承认了参加反革命组织问题，并假供了另外一些机关干部和个别社员。此后，又将十多名机关干部在集中审讯期间，采用指供、逼供、诱供等方法，迫使交代假情况，不交代就捆绑、吊打，搞武斗。特别是让原阳坝供销社会计王××这个坏人参与审讯。先后用老虎钳子夹太阳穴，在脖子上挂压面机转砣等十多种惨无人道的刑罚摧残受审讯人员，将这些受审讯的所谓嫌疑人员集中在一起，编造的“反革命组织”和“反革命纲领”，逼迫他们承认在刘少奇像前宣誓和签名，让外流人员按照假口供刻制“反革命印章”等。在这种情况下，迫使被集中人员假供出来了“反革命组织”名称，组织机构，“反革命印信”等一整套“反革命”事实。将这些人员打成了“反革命分子”，制造了阳坝“反革命组织”冤案。事件发生后，群众多次上访，可是县革委会没有足够重视，致使问题扩大化。1971 年 8 月，新县委成立后，立即对此问题进行了研究，决定派工作组进行调查处理。经工作组深入调查，报县委研究决定：1. 对被打成“反革命”的十几个人，公开宣布平反，对所有材料当众进行销毁；2. 县、社两级革委会承担全部责任，公开作了检讨，对所派出的工作人员王××、宋××指出错误，批评教育；3. 对身体受到摧残的人，负责医治，医药费予以报销。

革命大批判

革命大批判是“文化大革命”时期流行的一种声讨形式。其特点是范围广、规模大，它涉及各个领域，各个部门，各个方面。要求各地都要找出所谓散布、推行“修正主义”的代表人物，驱使群众一哄而起，批领导，批同事，甚至批自己。主要通过大字报、大辩论、大鸣、大放等形式对自己不赞同的进行批斗。往往上纲上线，无情打击，没有底线，成为颠倒是非，混淆黑白，大规模，不间断地以势压人，以权整人的一种特定的错误手段。通过革命大批判的深入进行，批判所谓的“反革命修正主义路线”是“文化大革命”的重要环节。随着“文化大革命”的不断深入，革命大批判的内容也在不断变换。

批判“三家村”　“文化大革命”初期，全县上下展开了对邓拓、吴晗、廖沫沙等“黑帮黑线”及其《三家村札记》和《燕山夜话》的大批判运动。

批判“刘少奇及其在本地代理人的反革命修正主义路线”　随着“文化大革命”的发展和夺权斗争的开展，1967 年 3 月，中央开始对刘少奇进行专案审查，省、地、县也开始全面的“夺权”斗争。与此相呼应，从中央到地方，掀起了一场大规模、长时间的所谓“革命大批判”运动，批判“刘少奇及其在本地代理人推行的反革命修正主义路线”。1968 年县、社革委会成立后，首先作出了关于进一步开展革命大批判的决定，要求全县各单位、各生产大队，更高地举起毛泽东思想伟大旗帜，深入持久地开展革命大批判，以“斗私批修”为纲，把“刘少奇一类骗子及其在本地的代理人推行的反革命修正主义路线”批深批透，实现思想革命化。批判的内容因行业不同，领域不同而有所不同。在广大农村，主要批判中国赫鲁晓夫所推行的“三自一包”“四大自由”“桃园经验”① “工分挂帅”“阶级斗争熄灭论”“剥削有功”的所谓修正主义路线，并结合本社本队实际，坚决反对“重副轻农”“弃农经商”“副业单干”多开荒地，多划自留地，搞公私合营田，明集体暗单干等资本主义倾向。不少公社革委会刚一成立就发出公告或通告，要求各生产大队在深入开展革命大批判，批判“三自一包”“四大自由”的修正主义路线的同时，彻底纠正“资本主义倾向”彻底粉碎“中国赫鲁晓夫及其本地代理人在农村复辟资本主义的黄粱美梦”。1968 年 10 月 9 日，《两河人民公社革委会通告》首先列举了“中国赫鲁晓夫及其在两河的代理人”大搞单干活动，复辟资本主义的具体表现：一、任意扩大自留地，将已纠正归队的土地强行耕种；二、扩大小片荒地，放弃集体生产，新开和抢种已归集体的小片开荒地；三、利用手艺挣钱和进山林挖药材，剥皮张等，大搞副业单干和投机倒把；四、反对基本口粮和按劳分配的粮食分配政策，坚持按劳分配。其后，针对上述具体表现，作出通告：1967 年调整自留地时，收回多划的自留地和小片开荒地，都必须连同作物收回集体所有，无条件地收回扩大的自留地和新开的小片荒地。夏收分配，坚决执行基本口粮加按劳分配的方法；坚决制止单干副业。今后要由生产队统一领导组织副业小组，收入全部归队。加强市场管理，严禁物资外流，粮、棉、油等国家统购一类物资，一律不得上市交易。

工矿企业的革命大批判以批判“马钢宪法”为主，把工矿企业管理中的各种管理制度，一概斥之为对工人实行“管、卡、压”的“修正主义路线”横加批判。代之而起的是成本无核算，产品无检验，管理无规章，企业无利润，职工劳动“干与不干一个样”“干好干坏一个样”。在商贸战线，以批“物质刺激”“利润挂帅”为

①“桃园经验”指王光美 1963 年 11 月至 1964 年 4 月间带领工作组在河北省抚宁县卢王庄公社桃园大队蹲点开展四清运动后总结出来的经验。

主；在公安战线，以批“业务挂帅”“技术第一”“关门主义”为主；在教育战线，以批“智育第一”“白专道路”“分数挂帅”“爬宝塔尖”“培养精神贵族”为主；在文艺战线，以批“票房价值”“成名成家”“封、资、修”为主。总之，各行各业的革命大批判都有一个共同点，就是“破”字当头，确立政治挂帅、思想领先，坚持人的思想革命化的“无产阶级革命路线”。

批修整风 1971年初，陈伯达反党罪行全面暴露后，毛主席提出“认真看书学习，弄通马克思主义”“要搞马克思主义，不要搞修正主义；要团结，不要分裂；要光明正大，不要搞阴谋诡计”的最新指示，并写了《我的一点意见》。随着毛主席最新指示和《我的一点意见》的传达，全国掀起了新一轮的批修整风即批陈整风运动。运动中，中央号召各级领导干部在学习毛主席著作的同时，读六本马克思列宁原著，即《共产党宣言》《哥达纲领批判》《法兰西内战》《反杜林论》《国家与革命》《唯物主义和经验批判主义》。1971年5月20日，中共康县第四届委员会第一次全体委员会议作出《关于深入开展批修整风，加强路线教育的决议》，指出，批修整风运动，是毛主席的伟大战略部署，是最现实最具体的思想政治教育，是全县的中心任务。5月26日至6月8日，县委举办了为期14天的批陈整风学习班。全县各级领导干部131人参加了学习。学习班学习了毛主席《我的一点意见》和中央规定的文件。在学习的基础上，集中力量批判了陈伯达鼓吹的“黑四论”，即唯心主义的先验论、地主资产阶级“人性论”、反动的“唯生产力论”、“阶级斗争熄灭论”。县“批陈整风”学习班结束后，县革委会政治部于6月23日作出《关于当前政治工作的安排意见》，要求各公社、各单位领导干部和有阅读能力的干部，要认真学习毛主席三篇哲学著作，并选读马克思列宁的六本书，把学习马克思列宁的书与学习毛主席著作结合起来，高举无产阶级革命批判的旗帜，深入开展革命大批判。县革委会三部两室要带头开展革命大批判，结合本部门实际，在全面批判“黑四论”的同时，有重点地，有侧重地进行大批判。1971 年上半年，全县范围内开展了批修整风和思想政治路线方面的教育。各系统、各单位办了批修整风路线教育学习班，召开了批判大会，以及路线教育讲用会。

批判林彪反革命修正主义路线 1971 年 9 月 13 日，时任中共中央副主席，中央军委副主席，中华人民共和国国防部部长的林彪及其妻子叶群、儿子林立果叛党叛国，乘坐“三叉戟”飞机外逃时坠毁在蒙古温都尔汗，成为震惊中外的“九一三”事件。11 月 2 日，县委发出《关于传达中央七个文件的安排意见》，其中要求各公社党委、县直机关党组织，按照中央 67 号文件通知，将林彪叛党叛国事件，扩大传达到广大工农兵。各级党组织必须把传达中央七个文件当作头等大事来抓。12 月底至 1972 年，中央专案组整理的《粉碎林陈反党集团反革命政变的斗争》材料之一、之二、之三陆续下发，全县很快掀起了批林整风运动。首先，对印有林彪所谓“语录”“题词”照片或反动观点的书刊进行清理。全县共清理出林彪语录、书籍、画像、照片、题词，有反动观点的文字、歌曲等 432440 册（张）。其次，掌握思想武器，开展革命大批判。从机关到农村，边传达中央文件，边开展大批判。通过革命大批判，列举林贼罪状，剥开林贼画皮，清算林贼罪行，彻底划清了界限。1972 年 4 月 20 日，县革委会政治部在《一九七二年政治工作安排》中继续强调，要深入进行思想和政治路线方面的教育，按照毛主席的教导，把“三要三不要”原则作为基本内容，进一步展开对林陈反党集团的革命大批判，按照中央指示，认真组织传达好《粉碎林陈反党集团反革命政变的斗争》材料。1972 年 11 月 10 日，县委在《关于领导班子开展整风的意见》中再次强调，联系实际，认真搞好革命大批判。批林整风，重点是批林。根据危害最大的主要问题，着重批判林彪散布的唯心主义的“先验论”，如“空头政治”“精神万能”“认识一次完成”，说空话、假话等；批判林彪煽动的极“左”思潮及其破坏党的路线和政策的罪行。如“割资本主义尾巴”，大刮平均主义歪风，挑动无政府主义，以及各条战线上的形“左”实右的反革命修正主义路线。据统计，1972年以来，县委通过召开两委扩大会议，公社书记会，四干会，共培训传达中央文件的骨干3100多人次，县委毛泽东思想学习班专题举办路线教育骨干学习班5期，培训骨干269人；公社举办学习班280多期，培训骨干6300多人次。推动了批林整风，路线教育的深入进行。1973年，遵照上级有关文件精神，各公社、县直各单位进一步开展了批林整风运动。

重大改革活动

知识青年上山下乡 1968年12月22日，《人民日报》发表了毛泽东关于“知识青年到农村去，接受贫下中农的再教育，很有必要”的指示，全国开始了知识青年上山下乡运动。从1968年开始，在校的初、高中学生毕业后，首先去农村插队劳动，接受贫下中农再教育。插队两年以上，再参加招工招干或推荐上大学。1968年12月，兰州市区首批上山下乡的“老三届”① 初、高中毕业生222人被安排到康县插队，分别安置在长坝、豆坪、平洛三个公社。家在农村的“老三届”初、高中毕业生毕业后则回乡劳动，在原籍接受贫下中农再教育。1973年，本县1972届城镇初、高中毕业生以及此前的初、高中毕业未就业的青年，到大南峪公社的4个生产队插队落户。同年11月，省建一局87名知识青年到康县插队落户。

①“老三届”指1966届、1967届、1968届初、高中毕业生的合称。老三届的青少年阶段处在中国社会矛盾突出，也是新中国20世纪罕见的阶级斗争暴风骤雨年代。

1974年5月至1975年4月，兰化公司、省国防工办、银光厂、“五·一〇”所等单位442名知识青年到康县插队。1968年至1976年间，康县共接收安置兰州和本县知识青年1057名（其中本县305名）到咀台、三官、王坝、碾坝、岸门口、阳坝、平洛、豆坪、李山、大堡、巩集、寺台、长坝、云台、大南峪、两河16个公社的75个生产队插队落户。

从1968年开始，县上成立了上山下乡知识青年办公室，各公社设立相应机构，由专人负责知识青年的生活和生产，解决知识青年插队中的实际问题。县委、县革委会定期召开上山下乡知识青年座谈会，总结交流经验；定期召开全县知识青年上山下乡工作会议，讨论落实本年度知识青年上山下乡动员、安置任务，研究解决有关问题，确定本年分配的人数和本县动员的对象。外地来康插队的知识青年被安置到知识青年点上后，成为该大队的“集体户”——“知青户”，由公社和大队修置知青住宿生活的房屋、用具，统一参加该生产大队集体生产劳动和劳动收益分配，按规定分配给口粮、划拨给自留地。每个知青点都建立健全了知青学习、劳动、作息、吃饭、卫生、文体制度，在接受再教育中，做到政治上有人抓，生产上有人教，生活上有人管。广大知识青年在插队期间和社员群众一道，同吃、同住、同劳动，不少知青担任了民办教师、赤脚医生、农业技术员、拖拉机手，有的还入了党。这些上山下乡的知青，接受了两年以上的再教育后，陆续参加了工作。有的被招工、招干，有的被推荐上了大学，有的招考为公办教师，有的被提拔担任大队或公社的领导职务。

1977年，中央作出恢复高考的决定；1978年11月，中央作出终止知识青年上山下乡的决定。从1977年底开始逐步将知识青年的带队干部撤离知青点，调回原单位工作，并把还在农村插队的知青陆续安排到厂矿企事业单位就业。

教育改革 “文化大革命”中的教育改革，一是教育学制改革。1966年5月7日，毛泽东指示“学制要缩短，教育要革命。资产阶级统治我们学校的现象再也不能继续下去了”①。根据这个指示，全县将小学6年制全部缩短为5年制。初、高中由三年制缩短为两年制，废除新生入学和毕业考试制度。二是教育布局改革，全县取消重点中小学的设置，各公社公办小学普遍设立初中部；每个大队普遍办起民办小学，边远山区生产队设立民办初小；据统计，全县公社办的学校，1973年为383所，在校学生18323人，1974年为389所，在校学生20934人。三是大学招生制度改革。遵照毛主席的指示，大学招生采用“推荐”与“选拔”制度，废除招生考试制度。中学初、高中毕业生，经过两年以上的插队锻炼，由大队、公社革委会推荐，招收学校选拔，不经过考试直接上大学。1971年9月，高等院校在康县招收第一批工农兵大学生。各公社，各单位推荐了一批工农兵大学生。以后每年都有一定数量的工农兵学员，被推荐选拔上大学，直到1977年恢复高考，推荐选拔制才得以废止。四是管理体制改革。1968年9月，遵照毛主席关于“工人阶级必须领导一切”的重要指示，中学实施派工宣队进驻学校、管理学校制度。武都地区选调了12名工人和2名干部组成的毛泽东思想宣传队进驻康县一中（当时康县一中属地区管理的重点中学），参加和领导学校的斗、批、改。1970年下半年以后，随着教育改革，取消重点中学设置，康县一中下放县上管理，武都地区驻校工宣队陆续撤回。1974年在批林批孔运动中，县革委会政治部会同工业部门工会，从县农具厂、印刷厂、制药厂选调工宣队，进驻康县一中和二中。进驻学校的工宣队负责人，可进入中学的领导班子，是党员的可参加党的支部活动，在学校党支部的统一领导下开展工作。

①1967年7月18日《北京日报》刊登《首都革命大批判高潮规模空前势如破竹》。

1968年底至1969年初，为了全面落实毛主席“在农村则应由工人阶级最可靠的同盟军——贫下中农管理学校”[①] 的指示精神。农村小学实施由贫下中农管理学校的制度。公社建立了贫下中农管理学校委员会，大队建立了贫下中农管校小组，参与领导学校的工作。学校教育中的重大事务向贫下中农管理委员会或管校小组请示汇报。五是实行开门办学，安排学生学工、学农、学军，搞勤工俭学。1970年全县各中小学共有学农基地263亩，收粮食46334斤，蔬菜97299斤，大牲畜6头，羊21只，猪7头，其他勤工俭学收入达1523.5元。有的学校用勤工俭学的收入解决了学生的学习用具，免收学费、书费，同时解决了学校的经费困难问题。康县二中通过自力更生，勤俭办学，在开门办学的基础上办起了农场、畜牧场、石灰窑。学校有牛3头，羊18只，猪3头。1972年以后，学校的学工、学农逐渐取消，土地荒了，牲畜卖了，粮食收入逐年下降。1974年在批林批孔运动中，为了深揭狠批修正主义教育路线的回潮，回击修正主义教育路线的反攻倒算，巩固无产阶级文化大革命的胜利成果，县委要求，全县各级学校进一步坚持“五·七”道路，实行开门办学，大搞农业科学实验活动，使教学与科研有机地结合起来。

医疗卫生改革 建立合作医疗制度。1968年，《人民日报》发表文章，介绍了湖北省长阳县乐园公社实行合作医疗制度的经验，随之，全国各地开始进行医疗卫生改革。遵照上级有关文件精神，全县农村开始建立合作医疗制度，各大队普遍建立了合作医疗站。合作医疗制度实行全部或部分免去医疗费的医疗保险制度。有的合医合药，有的合医不合药。基金采取个人投资，大队补贴的办法。合作医疗站贯彻“自力更生，艰苦创业”“两条腿走路”的精神，

①1968年8月26日《人民日报》刊登毛主席最新指示。

坚持“三土”“四自”[①] 方针，坚持“一根针，一把草”，勤俭办医办药。医务人员在看病的空余时间，积极参加生产队集体劳动，由生产队记工分，参加生产队年终分配，医务人员因此被称为“赤脚医生”。合作医疗制度在具体实施过程中，由于种种原因，工作开展并不顺利。据 1974 年统计，全县农村原办的 262 个合作医疗站，停办转向的就有 147 个，有 13 个关了门，其余 106 个运行一般，办的好的只有 26 个。1974 年在批林批孔运动中，全县按照县委《关于认真贯彻省委（1974）15 号文件的意见》要求，全面落实毛主席“六·二六指示”，加强农村卫生建设，大力巩固和发展合作医疗，壮大赤脚医生队伍，年内各公社对合作医疗站普遍进行了一次整顿，对办得好的典型，总结经验，及时推广。经过整顿、巩固和发展，至 1974 年底，全县有合作医疗站 153 个，赤脚医生达到 626 人。

文艺革命　自“文化大革命”开展以来，文艺界首当其冲，大批优秀的文学作品被视为反党、反社会主义、反毛泽东思想的“大毒草”，大批优秀的古典戏曲被视为“封、资、修”的东西。普遍推崇的是塑造工农兵典型形象的“革命样板戏”。其时，有八亿人民看八个样板戏之说。所谓八个样板戏，是指京剧《智取威虎山》《红灯记》《沙家浜》《奇袭白虎团》《海港》和芭蕾舞歌剧《红色娘子军》《白毛女》等 7 个戏剧及交响音乐《沙家浜》。样板戏出笼后，各地剧团和其他文艺演出单位纷纷学习或移植样板戏。由此，县上的剧团被改革为文艺宣传队，学习演出或移植革命样板戏。各公社成立了毛泽东思想文艺宣传队，有条件的与县剧团一样，学习演出或移植“革命样板戏”。如大堡公社毛泽东思想文艺宣传队曾移植演出秦腔《智取威虎山》。于是，全县人民的业余文化生活就

---

①“三土”指土医，土药，土法；“四自”指自采，自种，自制，自用。

是看样板戏，学样板戏，唱样板戏，实现样板戏的普及。1974 年以后，才逐渐有新的文艺创作作品问世。

第四节　整党建党和群团组织活动

1969 年 3 月，县革命委员会整党领导小组成立。6 月，开始在全县进行整党建党工作，并陆续恢复了党的基层组织和大部分党员的组织生活，但由于受整党建党错误指导思想的影响，把一些不具备党员条件的人纳入党内，造成了党在组织上、思想上、作风上的不纯，为后来的工作埋下了隐患。1972 年至 1973 年，全县共青团、妇联、贫下中农协会及机关、厂矿企业工会组织相继恢复和建立。民兵工作以“三落实”为主，在备战和“三大革命”① 斗争中发挥了骨干作用。

整党建党

“文化大革命”运动开展以来，由于夺权斗争、揪斗当权派、闹派性，党的各级组织被迫停止活动，陷入瘫痪状态。为使党组织得以恢复并发挥作用，遵照中央和省、地革委会指示精神，1969 年 3 月，县革委会整党领导小组成立，1969 年 6 月至 1971 年 5 月，分期分批开展了整党建党工作。在整党建党中，放手发动群众，坚持开门整党，突出思想整顿，狠抓领导班子的思想建设。

整党建党的指导思想　1969 年 4 月党的“九大”以后，“文化大革命”运动进入“斗、批、改”阶段，整党建党运动正是这个阶段的一项重大战略部署。1967 年 10 月，毛主席在一个批件中指出：

①“三大革命”指阶级斗争、生产斗争、科学试验。

“党组织应是无产阶级先进分子所组成，应能领导阶级和群众对于阶级敌人进行战斗的朝气蓬勃的先锋队组织”①。这便是后来整党建党的指导思想。这个指导思想对党的建设实际产生了消极作用和影响。1971 年 5 月，郭庆华代表县革命委员会和整党领导小组，在县第四次党代会报告中对全县整党建党工作提出了要求。错误的思想，必然指导错误的实践，康县的整党建党就必然会朝着有利于组建一支“对于阶级敌人进行战斗”先锋队的方向努力。在社会主义基本制度已经建立、阶级斗争只在一定范围内存在的条件下，把“对于阶级敌人进行战斗”作为党的首要任务，而对于领导国家的经济、政治和文化建设只字不提，这就混淆了社会主义社会的主要矛盾，误判了我们要完成的历史任务。由于整党建党上的偏差，致使“文化大革命”期间，一部分符合条件的党员不能恢复组织生活，或者被错误地开除党籍，而接纳的新党员则有一部分不符合党员条件，有些人是参与过打、砸、抢的帮派分子，对党的组织产生了严重的侵蚀和损害。

思想整顿和思想建设 县第四次党代会以来，全县各级党组织按照党代会提出党的思想整顿的基本内容，进行党的思想整顿，认真学习毛主席关于整党建党的一系列光辉指示，学习“九大”政治报告和新党章，用毛主席的建党思想，狠批“刘少奇反革命修正主义建党路线”，肃清所谓“黑《修养》”“黑四论”的流毒。分清毛主席革命路线和反革命修正主义道路的界限；分清无产阶级世界观和资产阶级世界观的界限；分清无产阶级党性和资产阶级派性的界限。按照新党章的要求，自觉地斗私批修，积极地开展思想斗争，增强无产阶级党性。发动群众实行开门整党，让群众参加会议，参加评论。党员虚心听取群众意见，狠斗私、猛批修，大大密切党群

①《建国以来毛泽东文稿》第 12 册，中央文献出版社 1998 年版，第 426 页。

关系。把定期开门整党列为制度，作为组织生活必不可分的内容，经常不断地整风，使党组织始终保持无产阶级的性质，成为“领导无产阶级和革命群众对于阶级敌人进行战斗的朝气蓬勃的先锋队组织。”① 同时，遵照党代会精神，从下述几方面加强党的思想建设：一是用毛泽东思想武装头脑，改造世界观，实现思想革命化。刻苦学习毛主席的五篇哲学著作，选读一些马克思列宁著作，如《共产党宣言》《哥达纲领批判》《法兰西内战》《反杜林论》《国家与革命》《唯物主义与经验批判主义》。通过认真读书，改造世界观，提高识别真假马克思主义的能力，增强执行毛主席革命路线的自觉性。二是深入开展批修整风，加强路线教育。各级党组织要深入开展批修整风运动。在批修中，深入开展革命大批判，狠批“刘少奇一类政治骗子推行的反革命修正主义路线”，批判反动的唯心论的“先验论”“唯生产力论”、地主资产阶级“人性论”“阶级斗争熄灭论”“合二而一”等，肃清其流毒。在整风中，发动群众，实行开门整风，通过认真的批评和自我批评，提高思想认识，切实克服不正之风。在路线教育中，重点抓党的基本路线和党的九大路线的教育，采取集中和分散相结合的形式，坚持正面教育，使党的基本路线和党的九大路线，融入广大干部和革命群众的思想中，贯彻到一切的工作上。三是实行民主集中制。坚持在民主基础上的集中，在集中指导下的民主，实现在毛泽东思想原则基础上的团结。运用批评和自我批评的方法，开展积极的思想斗争。四是按照县第四次党代会关于加强党的思想建设的要求，全县各级党组织在党的思想建设上做了不懈努力。特别是进一步开展了活学活用毛泽东思想的群众运动，在各级领导干部中，加强了对毛主席五篇哲学著作和马克思列宁主义“六本书”的学习。在党的基层组织中，深入进行了

①上海支部生活编辑部编印：《毛主席论整党》，第102页。

毛主席提出的党在社会主义历史阶段的基本路线教育。

组织整顿和组织建设 所谓组织整顿和组织建设，就是按照中共中央关于整党建党工作座谈会的精神，切实贯彻毛主席“一个无产阶级的党也要吐故纳新，才能朝气蓬勃”[1] 的指示精神，确立绝大多数党员是好的和较好的，混进党内的坏人是极少数的观点，正确区分敌我矛盾和人民内部矛盾，采取谨慎的方法，把证据确凿的叛徒、特务、死不悔改的走资派，阶级异己分子，蜕化变质分子清除出党。对死气沉沉，经教育仍无转变的党员劝其退党。把真正经过考验的无产阶级先进分子吸收入党；把犯了错误，包括犯了严重错误的党员教育过来，使我们党更加纯洁，更加团结，更加坚强，更加兴旺。为此，全县在整党中，对原有党员进行了重新登记，至县第四次党代会召开，全县有 93. 5% 的党员恢复了组织生活，其余未登记的党员予以“暂挂”，待以后进一步审查和组织处理。同时吸收了 387 名新党员入党。1972 年 4 月，县委批转县革委会政治部工作安排意见，要求各基层党委，继续分期分批地抓好党支部的整顿和建设。对问题较多的支部，上级党委派人帮助整顿。令还未建立党组织的单位尽快建立，按照党的原则做好“吐故纳新”工作，积极慎重地培养和发展新党员。抓紧对“暂挂”党员的审查和处理工作，有计划地培养和训练基层党组织的骨干，搞好党员教育。严格党的组织生活，公社党委、农村党支部至少每半月召开一次生活会。公社党委对基层支部做到每季度检查一次组织生活情况，不得以支委、革委会代替支部会。定期开门整风，开展批评与自我批评，模范地执行党的决议，遵守党的纪律。按照县委文件精神，各基层党委把基层党支部建设作为党的组织整顿和组织建设的大事来抓，使整党后的党组织建设走上正常化、制度化的轨道。

---

①1967 年 11 月 5 日，毛泽东提出整党建党观点。

领导班子的整顿和建设　县第四次党代会要求，党组织整顿和建设的重点是领导班子，通过整顿，使党的领导权真正掌握在无产阶级革命者手中。加强领导班子建设的根本任务是用毛泽东思想武装头脑，努力提高领导成员的毛泽东思想水平，用毛泽东思想掌好权，用好权。为此，全县各级党组织把领导班子建设作为加强党的建设的大事来抓：一是按照毛主席关于无产阶级革命事业接班人的“五项条件”①，进一步加强了对干部的考核管理和教育，注意选拔和培养新生力量。二是认真办好毛泽东思想学习班，对在职干部和大队支部书记，革委会主任和民兵连长进行了轮训。三是坚持干部参加集体生产劳动的制度。1972 年 11 月，县委在《关于领导班子开展整风的安排意见》中对领导班子的整顿和建设作了进一步安排。要求从 11 月起到 12 月中旬，公社以上领导班子，分三批进行整风。各级党委都要实行开门整风，在整风中发挥无产阶级正气，纠正不正之风。要求各级领导干部认真解剖自己，勇于开展自我批评。各公社要在路线教育的基础上进一步抓好后进队领导班子的整顿。自 1972 年至 1973 年春季，各公社党委抓了开门整风和后进队领导班子的整顿工作，县、社重点帮助整顿了 16 个大队领导班子。通过整顿，提高了基层领导班子和领导成员的思想觉悟，增强了改变康县落后面貌的信心和决心。

加强党的一元化领导　县第四次党代会后，县委十分重视加强党的一元化领导。1972 年 2 月，县委在《一九七一年的工作总结和一九七二年的工作任务》中强调，各级党委要按照中央“两报一刊”② 社论《总结加强党的领导的经验》提出的六个方面，认真总结经验，加强党的一元化领导。同年 3 月，郭庆华在康县两委（扩

①“五项条件”指“必须是真正的马克思列宁主义者”“必须是全心全意为中国和世界的绝大多数人服务的革命者”“必须是能够团结绝大多数人一道工作的无产阶级革命家”“必须是党的民主集中制的模范执行者”“必须是谦虚谨慎，戒骄戒躁，富于自我批评，勇于改正自己工作中的缺点和错误”。

②“两报一刊”指《人民日报》《解放军报》《红旗》杂志。

大）会议的总结讲话中进一步强调，加强党的一元化领导，是巩固无产阶级专政，夺取各项工作全面跃进的重要保证。在县委的领导下，全县各级党组织坚持以路线斗争为纲，以“三要三不要”[①]原则为指针，统一党委成员的思想，使党委工作永远保持坚定正确的政治方向；执行党的民主集中制，实行“群言堂”，反对“一言堂”，加强党的集中统一领导，反对分散主义和本位主义，反对条条专政，加强请示汇报制度；积极开展党内的思想斗争，批判和抵制违背党的路线和政策、破坏党的原则和纪律的错误倾向；不仅团结了与自己意见相同的人，而且团结了有不同意见的人一道工作；改进了领导作风，提倡说老实话，做老实事。坚持群众路线，坚持参加集体劳动制度，深入实际，调查研究。在各级党委的统一领导下，民兵和工、农、青、妇、知识分子等都在各自的岗位上发挥了作用。

中共康县第四次代表大会

1971 年 5 月 9 日至 11 日，中共康县第四次代表大会在县城咀台召开。出席大会的代表 284 名，代表全县 4339 名党员，工农兵代表占绝大多数。这次大会的主要任务有两项，一是以马克思列宁主义，毛泽东思想为指针，总结全县自“文化大革命”以来，特别是县革委会成立以来的工作。进行思想和政治路线方面的教育，进一步落实党的九大和九届二中全会提出的各项战斗任务。二是按照新党章规定，选举产生中国共产党康县第四届委员会。会上，郭庆华代表县革委会和县革委会整党领导小组作了题为《高举“九大”团结、胜利的旗帜，继续革命，乘胜前进》的工作报告。报告以党的九大政治报告为基调，肯定了“无产阶级文化大革命”在康县的伟

①“三要三不要”指要搞马克思主义，不要搞修正主义；要团结，不要分裂；要光明正大，不要搞阴谋诡计。

大胜利。认为无产阶级“文化大革命”的伟大胜利，使康县发生了巨大变化。毛泽东思想大传播、大普及、活学活用毛泽东思想的群众运动不断深入发展。像郑湾、龙潭、东方红、六二六药厂等先进单位不断涌现，模范人物层出不穷。1970 年评出“四好”大队 51 个，“四好”民兵连 43 个，“四好”生产队 480 个，“四好”车间 23 个；“五好”社员 8274 人，“五好”职工 138 人，“五好”民兵 6170 人。清理阶级队伍和“一打三反”运动取得一定成绩。全县共揭发有各种政治、经济问题的 3174 人，对他们根据问题严重程度分别给予了处理，起到了打击敌人，教育人民的作用，有力地推动了革命和生产。分期分批地开展了整党建党工作，通过整党建党，纯洁了党的组织，增强了党的团结，进一步密切了党群关系，加强了党的一元化领导。全县农业生产形势向好，地方“五小”工业发展很快。1970 年工业总产值比 1969 年增长了 61.1%，比历史上最高的 1960 年增长 13.1%，财政收入比 1969 年增长 36.5%。粮食生产连年丰收，1970 年粮食总产达到 11700 多万斤，创造了历史最高水平，314 个生产队，71 个大队和 4 个公社上了“纲要”，17 个生产大队跨了“黄河”。中小学教育健康发展，入学儿童迅速增长。80% 的大队实现了合作医疗制度，“赤脚医生”队伍不断壮大，作用充分发挥。狠抓了民兵工作“三落实”，全县人民从思想上、组织上，物质上做好了反侵略战争的准备。

工作报告总结了“文化大革命”以来，特别是县革委会和县革委会整党领导小组成立以来，全县各方面工作取得伟大胜利的基本经验。一是广泛深入开展活学活用毛泽东思想的群众运动，用毛泽东思想统率一切，大大促进了人的思想革命化，推动了各项事业的蓬勃发展。实践证明，毛泽东思想是我们一切工作的指导思想。二是确立了有毛主席的革命路线，就有了一切；背离了毛主席的革命路线，就丧失一切的观点。坚持用毛主席的革命路线指导阶级斗争，必须用毛主席的革命路线掌好权，用好权。贯彻毛主席的革命路线，就要认真执行毛主席的各项无产阶级政策。各级党组织和革命委员会，必须狠抓广大党员和革命群众的路线教育，认真学习毛主席关于无产阶级专政条件下继续革命的伟大理论，不断提高执行毛主席革命路线的自觉性。三是确立了狠抓阶级斗争，念念不忘无产阶级专政的观点。斗争实践证明，无产阶级取得政权，不是社会主义革命的结束，而是社会主义革命的开始。无产阶级要巩固自己的政权，沿着社会主义道路前进；而资产阶级企图篡夺无产阶级政权，实行资本主义复辟。两个阶级，两条道路，两条路线的斗争，仍然是长期的、复杂的、曲折的。要巩固无产阶级专政，防止资本主义复辟，必须遵照毛主席无产阶级专政条件下继续革命的伟大学说，狠抓阶级斗争，念念不忘无产阶级专政。

工作报告总结了整党建党的工作成果，重申了整党建党的政治方向和根本指导思想。

工作报告强调了加强党对经济工作的领导，努力发展社会主义经济的问题。指出，无产阶级专政的基本任务之一就是努力发展社会主义经济。政治工作是一切经济工作的生命线，发展社会主义经济，要坚持“自立更生，艰苦奋斗”的基本原则。接着阐述了农业在国民经济建设中的基础地位。指出，要把发展农业生产作为经济建设的头等大事来抓，把主要精力放在领导农村工作上，切实把农业搞上去，进一步坚持社会主义的方向、道路，开展农业学大寨群众运动，认真贯彻执行党在农村的各项政策，正确贯彻执行“以粮为纲，全面发展”的方针，全面贯彻毛主席提出的“农业八字宪法”① 形成各行各业大力支援农业的浓厚氛围。

①“农业八字宪法”指土，肥，水，种，密，保，管，工。“土”是指深耕、改良土壤、土壤普查和土地利用规划；“肥”是指增加肥料、合理施肥；“水”是指发展水利、合理用水；“种”是指培育、繁殖和推广良种；“密”是指合理密植；“保”是指植物保护、防治病虫害；“管”是指加强田间管理；“工”是指工具改革。

大会选举产生了中共康县第四届委员会及常务委员会。选举郭庆华为县委书记，赵国诚为副书记。

县第四次党代会的召开，标志着“文化大革命”开始后，中共康县委员会的恢复。这段时间，县委、县革委会两块牌子，一套机构。县革委会下设的办公室、政治部、生产指挥部、保卫部等工作机构是县委的工作机构。公社党委和公社革委会也是两块牌子，一套机构。除公社设立党委外，于1972年7月，在县革委会政治部、生产指挥部、保卫部设立了党委。11月，设立了县直机关党委。1974年以后，县革委会相继撤销了“三部一室”，设立了相应的工作机构，县委亦陆续恢复了一些工作机构。至此，党委会的领导机构从革委会中分离出来，成为独立的党的领导机构，革委会不再是党政合一的混合体，而是地方党委领导下的政府机构。县委下辖28个公社党委和1个县直机关党委，全县有党支部419个，党员5709人，干部2132人。

中共康县第四次代表大会是在“文化大革命”严重脱离了社会主义改造完成后中国的实际，严重偏离了社会主义现代化建设的迫切需要，在理论和实践上犯了严重错误的大环境下召开的。大会遵循中共九大将以阶级斗争为中心的指导思想规定为社会主义历史阶段的基本路线，规定“斗、批、改”为任务的总基调，作出了“文化大革命”推动全县各项工作发展的错误判断。在“无产阶级专政下继续革命的理论”指导下，提出了今后全县党的工作指导思想、基本任务和奋斗目标。在当时极“左”路线的历史条件下，中共康县第四次代表大会不可能承担起应有的历史使命。大会按照军队、干部、群众组织代表“三结合”的方针选举产生了中共康县委员会领导机构，也使群众组织头子进入了县委领导集体。

群团组织活动

“文化大革命”运动开始以后，由于夺权斗争和派性斗争，共青团、妇联、工会、贫下中农协会等群团组织被迫停止活动。特别是中央关于“文化大革命”的“十六条”，充分肯定了红卫兵运动，使得红卫兵组织在实际上取代了共青团组织。县革委会成立后，相继召开了康县地区革命工人代表大会，康县贫农下中农革命农民代表大会，康县地区红卫兵代表大会。县第四次党代会工作报告指出，各级党组织要重视和加强对共青团的领导，搞好整团建团工作，把各级团组织办成毛泽东思想培养共产主义新人的学校。接着，全县 28 个公社的共青团组织得到恢复成立。1972 年 3 月，县两委（扩大）会议召开，会议要求，各级党委要积极做好民兵和工、农、青、妇、知识分子等方面的群众工作。从 1972 年起，各级党委进行共青团的建设，以及妇联、工会、贫下中农协会等群众团体组织的恢复和活动开展。至 1973 年，各基层的共青团、妇联、农村贫下中农协会组织及县直单位、厂矿企业的工会组织基本恢复和建立。

共青团康县第九次代表大会召开　1973 年 1 月 10 日至 15 日，共青团康县第九次代表大会召开，参加大会的代表共 300 多名。出席大会的代表绝大部分来自基层，是“文化大革命”以来，从工、农、商、学、兵各条战线涌现出来的青年积极分子。红卫兵代表也应邀列席了会议。大会由高荣德致开幕词，县革委会副主任、团代会筹备小组组长王振华作工作报告，县委副书记高平讲话，大会选举产生了共青团康县第九届委员会委员，常务委员，书记和副书记。共青团康县第九届委员会由马占宏等 19 人组成，常务委员会由陈文荃等 7 人组成。高荣德任书记，张邓林任副书记。

大会听取了康县整团建团的工作报告，总结交流了共青团的工作经验，讨论研究了今后共青团工作的任务。工作报告回顾，康县的整团建团工作从1969年11月开始，经过3年多时间的整顿和建设，使整团建团工作取得了巨大的成效。一是加强了党对共青团的领导。二是深入进行路线教育，狠抓了思想上的“吐故纳新”。三是狠抓了组织建设，提高了团的战斗力。关于今后的工作任务，工作报告要求：一是认真搞好批修整风，深入进行思想和政治路线教育，特别是认真学习中央“两报一刊”社论等重要文章，不断加深对毛主席提出的党在整个社会主义历史阶段基本路线的理解，狠批“刘少奇一类政治骗子反革命修正主义路线”，以及他们鼓吹的唯心论的“先验论”“阶级斗争熄灭论”“智育第一”“生产第一”“娱乐至上”“小节无害”等反动谬论。通过大批判，提高执行毛主席革命路线的自觉性。二是大力加强共青团、红卫兵和红小兵组织建设。加强对各级团干部的培养教育，坚持民主集中制的原则，提倡“群言堂”，反对“一言堂”，继续坚持“三会一课”① 制度，慎重地做好吐故纳新工作。各级团组织要加强对红小兵的领导，积极帮助红卫兵组织，发挥好团结教育青年的作用。三是鼓足干劲，力争上游，为加快社会主义革命和建设发挥突击作用。农业战线团组织要继续深入开展农业学大寨运动；工业战线团组织要继续深入开展工业学大庆运动；教育、科学、卫生战线团组织要立足本行，为巩固社会主义经济基础服务。继续办好政治夜校，大力开展革命文娱、体育活动，大唱革命歌曲，大演革命样板戏。四是增强党的观念，自觉接受党的领导，努力开展适合青年特点的独立工作，充分发挥党的助手作用。

妇联六次代表大会的召开 1973年4月26日至29日，康县妇

①支部团员大会，支部委员会，团小组会，团课。

女联合会第六次代表大会召开。参加大会的代表352人，60%以上的代表来自基层不脱产的生产第一线。代表名额分配适当照顾了少数民族地区和妇女人数较少的单位，以及上山下乡的女知识青年，体现了代表的广泛性、群众性和先进性。大会选举产生了康县妇女联合会第六届委员会、常务委员会，主任和副主任。委员会由马新英、王好花等36人组成；常务委员会由李淑芳、李雪珍等9人组成。刘锡英任主任，钱莉珍、王桂珍（不脱产）二人为副主任。县革委会政治部主任王振华代表县妇联筹备小组向大会作了题为《在毛主席革命路线指引下，进一步发挥妇女在三大革命运动中的“半边天”作用》的工作报告。报告首先分析了当时的形势，认为在毛主席无产阶级革命路线指引下，全县妇女工作形势很好。广大妇女在批修整风运动中受到了深刻的思想和政治路线教育，提高了阶级斗争和路线斗争觉悟，政治面貌和政治地位发生了深刻变化，在“三大革命”斗争中发挥了积极的作用。关于今后的工作任务，报告要求以路线斗争为纲，紧紧围绕批修整风这个头等大事，继续加强对广大妇女的思想和政治路线方面的教育，认真组织广大妇女学习毛主席关于批修整风的光辉文献，紧紧抓住“刘少奇一类骗子反革命修正主义路线”的实质，深入开展革命大批判，肃清其在妇女工作中的流毒，推动妇女工作始终沿着毛主席革命路线胜利前进。同时，认真总结本地区、本单位妇女工作经验，进一步调动广大妇女的社会主义建设积极性，充分发挥妇女在“三大革命”斗争中“半边天”的作用。在农村，要发动妇女群众投身生产第一线，大力推动生产发展。其他战线的妇女要在本职工作岗位上作出新成绩。

工会组织的整顿和第二次代表大会的召开 1973年6月，县委批复县革委会政治部党委《关于整顿健全工会组织和筹备召开康县工会第二次代表大会的报告》提出，工会组织的思想整顿，是抓住批修整风这个总纲，宣传、贯彻毛主席的革命路线，批判“刘少奇一类骗子的修正主义路线”，对广大工人群众进行思想和政治路线教育。组织工人群众认真学习毛主席著作，学习毛主席关于批修整风的重要指示和党的基本路线，深入开展革命大批判。联系工作实际，深刻批判“刘少奇一类骗子”在工人运动中散布的阶级斗争熄灭论、经济主义、工团主义，以及破坏党对工人运动的领导，分裂工人运动的罪行，肃清其流毒。准确地划清正确路线与错误路线的界限，进一步提高执行毛主席革命路线的自觉性。组织整顿，要对原有会员进行核实登记，尽快组织起来，健全工会小组，开展活动。对混入工会组织中的地、富、反、坏、右和资本家，要清除出去。凡是要求参加工会组织的，应当热情欢迎，既要反对关门主义倾向，又要谨防地、富、反、坏、右和资本家混入工会。加入工会组织，要由本人申请，工会小组讨论，基层工会委员会或整顿健全工会小组批准。

1973 年 8 月 23 日至 25 日，康县第二届工会代表大会召开。参加大会的代表 70 人，代表以产业工人为主，不脱产的工人代表占 60% 以上，妇女代表占 30% 以上。同时，特邀了贫下中农、解放军、老红军、退休老干部、机关单位的汽车司机、炊事员、职工家属及地区驻康县的企事业单位工会代表参加。大会选举产生了康县总工会第二届委员会、常务委员会、主任和副主任。第二届委员会由王福森、王莉萍等 17 人组成；常务委员会由石善珠、王惠兰等 7 人组成。王怀顺任主任，杨德贵、邵惠芳（不脱产）2 人任副主任。

大会工作报告重申了工会的性质、作用和任务。指出，工会是工人阶级的群众组织，是无产阶级专政的坚强柱石，是广大工人群众学习共产主义的学校。工作任务是，在党的领导下，组织工人群众学习马克思主义、列宁主义、毛泽东思想，进行思想和政治路线方面的教育。狠抓阶级斗争，批判资产阶级、修正主义，巩固无产阶级专政；贯彻执行“抓革命、促生产、促工作、促战备”的方针，多快好省地建设社会主义；积极为党和国家培养和输送工人干部；协助和监督各级干部执行党的路线、方针、政策，坚持社会主义方向；关心工人生活，搞好安全生产和劳动保护，重视工人的文化技术教育；坚持用无产阶级国际主义教育广大工人群众。

贫下中农协会的整顿、健全和康县第三届贫下中农代表大会的召开 贫下中农协会的整顿、健全工作，亦包括思想整顿和组织整顿两个方面。1973年8月4日，县委在《关于整顿、健全贫下中农协会和筹备召开康县第三届贫下中农代表大会的通知》中明确提出，贫协的整顿健全工作，以批林整风为纲，突出思想整顿。要组织广大贫下中农认真学习毛主席关于批林整风的重要指示和党的基本路线，学习马、恩、列、斯和毛主席关于农民运动的论述，学习毛主席亲自主持制定的中共中央《关于目前农村工作若干问题的决定（草案）》《农村社会主义教育运动中目前提出的一些问题》等文件。联系实际，抓住刘少奇、林彪的反革命修正主义路线的极右实质；批判他们散布的“阶级斗争熄灭论”和“三自一包”“四大自由”“农民缺吃少穿”“国富民穷”等反动谬论，批判他们妄图改变党的基本路线，颠覆无产阶级专政，复辟资本主义的罪行。划清正确路线与错误路线的界限，进一步提高执行毛主席革命路线的自觉性，加强贫下中农的革命大团结。组织整顿，着重于对原有贫协会员摸清底子，核实造册登记，尽快组织起来开展活动，有重大问题的暂缓登记；积极发展新会员，贫农、下中农成分的人民公社社员，凡是要求参加的，应允许。但是，在贫下中农中间有重大政治历史问题尚未查清的，包括敌我矛盾按人民内部矛盾处理的，暂时不能入会。加入贫协，要经本人申请，由生产队全体会员讨论通过，生产大队贫协委员会批准，填表入册；对混入贫协组织的地、富、反、坏、右分子，要坚决清除出去。公社、大队建立贫协委员会，设主任 1 人，副主任 1—2 人；委员 5—11 人。生产队建立贫协小组，在规模较大的生产队，可根据情况，划分几个小组。小组由 3—5 人组成，设组长 1 人，副组长 1—2 人。

1973 年 9 月 15 日至 20 日，康县贫下中农协会第三届代表大会召开。参加大会的代表 351 名，列席代表 20 人，特邀代表 7 人，女代表占 40% 以上。列席代表中，有坚持社会主义道路的中农积极分子，上山下乡知识青年，赤脚医生，以及“可以教育好的子女”。特邀代表邀请了工人、老红军、退休老干部参加。大会选举了康县贫下中农协会第三届委员会，常务委员会主任和副主任。第三届委员会由李生贵，张两会等 35 人组成；常务委员会由高荣德、刘锡英（女）等 8 人组成，褚进贤任主任，谢治仓、杜永兴（不脱产）2 人任副主任。会议报告重申了贫协组织的性质、作用和基本任务。指出，贫下中农协会是贫下中农在共产党领导下自愿组成的革命的群众性的阶级组织，是无产阶级专政在农村中的坚强支柱。贫协的基本任务是，在党的领导下，组织贫下中农学习马克思主义、列宁主义、毛泽东思想，进行阶级教育、路线教育和社会主义教育；批判资产阶级，批判修正主义，巩固无产阶级专政，不断提高他们的阶级觉悟和路线觉悟；贯彻“抓革命，促生产，促工作，促战备”的方针，开展“农业学大寨”的群众运动，努力发展农业生产，多快好省地建设社会主义；团结中农，团结农村中一切可以团结的人，调动一切积极因素，共同走社会主义道路。协助和监督农村人民公社的各级干部执行党的路线、方针、政策，办好集体经济，坚持社会主义方向；关心贫下中农和社员群众生活，协助社队解决生产和生活上的问题；进行移风易俗教育，改变陈规陋习，树立社会主义新风尚；坚持用无产阶级国际主义教育广大贫下中农，树立使全人类都得到解放的远大理想，为支援世界革命贡献力量。

大会期间，代表们对县委在落实农村经济政策方面的工作提出了意见，如有的队还没有归还原来划分给社员的果树；社员房前屋后的零星果树也是队里所有，这种做法有违党的政策；队有林和国有林界限划分不清，在林权问题上，生产队与林场纠纷频发；县上对边远山区支援少，资源分配不公，要求重视尽快修通公路，等等。

民兵组织和战备工作

从1971年起，县委、县人武部党委、县直机关党委、各公社党委狠抓了民兵工作和战备工作，建立健全了民兵组织，做到了民兵工作“三落实”，充分发挥了民兵组织在战备工作和“三大革命”斗争，特别是农业学大寨、工业学大庆运动中的骨干作用。

为了进一步落实毛主席全党抓武装，实行全民皆兵的战略方针，贯彻全军《民兵工作座谈会议纪要》精神，把全县民兵工作做得更好，1971年8月12日，县委下发《关于进一步搞好民兵工作的几点意见》提出：一、发扬全党抓武装的光荣传统，学习毛主席关于民兵工作的一系列重要指示，纠正“民兵工作，无关大局”“与己无关”的错误思想，提高思想认识，搞好民兵建设。二、加强领导，各级党委和革委会要把民兵工作列入重要会议日程，实行党对民兵工作的一元化领导。在做好中心工作的同时抓好民兵工作。各级党委要有一名主要领导干部管理民兵工作。县、社党委每季至少研究一次民兵工作，支部应经常讨论研究。各级都应向上级作出有关民兵工作的报告。三、全党抓，全军带，全民办。在各级党委和革委会的统一领导下，充分发动全县干部一起动手，人人做民兵工作，实行全民皆兵。四、深入开展创“四好”民兵连队运动和“五好”民兵运动。五、抓好典型。县委确定长坝公社东方红大队民兵营和向阳公社左家庄大队民兵连为县委民兵工作的点，由县革委会和武装部统一组织工作组，不间断抓下去。

1971年12月23日，县委和县人武部党委联合发出《关于认真抓好当前战备工作的通知》，指出，苏修社会帝国主义出于侵略和扩张的反动本性，为配合印巴行动，可能利用冬季封冻季节，在我边疆地区挑起武装冲突，制造紧张局势。根据武都地委、军分区党委指示精神，一要对广大干部和群众进一步抓好战备思想教育；二要狠抓各项战备工作的落实，做好民兵组织整顿，加强军事训练，做好战备；三要贯彻地革委、军分区联合召开的交通备战会议精神，加紧公路建设，大修县社道路，进一步落实路社联防，迅速把全县公路建成打不烂、炸不断的钢铁运输线；四要健全各级首长、作战和人防值班制度，坚守岗位，随时接受上级命令。

1972年上半年主要完成以下几项工作：一、落实民兵组织建设。对全县民兵按照排、连、营、团进行造册登记，由县委和武装部研究配备了各公社民兵团团长，独立营营长，政委、教导员，参谋长等民兵组织的领导班子；由公社党委和公社武装部配备了各大队民兵连，生产队民兵排等民兵组织的领导机构；举办了各级民兵干部学习班，制定了切实可行的训练、会议等制度。二、进行民兵的思想和政治路线教育，落实民兵政治建设。各级民兵组织普遍组织民兵学习了毛泽东《关于纠正党内错误思想》《中国共产党在民族战争中的地位》《整顿党的作风》《中国革命和中国共产党》等文章，重点批判了“阶级斗争熄灭论”“武装斗争过时论”“民兵无用论”“政治可以冲击一切”的错误观点，使毛主席的无产阶级建军路线进一步在民兵中落实。在路线教育中，各级民兵组织利用开会和节假日，组织民兵学唱《国际歌》和《三大纪律、八项注意》等歌曲。三、重视民兵的战备训练，落实民兵的军事建设。县武装部对全县民兵连长进行了一次轮训，各公社对副排长以上的民兵干部进行了两次轮训。此外，全县还重点监督独立营、独立团和基干民兵的军事训练。参加训练的民兵达到5600多人。四、改进领导作风。县武装部督导东方红民兵营和左家庄民兵连两个点。公社主抓一个民兵连的点。总结经验，以点带面。五、开展纪念活动。1972年6月19日是毛主席关于“民兵工作要做到组织落实，政治落实，军事落实”的重要指示发表七周年。在“6·19”前后，各公社、各单位普遍发动民兵开展了纪念活动，利用有线广播、黑板报、墙板进行了民兵工作“三落实”的宣传，县上在6月19日召开了庆祝大会，由附近大队民兵连和县级机关民兵连参加。会后由三官公社、咀台公社、碾坝公社武装连部分民兵进行投弹和步枪射击表演。11月25日至12月15日，由县、社分层次培训骨干，组织学习了《民兵工作条例修改草案》，省委、省军区在古浪县的整组试点经验，以及毛主席对民兵工作的一系列指示，提高了广大民兵对毛主席人民战争思想和民兵战略地位的认识。1972年12月26日至1983年1月15日，对民兵组织进行了自下而上的整顿。1973年1月16日至25日，检查总结党对民兵工作一元化领导的经验，制定党管武装措施。然后由公社、大队召开民兵大会，宣布民兵的组织建制，公布干部和出队、入队、转队名单，授予武装基干民兵武器。

1973年3月16日，县委下发了《关于进一步加强民兵工作的意见》，提出了抓好民兵组织整顿，抓好对民兵干部的培训教育，管理武装基干民兵，发挥民兵在“三大革命”斗争中的骨干作用，加强党对民兵工作的领导的具体意见。8月29日，县委下发了《批转康县人民武装部〈关于加强战备工作的意见〉的通知》，指出，苏修内外交困，在我边界地区侦察、演习活动频繁，蓄意制造事端，随时都有挑起武装冲突的可能。根据意见精神，县上成立了由9人组成的战备领导小组，具体业务由县战备办公室承办，各公社亦组织了3—5人的领导小组，加强了战备思想教育工作。各单位对作战预案和支前方案普遍进行了一次检查。重点防范叛乱和防空投、空降。县机关民兵营抓了抢运队、线路抢修队、抢救队、治安警卫队的战备工作。11 月 2 日，县委下发布了《批转人武部党委〈关于在农田水利建设中充分发挥民兵突击骨干作用的请示报告〉》，要求各公社、大队，在深入开展农业学大寨运动中，充分发挥民兵在农田水利建设中的突击骨干作用。

由于各级党组织全面贯彻执行了县委文件精神，至 1974 年，全县民兵工作“三落实”成效显著。其一，各级党组织提高了对民兵工作的认识。从政治领导和思想上、组织领导上切实加强了党管武装，落实了管好武装的措施。县委把民兵工作作为一项重要任务，列入议事日程，定期研究讨论。县武装部全力以赴抓好民兵工作，5 名领导全部深入基层。公社党委每季度召开一次工作会，大队支部每月召开一次民兵工作形势分析会，总结工作，交流经验。其二，进一步加强了民兵建设。至 1974 年 6 月，已组建了王坝公社武装基干连，共配备武器 735 件。其中半自动步枪 119 支，冲锋枪 156 支，步枪 460 支。在原来的 11 个武装基干连各组建了一个以打坦克为主的爆破组。在王坝公社东风大队，对打坦克爆破班进行了训练试点。至 1974 年 6 月，全县“三落实”连队 108 个，占民兵连总数的 31%；基本落实的 182 个，占 52%；落实不到位的 54 个，占 15%。在抓民兵“三落实”中，特别重视抓了民兵战备训练。截至 6 月底，全县共训练民兵 1986 人。其中民兵干部 460 人，武装民兵 217 人，基干民兵 657 人，普通民兵 652 人。大部分公社都进行了射击、投弹、刺杀、列队、野营拉练训练。其三，学习上海民兵工作新经验，充分发挥民兵在社会治安保卫工作中的战斗作用。如县直机关民兵营，组织了两个巡逻小分队，担任夜间巡逻和日常执勤。咀台公社赵坝大队民兵连，在逢集日，节假日，组织民兵协助派出所、军管会巡逻放哨，查店护仓，管理市场。大堡公社组织机关、学校、街道的民兵组织，联合组成巡逻小分队，在集日、节日和夜晚站岗放哨，监视破坏分子。其四，充分发挥了民兵在“农业学大寨”运动和“三夏”生产中的骨干突击作用。全县344个大队以民兵为骨干，建立了256个有5250人参加的农田水利建设专业队。除完成1973年遗留的扫尾工程外，至夏收前兴修水平梯田3549亩；兴修河堤13处，共10300米；与河争地494亩；水利工程开工106项，完成65项；新增有效灌溉面积445亩，保灌面积330亩；开工打井124眼，完成81眼；开工水泵工程6处，完成3处；新建水电站3处，完成1处。巩集公社发动民兵，组成突击队，在很短时间内完成打井4眼。1973年冬至1974年，持续90天的干旱，全县18万亩小麦，有11万亩受灾，许多社队以民兵为骨干，浇水抗旱。豆坪公社豆坪大队发动民兵担水6966担，浇地61亩，引水浇地20多亩，使秋田普遍苗齐苗壮。在“三夏”生产中，不少社队重视和发挥民兵的骨干作用，组成了抢手、抢运、抢碾队，加快了“三夏”生产进度。

1975年和1976年，康县各级党组织遵照县委的统一部署，进一步加强了民兵工作和战备工作，特别加强了民兵的组织建设，军事训练，充分发挥了民兵在社会主义建设中的突击骨干作用。

第五节　“农业学大寨”和农村经济建设

为了大力发展农业，强化农业在国民经济中的基础地位，在县革委会成立后，全县农村广泛深入持久地开展了“农业学大寨”的群众运动，特别重视开展了农村经济建设。

“农业学大寨”运动的开展

1964年，毛主席发出“农业学大寨”的伟大号召。经过整党恢复的县委，首先把“农业学大寨”的群众运动作为“坚决执行毛主席革命路线”的大事来抓。1971年9月，县委恢复伊始，即作出《关于进一步深入开展学大寨，赶东江群众运动的决定》，指出，武都地委在《甘肃日报》发表了“红日照东江”的报道和评论员文章之后，在全区范围内立即掀起一个学大寨，赶东江群众运动的新高潮。这是省委、地委向我们发出的新的动员令。县委要求全县各级党组织和革命委员会，全县共产党员和全县军民更高地举起毛泽东思想伟大红旗，在党的九大和九届二中全会精神的指引下，坚决执行毛主席的无产阶级革命路线和政策，用更加坚定的革命决心和更大的革命干劲，把“农业学大寨”群众运动推向一个新的高潮。同年11月，地区农业学大寨经验交流会后，县委和县革委会作出《关于进一步深入开展农业学大寨群众运动的决定》，指出：一、必须用毛泽东思想育人建政，各级领导班子，特别是县、社两级领导班子，要认真进行一次开门整风，揭露矛盾，解决矛盾，在思想、作风上作出大的转变。对于有问题的班子，学大寨运动开展乏力的班子，要下决心，派得力干部进行整顿。二、狠抓两个阶级、两条道路和两条路线斗争这一纲领。狠批“三自一包”“四大自由”、“工分挂帅”、“物质刺激”、“重副轻农”、“弃农经商”、副业单干、多开荒地、多划自留地、搞公私合营田等资本主义倾向。狠批怕苦、怕累、怕困难，无所作为，守旧的懒汉懦夫世界观和右倾保守思想，树立一不怕苦、二不怕死，人定胜天的雄心壮志。三、认真贯彻落实党在农村的各项政策，坚持“三级所有，队为基础”的制度，坚持“以粮为纲，全面发展”的方针，坚持“各尽所能，按劳分配”的社会主义原则。四、充分发动群众，大搞农田水利基本建设，全面贯彻“农业八字宪法”，实行科学种田。通过几个大会战，全县完成兴修水平梯田21000亩，与河争地2600亩，扩大灌溉面积6400亩，总计完成30000亩大寨田的修建任务。接着，县委召开“农业学大寨”广播大会进行总动员，在全县掀起轰轰烈烈的农业学大寨群众运动新高潮。部署分四个阶段，坚决完成建设30000亩大寨田的任务。

1972年1月5日至6日，地委农业学大寨检查团到康县检查了张坪、东方红、郑湾、窑坪4个大队和平洛、望关、长坝、巩集、大堡、云台、大南峪、咀台等公社公路沿线一些大队的农田基本建设情况。县委、县革委就几个月来开展农业学大寨运动的情况向检查团作了汇报。1月7日，县委召开常委会，反馈了检查团的意见，并于当晚召开了全县电话会议，对全县以农田基本建设为中心的农业学大寨工作进行了再动员，再部署：一、认真学习1972年元旦社论，以社论精神，结合农田水利基本建设，促进当前农业学大寨群众运动深入发展；二、在农田基本建设中总结经验，全面规划，综合治理，尊重规律，因地制宜；三、继续采取典型引路的方法，充分发动群众，保持群众运动的积极性和持久性；四、领导深入第一线，蹲点、包片，亲自指挥作战，实行面对面的领导；五、改革工具，大搞技术革新，减轻劳动强度，提高劳动效率；六、认真开展冬季积肥送肥运动。

1973年10月，全县农业学大寨经验交流会召开。出席大会的有各公社、各单位代表618人。会议的重点是解决如何领导群众走大寨道路，以及回答省委向县委提出的问题，即“为什么学大寨的步子总是迈不开？”“为什么不少单位不能把大寨的根本经验真正学到手？”“为什么一些好典型不能迅速推开？”“为什么不能把群众的社会主义积极性及时引导到大干快干上来？”会议分三个阶段进行。

第一阶段，学习毛主席关于发展农业的一系列重要指示，学习“北方农业会议”的报告，《人民日报》的《农业学大寨》社论，学习陈永贵讲话，传达省农业学大寨经验交流会精神。第二阶段，总结检查各级领导班子领导农业学大寨运动的办法、措施。第三阶段，回顾了农业学大寨运动开展的基本情况，总结了县委领导学大寨运动的主要经验和教训：一是要叫面貌变，必先抓路线。二是只有大干苦干，才能大变快变。三是面貌要改变，领导是关键。四是制定好规划，掌握主动权。其后，提出了今后的意见，遵照三年前北方地区农业会议指出的“昔阳能办到的，我们为什么办不到；一年不行，二年不行，三年行不行？四年、五年总可以了吧？”的精神。总的战斗口号是“抓路线，促大干，两年面貌大改变”。1974 年改土造田 25000 亩，实现粮猪双高产。大南峪、云台、寺台、大堡、咀台，豆坪、王坝、长坝，碾坝、迷坝等 10 个公社一年大变样，粮食过“黄河”①，其余 18 个公社一年变面貌，粮食上“纲要”。② 兴修水平梯田 2.5 万亩，“四五”末达到 10 万亩；植树造林在现有 2 万亩的基础上，每年新增 2 万亩；新建、续建三河、秧田、太石、豆坪、迷坝等 5 条公路。会上还对农业学大寨运动中涌现出来的先进集体和先进个人进行了表彰。

1974 年 10 月，县委召开三级干部会议，传达省委农业座谈会议精神，集中讨论研究大搞农田基本建设和来年农业大干快上的问题。县委书记郭庆华讲话指出：“摆在全县各级党组织，广大干部面前的一个重要问题仍然是学不学大寨的问题，你是大干社会主义，推动学大寨运动继续向前发展，还是右倾保守，中庸调和，阻止学大寨运动发展。学大寨就要大干，不大干就是假学大寨。”会上下达了 1974 年至 1975 年应完成的任务指标，要求 1974 年冬完成

①过“黄河”指粮食亩产平均 500 斤以上。
②上“纲要”指粮食亩产平均 400 斤以上。

4.5 万亩“四田”① 建设任务。经过 1974 年、1975 年两年奋战，建设“四田”9 万亩。到 1975 年底，使稳产高产农田达到 14 万亩，并修通豆坪、秧田，迷坝 3 个公社的公路。要达到此目标，会议提出，要深入开展革命大批判，大批促大干，大干促大变。坚持总路线精神，反对右倾保守思想；坚持斗争哲学，反对中庸之道。农田基建主攻方向是连片治理修梯田，劈山改河发展水田，削山填沟造小平原，铺土压沙改造低产田；要全党动手，全民动员，大搞冬季农田基本建设，保质保量完成“四田”任务；要先治川坝、沟台地，后治半山地，高山陡坡地，逐年弃耕还林还牧。在组织形式上，要发挥人民公社“一大二公”的优越性，以大队为单位，集中连片，综合治理，把 70% 的劳力投入到农田基建，以民兵组织的形式，划战区，分战役，采取大兵团作战和小分队突击相结合的办法。坚持“以粮为纲，全面发展”方针，在大力发展粮食生产的同时，全面发展农、林、牧、副、渔生产。加强党的领导，改进领导作风，带领群众大干。1974 年冬，从县级机关抽调 120 名干部，由常委带队，深入农村抓农业。各行各业在全县形成了支援农业、参与农业的热潮。

1975 年 10 月，县委副书记高平参加了中共中央在山西省昔阳县召开的全国第一次农业学大寨会议。期间向党中央、国务院提交报告，表示了大干社会主义的决心，立下了 5 年建成大寨县的“军令状”。同年 11 月，县委召开常委（扩大）会议。会上传达了全国第一次农业学大寨会议精神，讨论了全县建成大寨县的问题，提出了今后 5 年的奋斗目标和战斗任务是：苦战 5 年，实现 20 个公社建成大寨公社，200 个大队建成大寨大队，18 万亩土地建成大寨田，三分之一的大队建成新农村；实现沟、湾、坝里园田化，半山缓坡

①“四田”指连片治理修梯田，劈山改河发展水田，削山填沟造小平原，铺土压沙改造低产田。

梯田化，干旱山区水利化，荒山荒坡全绿化，农林业实现机械化；实现粮食亩产过“黄河”，猪、林、油、麻超“纲要”；实现队队有工业，社社有工厂，人均千斤粮、一亩大寨田，人均占有经济收入200元，集体经济壮大，社员生活逐步改善。

“以粮为纲，全面发展”战略目标的制定和实施

长期以来，康县在自给自足的自然经济形态下，广大农村“种粮为吃饭，养猪为过年”。县第四次党代会后，各级党组织努力发展社会主义经济，强化农业在国民经济发展中的基础地位，加强了党对经济工作的领导。把发展农业生产作为经济建设的头等大事来抓，把主要精力放在领导农村工作上。在农村经济发展战略目标的制定和实施中，遵照毛主席提出“以粮为纲，全面发展”的方针，注重突破单一的粮食经济，发展多种经营。在狠抓粮食生产，提高粮食产量的同时，狠抓多种经营的生产，提高多种经营收入。

县第四次党代会提出：“大力发展农业，还要正确贯彻执行‘以粮为纲，全面发展’的方针，在大力发展粮食生产的同时，必须对农、林、牧、副、渔和粮、棉、油、麻、丝、茶、糖、菜、烟、果、药、杂合理布局。克服‘重副轻农’和只注意粮食生产，不注意多种经营的错误倾向。”经过各级党组织和广大党员干部群众的苦干实干，1971年，全县的林、牧、副业生产有了较大的发展，在遭受严重干旱的情况下，全县粮食总产量达到一亿斤以上。有2个公社，31个大队，107个生产队粮食亩产上了“纲要”。全年植树造林4600多亩，育苗273亩，“四旁”[①] 零星植树80万株，其中经济林60万株，用材林20万株，造林数量比1970年增长一倍

①“四旁”指路旁、水旁、宅旁、村旁。

多，并有部分大队建立了队办林场。大牲畜增长4.4%，生猪饲养达到7.8万头，年底存栏5.96万头，比1970年底存栏数增长45%。集体养猪发展很快，比1970年增长57%。阳坝、铜钱、托河、两河、迷坝、三河等6个公社，55个大队，329个生产队生猪达到一户2.5头以上，达到了《纲要》要求，有25个生产队实现了一人一头猪。已有8个公社的73个大队发展茶园800多亩，有300多亩投入了生产，产茶7000余斤。柞蚕和蚕桑总产量达到了3.4万斤。其他多种经营和副业生产也有一定的发展。

1972年2月，县委召开两委（扩大）会议，中心议题是“举旗抓纲赶昔阳，誓夺1972年粮、猪双上‘纲’”。会议特别强调，在新的一年里，要认真贯彻落实“以粮为纲，全面发展”的方针，合理安排“农、林、牧、副”和“粮、油、棉、麻、丝、茶、糖、菜、烟、果、药、杂”两个布局，做到农、林、牧、副齐发展，实现粮、猪双上“纲”。粮食种植面积36万亩，亩产400斤，总产达到14500万斤；生猪9.2万头，平均每户2.5头。会议还提出大力发展养猪事业，倡导确立猪多、肥多、粮增产，猪多、肉多、贡献多，猪多、钱多、积累多的观念。会议要求积极发展集体养猪，鼓励社员个人养猪，队队办猪场，户户都养猪，每个队办猪场养猪达到20头以上，全县集体养猪达到2—3万头。大力推广醇化饲料，积极修建猪圈，建立健全三级兽医网，加强畜牧防疫，为养猪业提供保障。会议要求发展林业生产和多种经营。1972年，每个大队都要办林场，每个生产队都要建立苗圃、果园。北部地区几个公社每户栽种10株核桃树，10株柿子树。南部地区几个公社每户栽种10株油桐树，经济作物和茶叶、蚕桑、银耳等多种经营，要同时发展。

1972年4月，县委和县革委会作出《关于认真贯彻“以粮为纲，全面发展”方针的决定》（以下简称《决定》），要求充分利用资源优势，按照国家计划，因地制宜，全面规划，安排好农、林、牧、副、渔和粮、棉、油、麻、丝、茶、糖、菜、烟、果、药、杂的布局。

粮食生产，必须继续抓紧，棉、油、麻、茶等经济作物要保证按国家计划种植。棉花以平洛、豆坪、太石、望关、李山等公社为主，积极扩大棉田，提高产量。云台、大堡、寺台、大南峪、迷坝、铜钱等公社要积极试种，逐步推广。大麻以咀台、三官、碾坝、王坝、长坝等公社为主，岸门口、贾安、豆坝等公社要逐步扩大面积。油料以水稻田和高山地复种为主，扩大油菜复种面积，在两三年内达到自给有余。茶叶以阳坝、太平、托河、铜钱等公社为主，发展大面积成片茶山，白杨、秧田、两河、三河等公社应积极种植茶树，建立茶园。

林业生产，要求“四五”期间上“纲要”，重点发展经济林木。平洛地区5个公社，重点发展核桃、花椒、苹果、药木。利用地边、“四旁”大力发展花椒，队队营造苹果园。高半山营造用材林、薪炭林。大堡地区，重点发展核桃、柿子、苹果、蚕桑、花椒，营造蚕桑、柿子、核桃基地。咀台地区重点发展核桃、板栗、漆树、松树。半山高山有计划地进行次生林改造，营造漆山、松山、板栗山。白杨地区重点发展青冈、油桐、漆树、棕榈、楠竹，逐步发展集中成片的棕山、漆山、油桐山，并在山坡上开辟茶园、茶山。

畜牧业生产应积极发展集体养猪，继续鼓励社员养猪。发展大牲畜、羊只等。

副业和其他多种经营生产方面，阳坝、白杨地区，重点发展木耳、银耳、柞蚕、养蜂、竹器编织，积极采集药材、橡子、板栗等。咀台地区，发展养蜂、种植药材，大搞药材、板栗、松子的采集。平洛、大堡地区，利用水利建设，大搞农副产品脱粒、加工的综合利用，积极发展芦苇、草袋等各种编制和其他采集副业，并发展一些稳定的副业生产。在此基础上，各社队鼓励和帮助社员群众，积极开展政策许可的家庭副业生产。

关于贯彻“以粮为纲，全面发展”方针的《决定》出台后，各级领导普遍加强了对多种经营的领导。组织广大干部群众认真学习党在农村的各项经济政策，注意划清“四个界限”①，冲破种种束缚，放开手脚，发展多种经营生产，使粮食和多种经营生产都取得了显著成效。1971 年至 1972 年 10 月，两年内，植树造林 1.46 万亩（经济林占 60% 以上）“四旁”零星种植核桃、苹果、花椒、油桐等经济树 106.9 万余株。向国家提供商品粮 2600 万斤。交售生猪、鲜蛋、大麻、木耳、茶叶、核桃仁、柿饼等农副产品总值达 460 多万元，集体副业收入达 557 万元。其中，1972 年新造经济林 1845 亩，零星植树 37 万余株。按照国家计划完成了棉、麻、油等经济作物的种植计划，积极试制推广了银耳人工栽培。截至 1972 年 9 月底，全县生猪发展达到 6.46 万头，每户平均 2.3 头，成为历史上养猪最多的一年。有 5 个大队，36 个生产队，实现了一人一头猪。有 10 个公社，90 个大队，441 个生产队，生猪上了“纲要”。

1972 年 10 月，县委召开全县四级干部会议，要求各级干部进一步统一思想，坚持发展粮食生产和多种经营，促进农、林、牧、副、渔各业的全面发展。1973 年，完成造林 2 万亩的任务，所有社、队都要办林场，有计划地营造核桃、油桐等成片经济林园。完成棉花 700 亩，大麻 2400 亩，油料 3500 亩，药材 1300 亩的计划任务，发展生猪 9.5 万头。办好社、队工业，发展编织、加工、采集和木耳、棕榈、楠竹等农副业生产。商业部门按照季节特点，设置收购网点，合理定级，按质论价，及时收购，支援农业生产。特别要抓好木耳生产，基层供销社配合公社抓好 30 个木耳产地建设。

---

①“四个界限”指多种经营与资本主义道路的界限，社员正当家庭副业与资本主义倾向的界限，合理的奖励制度与物质刺激的界限，充分利用山林资源与盲目破坏山林资源的界限。

1974年10月，县委召开三级干部会议。会议紧扣多年来粮食和多种经营生产的主题，立足当前，着眼长远，提出了阶段性发展的指标和措施。由于坚持了发展思路的连续性，多种经营生产有了较大发展。1976年上半年，全县完成成片造林5735亩，较1975年增长19.4%；育苗645亩，其中新育595亩；“四旁”植树109.4万株；生猪存栏数达6.9万多头，比年初增加2万多头；有6个公社生猪上了“纲要”。托河、大堡等公社办起了队有猪场，集体养猪1万多头，占总数的14%。全县有母猪5460头，其中集体养母猪2760头，占50%。其他经济作物的生产均有了较大发展。

“队为基础，三级所有”经营管理制度的实行

“文化大革命”期间，全县广大农村遵照《农村人民公社工作条例（修正草案）》的规定，普遍实行“队为基础，三级所有”的经营管理制度，生产队为基本核算单位。1968年8月，县革委会成立后，由于“左”的影响，全县有38个大队实行以大队为基本核算单位的两级核算。遵照县第四次党代会精神，以大队为基本核算单位的两级核算，逐步恢复为以生产队为基本核算单位的三级核算。

“队为基础，三级所有”经营管理制度的主要内容是：生产队是基本的核算单位，实行独立核算，自负盈亏，直接组织生产，组织收益分配，对生产的经营管理和收益分配有自主权。公社根据国家规定的粮食和其他农副产品的征购任务，在各生产队之间进行合理的分配，并且督促生产队完成任务。公社和大队对生产队的工作进行督促检查，帮助生产队解决生产中存在的问题，改进经营管理。在实行“队为基础，三级所有”经营管理制度中，康县广大农村社队普遍的做法是：一、财产归属方面，房屋、小型农具归社员家庭所有，自留地和房前屋后果树归社员家庭自主经营，小家畜、

家禽归社员家庭自主喂养，耕地、山地、荒坡，大型农具、大家畜归生产队集体所有，集体共同经营。二、劳动管理方面，社员参加集体生产劳动实行工分制。生产队将社员参加劳动所得工分计入劳动手册，作为生产队收益分配中按劳分配的依据。评工记分一般是三种计法》一是出勤工即天工，按出工的天数每天记一个劳动日，男10—12分，女8—10分。二是定额工，即按农活的定额评分。三是包工，按地块的农活量预先包工分，完成后记分。此外，社员喂养生产队的大家畜，上交给生产队的肥料（农家肥）亦评议成工分计入劳动手册。大家畜，少数生产队由生产队确定饲养员集中喂养，大部分生产队则分户喂养，生产队给喂养的户记上工分。公社或生产队抽调生产队的劳力、民办教师、赤脚医生、社队企业工匠等，均由生产队按同等劳力记上工分，参加生产队的收益分配。为了保证社员个人完成应参加集体生产的劳动量和应上交生产队的肥料量，生产队规定每个劳动力应完成的基本劳动日任务和基本肥料任务，并以这两个“基本”保“基本口粮”的制度在收益分配中实施，未完成者在年终决算中扣减相应基本口粮。三、财务管理方面，生产队除队长、副队长外，设立会计、保管、出纳各一名，并建立相应的财务管理制度。会计管账务和夏收预分与年终决算，账务主要有实物流水账、现金流水账和分类账。保管员管理实物，生产队所有实物由保管员在生产队专用的保管室保管，并建立实物流水账。出纳管理生产队现金，并建立现金流水账。生产队定期不定期按规定设账记载，并由会计、保管、出纳共同结账、对账、公布账，要求做到账与账、账与据、账与实物、账与款、账与表册互相符合。四、收益分配方面，实行的是以粮食为主的产品实物分配和以购粮款、副业款为主的少量现款分配。每年的收益分配可分为夏秋收预分和年终总决算两部分。夏收预分是将夏粮除去公购粮任务和种子，全部分给社员。秋收预分是将部分秋粮除去应上交的购粮、饲料粮，预借给社员，同时保留大部分秋粮以及部分现款，作为年终决算时的基础。到年终，一年的劳动工分总计截止后，再做年终总决算。年终决算的分配由粮食分配和现金分配两部分组成。首先是粮食分配，将生产队全年生产的粮食折合成干粮，计算出全年应分配的总粮数，然后除去应上交的公购粮，上交生猪的饲料粮，留给下一年的种子，按比例提留的储备粮，以及提成给大队干部的报酬粮，剩余部分则是给社员应分配的粮食总数，即社员总口粮。社员总口粮的分配，一般采用基本口粮和按劳分配相结合，二者的比例一般是人七劳三，也有人六劳四和人八劳二的，粮食收入好的队可以人六劳四，粮食收入差的队可以人八劳二。待分配的基本口粮又按人口的年龄分等定量。各户按人口分等定量计算出的应得基本口粮，又要按“两基本”保“一个基本”的制度，以未完成的基本劳动日任务和基本肥料任务，劳八肥二的比例扣减相应基本口粮，扣减后为各户实得基本口粮。按劳分配粮是按生产队总口粮的三成，计算出按劳分配总粮数，再按社员劳动工分分配口粮。实得基本口粮和按劳分配粮两项合计为社员家庭全年应得总口粮，减去夏秋收预分数，剩余部分为年终决算的找补粮。社员口粮分配中，对于人多劳少的，确有困难的烈、军、残、军人家属和职工家庭，通过社员讨论评议，按照政策分别进行优待，保证烈、军、残、军人家属能吃到略高于平均口粮的标准，职工家属能吃到平均口粮的标准，人多劳少的困难户能吃到略低于平均口粮的标准，无依无靠的五保户实行“五保”。现金分配而非现款分配，是将生产队全年分给社员的所有实物，包括粮食和其他农副产品折价，加上购粮款、副业款，即生产队实际收入的现款，合计起来为生产队全年所分配的现金总额。然后除去公积金、公益金，其他集体提留，正常集体开支，剩余部分为全年应分配给社员家庭的现金总额。这个现金总额完全按社员的劳动工分进行按劳分配。年终决算中从按劳分配所得的这个现金总额中减去已分配的实物折价以及现款借支，剩余部分为年终应找补的金额数。由于各生产队的生产大都是以粮为主，除交售的购粮款外，很少有集体副业收入。因而，人多劳少的户，分得的实物折价往往大于按工分分配的现金总额。其间的差额称之为“缺粮”款，年终决算时，这些户应向生产队缴纳“缺粮”款，打回自己的找补粮。相反，人少劳多的户，分得的实物折价往往小于按工分分配的现金总额。其间的差额称之为“余粮”款，年终决算时，生产队应向这些户支付“余粮”款。五、粮食和其他农副产品的征购、派购任务：主要有公粮（农业税）、购粮、生猪、油料等。这些任务有的是公社下达给生产大队，生产大队再分配给生产队，有的是公社直接下达给生产队，公社和生产大队督促生产队完成任务。公粮是用夏粮小麦完成，购粮多数是用夏粮小麦完成，也有以秋粮玉米完成的。大多数生产队是按下达的任务数将待交售的公购粮的原粮分给社员家庭，由社员家庭晒干，直接交给粮管所，生产队根据缴粮条据给社员按定额记上工分。生猪一般是生产队按任务数分摊给社员家庭，社员家庭将生猪喂肥交给饲养场，生猪交售款归社员家庭，生产队再按条据一次性补贴给社员家庭饲料粮。油料是生产队分给社员油料实物，再由社员直接向收购部门交售，所得款归社员家庭，生产队不硬性分配任务。

“队为基础，三级所有”的经营管理制度在具体实行的过程中，效果不尽如人意，产生了诸多问题。例如，在财产归属上，不少社队由于集体经营不善，粮食产量上不去，社员分粮不够吃，于是或明或暗出现扩大自留地现象。由于房前屋后果树的界限难以界定，于是常常出现社员抢占集体果树，或者生产队将本该属于社员个人的果树归集体，社员与社员之间也常常因为果树归属发生纠纷。在劳动管理上，一些社队实行出勤工，长时间不记工分，按月或按季记“大概工”“模糊工”，而且无论干活数量和质量，千篇一律地搞男每日10—12分，女每日8—10分，不能体现男女同工同酬。实行定额工，割麦子、收玉米按百斤定额，长势好的麦子、玉米社员抢着收割，长势差的则很少有人收割。搞包工，由于地块农活的数量和质量难以准确估算，包工分不科学，工分包出来后，有的地块社员抢着干，有的地块则无人去干，而且完成的农活质量千差万别。特别是开展农业学大寨以来，不少社队学习大寨人的“标兵分”，废弃定额工和包工，只实行出勤工，评工记分大都成了“大概工”“模糊工”，于是“出勤不出工，出工不出活”成为普遍现象。在财务管理上，不少社队财务管理混乱，长时间不记账，有的甚至没有账。队长、会计、保管员等队干部背地里贪污私分现象时有发生，屡禁不止。在收益分配上，不少生产队不留储备粮，不留公共积累，或者少留储备粮，少留公共积累，以扩大社员家庭户的分配数。由于按政策要求，储备粮和公共积累是按生产队全年实际收入的一定比例留的，于是不少生产队为了扩大社员分配部分，往往少报产量和收入，出现所谓的“瞒产私分”。特别难以解决的是年终“缺粮”户与“余粮”户的款项支付兑现问题。不少生产队以生产实物为主，很少有集体副业，除交售购粮所得购粮款外，很少有其他款项收入。因而给“余粮”户的“余粮”款支付往往是与“缺粮”户的“缺粮”款“叫账”，而“缺粮”户也无现款可向“叫账”的“余粮”户支付，因而年终决算的最终分配往往难以兑现。另外，有一些生产队，夏秋收预借粮、物较多，留待年终决算时找补的粮、物变少，一些社员家庭夏秋收预借粮超过了年终决算时全年应得的总口粮，成了“超支”户。一些地方也把“缺粮”户叫作“超支”户，致使这些家庭年终决算时无粮可分，与生产队发生“赤”字。在上交国家的公购粮任务上，原有一定五年不变的公购粮任务，但在实际的征购、派购中，公社和大队却一再要求生产队“多做贡献”，在提高粮食产量上“纲要”跨“黄河”中多交购粮，

"鞭打快牛"。为此，有的生产队硬着头皮，少报粮食产量，产生所谓"瞒产私分"现象。有的生产队则因为"多做贡献"，粮食增产了，但社员分配的粮食却没有相应增加。

"队为基础，三级所有"经营管理制度实行过程中出现的种种问题，1972 年以后，县委、县革委会和各基层党委、革委会非常重视，一直在花大力气予以解决。解决的方法，主要有三种：一是学习大寨经验，抓阶级斗争，批判资本主义倾向，制止扩大自留地、毁林开荒、贪污盗窃、瞒产私分等类行为，向社员群众进行思想政治教育，树立"爱社如家"的新风，兼顾国家、集体、个人三者利益。二是推广先进经验，把经营管理好的生产队的经验向全县推广。三是要求各级领导，严格按照"六十条"规定，落实党在农村的各项经济政策。1972 年 4 月，县委批转地、县革委会调查组《关于大南峪公社窑坪大队收益分配的调查报告》，其中所总结的窑坪大队的先进经验，一是狠抓粮食生产的同时，大力发展多种经营。4 个生产队先后办起了醋房、猪场、运输队和综合利用的水轮泵站，同时大力发展花椒、桃子、苹果、核桃等经济林木，使粮食亩产上"纲要"过"黄河"，多种经营收入急剧增加，达 2.25 万元。生产队有较多可分配的现款，也就减少了"余粮"款难以兑现的现象。二是正确处理"三者"关系，自觉纠正"多分少留""分光吃尽"的错误倾向。1971 年，全大队完成征购任务 5.56 万斤，超额 3.065 万斤，集体积累比 1969 年增长 39.7%，社员现金分配比 1969 年增长 43%。三是严格执行财务管理制度。经济收支、社员工分定期公布，民主讨论。开支必须审批，并实行账、钱、物分管制度，减少非生产性开支。四是正确对待超支户，鼓励人多劳少的户、困难户、职工家属户尽可能多出勤，多挣工分，减少"超支"。五是改进劳动计酬和肥料计酬的方法。过去记工分只记出勤天数，三个月评级一次。以后实行按一定质量、数量、时间记分，部分农活实行定额管理，改季评为月评或按农活段落评定工分。肥料计酬原来不分摊任务，只按质量计酬，以后改为分摊任务，按质量评记工分，超额部分适当奖励。同年6月，县委批转县革委会生产指挥部《关于夏收预分工作的安排意见》，其中指出：一、学习“六十条”有关规定，端正地执行党的政策。二、正确处理“三者”关系，按照“六十条”有关规定，提取公积金、公益金、管理费、储备粮和生产费用。社员分配部分，一般应在总收入的60%以上。三、搞好粮食分配，积极完成国家征购任务。丰收地区和口粮标准高的生产队，要教育社员多卖余粮，多做贡献。要留足种子和提留必须的饲料粮。口粮分配，采取基本口粮和按劳动工分分配相结合的办法，实行“三七开”或“二八开”。基本口粮采取以人分等分粮的办法；四、搞好“小四清”。对账目、仓库、财务、工分进行一次清理，认真解决存在问题，进一步改进和健全劳动、财务和民主管理制度。同年7月，县委向地委上报了《关于东方红大队落实农村经济政策的调查报告》，其中关于评记工分问题，提出过去以出勤天数为依据评记，对农活质量和数量重视不够，改为以劳定工，按劳计酬，日积月评，定期公布。既评出勤天数又评干活数量和农活质量。农建、副业、饲养、作坊一律实行定额管理。关于自留地的问题，提出为了弥补社员吃菜不方便的缺陷，由大队、生产队利用庄前庄后田边地头的零星土地和闲散土地划给社员少量蔬菜地。关于房前屋后果树问题，提出根据“六十条”规定，积极鼓励社员在房前屋后种植树木，自种自有。关于补助饲料粮问题，提出对于社员交售给国家的肥猪，继续实行补助饲料粮的办法。关于集体副业和社员家庭副业问题，提出积极发展集体副业，允许社员利用工余时间经营家庭副业，如养猪、养羊、养鸡、养鸭、养蜂、采桑和编织等。关于肥料报酬问题，提出社员向集体投肥，采取按劳分摊任务，按质论价评记工分，超过部分奖励。

1972 年 11 月，县委发出《关于进一步贯彻落实党的农村经济政策的通知》，要求各社党委、大队党支部认真解决好执行农村政策中存在的几个突出问题：一、关于核算单位。1968 年以来合并了大队、生产队的，多数社员要求分开的，应恢复原来的规模。二、关于自留地。自留地划定后，一般不要轻易变动。收回社员的自留地，原则上按 5% 退还社员。三、关于房前屋后树木。社员房前屋后的树木应归社员所有。1968 年以来已经收回了的，应退还给社员。四、关于劳动计酬问题。普遍推行劳动定额和底分活评的办法，坚决克服做活不分多少，质量不分好坏，只记出勤天数，半月数月评一次“大概工”的做法。坚持男女同工同酬。五、关于分配中的问题。粮食征购任务一定五年到队。对丰产的大队、生产队，实行多产多购，多储，多分配和超额奖励的政策。对歉收的大队、生产队，在安排好社员生活的情况下，根据可能，完成征购任务，避免出现征购又回销现象。社员口粮分配，一般采取基本口粮和按劳动工分分配粮食相结合的办法。现金收入，一律实行按劳动工分分配。要认真解决好超支户和分空户的问题。六、关于社员家庭副业问题。自留地种植什么，由社员自己安排。社员可以进行编织，缝纫等家庭手工业生产，还可以进行采集、打猎、饲养等家庭副业生产。应允许社员养蚕、养蜂、饲养母猪。七、坚持自愿互利，等价交换的原则。任何单位（包括社队企业）不得无偿调用生产队劳力、资金、辅料、机具等。对协作的水利工程，可采取以工还工、以方还方的办法。与河争地的工程，还可以工划地，如耕作不便，还可以地换地。

1973 年以后，县委和县革委会在会议和其他各种场合，进一步强调，要学习大寨经验，加强对社员的“三兼顾”教育，切实落实党在农村的各项经济政策，改善“队为基础，三级所有”的经营管理。

农田水利基本建设和科学种田

“文化大革命”期间，各级党组织始终如一地把农田水利基本建设和科学种田作为改善农业生产条件，增加农业科技含量，提高粮食和其他作物亩产量的头等大事来抓，取得了显著成绩。

农田水利基本建设 农田水利建设是指运用水利、农业科技等措施对农田进行综合治理，建设设施配套、稳产高产的基本农田。1971 年 8 月，县委召开常委（扩大）会议，专题研究了农田水利建设，肯定了过去一年的成绩，提出了今后的具体任务。会议认为过去的一年，全县人民以大寨精神学大寨，昔阳经验赶昔阳，农田基本建设取得了显著成绩。全县兴修水平梯田 11816 亩，修筑河堤 33 处，长达 25000 多米，与河争地 1600 亩，保护农田 1300 多亩。平洛公社张坪大队，大搞小型蓄水工程，扩大水浇地 160 多亩，在大旱的情况下，获得了夏田好收成。今后，要狠抓农田水利基本建设。平洛、长坝、豆坪、太石 4 个干旱公社，主要以兴修水利，发展水浇地为主，其他地区仍以兴修水平梯田改土为主，并因地制宜，结合改土，积极扩大水稻和水浇地面积。水利建设，坚持“小型为主，配套为主，社队自办为主”和“蓄、引、提”并举的方针。国家投资的两处重点工程，即平洛明月山渠，主体工程完工后要集中力量、抓紧通水，积极配套。豆坪电力提灌站，要尽快完善渠道、机坑、管道等工程和电机配套设备，力争在 1972 年 7 月前完成。贾安公社应集中力量实现川地水利化，在保证重点工程外，各公社要充分利用水源，大力兴修小型渠道，蓄水池、塘，安装两泵，千方百计扩大水浇地。改土工程，各地因地制宜，水平梯田与石坎梯田并举。凡有大小河流的地方，要重视与河争地。

同年 11 月，县委在“大打一场农田基本建设的人民战争”的广播大会上通报了各社队贯彻县委（扩大）会议精神，大力进行农田基本建设的基本情况。李山公社1970年冬至1971年春，完成了600亩水平梯田，1971年冬至1972年春，决心完成1200亩。1971年11月底，劳力已增长到70%，修成了170亩水平梯田。长坝公社决心与河争地，改土造田1000亩，兴修水平梯田1000亩，截至11月，平均每天有400个劳力进行农田基本建设。大南峪公社铺开治河工程5处，治沟工程10处，治山工程7处，已修梯田108亩，河堤287公尺，与河争地55亩，1971年冬至1972年春决心抽调70%的劳动力，以民兵为骨干，大战120天，完成兴修水平梯田2.1万亩，与河争地2600亩，扩大灌溉面积6400亩，共完成3万亩的任务。其后强调农田水利建设与发展农业生产的关系，只有在农田基建上下功夫，才能从根本上改变农业生产的条件和农业的面貌，实现稳产高产。多年来的经验证明，发展农业生产的重要途径，就是大搞农田基本建设，逐步扩大稳产高产农田。

1972年2月，县委又对搞好农田水利基本建设作出规划：北部地区以水促土，水土结合，先川后山，山川结合。中部、南部地区水土并重，综合治理。1972年，除继续完成修建水平梯田任务外，把农田基建的重点放在中小型水利建设方面。水利建设上坚持蓄、引、提并举，增加灌溉面积，扩大水稻田2400亩。重点抓好豆坪电灌站、明月山水渠、康丰水渠、贾安水渠、先锋渠、长坝渠、叶湾电灌站、王坝截引水、上坝电站、吊桥沟电站等10项新建、扩建、续建工程。每个大队、生产队，特别是有重点工程的社、队，迅速抽调10%到15%的劳动力，把农田基本建设的专业队建立起来，加强领导，坚持常年搞农建，确保计划任务的完成。

通过各级党组织的坚强领导和广大干部群众的辛勤努力，全县的农田水利建设取得了显著成效。1972年，全县新修水平梯田1.18万亩，与河争地1600亩，保护农田1300亩，增加灌溉面积1200

亩。平洛公社张坪大队，建成了一个容量8000立方米的水库，5个容量1000多立方米的蓄水池，5条小水渠，以及可灌溉1000多亩的明月山水渠，还修了295亩水平梯田。在农田基本建设中，除了张坪、郑湾、东方红、龙潭大队等老典型外，还涌现出了马莲山、大庄子、窑坪、祁山、中寨、安坪、铺坝、金家山、文家沟、东风、孙家院、叶湾、巩集、四方、大沟、中节子、崔家湾、林口、庙背后、田坝、环路、小村沟、秧田、董家河大队等新的典型。1973年冬，全县新修水平梯田1.5万亩，新增水浇地1万亩。1974年，新修水平梯田2.5万亩，新增水浇地1.2万亩。从1971年起至1974年，四年间，全县共修地5.4万亩，兴建小型水利工程432项，建设机井137眼，有效灌溉面积达到1.26万亩，保灌面积达到8800亩，水田从3000多亩扩大到6000亩。

1974年10月，县委召开全县三级干部会议，在总结经验的基础上，进一步提出“全党动手，全民动员，大搞冬季农田基本建设，保质保量完成‘四田’建设任务”。并提出本年度冬季新修水平梯田26940亩，与河争地2203亩，削山填沟造小平原1990亩，铺土压河改造低产田13863亩。水利建设，200眼机井建设完成30%。会议强调，农田基建的主导思想是大干。要像解放战争打锦州、打天津那样的硬仗来打。主攻方向是建设“四田”，必须一抓到底。先治川坝、沟台地，后治半山地，高山陡坡地逐步弃耕还林还牧。郑湾、东方红大队是全县治河的样板，窑坪、李河大队是全县治沟的样板，龙潭、大庄子大队是南部地区治山的样板，安坪、曙光大队是北部、中部半干旱地区修水平梯田的样板。各公社，大队都要根据“四田”建设的要求，结合实际进一步搞好规划。吸取先进社队的经验，抓好任务的落实，同时，抓好水利建设。

1975年11月，县委召开全县农田基本建设现场会，现场观摩了望关、巩集、云台、大南峪、长坝等公社部分农田基建工程。通过现场参观，分析形势，寻找差距，提出了实现“康县五年内建成大寨县”的具体奋斗目标和方法、措施。要求进一步组织干部群众学习“全农”会议精神，明确“普及大寨县”的意义，大造农田基本建设的革命舆论，把群众的积极性引导到大搞农田基本建设上来。抓劳力、抓出勤、抓工程进度，大战30天，保质保量完成2.5万亩“四田”建设任务。各级领导要像指挥作战那样，制订出每一次战役的任务和实施计划，集中力量打歼灭战，要作出表率，带头参加农田基本建设的劳动，确保任务的完成。

科学种田 县第四次党代会以来，全县各级党组织在领导农业发展中特别重视提高农业科技含量，组织和带领广大农村干部群众，全面贯彻农业“八字宪法”，实行科学种田，使农作物亩产不断提升。

1971年11月，县委、县革命委员会《关于进一步深入开展农业学大寨群众运动的决定》提出，在实行科学种田方面，要积极普及良种，队队有“三田”① 小麦、玉米等主要作物。1972年一定要实现良种化。搞好培种、选种、拌种工作，提倡实验玉米、高粱、棉花等育苗移栽。合理密植，扩大复种、套种面积，复种和套种面积不能少于总面积的三分之一。加强田间管理，特别是小麦、玉米等大面积作物，一定要种好、管好，落实除草、施肥、灌水、排涝、除病虫害措施，提高产量。改良工具，扩大机耕面积，向农业机械化进军。

1972年2月，县委在两委（扩大）会议上，对贯彻农业“八字宪法”，实行科学种田，进一步提出了具体的方法措施：一、搞好农田水利基本建设，增加灌溉面积。二、大抓积肥造肥，增加施肥量，扩大追肥面积。首先抓好积肥造肥，大搞群众性的积肥运动，家家养猪，户户积肥，广开肥源。实现人有厕所畜有圈，建立远山

①“三田”指种子田、试验田、丰产田。

积肥站，大量挖设稀肥坑，采沤绿肥、草木肥。同时，大力生产人工造肥，力争完成300万斤的菌肥生产任务。其次，要施足底肥，合理施肥，扩大追肥面积。具体要求是：稻田全部施底肥，山地施肥80背斗，川台地、近地每亩100背斗以上，小麦全部施一次肥料，高山、远地追化肥，川地近地追农家肥。三、扩大优良品种，推广先进技术。公社、大队、生产队普遍建立种子田、试验田、丰产田。秋田作物，特别是洋芋、苞谷、水稻实现良种化，积极扩大苞谷、洋芋杂交种面积，积极推广水稻塑料薄膜育秧新技术。四、合理密植，种足种好。改革旧的耕作制度和耕作技术，施行合理密植，精耕细作，适时下种。川地、台地苞谷，大力提倡宽窄行密植，苞谷移栽。把好播种关，落实“五扩大”①。五、管好冬小麦，抓好田间管理。切实把好小麦追肥、除草、镇压三道关。苞谷、高粱全部使用赛力散、六六六粉拌种。堵塞田间便道，组织专人看管，积极防治病、虫、草和人、畜、鸟对农作物的侵害。六、进行工具改革。加强机耕、提灌、插秧、收割、脱粒、粉碎、加工等农业机具的购置、加工、维修和使用管理。

同年10月，全县四级干部会议指出，农业上不去，耕种粗放是一个很重要的原因。老思想、老品种、老方法、老制度严重阻碍农业生产的发展，不批判守旧思想，不改变旧习惯，科学种田就难以实施，农业面貌就难以改变。要认真总结经验，运用典型对比的方法，大力宣传新品种、新方法、新技术的优越性，提高干部和群众科学种田的自觉性。大搞科学种田是农业生产上的一场革命，各级党委一定要高度重视，切实抓紧，进一步建立健全科技机构，充实提高技术队伍。

在县委的正确领导下，全县科学种田经验不断积累，并涌现出

①“五扩大”指扩大良种面积，扩大杂交面积，扩大高产作物面积，扩大间作套种面积，扩大复种面积。

一大批先进典型。1973 年 2 月，县委在给地委的工作总结报告中列举到，寺台公社在春旱、夏涝、伏旱等严重的自然灾害情况下，粮食获得增产，亩产 420 斤。其中马莲山四队队长、共产党员李建忠，亲自到科学种田的先进队去学习，先后走访了 4 个县的 17 个先进队，引进、试种了 100 多个小麦品种，20 多个玉米品种，5 个黄豆品种，12 个洋芋品种，再加上注意改进了耕作制度，使粮食连年增产。长坝公社东方红大队，在各生产队普遍减产时，陈家院生产队却增产，上了“纲要”。其中一个主要原因就是推广良种，主抓小麦的普遍镇压，普遍施接苗肥，普遍拔草等关键措施。正是科学种田催生了一批高产典型，为农业丰产提供了经验。又如“一熟变两熟”的王坝公社东风大队，创黄豆高产奇迹的大南峪公社后沟大队，托河公社的李家沟大队“铁姑娘”科学实验小组。县委要求大力推广他们的先进典型经验。各公社、大队要抓住一两个典型，抓好“三田”建设，大力培育、繁殖和推广良种，推广菌肥和先进耕作技术。加强对农业技术工作的领导，积极推广带状种植，凡有条件的社队，秋播中都要搞一些带状种植。在冬小麦播种中选留好春播时的玉米、高粱制种隔离区。

由于各级党委充分重视农业科技推广和科学种田，切实加强了领导，全县农村按照农业“八字宪法”的要求，逐步改变了旧的耕作制度，走上了科学种田的轨道。逐步改广种薄收为精耕细作，改刀耕火种、毁林开荒为固定常耕地，建立高产稳产田，扩大良种面积，扩大高粱、洋芋等抗旱作物面积，扩大杂交品种面积，扩大带状种植，大面积复种和间作套种，逐步实现良种化。通过自我培育和大量引进，保证小麦、苞谷等主要农作物 100% 种上良种。逐步改变不积肥、不造肥的旧习惯，大搞肥料基本建设，广积农家肥，沤制绿肥，高温堆肥。同时开始使用腐殖酸铵和菌肥，大量使用化肥，切实加强了田间管理和病虫害防治。朝阳公社 1971 年以来，实行科学种田，大搞“五扩大”“四防治”① 全社夏秋作物连年持续增产。平洛公社张坪大队，大搞小型蓄水工程，扩大水浇地，在大旱的情况下，收获了夏田的好收成；碾坝公社从 1973 年起，采取“好地上良种，‘偏肥、偏水、偏管理’”的方法，抓重点土地，抓重点作物，逐步改广种薄收为精耕细作，粮食稳定增产。寺台公社马莲山大队坚持科学种田，1974 年，在全公社受灾减产的情况下，仍获得小麦平均亩产 404 斤的好收成。

第六节　公交财贸建设和社会事业发展

“文化大革命”期间，不仅“左”倾思潮泛滥，以“政治挂帅”“阶级斗争”的纲领冲击经济和其他各项工作，严重迟滞了经济建设和社会事业的发展，而且在经济建设中，“农业学大寨”和农村经济建设成为压倒一切的头等大事，全县各级党组织和革委会都把主要精力放在领导农村和农业工作上。对于其他各行各业，则要求转到以农业为基础的轨道上来，大力支援农业，为农业作贡献，忽视其他行业自身的发展。这种倾向，迟滞了公交财经建设和社会事业的发展。

工交财贸建设

工业建设　康县是传统的农业县，历史上工业基础差。“大跃进”时期，曾兴办各种厂矿企业，如长坝酒厂、岸门口软木厂等，但都规模小，效益差，在国民经济调整中被关停并转。1968 年 8 月，县革委会设立了专门的职能部门——县工业局，康县开始由国

①“四防治”指防霉、防火、防杂草、防鸟害。

家投资，兴办全民所有制“五小”[①]工业。1969年至1971年，先后办起六·二六制药厂、铜厂、印刷厂、农具厂、食品厂、算盘厂、竹器厂、面粉厂、木器加工厂（手工业联社）、长坝煤窑、肉联厂、炸药厂，同时筹建纸厂、水泥厂和酒精厂。由于形“左”实右的思潮影响，在企业经营中，管理无制度，生产无定额，经济无核算，质量无检验，只重视产值，不重视盈利，经营管理不善。除六·二六制药厂、印刷厂等少数厂矿企业断断续续有所盈利外，大部分厂矿企业长期亏损，依靠银行贷款不断“输血”维持经营。对企业经营管理中存在的问题，县委和县革委会高度重视，责成有关部门花大气力予以解决。

1971年，工业战线上，广大工人、干部和技术人员高举“鞍钢宪法”的旗帜，认真开展了“工业学大庆”的群众运动，发扬自力更生，艰苦奋斗的精神，结合批陈整风和批林整风，建立健全了各项规章制度，加强了工业企业的经济核算，对亏损企业进行了调查研究，弄清原因，解决问题，使全县工业总产值达到126万元，比1970年增长一倍。已经投产的厂矿，产量增加，质量开始提升。

1972年2月，县委、县革委（扩大）会议提出，必须积极地发展为农业服务的“五小”工业。特别是要办好农机具三级修造网，加强农业机耕、提灌、脱粒、粉碎、加工等机械和小农具的修造，做到小修不出队，中修不出社，大修不出县。工业厂矿要组织人员深入社队，做好农业机具的维修，帮助社队建立健全农机具修造站，培训技术人员。同时，要本着因地制宜，就地取材的原则，做好中小农具的生产、改制、试验等工作，实行“厂队挂钩”“校队挂钩”。县、社各机关、厂矿、企事业单位和中小学校，每个单位都要固定一个大队或生产队，既作为自己的业务点，又作为支农

①“五小”指“四五”计划中，中央政府要求发展的小钢铁厂、小煤矿厂、小机械厂、小水泥厂、小化肥厂。

点。要作为一种制度，常年固定下来，固定专人或轮流驻点。各行各业要大力支援农业，首先要树立想农业、爱农业、支援农业的思想，真正把工作重心转移到以农业为基础的轨道上来。工交、财贸要为农业提供物力、财力，送货、送技术到农村。1974 年 10 月，县委在全县三级干部会议上进一步提出，农业是国民经济的基础，必须全党动员，全民动员，大办农业，办好农业。各行各业要把自己的工作重点放到农业这个基础上来。工交、财贸等部门要从人力、物力、资金等方面大力支援农业，树立支农第一、支农光荣的思想，坐在农业上办公，想农业抓农业。

尽管众多的原因使工业企业建设受到干扰，发展的步履艰难缓慢，但在各级党组织和工业战线广大干部职工的辛勤努力下，工业企业建设仍然取得了一定成绩。1972 年，全县工业总值达 146.8 万元，比 1971 年增长 14%，铜厂、印刷厂、手工业联社、炸药厂、制药厂，完成和超额完成了全年生产和利润计划，扭转了企业亏损的局面。1974 年，全县工业总产值达 222.21 万元，比 1973 年增加 32.8 万元，增长 17.3%。农机厂、制药厂、算盘厂、面粉厂、手工业联社等 6 个企业完成和超额完成了全年生产和利润计划，23 种主要产品，有 10 种产品的效益比 1973 年同期有所增长。

公路交通建设　县第四次党代会召开以来，全县各级党组织充分重视公路交通建设，解决了山区行路和运输难的问题。1971 年，重点主抓现有公路的养护和部分通乡公路的修建。1972 年 5 月成立了交通邮电局，1973 年 12 月改为交通局，下辖汽车队、车辆办公室、群众运输管理站。1973 年，基本建设和交通运输较好地完成了计划任务，修通了三河、太石等边远公社的地方道路。1974 年，修通了迷坝、秧田、豆坪等 3 个公社的公路。1976 年，修通了阳坝至太平的 26 公里公路。至此，通往 28 个公社的县社公路全部修通，部分大队还修通了通村公路。白杨公社 13 个大队，有 12 个大队修通了拖拉机路。

财贸建设 “文化大革命”期间，财贸工作，重点抓了粮油征购任务的完成，粮油的入库、保管，农副产品收购等方面的工作。1971 年 8 月，县委常委（扩大）会议提出，财贸战线要认真贯彻落实“发展经济，保障供给”的财政工作总方针。农副产品收购要乘旺季，抓紧收购，保证完成全年任务。粮油征购要抓紧入库，并做好保管工作；财政、工商、税收、基建等要抓紧收入，开辟财源，节约开支，争取超额完成计划。供销部门要合理安排，保证物品供应，提高服务质量。1972 年 2 月，县委和县革委会进一步提出，商业工作要改进服务态度，增设购销网点，方便群众，及时为工农业生产和工农兵群众服务。几年来，财政金融、商业贸易战线党组织和广大干部职工攻坚克难，扎实工作，年年完成和超额完成县上下达的计划任务。1972 年，财政收入 102.8 万元，超过原定任务 79 万元的 30%，比 1971 年增长 30%。农副产品收购达 304 万元，比 1971 年的 253 万元增长 21%。生猪、鲜蛋、核桃仁、茶叶的收购量也大大超过 1971 年的水平，上缴利润 76 万元，超过原定计划 74 万元的 3%。1974 年，财政收入完成 184.06 万元，占年计划任务的 106.5%，比 1973 年增长 9.1%。商业工作购销兴旺，1974 年农副产品收购完成 358 万元，占年计划任务的 85.2%，比 1973 年增长 0.5%。生猪、鲜蛋、生漆等都超额完成了任务。

社会事业发展

1971 年 5 月，在全国“文化大革命”的大背景下，县第四次党代会提出，社会事业发展的基本任务是积极发展社会主义文化事业，普及革命样板戏，开展群众性的体育运动，大力普及小学教育，发展中学教育，办好政治夜校，开展扫盲工作，加强地方病、多发病的防治，巩固发展合作医疗制度，努力提高人民健康水平。同年8月，县委在常委（扩大）会议上再次重申，文教卫生战线，要深入进行斗、批、改，搞好革命化，建设一支忠于毛主席，忠于毛主席革命路线的文教、卫生队伍，普及中小学教育，提高适龄儿童入学率，提高教学质量，继续发展和巩固农村合作医疗制度和爱国卫生运动，开展群众性的防疫减病工作。

教育事业 从1971年起，教育工作把重点放在普及小学五年教育，提高适龄儿童入学率和扫盲教育上。1972年，全县小学由1971年的300所增加到366所，适龄儿童入学率由68.8%增长为82.9%。其中长坝、碾坝、铜钱、豆坝、秧田、大南峪、托河、岸门口、平洛等公社达到90%以上。公派小学教师由215人增加到231人，民办教师由281人增加到472人。

为了进一步提高适龄儿童入学率，方便农村学生就近入学，使适龄儿童入学率达到85%以上，教育部门会同各公社党组织，全面落实县委提出的工作目标，大办民办学校。每个大队普遍开办民办小学，边远山区生产队开办小学低年级村学。围绕县委提出的扫除文盲三分之一的任务，各公社和教育部门通力合作，全县的生产大队和生产队普遍开办夜校，由生产队长和民办教师共同组成夜校领导班子，积极开展扫盲工作，通过识字组、包教班、读报组等形式，在田间、地头、村庄、院落进行扫盲活动。为了提高教师业务素质，建设一支高素质的教师队伍，各公社党委会同教育部门，抓了教师队伍的培训，各公社以公社所在地小学为主，定期组织公民办教师学习，同时由公办教师分期包干，对民办教师进行政治、业务辅导。至1974年，全县民办教师发展到548人，适龄儿童入学率达到87%，全县农村社、队办夜校219所。

1975年2月，县委下发《关于认真贯彻全省中小学教育革命座谈会议精神的意见》，提出，普及农村小学五年教育，扫除文盲，大办文化室，是关系成千上万农民群众在文化上彻底翻身，用社会主义占领农村思想文化阵地的大问题。毛主席亲自批示的《1971 年全国教育工作会议纪要》指出："争取在第四个五年计划期间，农村普及小学五年教育，有条件的普及七年教育。"1975 年是"四五"计划最后一年，但全县适龄儿童入学率仅 87%，与地委要求 97% 的入学率尚有差距。为了进一步提高适龄入学率，各公社在办学中，对居住分散的生产大队和生产队大办村学或巡回小学，对单庄独户确实不能上学的进行包教。在业余教育方面，各生产队办起了农民政治业余学校、文化室。在适龄儿童入学中，特别重视了女儿童的入学。通过各方面努力，普及农村小学五年教育工作落到了实处。

1976 年 6 月，地区农民业余教育现场会在成县纸坊召开。会后，县委要求各公社党委贯彻落实好现场会精神，充分发动群众，教育群众，把参加夜校的学习变成群众的自觉行动，组织万人扫盲大军，开展互教互学。充分发挥全县 475 所民、公办学校教师，全县四年级以上的学生，以及下乡、回乡知识青年在扫盲中的作用，采取各种形式，开展业余教育。全县 1300 多个生产队，每个生产队办一所政治夜校，使田间、地头、村庄、院落都成为扫盲的大课堂。到 1977 年，各基层党组织积极开展扫盲工作，取得了显著成绩。

为了给全县的经济建设和社会事业发展培养各类技术人才，遵照毛主席"五・七"指示，县委建立了"五・七"红专学校，会同教育、卫生等有关部门积极举办了各种类型的培训班，如与卫生局联合，举办了赤脚医生学习班；与县支行联合，举办了大队、生产队会计学习班；与农机局联合，举办了农机管理员学习班；与水电局联合，举办了水利、电力员学习班；与农业局联合举办了农技员、林业员学习班；与百货公司联合，举办了裁剪、缝纫员学习班；与农业局联合，举办了畜牧、兽医员学习班。

医疗卫生　除了建立健全从县医院到公社卫生院的医疗机构和

网络体系，除开展正常的防病治病之外，按照毛主席“把医疗卫生工作的重点放到农村去”的“六·二六”指示，全县各级党组织在医疗卫生工作方面做了卓有成效的工作。

农村大队合作医疗站的建立健全和赤脚医生的培养。1968 年，全县农村开始实行合作医疗制度，各大队普遍建立合作医疗站。全县 262 个合作医疗站，至 1973 年，147 个停办或由全免费、半免费转为全收费，13 个停业，102 个办的不好，巩固的只有 26 个。1974 年初，按照上级要求，各公社和生产大队对合作医疗机构及其运行进行了整顿和提高。至 1974 年 8 月，全县合作医疗站发展到 153 个，其中 1974 年新建 56 个，赤脚医生队伍发展到 626 人。至 1976 年 6 月，全县 345 个大队中有 250 个大队建立了合作医疗站，其中实行全免费的 108 个，半免费的 142 个。赤脚医生发展到 791 人，平均每个合作医疗站有 2—6 名医务人员，生产队有 848 名卫生员和 271 名接生员。农村基层医疗机构和医务人员不论在数量和质量上都比“文化大革命”前有较大的发展，农村医疗卫生网初步形成。为了进一步巩固发展合作医疗制度，壮大赤脚医生队伍，提高医务人员业务水平，1976 年 6 月，县委在《关于贯彻地区合作医疗经验交流会议精神的意见》中要求，认真做好合作医疗的巩固提高工作，至年底有 40% 的大队实行全免费，50% 的大队达到半免费。建立一支又红又专、亦农亦医的赤脚医生队伍，各公社每月集中赤脚医生学习或开会两次，形成制度，坚持下去。县“五·七”红专学校每期至少招收 50 名赤脚医生进行学习。医院、防保站、各中心卫生院、各公社卫生院在扶持合作医疗的前提下，开展自己的业务，完成赤脚医生的轮训和复训工作。抓好以“三土”“四自”① 为主的群众性中草药生产。每个医疗站有 500 亩左右的药材基地，自制膏、丹、丸、散不少于 30 种，每年使用

①“三土”指土医、土药、土方；“四自”指自种药、自采药、自制药、自用药。

中草药防病治病的占防治总人数的90%以上，其中自采自种的药物占70%以上，解决合作医疗中药源和资金问题。

爱国卫生运动的开展和地方病防治。爱国卫生运动以农村为重点，普遍进行了“两管”“五改”[1]工作，各公社建立健全了爱国卫生运动委员会，开展了以除害灭病为中心的爱国卫生运动。县、社、队各级医疗机构都重视抓了传染病管理。把痢疾、流感、麻疹、百日咳等传染病列为防治重点，及时进行了结核、小儿麻痹症等疾病的防治。1976年5月，县委批转县委地方病防治领导小组《关于贯彻省委防治地方病领导小组扩大会议精神的意见的报告》，要求全县切实做好几种地方病的防治工作。针对大骨节病，继续推广以改水为主的综合预防措施，减少新发病。铜钱、两河公社在三年内全部达到改水防病要求。阳坝、太平、三河、托河、白杨、豆坝、店子、秧田等公社，在5年内大部分达到改水防病要求，力争出现一批控制发病的大队或生产队。对现症病人，继续坚持普遍治疗。针对甲状腺肿大，继续坚持以碘盐为主的综合防治措施。商业部门不断提高食盐加碘质量。各社、队对现有病人全部治疗，治愈率达到80%以上。地方性疾病，积极进行试验治疗。疟疾、梅毒等如有发现，尽快控制消灭。已查出的麻风病人抓紧收容入院治疗。

妇幼保健和计划生育工作方面，1973年2月23日，县委常委会决定，恢复妇幼保健站，内设计划生育办公室，狠抓广大妇女的妇幼保健、晚婚晚育和计划生育工作。1974年，育龄夫妇节育率达到80%以上。同年12月，县委在《关于今冬明春进一步认真开展计划生育工作的通知》中提出，1975年人口自然增长率降到14‰以下，80%以上的未婚男女青年实行晚婚。为了完成这些任务指标，县委要求：一、加强领导，各级党组织把提倡晚婚和实行计划

---

[1]“两管”指管水、管粪；“五改”指改水、改灶、改厕、改圈、改造环境。

生育列入党委议事日程，一年大抓几次，定期检查，定期总结。各公社党委和县直各单位要有一名负责同志分管计划生育工作。二、加强思想政治教育，大破“多生、早生、儿女双全”的旧观念，树立晚婚、节育新风尚。三、大搞群众运动，发动全县广大干部，党团员，学校师生，农村工作队员，回乡下乡知识青年，利用各种宣传工具，大讲晚婚和计划生育的好处。四、加强技术队伍建设，提高服务质量。县社医疗机构抽调三分之一以上的医务人员充实扩大技术队伍，在现有 30 人基础上增加到 140 人，组成几个小分队，采取集中兵力作战的方法，下基层社队做节育手术。五、做好妇幼卫生工作，巩固计划生育成果。积极培养农村女赤脚医生、卫生员、接生员，推广新法接生。做好妇女经期、孕期、产期、哺乳期的劳动保护，做好妇女病的筛查和防治工作，提高妇女健康水平。1976 年 6 月，县委进一步要求各级党组织搞好计划生育和妇幼卫生工作，经常化教育未婚青年男女实行晚婚，使晚婚率达到 95% 以上。制定人口规划，生育指标落实到人，张榜公布，计划生育率达到 80% 以上。采取有效措施降低人口死亡率。抓紧全县妇女病的普查普治工作，年底争取完成 85%。

遵照县委文件精神，各级党组织加强了对妇幼保健和计划生育工作的领导，全县的妇幼保健和计划生育工作取得了显著成绩。截至 1976 年底，全县三术节育率达到 84.8%，综合节育率达到 90% 以上，计划生育率达到 58%，晚婚率达到 64%，人口出生率下降到 19.3%，自然增长率下降到 5.63%。

“六·二六”医疗队给康县医疗卫生事业发展注入了活力。1969 年 6 月 26 日，毛主席发出“把医疗卫生工作的重点放到农村去”的号召。是年，北京医学院的教授、医师、应届毕业生响应毛主席“六·二六”号召，自愿报名组成“六·二六”医疗队到农村开展医疗卫生工作。来到康县的“六·二六”医疗队，一部分充实到县第一、第二人民医院和平洛、岸门口中心卫生院工作，一部分到巩集、大堡、寺台、李山、云台、三河等农村巡回医疗。“六·二六”医疗队来到康县后，以白求恩同志为榜样，对工作高度负责，对人民群众满腔热忱。患者随请随到，不怕脏不怕累，认真诊治，救死扶伤，救治了不少危重患者，他们良好的医风医德，为康县医疗卫生工作者树立了典范。“六·二六”医疗队大力举办“赤脚医生”培训班，无私传授医疗技术，为康县培养了一大批“赤脚医生”。充实了农村合作医疗站，提高了“赤脚医生”的医疗技术水平。在组织巡回医疗队中，对全县地方病、妇科病进行普查，并给予积极治疗，成效显著。帮助康县建立了“六·二六”制药厂，就地取材，成功提炼黄连素，生产了复方五味子片和五味子糖浆等中成药，开创了康县就地取材，大规模建厂制药的先例。

文化建设 1971 年以来，各级党组织认真贯彻县第四次党代会精神，全面推进文化事业发展。县委建立了广播站和广播电视插转台，健全了机构设施，配备了专业技术人员，积极开展广播宣传工作，28 个公社全部建立了公社广播扩放站。各大队普遍购置了扩音、录音、收音“三用”机，一些居住分散的生产队也购置了“三用”机，各生产队普遍购置了小型喇叭，实现了广播喇叭入院入户和全县联网，使全县各个角落都能听到中央、省、地、县广播电台的各种新闻和广播节目。大办文化馆、站、室。除县上建立县文化馆，各公社普遍建立了文化站，并聘用专职文化专干开展文化工作；各大队逐步办起了文化室，开展各种文化宣传。1972 年 10 月，康县电影院竣工使用，设座 1112 个。县上成立了电影公司，放映革命影片。各公社普遍成立了电影放映队，在广大农村轮回放映。放映的影片主要有《地道战》《地雷战》《三进山城》以及革命样板戏影片等。大办文艺宣传队，除县剧团改制为“文工队”外，各公社普遍成立了公社文艺宣传队，在各大队、生产队轮回演出。

1974 年，县委批转县委宣传部《关于进一步用社会主义占领农村思想文化阵地的安排意见》，要求各级党组织学习大寨和小靳庄经验，充分认识抓好思想文化工作的迫切性和必要性，提高抓好思想文化工作的自觉性，加强党的领导，大搞群众运动，用社会主义占领农村思想文化阵地，并提出了具体的方法措施。要像大寨那样“党领导，团主办，青年民兵是骨干，群众文化群众办”，大搞群众运动，宣传、文教部门要直接抓思想文化工作；新华书店、文化馆、广播站、电影队等单位，要把工作重点放到农村，为发展社会主义文化大造舆论，创造条件；县革委学习班和公社要举办学习班，为农村培养文化队伍骨干；农村社队，要以大队为单位，把农民业余政治夜校和社会主义文化室建立健全起来，开展以农民业余政治学校和文化室为中心的各项文化活动，唱革命歌，演革命戏，看革命书，画革命画，跳革命舞，开展群众性的军事体育活动；要继续普及革命样板戏，并学习革命样板戏的创作经验，繁荣文艺创作，开展群众性的文艺评论。办墙报、板报、大批判专栏和小评论专栏。积极开展经常性活动。遵照县委文件精神，宣传、文教部门、新华书店、文化馆、广播站、电影队等单位会同农村社队党组织，建立健全社队文化机构，积极发展农村社会主义文化，截至 1974 年底，全县农村社队创办政治夜校 219 所，文化室 73 个，图书室 20 多个。广大农民在夜校、文化室、图书馆里学政治、学军事、学文化、学农业生产技术，形成了一支浩浩荡荡的文化大军。

第七节　“文化大革命”的曲折回复

批林整风运动开展以来，随着“文化大革命”内乱的逐步平息和批林整风的深入进行，经济建设和社会事业逐步走上健康发展的道路。与此同时，社会上出现了否定“文化大革命”成果的思潮。为了以所谓“反潮流”的精神反击这一思潮，捍卫所谓“文化大革命”成果，1974 年，全国上下开展了“批林批孔”运动；1975 年开展了“学习无产阶级专政下继续革命理论”运动；1976 年开展了“批邓、反击右倾翻案风”运动，使“文化大革命”曲折回复。

批林批孔运动

随着批林整风运动的深入进行，“文化大革命”以来由批判刘少奇路线而产生的“空头政治”“精神万能”“以革命冲击生产”，将政治与经济对立起来的极“左”思潮逐步得到遏制。在农村，广大基层干部和社员群众逐渐划清了落实农村经济政策与推行“三自一包”“四大自由”的界限；正当的物质利益与个人主义的界限；合理的评工计分与“工分挂帅”的界限；不断改善了农村的经营管理。在厂矿企业，广大干部和员工逐渐划清了建立必要的规章制度与修正主义“管、卡、压”的界限，注意纠正“成本无核算，产品无检验，职工无考勤，管理无制度，企业无效益”的偏向，加强了企业的经营管理。在教育战线，广大教职员工逐渐划清了必要的考试与“分数挂帅”的界限；又红又专与“白专道路”的界限；全面贯彻党的教育方针与坚持“智育第一”的界限；不断改进了学校管理。各条战线、各行各业都逐步走上了健康发展的道路。同时，社会上出现否定“文化大革命”成果的思潮，否定“知识青年上山下乡”，否定“工宣队、农宣队进驻学校”，否定“农村建立合作医疗制度”等等。认为是“刘少奇反革命修正主义路线的回潮”，江青等人首先以张铁生、黄帅事件向所谓的“反革命修正主义教育路线回潮”发难，进而扩展到其他领域。从 1974 年起，全国上下开展了所谓“反潮流”的批林批孔运动。在运动中，江青等人炮制了署名罗思鼎的《秦王朝建立过程中复辟与反复辟的斗争》，署名杨荣国的《孔丘——顽固地维护奴隶制的思想家》，以及署名梁效[①]的一系列文章，见诸全国各大报刊，以批林批孔为幌子，批判所谓“刘少奇修正主义路线的回潮”，批判所谓否定“文化大革命”成果，否定新生事物发展的思潮。

1974 年 1 月，中央关于开展批林批孔运动的〔1974〕1 号文件下发，毛泽东批示同意江青主持选编的《林彪与孔孟之道》（材料之一）随之下发。2 月，县委下发了《关于传达贯彻中央〔1974〕1 号文件的通知》。接着县委召开县委常委、县革委会常委和部门负责人会议，进行了学习讨论。县委成立了批林批孔领导小组，下设办公室。于2 月 10 日，召开了深入批林批孔动员大会。县、社、队三级干部以及县直机关各单位全体职工共1000 多人参加了会议。会上，县委书记郭庆华作了《积极行动起来，把批林批孔的斗争进行到底》的动员报告，随之对贯彻中央〔1974〕1 号文件，迅速展开批林批孔运动作了具体安排，确定王坝公社曙光大队为县委批林批孔运动示范点，由县委一名副书记带队驻点，同时把试点与面上工作结合起来。由县革委会学习班培训一批具有一定讲解能力的工人农民、革命干部和革命知识分子，作为批林批孔的骨干，并把培训骨干和群众运动结合起来。县级机关职工上午办公，下午和晚上批林批孔，各公社把批林批孔与进行党的基本路线教育、学大寨、春耕生产结合起来。在运动开展中，各单位、各公社在学习“两报一刊”社论短评基础上，采用边学、边议、边批和大小会相结合的方法，从四个方面揭批了林彪一伙奉行的孔孟之道及其推行的反革命修正主义路线：一是批判林彪宣扬孔子的“克己复礼”等反动观点。坚持继续革命，反对复辟；坚持前进，反对倒退；坚持社会主

①“梁效”指北京大学、清华大学两校大批判组的代名。

义，反对资本主义。二是批判林彪贩卖的“中庸之道”，坚持马克思主义斗争哲学，坚持两个阶级、两条道路、两条路线斗争，反对折中主义。三是批判林彪鼓吹“生而知之”“天才论”，坚持党的群众路线和社会主义建设总路线。四是批判林彪宣扬“上智下愚”的唯心史观，坚持干部参加集体劳动制度。有的社队还揭露并批评了当时农村所谓“资本主义复辟”的各种表现，如农副业单干、多划自留地、乱开荒地、封建迷信以及封建的“宗法”观念等。在普遍开展批林批孔运动的基础上，县委决定以批林批孔、路线教育为抓手，整顿基层领导班子。在王坝公社试点的基础上，其后，用两年时间，分批分期对全县 28 个公社 344 个生产大队逐个进行整顿。1974 年，在 5 个公社进行了批林批孔、路线教育，并要求各公社每年抓好 3 个大队的批林批孔、路线教育和基层领导班子整顿。为了把全县批林批孔运动引向深入，遵照上级有关指示精神，各级党组织抓了批林批孔理论队伍建设，在机关、学校、企事业单位、厂矿车间和公社大队以上单位，普遍建立了理论学习辅导小组。据统计，全县共建立工人、农民理论学习小组 535 个，3080 人参加。其中工人理论学习小组 13 个，76 人；贫下中农理论学习小组 485 个，2837 人；机关干部理论学习小组 27 个，167 人。

同年 12 月 17 日，县委再次下发《关于继续搞好批林批孔的通知》，各公社、县直各单位、厂矿企业、机关、学校结合批林批孔运动的开展，深入批判了所谓“修正主义路线的回潮”。广大农村以路线斗争为纲，通过开展批林批孔、路线教育，进一步解决扩大自留地，开小片荒地，农、副业单干，自由种植，自由买卖，重钱轻粮，弃农经商，投机倒把等所谓“资本主义倾向”问题；教育战线再次对“智育第一”“分数挂帅”“培养精神贵族”“白专道路”进行批判；工交财贸战线进一步批判“物质刺激”“利润挂帅”“修正主义‘管、卡、压’”等所谓“修正主义路线的回潮”；医疗卫生战线深入批判了所谓“修正主义医疗卫生路线”，批判资产阶级医疗思想和医疗作风。各行各业都开展了对所谓“修正主义路线回潮”的批判。在批林批孔运动中，为了巩固所谓的“文化大革命”成果，支持“新生事物的发展”，全县再次掀起知识青年上山下乡运动。1972 年、1973 年两届 93 名中学毕业生全部奔赴农村，加上兰州来康插队的 376 名，共有 469 名知识青年落户农村，继续接受锻炼教育。教育战线，由制药厂、铜厂、农具厂等单位派出工宣队进驻一中和二中。72 所小学普遍整顿领导机构，充实了贫下中农管理学校委员会。医疗卫生战线再次强调“发展合作医疗，培养赤脚医生”“把医疗卫生工作的重点放到农村去”。

学习无产阶级专政下继续革命理论运动

1975 年 2 月 9 日，《人民日报》发表了题为《学好无产阶级专政的理论》的社论，传达了毛主席关于理论问题的重要指示。在此前后，张春桥写了《论对资产阶级的全面专政》一文，姚文元写了《林彪反党集团的社会基础》一文，以单行本出版在全国发行。于是，在全国范围内掀起了“学习无产阶级专政理论”的运动。2 月 15 日，县委下发《关于认真学习无产阶级专政理论的通知》，要求学习的内容以马列和毛泽东关于无产阶级专政学说为主。主要文章篇目是：马克思《哥达纲领批判》，列宁《国家与革命》《无产阶级专政时代的经济和政治》，毛主席《关于正确处理人民内部矛盾问题》《论人民民主专政》《在中国共产党第七届中央委员会第二次全体会议上的报告》，《人民日报》社论《学好无产阶级专政的理论》，署名梁效的《必须实行无产阶级对资产阶级的专政》，《红旗》杂志署名池恒的《认真学习无产阶级专政的理论》，署名周斯的《无产阶级专政的历史任务》，署名路阳的《坚持无产阶级对资产阶级的专政》等文章。通过学习，明确无产阶级为什么对资产阶级实行专政，无产阶级专政的历史任务是什么，我们怎样为巩固无产阶级专政而斗争，从而提高广大干部和群众的思想政治觉悟，坚持党的基本路线，大批资本主义，大干社会主义，把巩固无产阶级专政的任务落到实处。学习中发扬理论联系实际的学风，把学习无产阶级专政的理论与批林批孔紧密结合起来，与批判资本主义倾向的斗争紧密结合起来，充分发挥理论队伍在学习中的骨干作用，加强对群众学习的辅导。

3 月 27 日，县委召开常委会议，学习了《人民日报》《领导干部要带头学好》的社论，讨论了进一步学好无产阶级专政理论的问题，并就学习问题作出决定。

4 月 24 日至 26 日，县委召开公社书记会议，讨论了进一步抓好学习运动，抓好当前农业生产问题。关于学习运动，首先肯定了前段时间所取得的成绩。认为，大南峪公社领导干部带头学，带头批判资产阶级生活作风，带头限制资产阶级法权，使学习运动在全公社开展起来；王坝、阳坝公社的领导干部联系现实阶级斗争和路线斗争，深入实际，调查研究，学理论，抓路线，有力地推动了革命和生产的发展；寺台公社党委组织干部、党员和群众联系思想实际，自觉改造世界观，使干部作风有了很大转变。有的公社和单位，在学习中摆出了本地区、本单位资本主义倾向的种种表现，揭出了一些地方资本主义复辟，社会主义遭受严重损害的问题，对干部，对群众，都是一次生动的阶级教育。其后指出，少数领导干部对学习毛主席关于理论问题指示的极端重要性认识不足，对学习重视不够。为了真正把学习运动在全县轰轰烈烈地开展起来，县委要求从路线斗争的高度，认识抓好学习的重要性；从理论和实践的结合上学好弄通；领导干部要带头学好，并加强对学习运动的领导。

6 月初，县委举办了县、社和部分大队领导干部理论学习班。

大家认真学习了毛主席关于理论问题的重要批示和马列论无产阶级专政的语录；学习了中央〔1975〕5 号文件，围绕无产阶级专政的理论问题，认真读书，深入思考，互教互学，热烈讨论。学习中采取逐条阅读，边学边议，抓住重点，深刻领会，小组讨论，大会交流，解剖典型，加深理解的方法，从理论和实践的结合上加深了对毛主席关于理论问题的重要指示的理解。

8 月 16 日至 22 日，县委又举办了县、社领导干部理论学习班。县委常委、公社党委书记和县直机关主要负责人共 54 人参加了学习。大家以毛主席关于理论问题的重要指示为纲，以马、恩、列论无产阶级专政的 33 条语录为基本内容，以对无产阶级实行全面专政的问题为重点，发扬理论联系实际的学风，反复学习，认真思考，热烈讨论，深入领会。

两期学习班深入浅出，从理论到实践，较好地解决了各级领导干部关于无产阶级专政下继续革命的理论认识问题。县委在给地委上报的《关于举办县、社领导干部理论学习班的情况报告》中总结了理论学习班取得的主要收获。

一是对无产阶级专政的重要性、必要性和对无产阶级专政的理论为什么必须“搞清楚”的问题，有了进一步认识。大家围绕毛主席“列宁为什么说对资产阶级专政，这个问题要搞清楚。这个问题不搞清楚，就会变修正主义，要使全国知道”① 的指示，学习了马、恩、列的有关论述，结合国际共产主义运动的实际，我国社会主义革命的实际，当前社会上阶级斗争和两条路线斗争的实际，以及自己工作实际和思想实际，对为什么“阶级斗争的存在仅仅同生产发展的一定历史阶段相联系”，“阶级斗争”为什么“必然导致无产阶级专政”，无产阶级为什么必须对资产阶级实行全面专政，无产阶

①见《红旗》杂志 1975 年第三期《马克思、恩格斯、列宁论无产阶级专政》一文。

级专政的性质和历史任务是什么等问题进行了讨论，提高了认识。大家一致认为，对无产阶级专政的理论不搞清楚，在阶级斗争中就分不清楚敌我，在工作中就会迷失方向，在路线斗争中就会上当受骗，就不能拒腐蚀，防演变，自觉抵制“资产”风。

二是对社会主义社会资产阶级法权存在的必然性和无产阶级专政下加以限制的必要性，有了进一步认识。资产阶级法权，由于是资本主义社会遗留下来的东西，因而它是维护私有制、等级制的，是产生资本主义、修正主义和新的资产阶级分子的土壤和条件，如果不加以限制，它就要助长资本主义复辟，限制社会主义发展。我们既要看到它在现阶段存在的必然性，又要看到对它加以限制的必要性。限制资产阶级法权，就是要继续进行所有制方面的社会主义改造。当前要同扩大自留地，蚕食集体土地，私开荒地，乱砍滥伐集体和国有林木的行为作斗争，切实加强对农村集市贸易的领导和管理，严厉打击投机倒把活动，坚决取缔黑市交易；就是坚持无产阶级政治挂帅，反对金钱挂帅、“物质刺激”等修正主义黑货；就是要大力支持和积极扶持知识青年上山下乡，干部走“五·七”道路，工农兵参加马克思主义理论队伍，领导班子老、中、青三结合，以及教育革命、卫生革命、文艺革命等社会主义新生事物。

三是对教育和改造小生产者的重要性、长期性、复杂性，有了进一步的认识。大家还摆了农村和手工业系统资本主义倾向在集体经济中的种种表现。如在经营管理上，不坚持“以粮为纲，全面发展”的方针，热衷于“金钱挂帅”，搞副业单干，弃农经商，利润第一；在作物种植和商品生产上，不服从国家的计划指导，利大多种，多生产，利小少种、少生产，搞“自由种植”和“自由生产”；在产品销售上，不执行国家规定的政策，上黑市，卖高价，甚至以物易物，投机倒把；在产品和收益分配上，不坚持“三兼顾”政策，不讲贡献，不留积累，片面强调个人利益，搞分光吃尽；在劳动管理上，不讲共产主义精神，不提倡各尽所能，追求工分挂帅，物质刺激，搞包工到人，扩大报酬差额；在所有制方面不抓改造，使扩大自留地、私开荒地、蚕食集体经济、损害国有林木等行为得以泛滥。如此等等，这些资本主义倾向，实质上就是小生产者在经常地，每日每时地，自发地和大批地产生着资本主义和资产阶级的结果。这就是农村各种资本主义倾向屡禁不绝的根本原因。大家感到教育和改造小生产者是一项长期的、艰巨的、复杂的战斗任务，必须不断地向农民灌输社会主义思想，批评资本主义倾向，逐步铲除滋生资本主义的土壤和条件。

四是对领导班子与无产阶级专政的关系，有了进一步的认识。大家认为经过无产阶级“文化大革命”和批林批孔运动，各级领导班子发生了很大变化。有相当一部分单位实现了老、中、青三结合，好的和比较好的占大多数。但是个别单位“和平演变”的情况仍在发生，比较突出的问题是软、懒、散。就其实质来说，是搞马克思主义还是搞修正主义的原则问题，是要不要无产阶级专政的问题。因此，都表示要对自己的领导班子状况进行分析和摸底排队，用无产阶级专政理论进行整顿，把巩固无产阶级专政的任务真正落实到基层。

县直机关和各公社召开了相应的会议，举办了学习班，进一步开展了无产阶级专政理论的学习。

批邓、“反击右倾翻案风”

批邓和“反击右倾翻案风”是“文化大革命”末期毛泽东发动的最后一次大规模政治运动。邓小平为扭转“文化大革命”以来的混乱局面的努力被全盘否定，全国刚刚趋于稳定的形势再度陷入混乱。

1975年以来，邓小平主持国务院工作，对全国各条战线、各项工作开始全面整顿，以弥补“文化大革命”给社会主义建设带来的挫折和失误，并提出“以‘三项指示’为纲”①。对此，毛泽东认为是“翻文化大革命的案”。毛主席指出，“什么‘三项指示为纲’，安定团结不是不要阶级斗争。阶级斗争是纲，其余都是目”“搞社会主义革命，不知道资产阶级在哪里，就在共产党内，党内走资本主义道路的当权派，走资派还在走。”于是，全国上下开展了批邓，“反击右倾翻案风”的运动。

1975年底，中央下发了有关反击右倾翻案风的〔1975〕23、26号文件。1976年2月27日至28日，县委召开常委会议，学习了《人民日报》社论《抓阶级斗争，促春耕生产》和《无产阶级文化大革命的继续和深入》《要害是复辟资本主义》《继续批孔》等文章，传达了省委、地委常委会议纪要，听取了县委宣传部关于前一段开展教育革命大辩论的情况汇报，就全县如何开展“反击右倾翻案风”问题进行了讨论，会议产生了纪要，并下发全县。从县委常委会学习的各种文章到会议纪要的调子看，都有一个共同的本质，就是颠倒黑白，把邓小平主持的各方面的整顿诬蔑为“右倾翻案风”，把邓小平主持制定的文件、条例诬蔑为“复辟纲领”，还从“批邓”概括出所谓“从民主派到走资派的公式”，为层层揪斗“走资派”、从上到下打倒老干部制造理论根据。而“党内不肯改悔的走资派”公开地成了邓小平的代名词。康县从机关到农村，多数人并不知道当时中央某些人的险恶用心。一味上行下效，盲目跟风批判。其结果是扰乱了人们的思想，阻碍了治理整顿的继续。

4月初，县委召开了县委（扩大）会议，就如何掀起“反击右

①“以‘三项指示’为纲”指1975年，邓小平在主持中央工作期间，提出以毛泽东的“学习无产阶级专政理论”“安定团结”“把国民经济搞上去”三条指示，作为指导一个时期的工作纲领，带动各多项经济建设的意见。

倾翻案风”运动高潮的问题进行了广泛的学习讨论。会议结束时，县委副书记严明生综合会议学习讨论的意见作了总结性发言。谈的第一个问题是“关于对毛主席重要指示的理解和对‘邓小平修正主义路线’错误的批判”问题。第二个问题是放手发动群众，深入开展革命大批判。按照中央部署，放手发动群众，继续深入批判邓小平的修正主义路线，批判“三项指示为纲”的修正主义纲领，批判“阶级斗争熄灭论”“唯生产力论”“折中主义”诡辩论，批判否定新生事物，否定“文化大革命”的奇谈怪论。要求继续办好各种类型的学习班，培训骨干。推广辽宁召开理论讨论会的经验。在适当时候召开理论讨论会，各公社、各单位也要召开理论讨论会。第三个问题是把农村党的基本路线教育同“反击右倾翻案风”的斗争结合起来。第四个问题是热情支持社会主义新生事物，在斗争中巩固和发展“文化大革命”的伟大成果。第五个问题是切实加强党委对运动的领导。

从2月至6月，全县各级党组织动员和组织广大干部群众，贯彻执行中央、省委、地委会议文件精神，贯彻执行县委常委（扩大）会议和县委（扩大）会议精神，在全县范围内迅速展开了批邓、“反击右倾翻案风”的群众运动。据县委《康县1976年上半年农村工作情况汇报》所述，伟大领袖毛主席的两首词①和“反击右倾翻案风”的指示陆续发表以来，机关、农村迅速掀起了学习热潮。全县28个公社，社社建立了理论辅导站。345个大队，队队建立了理论小组，绝大多数生产队建立了政治夜校，举办学习班904期，培训理论骨干12300多名。通过学习认为，广大干部群众思想政治路线的觉悟有了很大提高。中共中央所谓两项英明决议②的发

①指《水调歌头·重上井冈山》《念奴娇·鸟儿问答》。

②指邓小平被撤销党内外一切职务和首都大专院校学生，清明节在天安门广场悼念周总理逝世活动被称为反革命政治事件。

表，更加鼓舞了广大干部群众的革命斗志，批邓、“反击右倾翻案风”的斗争一浪高过一浪。全县共召开大小声讨会、批判会4681次，参加的有26.8万多人次，有1.51万人发言批判。共写批判文章8900多篇，大字报1.54万余篇，大幅标语2.18万余条，办批判专栏1316期，黑板报672期。半年来，广大干部群众集中火力批邓，牢牢掌握斗争重点，狠批了他的“翻案复辟”的罪行及其散布的“一个纲领”“三个谬论”“四个否定”① 的“修正主义路线”。

6月4日至8日，县委召开全县首次理论讨论会，各公社和县直单位领导干部及部分大队理论小组负责人共87人参加了讨论会。

接着，各基层单位相继召开理论讨论会，掀起群众性学习理论热潮。其时，全县理论小组已达959个，组员共有5669人。为了加强对理论学习的辅导，6月14日，县委成立了由县委副书记高平等15人组成的县委理论辅导小组。公社和大一些的厂矿企业也成立了理论学习辅导站。

9月9日，县委遵照上级精神下发了《关于进一步掀起批邓高潮的通知》，要求各级党组织，深入广泛地发动群众，在全县范围内深批“三株大毒草”，即邓小平主持制定的《论全党全国各项工作的总纲》《关于加快工业发展的若干问题》《关于科技工作的几个问题》，诬蔑这三个文件是所谓“邓小平修正主义”产物，横加罪名，要求掀起批邓新高潮，夺取批邓、反击右倾翻案风的更大胜利。

1977年7月21日，党的十届三中全会作出决议，恢复邓小平在党内、政府和军队中的全部领导职务。至此，正式宣布批邓、“反击右倾翻案风”运动结束。

①“一个纲领”指“三项指示为纲”；“三个谬论”指“阶级斗争熄灭论”“唯生产力论”和“折中主义”诡辩论；“四个否定”指“否定文化革命成果”“否定知识青年上山下乡”“否定教育革命”“否定合作医疗制度”等新生事物。

第五章　经济社会的徘徊前进

第一节　经济建设的徘徊前进

继续开展“农业学大寨”运动

1976 年 12 月 10 日，全国第二次农业学大寨会议在北京举行。会议继续强调，要坚持“以阶级斗争为纲”和“无产阶级专政下继续革命”的理论，继续大批资本主义，大干社会主义，更高地举起农业学大寨的旗帜，把“农业学大寨、普及大寨县”运动搞得更好。会议提出，到 1980 年全国要有三分之一的县建成大寨县。1977 年 1 月上旬，县委召开了常委会。1 月 13 日至 20 日，召开了有 2200 多人参加的四级干部会议，分层次传达了全国第二次农业学大寨会议精神，学习了毛主席《论十大关系》，学习华国锋主席在会议上的重要讲话，以及陈永贵副总理的总结报告。提出了五年建成大寨县的奋斗目标，口号是：举旗抓纲学大寨，奋起直追赶昔阳，大批大干促大变，五年建成大寨县。总的规划是，到 1980 年实现 20 个公社建成大寨社，200 个大队建成大寨队，18 万亩农田建成大寨田，三分之一的大队建成新农村；到 1980 年实现川坝园田化，半山梯田化，旱区水利化，加工机械化，运输车辆化，荒山都绿化，社办工业普及化；实现粮食亩产过“黄河”，猪、林、油、麻超“纲要”，人均千斤粮，人均一亩大寨田。建成大寨县的计划在分期分批中实施，第一批奋战二年至三年建成的有大南峪、豆坪、平洛、寺台、云台、咀台、碾坝、王坝、迷坝、阳坝10个公社；第二批三年决战，四年建成的有大堡、长坝、两河、李山、三官5个公社；第三批力争四年，保证五年建成的有望关、豆坝、贾安、岸门口、太平5个公社；其余8个公社力争在五年内基本建成大寨社。会上通过了今后四年农业生产的奋斗目标和1977年夺取粮食亩产百斤粮的计划，明确了在1977年大批、大治和大干夺丰收的重大意义。要求各公社、各大队讨论制订出本社、本队“大学、大批、大治、大干”的计划。在学习贯彻第二次全国农业学大寨会议精神期间，全县召开千人以上的大会180多次，参加人次达10万以上，公社召开各种小型会议136次，一个讲形势、讲任务、讲团结、讲大干的学大寨、表决心、见行动的活动在全县展开。为了落实大办农业的组织措施，县委常委调整了分工，一、二把手抓农业，实行蹲点带面的制度。县级机关抽调的150名干部在望关、平洛、太石、豆坪、巩集5个公社进行党的基本路线教育的同时，对二年至三年建成大寨社、队的，在干部力量上进行了加强，帮助他们落实计划，制定措施，促其加快步伐，早日建成。

1977年3月中旬，县委集中5天时间召开全县春播备耕生产现场会议。会议通过对中北部9个公社产粮区、14个大队田间夏粮的长势实地观摩参观，让大家真正认识农业学大寨产生的实际效果，用现实教育各级领导干部抓粮食生产的积极性，增强农业学大寨的自觉性和紧迫感。1977年6月上旬，县委用4天时间召开全县公社书记会议，集中研究解决农业生产抗灾夺丰收的问题，通过参观南部的秧田、三河、铜钱、阳坝、太平5个公社的部分大队，改变了过去认为南部就是山大沟深，刀耕火种，粮食不易增产的看法。在农业学大寨运动中，工作在南部的共产党员、各级干部，带领人民群众，战天斗地，在悬崖陡壁上开出了一条条公路，在三四十度的陡坡上修建了一台台梯田，农业生产逐渐从粗耕粗种向精耕细作过渡。大家一致表示，要向南部的同志们学习。1978 年 1 月中旬，县委召开三级干部会议，传达了华国锋主席等中央领导人在普及大寨县工作座谈会上的重要指示和座谈会精神，传达了省农村工作会议、省五届人大会议精神和省委第一书记宋平的讲话。经过讨论，大家一致认为中央和省委领导关于高速度发展农业、高质量建设大寨县的指示，抓住了我国农业的根本问题，为农村工作指明了前进的方向。全面落实中央、省委会议精神，对迅速改变康县农业落后面貌，加快建设大寨县的步伐有着极其重要的意义。1978 年 9 月下旬，县委召开公社书记会议，会上传达了全国农田基本建设会议精神和省委第一书记宋平的讲话。两年以来，县委召开的历次大型会议，无不以农业学大寨、加快农业基础建设、提高农业生产的效益和水平为主题。全县自上而下，基本形成了以农业学大寨为核心，大兴农业发展之风的氛围。

两年多，康县在深入开展农业学大寨运动中，对农业基础设施建设和农业发展主要做了三个方面的工作。

一是兴修了一批基本农田。农业学大寨的主攻方向是优质基本农田建设。粉碎“四人帮”后，干部群众的生产积极性充分调动，农田基本建设的规模更大、效果更好。1976 年，全县新修大寨田 12423 亩，加上历年所修，全县共建成大寨田 76221 亩。在农业学大寨中，涌现出了大南峪、阳坝、托河、白杨、迷坝等一批先进典型公社，郑湾、龙潭、大庄子、马连山、曙光、李河、刘河等 7 个大队跨入了先进行列。特别是大南峪公社，经过连续几年的持续学大寨运动，共移动土石方 800 多万方，修筑河堤 67210 米，河沟改道41处，开山劈梁36处，基本改变了一河九沟、乱石滚滚、河水横冲、有坝无地、有地不打粮的落后局面。全社1.8万亩耕地，已建成大寨田5700亩，水浇地1460余亩，队队通了汽车路，林、田、路的综合治理和开发为科学种田和农业机械化的发展奠定了基础。1977年1月，县委在安排农业工作时强调：农田基本建设要把常年抓与突击抓相结合，奋战4年，把川坝地建成地块平、土层厚、能机耕、能灌水、产千斤的“海绵田”；把沟湾地建成土层厚，能机耕，田、水、路、林四配套，亩产过“黄河”、跨“长江”的沟台梯田；把半山地建成地块平、土层厚、能深翻，保水、保土、保肥、旱涝保收的水平梯田。1978年3月，全县农业学大寨先进集体、先进个人代表大会在县城召开。树立托河公社大庄子大队等4个单位和1名个人为全县农业学大寨标兵；树立县农副公司为全县财贸战线支农先进单位。表彰学大寨先进集体33个、先进个人22名。托河公社大庄子大队支部书记齐定宽带领群众从1970年开始修建水平梯田，调整种植结构，经过十余年的修建，全村60余户，人均梯田达到1亩，粮食亩产提高到600斤，人均有粮1300余斤。齐定宽本人因此于1978年当选为第五届全国人大代表，五次去北京参加全国人民代表大会。1977年9月下旬，县委在召开的扩大会议上提出，要以昔阳的经验，平定的速度大搞农田基本建设。当年完成农建任务1.5万亩。主攻方向仍然是沟、湾、坝、坡，做到山、水、田、林、路综合治理，以现有农田为主，以当年见效为原则。一般用60%的劳力搞农建，40%的劳力抓当年生产。秋收结束后，农村劳动力立即投入农田基本建设工作之中。经过1970年至1978年8年的连续大兵团作战，有效地改造了低产田，稳定了丰产田，成片梯田面积大为增加，土地等级得到提高。到1978年底，全县水平梯田总面积达到46.76万亩，其中高产稳产田就有7万多亩。

二是水利电力建设加快。1977年7月6日的特大暴洪致使长坝公社沟门上河流改道工程以及大南峪、巩集等多处水利工程被毁，共毁河堤 193 公里，占河堤总长度的 67%，水毁农田 5.03 万亩，占总耕地面积的 14%。1978 年冬，全县调集资源，集中时间，对水毁河堤、城防河堤进行了修复。1976 年至 1978 年，修建的全长 26.65 公里的明月山至团庄引水工程，为后来有效解决平洛河北岸半山干旱区 3000 多亩良田的灌溉问题奠定了基础。同时，在平洛河沿岸，以及太石、寺台、迷坝、云台、大南峪等公社续建了机电提灌工程。修建了水轮泵站、机井提灌站、电管站，覆盖了片区内 7400 多亩旱田的灌溉。发展小型蓄水池、续建塘坝 19 座，蓄水 1.06 万立方米，灌溉良田 640 余亩。在平洛地区簸箕湾、陈家坝、堡子梁上的河谷和半山，成功完成了自压固定、半固定和移动式喷灌试点，覆盖灌溉面积 1500 亩。1977 年至 1979 年，建成中、小型水电站 5 座，总装机容量 825 千瓦，其中贾安电站装机容量 640 千瓦，为县城工业及人民生活用电提供了重要的动力支撑。

三是粮食生产稳定增收。1976 年，境内遭到了冬冻、低温、地震、多雨等严重自然灾害，全县人民战天斗地，在大灾之年，夺得了较好的收成，全县总产仍达到了 1.08 亿斤。其中大南峪、迷坝、寺台、托河 4 个公社，45 个大队，161 个生产队的粮食上了“纲要”；23 个大队，89 个生产队过了“黄河”；托河、阳坝、太平 3 个公社增了产。学大寨的老先进郑湾大队、龙潭大队，林区学大寨的典型大庄大队，由于几年学大寨的成果积累，在大灾之年粮食继续增产。1977 年 4 月 3 日，中共甘肃省委、省革委会下达《甘肃省 1977 年国民经济计划》，要求坚持“以粮为纲，全面发展”的方针，认真贯彻农业“八字宪法”，种好经济作物，发展多种经营。县委、县革委会认真落实计划任务，农、林、牧、副统筹安排，继续坚持 1977 年县委制定的粮食生产发展目标，即到 1980 年实现粮食亩产过“黄河”，猪、林、油、麻超“纲要”，人均达到千斤粮。

1977年11月29日，省委召开全省农村工作会议，号召全省动员起来，千方百计把农业搞上去，为高速发展农业生产而奋斗。要求各地在大力发展粮食生产的同时，使各类经济作物和林、牧、副、渔各业都有较大增长。按照农业学大寨“三年大见成效”的规划，县委确定1978年全县粮食总产要确保1.2亿斤，力争达到历史最高水平；油料总产24万斤，大麻产量18万斤，生猪饲养数达到户均3头。围绕这一奋斗目标，各公社坚持了多年来在粮食生产上积累的行之有效的经验，大抓了大秋作物，落实了苞谷“千斤田”“过河田”的计划和措施，实现“偏水、偏肥、偏管理”的增产措施，特别在北部地区，紧抓大村大队产粮区，使高产的大队更高产，低产的大队赶上去。同时，落实良种、肥料，扩大间作、套种、复种面积，适时平田整地，改革旧的耕作制度、方法和习惯，变刀耕火种、广种薄收为固定常耕地，实行精耕细作；改“一季田”为“两季田”；改老品种、退化品种为优良品种；推广秸杆还田、高温堆肥、沤制绿肥；推广带状种植，宽窄行密植，苞谷、洋芋小带套种；推广埋氨水、挖窝和开沟埋粪；推广高产良种，杂交种，控制了病虫害。全年粮食总产量最终达到了1.34亿斤，达到了近年来的最好水平。

继续开展“工业学大庆”运动

20世纪70年代，康县兴办了制药厂、铜矿、木制品厂、印刷厂等企业，但工业发展的规模和效益都十分低下。1977年春，中共中央《关于召开全国工业学大庆会议的通知》传达后，进一步鼓舞了全县广大干部职工群众大干社会主义的革命斗志，干部、工人、技术人员一起认真学习中央一号文件，领会文件精神，热烈讨论制定建设大庆式企业的规划，制定落实规划的措施。有的单位结合总结1976年的工作，进行了开门整风，精神变物质，大批、大治、大干快上。县制药厂第一季度的生产任务两个月完成，其他厂矿企业也取得了比往年同期较好的成绩，迎来了当年工业经济的开门红，全县工业学大庆运动逐渐引向深入。

1977年2月25日至3月9日，全省第二次工业学大庆经验交流会在兰州召开。康县制药厂被省委、省革委评为全省工业学大庆先进企业，康县公路段豆坪道班为全省工业学大庆先进集体，康县算盘厂工人袁玲霞为全省工业学大庆先进个人。这次会议成为康县工业学大庆运动的新动力。3月21日，县委《关于深入开展工业学大庆运动加快建设大庆式企业步伐的通知》（以下简称《通知》）指出，大庆是伟大领袖毛主席亲自树立，周恩来总理精心培育，华国锋主席高高举起的我国工业战线的一面红旗。以华主席为首的党中央粉碎“四人帮”后，及时发出“为普及大庆式企业而奋斗”的战斗号召，我们要坚决响应，跑步学大庆，尽快把康县企业建成大庆式的企业。《通知》要求：建设大庆式企业，要在企业内部建立健全一套科学的规章制度，加强企业管理，建立健全岗位责任制度、技术操作规程、考勤制、设备维修保养制、质量检查制、安全生产制、班组经济核算制等制度，使企业内部的每一件工作、每一个岗位都有人负责；每一个干部、工人、技术员都职责明确，使遵章守纪成为每个职工的自觉行动，迅速扭转某些企业生产无章可循，有章不循的混乱现状；对各项经济技术指标中的产量、质量、品种、消耗、成本、利润、劳动生产率、流动资金、总产值等都要严格考核。各项技术指标先在制药厂实行全面考核，然后在各厂矿企业逐步推开。同时，要求深入开展社会主义劳动竞赛，实行厂与厂挑战，车间、班组互相挑战，个人之间互相挑战；开展向东北的顾凯、上海的毛信贤学习的活动，看谁的任务完成的快，谁能做到高产优质低成本、低消耗，谁的出勤率高，遵守纪律好，谁实现了技术革新。通过开展劳动竞赛，比思想、比路线、比斗志、比作风、比干劲、比完成任务，把继续革命、大干社会主义的榜样树起来，把消极因素转化过来，把群众的积极性调动到建设社会主义强国的大目标上来。县委要求，县制药厂要在1977年建成大庆式企业，印刷厂在1978年建成大庆式企业，1980年全县大庆式企业要占全县企业的三分之一以上。县委强调，各国营企业、社队企业要发动群众，按照大庆式企业的“六条标准”①，制定本单位开展工业学大庆的规划、奋斗目标和具体措施，分年度实施计划，把总体规划落到实处。

1977年9月，县上组织检查组，对县级国营厂、手工业联社、汽车队等12个企业1月至8月的工业学大庆情况进行了检查。各企业高举毛主席树立的大庆红旗，联系实际，揭批“四人帮”，深入开展工业学大庆群众运动，狠抓了企业整顿、企业管理和社会主义劳动竞赛，抓了学大庆和普及大庆式企业规划的制订等，调动了广大职工大干社会主义的积极性，不断取得了新的成绩。前9个月，工业产值累计完成264.62万元，占全年计划380万元的69.64%，比1976年同期增长了33.77%。不仅达到和超过了历史最好水平，而且超过了1975年以前任何一年的产值总和。截至9月，超额完成全年产值计划的有制药厂、印刷厂、豆坝林场、木器厂、平洛铁业社。产值完成较好的有手工业联社、农机厂、副食厂、面粉厂、长坝林场。超额完成产量的产品有脱粒机、农机修理、复方五味子片、黄连素针剂、服装、食品等。出现了产品质量提高，消耗、成

---

①“六条标准”指：（一）认真学习马克思列宁主义、毛泽东思想，坚持党的基本路线，坚持企业的社会主义方向；（二）有一个坚决执行党的路线、方针和政策，密切联系群众，团结战斗，老中青三结合的党的领导核心；（三）有一支能在三大革命运动中打硬仗，具有“三老四严”革命作风的职工队伍；（四）有一套依靠群众、符合生产发展要求的科学的管理制度；（五）在技术革新和技术革命方面不断有新的成果，全面完成国家计划，主要技术经济指标达到国内先进水平；（六）工人以工为主，兼搞别样，在有条件的地方搞好农林牧付渔业生产；在搞好生产的同时，安排好职工生活。

本和定额流动资金下降，利润增加，劳动生产率提高的喜人景象。县制药厂学大庆九年成绩显著，他们向大庆党委学习，实行开门整风，不断提高学大庆的实效性。他们学大庆“两论”①；起家的经验，用毛泽东思想武装广大职工；学铁人精神，积极培养铁人式队伍；学大庆“自力更生，艰苦奋斗”的精神，大干快上，加强企业管理，建立各项规章制度，考核八项经济技术指标；学大庆“三老四严”“四个一样”② 的好作风，开展评思想、比贡献、树标兵的社会主义劳动竞赛。1977 年，他们大干苦干，提前 83 天超额完成了年计划，完成产值 75.36 万元，达到和超过了历史最好水平；劳动生产率平均达到 1.2 万元，比 1976 年同期增长 22.1%；利润指标完成 21.2 万元，比 1976 年同期增长了 86.7%。产品质量比过去有了一定提高，消耗有了下降。印刷厂，厂小人少志气高，认真学习大庆经验，深入揭批“四人帮”，抓革命，促生产，提前 65 天超额完成了年计划。社队企业望关公社农具厂、太石公社董家湾大队农具修配组、大堡街道农具修配组等都办的很好。交通、邮电战线，也涌现出了一批学大庆先进集体和先进个人。

全国工业学大庆会议后，县属各工交企业，绝大部分建立健全了以岗位责任制为主要内容的各项规章制度，加强了企业管理，扎实广泛开展了社会主义劳动竞赛，出现了质量和效益双丰收。1977 年 10 月，全县工业学大庆经验交流会在县城咀台召开。会上学习了党的十一大文件，重温了华国锋主席、叶剑英副主席在全国工业学大庆会议上的讲话，县委领导传达了参观大庆的感受，传达了省委召开的定西社队企业现场会议精神，安排部署了下一阶段的学大庆工作。会上树立了康县制药厂、康县印刷厂、望关公社农具厂为全

---

①“两论”指《实践论》《矛盾论》。

②“三老四严”指当老实人，说老实话，办老实事；严格的要求，严密的组织，严肃的态度、严明的纪律。“四个一样”指黑天和白天一个样，坏天和好天一个样、领导不在场和领导在场一个样，没有人检查和有人检查一个样。

县工业学大庆先进企业；表彰奖励了在工业学大庆群众运动中取得优异成绩的康县农机修造厂、康县制药厂中药车间等10个企业、班组和车间；张廷广等29人为全县工业学大庆先进个人。与会代表们畅谈了大好形势，交流了经验，相互促进，共同提高。

1978年4月30日至5月18日，全省工业学大庆工作会议召开。会议传达了中央领导人的指示和全国工业学大庆会议精神。学习大庆、鞍钢的经验。分析全省工业学大庆的形势，特别是对企业整顿的问题进行了研究。会后，县委、县革委会认真贯彻全国、全省会议精神和《中共中央关于加快工业发展若干问题的决定》，对县属企业进行了全面整顿，重点整顿了领导班子，并按照大庆式企业的标准抓企业管理，实行岗位责任制，年初有安排、年中有检查、年终有总结。工业门类由原来的制药、矿产、木制品加工、印刷等迅速增加到农机、电力、食材加工、服装、五金、砖瓦等。主要产品有粉碎机、脱粒机、铡草机、铁制小农具、皮带扣、镔铁制品、原木、电力、炸药、砖瓦、服装、印刷品、木制品、棕箱、棕床、算盘、相棋、木筷、竹筷、面粉、食品、黄连素（针、粉、片剂）、单复方五味子（片剂、糖浆）、鱼腥草针剂、柴胡针剂、中成药蜜丸等40多个品种。1976年、1977年、1978年全县有工业企业数分别为46个、44个、42个。其中地方国营企业1976年14个，1977年12个，1978年12个；集体企业1976年32个，1977年32个，1978年30个；工业职工人数分别为928人、1005人、957人。其中国营企业1976年342人，1977年337人，1978年339人；集体企业1976年586人，1977年668人，1978年618人；1976年、1977年、1978年全县工业总产值分别为307.24万元、370.4万元、405.08万元。

在加强国营工业企业管理的同时，县委、县革委会十分重视社队企业的管理和发展，进一步加强了对社队企业的领导。截至1978

年底，全县手工业联社和公社工业企业数为30户，完成生产总值164.56万元，为农业发展提供了一定数额的资金。在农、副、工三业总产值中，社队企业产值、副业产值所占的比重逐步上升，初步改变了长期以来以粮为主的单一经济结构。1978年，全县财政总收入达到215.68万元。1976年至1980年，第五个五年计划期间，财政在“收支挂钩，总额分成”和“收支挂钩，增收分成”的管理体制下，总收入由183.4万元上升到186.8万元；财政总支出也由387万元增长到544.4万元。

商业、供销等财贸单位在工业学大庆运动中，立足行业优势，充分发挥社会主义商业的桥梁和纽带作用。认真贯彻执行“发展生产，保障供给”的方针，大力支援工农业生产，全心全意为人民服务。适时组织了工农业产品的交换，活跃了城乡物资交流，满足了市场供应，更多地增设了交易网点，扩大了经营品种，努力改进了服务态度，提高了服务质量，将生意做大做活，方便了群众，为促进工农业经济的健康发展发挥了极其重要的作用。1977年，全县重新开放了集贸市场，各地传统庙会、物资交流会也相继恢复，拓宽了商品流通渠道，方便了群众，促进了经济的复苏。

第二节　社会事业的徘徊前进

社会事业在徘徊前进中步入正轨

教育事业开始走上正轨　“文化大革命”的十年，教育战线成为重灾区。1976年10月，随着“四人帮”的粉碎，“文化大革命”结束，人民渴望教育振兴，教育事业如何发展开始提上了党和国家的重要议事日程。

1977 年 5 月 12 日和 24 日，邓小平在和中央有关领导同志就教育问题的谈话为教育制度的拨乱反正指明了方向。接着全国性的教育整顿自上而下开始进行。县委遵照中央、省委、地委指示精神，在教育界积极进行拨乱反正，从领导班子、教师队伍、学校的教育教学秩序、校风校纪以及校容校貌方面进行整顿。1977 年，在全县教育界普遍开展了批判“四人帮”散布的“读书无用论”活动。从此，各级教育部门普遍重视了教育教学质量的提高，“质量是教育的生命线”逐渐成为全社会的共识。“文化大革命”时期进驻学校，参与学校管理工作的“工宣队”“贫管会”撤出了学校。7 月，改校革命委员会为校委会，恢复了校长负责制，废除了“革委会主任”职务，学校行政领导恢复为政府任命制。充分重视教师队伍教学积极性的激发和质量提高。1977 年，提高全县中小学 40% 教师的工资。1978 年 5 月，县上召开了教育战线先进集体、先进个人代表大会，与会代表们胸戴大红花，在县城大街游行，之后，46 人出席地区先进集体、先进个人代表大会。武都地委、地革委作出决定，表彰了教育战线先进集体和先进工作者，康县碾坝公社青岗坝村民办小学为全区教育战线先进集体。康县一中教师郑子斌、平洛小学教师黄淑娟、李山小学教师郭富海被树为全区先进教育工作者和先进教师。全县对 950 名民办教师进行了统一考试，业务特别差的作了清理辞退。调整学校布局，“康县继征中学”恢复为“康县第一中学（岸门口）”。康县第三中学（嘴台）被确定为“武都地区重点中学”，校长、书记均由地区任命，教师由县上配备，学校恢复了少先队工作。云台、阳坝中小学分设，对其他布局不合理、条件不足的附中进行了撤并。调整学制和教材使用，中学学制由 4 年改为 5 年，其中，初中学制由 2 年改为 3 年，高中仍为 2 年，小学一年级至初中二年级各科均使用全国统一教材，其余年级仍用省编教材。中小学由春季招生改为秋季招生。在全县中小学开展“五爱”① 教育，落实《全日制中小学暂行工作条例（试行草案）》，恢复升学考试制度。1977 年以来，受“文化大革命”的冲击而中断了十年的高考制度得以恢复。当年，考取中专学生 26 人，考取大学学生 7 人。1978 年，考取中专学生 25 人，考取大专学生 8 人。中小学各年级的成绩考查均恢复了考试制度。

通过调整领导班子，充实教师队伍，整顿纪律作风，创建良好的学风、教风、校风，开展教学管理和教学改革等一系列工作，全县上下教育教学秩序逐步好转，消除了“文化大革命”的影响，培养德、智、体全面发展的有社会主义觉悟的有文化的劳动者的氛围逐渐形成。全县教育事业逐渐走上了健康发展的轨道。到 1978 年底，全县有初等教育学校 452 所。其中，公办初小 26 所，公办完小 29 所，民办初小 395 所，民办完小 2 所。附设初中 39 所，完全中学 7 所；全县在校学生 30189 人，其中，高中学生 1269 人，初中学生 3554 人，小学学生 25366 人；全县中小学教职工 1243 人，其中，小学教职工 1131 人（含民办教师 808 人），普通中学教职工 112 人。

科技事业迎来发展机遇　“文化大革命”时期，康县的科技管理和科技工作机构基本处于瘫痪状态。粉碎“四人帮”后，县委把恢复和发展科学技术工作提到了重要议事日程，围绕经济建设，广泛宣传科普知识，提高全县广大干部职工和农民群众的科学文化素质。特别是在农业学大寨、工业学大庆运动中，坚持科技下乡、进车间，科技支农支工、倡导科学种田和技术革新，取得了一定成绩。1977 年，全县在春播作物时大力推广了玉米杂交种，使玉米杂交种面积达到了 70% 以上，在大灾之年，粮食总产仍然获得了 1.13 亿斤的好收成。1977 年 8 月，甘肃省委召开全省科技工作会议，学

①“五爱”指爱祖国、爱人民、爱劳动、爱科学、爱社会主义。

习中共中央领导对科学工作的重要指示，揭批“四人帮”干扰、破坏科技工作的罪行，调整科技工作的路线、方针和政策。县委及时传达会议精神，各级党组织认真组织学习省委第一书记宋平的讲话，提高各级干部对科技工作的认识。1978 年 1 月 27 日至 2 月 2 日，甘肃省科学大会在兰州召开。会上省委、省革委会作出表彰决定，表彰了科技工作先进单位和先进个人。康县大南峪公社郑湾大队农科队、康县农技站技术员李生芳受到了表彰。1978 年 3 月，中共中央、国务院召开全国科学大会，重新肯定了科学技术和知识分子在社会主义经济建设中的地位和作用。举国上下迎来了科技发展的春天。科技是第一生产力的地位在全党工作中得到了彰显。1978 年 3 月 1 日，康县科学技术管理局设立，建立健全了四级农业科技网，大搞农业科学实验。通过科学试验，农业科技成果不断涌现，新型技术的推广应用大大提高了工农业生产的效益。1974 年至 1976 年，玉米、洋芋套种栽培试验、示范、推广技术获得成功，每年播种面积 3 万亩以上，1983 年，该成果获武都地区科技进步三等奖。1972 年至 1973 年，天麻人工栽培技术引进试验成功后在全县普及推广 15 年，1978 年获甘肃省科技成果奖。1971 年至 1973 年，银耳人工栽培技术引进试验成功后在全县推广应用多年，1978 年获甘肃省科技成果奖。1972 年至 1974 年，黑木耳人工点菌栽培技术引进试验成功后在全县普及推广，1978 年获甘肃省科技成果奖。1974 年至 1976 年引进小麦良种“恩斯特拉木番列”试验种植成功后，在全县得到了大面积推广，每年播种面积 5. 5 万亩以上，小麦产量实现了稳定增长。1977 年，康县四中成立了地震监测小组，县地震办公室提供设备，每日观测三次，每周电话向县地震办公室汇报一次、报表一次。随着第二课堂的全面开展，一中、城关一小等学校的科技小组、兴趣小组相继成立。由于受基本条件的限制，全县的中小学科技小组活动范围不广、深度不够、成果不多。

文化事业获得生机　“文化大革命”十年间，康县文化事业遭到了严重摧残。粉碎“四人帮”后，在文学艺术界展开了对“文化无用论”“文艺黑线专政论”等反革命修正主义黑货的批判。县新华书店、供销社、百货公司、电影管理站、文化馆、广播站和社队、机关、厂矿、学校的文化室、图书室等，对“四人帮”横行时出版发行的各种书籍、杂志、报纸、课本、画册、画报、画张、影片、唱片、幻灯片、录音胶带等进行了清理。凡是有“四人帮”形象及其反动谬论的，吹捧、散布“四人帮”反动观点的，攻击、诬蔑毛泽东、周恩来、朱德、华国锋、叶剑英和打击、诬陷邓小平的，全部进行了清理和处理。毛主席“百花齐放、百家争鸣”的方针得以正确、全面的贯彻，群众文化生活逐步活跃，一大批被禁锢的中外优秀剧目、影片和文艺作品陆续重新上演。1976 年底，康县文工队自编自演的大型歌剧《舞台上的寒冬》参加了武都地区文艺调演，受到了观众好评。这期间，农村业余演出团队开始涌现，大堡街道，太石雍坝、何家湾、甘柏树，平洛团庄、中寨、剪子坪，云台铺坝，迷坝腰镡等大队相继成立了业余秦剧团。每年春节，各地剧团除就地演出外，还应邀在邻近村社交流演出，丰富了农村文化生活。巩集公社大方山大队的青年爱好陇剧，自编的陇剧《水果风波》与小曲调节目《十唱大方山》于春节在各生产队巡回演出，受到群众好评。接着，全县 28 个公社先后成立了电影队，放映单位共 30 个，县放映站更名为电影管理站，每个生产队都有经常性的流动电影公映。1977 年，电影放映场次比 1976 年翻了两番，收入增长了两倍。1978 年 1 月，在县城东苏家大梁娃娃崖建起全县第一座电视差转台，有电视转播机 1 架，发射功率 50 瓦。县城机关有了黑白电视机，虽然只能晚上转播收看，但每到傍晚，远近的职工群众们聚集一起收看新闻或其他文艺节目，乐此不疲，其乐融融。此后，县直机关电视接收机逐渐增多，电视机开始进入寻常家庭，为一部分居民的文化生活提供了更广的选择渠道。

1977 年 5 月，机关和农村人民公社响应县上号召，多形式举行毛主席《在延安文艺座谈会上的讲话》发表 35 周年纪念活动，在李山公社召开的座谈会上，公社党委书记马文忠串讲《讲话》原文、谈学习心得，引导群众掌握《讲话》精神要义，上了新闻报道，在全县产生了积极影响。随着政策的放宽和文化市场的繁荣，县文化馆图书室图书增至 4000 余册，报刊 100 多种，做到了经常性对外开放。1978 年，康县文艺创作开始繁荣，艺术家和文艺工作者重新走上了艺术创作舞台，一批贴近生活、弘扬时代主旋律、讴歌真善美、鞭笞假恶丑的优秀文艺作品相继问世，各类文艺作品逐渐增多。李俊民的年画《开门办科技》《画画我们的山沟沟》参加了甘肃省农民画展，杨志奇的摄影《人工培育木耳》刊登于《甘肃画报》，康县籍战士郭军的摄影《慰问团赴老山唱歌》《耍杂技》先后在国家级刊物《曲艺》杂志登载，曹振宽的《植树大军》《采树籽》《植树节》在兰州参加了省级摄影展。1978 年 5 月，县委决定筹建县秦腔剧团，7 月 1 日正式组建演出。

广播传媒方面，在电视走进人们生活之前，广播和收音机成为人们获取信息和文化生活的主要途径和来源。1976 年至 1978 年，全县 28 个公社先后建起了广播放大站，每站配备一套小功率扩音设备，由一名半脱产农村广播员每天定期转播中央和省电台新闻节目和农业科技节目。县广播站除办有《本县新闻》外，还开设了《农业科技知识》等专题节目，有 6 只至 8 只高音喇叭分布在城区不同位置，覆盖了各聚居点，每天早、中、晚三次播放。各公社机关区域也用高音喇叭覆盖，中北部农村一些居住集中的村庄还安装了入户广播。在交通通讯并不发达的时代，广播、喇叭成为主要媒体，在宣传政策、传递信息、上传下达上发挥了主要作用。

体育运动　在毛主席“发展体育运动，增强人民体质”题词的指引下，大力开展了群众体育和学校体育运动。从1978年起，康县将元旦节确定为“长跑节”。每年“五一”“十一”举办职工运动会，开展篮球、排球、乒乓球、象棋等体育竞赛。1977年5月，太石公社举办了康县首次农民运动会，10个大队派代表队参加，进行了篮球、拔河和100米短跑比赛。1978年，在岸门口中学举办了全县中学生田径运动会，参赛运动员200余名，比赛项目40多项，破县纪录12人次，并选拔出席武都地区田径运动会的运动员20余人。同年，县委在长坝中学举办了中学生球类、田径运动会，被推出的女运动员梁敏在全省少年田径运动会400米比赛中以1分03的成绩获全省第1名。

医疗卫生事业的恢复与发展　“文化大革命”结束后，合作医疗曾被写进1978年3月5日由全国人大五届一次会议通过的《中华人民共和国宪法》。“赤脚医生”与合作医疗、农村“保健站”一起，成为解决落后农村缺医少药问题的“三驾马车”。康县把医疗卫生工作的重点放到了医疗机构的整顿、办好合作医疗，推行计划生育，医疗条件的改进提高上。

1977年，县人民医院更名为康县第一人民医院，有职工53人。1978年，新建住院部大楼一幢，建筑面积500平方米，有职工66人，住院部分为外妇、内儿两科。1977年，在阳坝中心卫生院的基础上建立了康县第二人民医院，服务人口及地域面向阳坝在内的南部四、五个公社，内设三部一科一室。1976年，县防疫站新修办公室16间。因碘缺乏，以及部分地区水质缺陷等原因，地方性甲状腺肿大、大骨节等地方病在境内比较突出。1978年，实施了中、北部地区人畜饮水和南部地区地方病区的水源改造工程，共完成人畜饮水工程12处，解决了24个生产队、2747人、965头牲畜的饮水问题。多年来，各级政府坚持了普查普治，有效地控制了各种生理缺陷人口的增长。1976年全县普查统计，有地方病患者16120人，比

1971 年普查时的地方病总数 33388 人下降了 48.21%。妇幼保健工作，1976 年在全县范围内开展了对妇科病的普查普治，全面普及了新法接生技术。卫生工作坚持贯彻“预防为主”的方针，大力开展防病治病，不仅控制了传染病、地方病的流行和发展，而且常见病和多发病患病率得到显著下降。经过多年的控制和医治，康县麻风病患病人数降至历史最低点。设在太平公社二平生产队以治疗麻风病为主要业务的康县疗养院于 1978 年 5 月正式撤销，部分工作人员调配到康县防疫站，成立了麻风组，继续进行麻风病的防治工作。在农村大力整治“脏、乱、差”，教育人们从讲究卫生做起，倡导健康的生活方式，增强防病意识，提高身体素质。过去农村最为普遍的疥疮，经过多年的群防群治，到 1978 年已全面绝迹。公费医疗继续坚持了每人每月定额的补贴标准，危重病患者住院，治疗费实报实销。1977 年，县爱卫会成立后，动员组织群众除四害、讲卫生，开展普及卫生知识教育活动，组织成员单位定期检查和进行社会卫生整体效果评价。积极推进农村改水、改厕，开展健康教育和创建卫生村镇工作。设立公共场所禁止吸烟标识，监督检查卫生执法成效。在特殊季节和特殊环境里开展消毒、灭菌、杀虫、灭鼠活动，为人们的生活环境提供了清洁安全的保障。

1976 年，全县迎来了合作医疗发展的高峰，全县共兴办合作医疗站 345 所，基本达到每个大队有一所合作医疗站，赤脚医生增加到 854 人。1976 年，县卫生局赤脚医生培训班更名为“红专学校”，4 年培训 6 期，培训赤脚医生 379 人。1978 年，“六·二六”制药厂更名为“康县制药厂”，坚持奋战在康县的北京“六·二六”医疗队成员刻苦钻研技术，利用康县盛产的“三颗针”作原料，开发出黄连素粉和针剂、片剂，生产出复方五味子片、五味子糖浆等几十种中成药，畅销全国各地。

“文化大革命”结束后，计划生育成为我国的一项基本国策。

控制人口增长，提高人口素质逐渐成为社会各界的普遍共识。截至1976年底，全县计划生育“三术”率达到了84.8%，综合节育率达到了90%以上，计划生育率达到了58%，晚婚率达到了64%，出生率下降到19.3‰，人口自然增长率下降到5.63‰。1977年，县委规划要求，“三术”节育率达到90%以上，综合节育率达到90%以上，计划生育率达到80%以上，晚婚率达到95%，出生率下降到15‰以下，死亡率下降到10‰以下，人口自然增长率稳定在5‰左右。同时要发动群众，自下而上逐级制定人口规划，把生育指标、晚婚对象、节育对象落实到人。当年考核，全县人口自然增长率控制在6.6‰。

其他社会事业的恢复与发展　交通运输方面。从1976年开始，康县遵照交通部提出的“全面规划，加强养护，积极改善，重点发展，科学管理，保证畅通”的方针，坚持自力更生，艰苦奋斗的优良传统，把道路交通当作改善民生、促进发展的头等大事来抓。至1977年6月，全县共修建县、社、队公路52条，672公里，修建桥梁24座，长555米，主要涵洞779道，长5309米，修建铁索桥8座，长580米。有大中型拖拉机45台，手扶拖拉机213台。每年农副产品运出总量5.2万吨，生产生活资料运进量2.5万吨，节约劳动工日150多万个，占总农业工日的10%。1978年3月，县委、县革委在公社书记会议上要求，未来3年内要有计划地兴建县社公路，积极修建社、队道路和田间道路，尽快把人民群众从人背畜驮的繁重劳动中解放出来，为农业提供更加实用的劳动力资源。1977年至1978年两年内县上集中财力、人力、物力大办交通，连年开展了公路的新建、改造、提升工程，尤其是县社公路在广大群众的积极参与下发展最快。社队农机路实现了互联互通，大大缓解了群众出行和运输难的矛盾。截至80年代初，全县共修建等级公路23条，总长536.96公里。其中干线公路3条，共167公里。县社公路15条，共325.76公里。林区专用线路5条，共44.2公里。公路建设投资873.5747万元。修建社队公路42条，共250.5公里，总投资7.4253万元。有沥青油路28.48公里，沙砾路340.68公里，土路160.3公里。全县28个公社全部通车，344个大队中有184个通车，占53.5%。

邮电事业持续发展，邮政和电信效率不断提高。1976年1月，改两河邮政代办所为两河邮电所。11月，全省农话水泥电杆化现场会议在康县召开，会议通过现场观摩、参观交流等方式，在全省范围内宣传推广了康县邮电局农话水泥电杆化普及经验。是年，电话交换机达到380门，电话单机116部。1977年10月，在康县工业学大庆会议上，平洛邮电所被评为优秀班组，张庭广、者淑花、王桂花为先进个人。1977年12月，设置24路晶体管会议电话汇接台一部。根据邮电部电信总局《市内电话业务规程》，康县将租杆挂线、租用管道和代维用户机线设备3种特别业务正式纳入市内电话种类，市话业务种类增至12类。1978年3月，开办了预约电话业务，恢复了会议电话业务。4月，设立了周家坝邮电所。全县9个邮政班线，除白杨至两河为二日班外，其余各线均为当日班，县城至阳坝率先由自行车班改为委托汽车班。是月，白杨邮电所机线员张庭广出席省邮电系统第三次工业学大庆会议，并受到表彰。

城乡建设方面。县委开始重视基本建设管理、土地管理、城乡规划管理和市政建设等工作。1973年，县城三条主要街道安装了路灯。

后　记

《中国共产党甘肃省康县历史》（1936—1978），全书上限为1936年，在中国共产党领导下，红军在康县建立第一个苏维埃红色政权，下限至1978年12月党的十一届三中全会召开。记述范围限于现行康县行政区划。对于1958年至1961年武康合县部分，以武都县辖康宁片记述为主，个别地方超出康宁片地域。

本书在编写中所采用的资料、数据，源于县档案馆馆藏资料和县委党史研究室多年征集积累并编辑出版的党史读本。部分资料参考了黄俊武主编的《康县志》、县政协《文史资料》、市党史研究室罗卫东主编的《中共陇南历史》。第一章第三目“康县人民支援抗日战争”关于大堡老庄抗战英雄内容参阅了侯玉武《康县侯氏宗谱》，附录红军名录相关资料参阅了《康县军事志》。同时借鉴了中央党史研究室出版的《中国共产党的七十年》《中国共产党历史》的编研成果，以及镇原县等兄弟县（区）党史正本编撰的成功经验。为了节省篇幅，对所引用的原始档案未注明档案或文件名称。选用图片多数因已辗转多人，难辨出处，故均未署名。对署名中已故者用示亡号标出。

本书在编写过程中，得到了县委政府领导、市委党史研究室及专家学者的支持。陇南市政协副主席、县委书记李廷俊多次过问听取工作汇报，并提出指导意见。县委副书记、县长文元旦热情关怀党史工作，给编撰工作给予了经费保障。中共甘肃省委党史研究室原副主任李荣珍精心审稿并提出了指导意见。县委常委、组织原部长张巍真诚理解党史工作的艰辛，在编撰人力调配上给予了支持。县委常委、组织部长蒙艳琴热情关心党史队伍建设，在组织保障上给予了大力支持。省委党史研究室原副巡视员王一林在编撰疑难问题的处理上给予了指导。县档案局（馆）全体工作人员及其他相关部门的人员在资料查阅和提供上竭尽全力配合，给予了大力支持。谭培基、王守智、赵克森、巩金寿、黄俊武、林剑飞、尹兴奎、郭正成、何万强、刘清章、李争楠、焦建富、马明忠、张连贵、潘生荣、巩万军、蔡国华、侯玉文、成文荣、李军（档案馆）、李海明、豆敏等同志提供了十分珍贵的历史图片，在此一并表示最衷心的感谢！由于编者对编撰地方党史正本经验不足，水平有限，书中不可避免地存在疏漏、差错，恳请广大读者批评指正。

编　者

2020 年 11 月